Andrea di Bartolo, *Resurrezione di Cristo*, c. 1390–1410.
Walters Art Museum, Baltimore, Maryland, EUA.

SANTO AFONSO DE LIGÓRIO

A PAIXÃO *de* NOSSO SENHOR JESUS CRISTO

2ª edição revisada

Tradução de Pe. José Lopes Ferreira C.Ss.R.

ECCLESIAE

A Paixão de Nosso Senhor Jesus Cristo
Santo Afonso Maria de Ligório
2ª edição – dezembro de 2019 – CEDET

Esta obra é um compêndio dos escritos de Santo Afonso sobre a Paixão de Jesus Cristo. Os textos foram publicados na *Opere Ascetiche di S. Alfonso Maria de Liguori*, Vol. V, CSSR, Roma, 1934.

Imagem da capa: detalhe de *Crocifissione di Cristo*, c. 1591. Bernardino Campi, Badia Fiesolana, San Domenico, Toscana, Itália.

Os direitos desta edição pertencem ao
CEDET – Centro de Desenvolvimento Profissional e Tecnológico
Rua Armando Strazzacappa, 490
CEP: 13087-605 - Campinas - SP
Telefone: 19-3249-0580
e-mail: livros@cedet.com.br

Editor:
Thomaz Perroni

Tradução:
Pe. José Lopes Ferreira C.Ss.R

Revisão:
Beatriz Mancilha
Felipe Denardi
Tamara Fraislebem

Diagramação:
Gabriela Haeitmann

Capa:
J. Ontivero

Conselho Editorial:
Adelice Godoy
César Kyn d'Ávila
Silvio Grimaldo de Camargo

§ ECCLESIAE – www.ecclesiae.com.br

Reservados todos os direitos desta obra.
Proibida toda e qualquer reprodução desta edição por qualquer meio ou forma, seja ela eletrônica ou mecânica, fotocópia, gravação ou qualquer outro meio de reprodução, sem permissão expressa do editor.

SUMÁRIO

INVOCAÇÃO A JESUS E MARIA 11

**I – FRUTOS QUE SE COLHEM NA
MEDITAÇÃO DA PAIXÃO DE JESUS CRISTO** 13

   Introdução 15

   CAPÍTULO 1
   Do amor de Jesus Cristo querendo satisfazer a
   Justiça Divina por nossos pecados 19

   CAPÍTULO 2
   Jesus quis padecer tanto por nós, para nos
   fazer compreender o grande amor que nos consagra 25

   CAPÍTULO 3
   Por nosso amor, Jesus quis desde o princípio
   de sua vida sofrer as penas de sua Paixão 31

   CAPÍTULO 4
   Do grande desejo que Jesus teve de
   padecer e morrer por nosso amor 35

   CAPÍTULO 5
   Do amor que Jesus nos mostrou, deixando-se
   a si mesmo em comida antes de entregar-se à morte 39

   CAPÍTULO 6
   Do suor de sangue e agonia de Jesus no Horto 45

   CAPÍTULO 7
   Do amor de Jesus em sofrer tantos
   desprezos em sua Paixão 51

CAPÍTULO 8
Da flagelação de Jesus Cristo 57

CAPÍTULO 9
Da coroação de espinhos 63

CAPÍTULO 10
Do *Ecce Homo* 67

CAPÍTULO 11
Da condenação de Jesus Cristo e sua ida ao Calvário 71

CAPÍTULO 12
Da crucifixão de Jesus 77

CAPÍTULO 13
Das últimas palavras de Jesus na cruz e de sua morte 83

CAPÍTULO 14
Da esperança que devemos ter na morte de Jesus 89

CAPÍTULO 15
Do amor do eterno Pai que nos deu o seu Filho 97

CAPÍTULO 16
Do amor do Filho de Deus
em querer morrer por nós 101

II – SETAS DE FOGO – OU PROVAS QUE JESUS CRISTO
NOS DEU SEU AMOR NA OBRA DA REDENÇÃO 107

III – REFLEXÕES SOBRE A PAIXÃO DE JESUS CRISTO,
EXPOSTAS COM A SIMPLICIDADE COM QUE A
DESCREVEM OS SANTOS EVANGELISTAS 137

   Aviso ao leitor 139

   Introdução 141

   CAPÍTULO 1
   Jesus entra em Jerusalém 145

   CAPÍTULO 2
   O Conselho dos Juízes e a traição de Judas 147

   CAPÍTULO 3
   A Última Ceia de Jesus Cristos com seus discípulos 149

CAPÍTULO 4
Da instituição do Santíssimo Sacramento 151

CAPÍTULO 5
Agonia de Jesus no Horto das Oliveiras 153

CAPÍTULO 6
Jesus é preso e amarrado 157

CAPÍTULO 7
Jesus é apresentado aos pontífices
e por eles condenado à morte 159

CAPÍTULO 8
Jesus é conduzido a Pilatos e depois a Herodes,
sendo-lhe Barrabás preferido 163

CAPÍTULO 9
Jesus é flagelado numa coluna 167

CAPÍTULO 10
Jesus é coroado de espinhos e tratado
como rei de teatro 171

CAPÍTULO 11
Pilatos mostra Jesus ao povo, dizendo: *Ecce Homo*! 173

CAPÍTULO 12
Jesus é condenado por Pilatos 177

CAPÍTULO 13
Jesus leva a cruz ao Calvário 179

CAPÍTULO 14
Jesus é crucificado 183

CAPÍTULO 15
Palavras de Jesus na cruz 187

CAPÍTULO 16
Morte de Jesus 191

IV – REFLEXÕES SOBRE A PAIXÃO DE JESUS CRISTO
EXPOSTAS ÀS ALMAS DEVOTAS 197

CAPÍTULO 1
Reflexões gerais sobre a Paixão de Jesus 199

CAPÍTULO 2
Reflexões particulares sobre os
padecimentos de Jesus Cristo na sua morte 209

CAPÍTULO 3
Reflexões sobre a flagelação, a coroação
de espinhos e crucifixão de Jesus Cristo 219

CAPÍTULO 4
Reflexões sobre os insultos feitos a
Jesus Cristo, enquanto ele pendia na Cruz 229

CAPÍTULO 5
Reflexões sobre as sete palavras de Jesus na Cruz 235

CAPÍTULO 6
Reflexões sobre os prodígios
havidos na morte de Jesus Cristo 253

CAPÍTULO 7
Do amor que Jesus Cristo nos
demonstrou na sua Paixão 263

CAPÍTULO 8
Da gratidão que devemos a
Jesus Cristo por sua Paixão 269

CAPÍTULO 9
Todas as nossas esperanças devem
ser postas nos merecimentos de Jesus Cristo 275

CAPÍTULO 10
Da paciência que devemos praticar
em união com Jesus Cristo para alcançar a vida eterna 295

V – QUINZE MEDITAÇÕES SOBRE A
    PAIXÃO DE JESUS CRISTO 309
    Para o tempo que medeia entre o Sábado da Paixão e o Sábado Santo

VI – OUTRAS MEDITAÇÕES SOBRE A
    PAIXÃO DE JESUS CRISTO 341

VII – MEDITAÇÕES SOBRE A PAIXÃO DE JESUS
    CRISTO PARA CADA DIA DA SEMANA 359

VIII – O PODER QUE TEM A PAIXÃO DE
    JESUS CRISTO PARA ACENDER O AMOR
    DIVINO EM NOSSOS CORAÇÕES 375

Meu Deus, creio-vos e vos adoro com todo o meu coração. Sei, Senhor, que agora deveria estar no inferno, pois pesa-me de vos ter ofendido; perdoai-me, Pai Eterno, e por amor de Jesus e de Maria, dai-me a luz para meditar os vossos Santos Mistérios.

Com uma Ave Maria, recomendo-me à Virgem Santíssima, a São José, a meu fidelísimo Anjo da Guarda e a Santo Afonso de Ligório, rogando que me seja concedida a capacidade para compreender essas meditações.

*Viva Jesus, nosso amor;
e Maria, nossa esperança!*

INVOCAÇÃO A JESUS E MARIA

Ó SALVADOR DO MUNDO, ó amante das almas, ó Senhor, o mais digno objeto de nosso amor, vós, por meio de vossa Paixão, viestes a conquistar os nossos corações, testemunhando-lhes o imenso afeto que lhes tendes, consumando uma redenção que a nós trouxe um mar de bênçãos e a vós um mar de penas e ignomínias. Foi por este motivo principalmente que instituístes o Santíssimo Sacramento do altar, para que nos lembrássemos continuamente de vossa Paixão, como diz S. Tomás: "Para que tenhamos uma memória perpétua de tão grande benefício, Ele entregou seu corpo como alimento da fé".[1] E já antes dele, São Paulo: "Todas as vezes que comerdes desse pão, anunciareis a morte do Senhor".[2] Com tais prodígios de amor já tendes conseguido que inúmeras almas santas, abrasadas nas chamas de vosso amor, renunciassem a todos os bens da terra, para se dedicarem exclusivamente a amar tão somente a vós, amabilíssimo Senhor. Fazei, pois, ó meu Jesus, que eu me recorde sempre de vossa Paixão e que, apesar de miserável pecador, vencido finalmente por tantas finezas de vosso amor, me resolva a amar-vos e a dar-vos com o meu pobre amor algumas provas de gratidão pelo excessivo amor que vós, meu Deus e meu Salvador, me tendes demonstrado. Recordai-vos, ó meu bom Jesus, que eu sou uma daquelas vossas ovelhinhas, por cuja salvação viestes à terra sacrificar vossa vida divina. Eu sei que vós, depois de me terdes remido com vossa morte, não deixastes de me amar e ainda me consagrais o mesmo amor que tínheis ao

---

[1] *Ut autem tanti beneficii jugis in nobis maneret memoria, corpus suum in cibum fidelibus dereliquit* (Opusc. 57).

[2] Cf. 1Cor 11,26.

morrer por mim na cruz. Não permitais que eu continue a viver ingrato para convosco, ó meu Deus, que tanto mereceis ser amado e tanto fizestes para ser de mim amado.

E vós, ó Santíssima Virgem Maria, que tivestes tão grande parte na Paixão de vosso Filho, impetrai-me pelos merecimentos de vossas dores a graça de experimentar um pouco daquela compaixão que sentistes na morte de Jesus e obtende-me uma centelha daquele amor, que constituiu o martírio de vosso coração tão compassivo.

Suplico-vos, Senhor Jesus Cristo, que a força de vosso amor, mais ardente que o fogo, e mais doce que o mel, absorva a minha alma, a fim de que eu morra por amor de vosso amor, ó vós que vos dignastes morrer por amor de meu amor. Amém.

I
FRUTOS QUE SE COLHEM NA MEDITAÇÃO DA PAIXÃO DE JESUS CRISTO

INTRODUÇÃO

1. O amante das almas, nosso amantíssimo Redentor, declarou que não teve outro fim, vindo à terra e fazendo-se homem, que acender o fogo do santo amor nos corações dos homens. "Eu vim trazer fogo à terra e que mais desejo senão que ele se acenda?" (Lc 12,49). E, de fato, que belas chamas de caridade não acendeu ele em tantas almas, particularmente com os sofrimentos que teve de padecer na sua morte, a fim de patentear-nos o amor imenso que nos dedica! Oh! quantos corações, sentindo-se felizes nas chagas de Jesus, como em fornalhas ardentes de amor, se deixaram inflamar de tal modo por seu amor, que não recusaram consagrar-lhe os bens, a vida e a si mesmos inteiramente, vencendo corajosamente todas as dificuldades que se lhes deparavam na observância da Divina lei, por amor daquele Senhor que, sendo Deus, quis sofrer tanto por amor deles! Foi justamente este o conselho que nos deu o Apóstolo, para não desfalecermos, mas até corrermos expeditamente no caminho do céu: "Considerai, pois, atentamente aquele que suportou tal contradição dos pecadores contra a sua pessoa, para que vos não fatigueis, desfalecendo em vossos ânimos" (Hb 12,3).

2. Por isso, Santo Agostinho, ao contemplar Jesus todo chagado na cruz, orava afetuosamente: "Escrevei, Senhor, vossas chagas em meu coração, para que nelas eu leia a dor e o amor: a dor, para suportar por vós todas as dores; o amor, para desprezar por vós todos os amores". Porque, tendo diante dos meus olhos a grande dor que vós, meu Deus, sofrestes por mim, sofrerei pacientemente todas as penas que tiver de suportar, e à vista do vosso amor, de que me destes prova na cruz, eu não amarei nem poderei amar senão a vós.

3. E de que fonte hauriram os santos o ânimo e a força para sofrer os tormentos, o martírio e a morte, senão dos tormentos de Jesus crucificado? S. José de Leonissa, capuchinho, vendo que queriam atá-lo com cordas para uma operação dolorosa que o cirurgião devia fazer-lhe, tomou nas mãos o seu crucifixo e disse: "Cordas? Que cordas! Eis aqui os meus laços. Este Senhor pregado por meu amor com suas dores obriga-me a suportar qualquer tormento por seu amor". E dessa maneira suportou a operação sem se queixar, olhando para Jesus, que "como um cordeiro se calou diante do tosquiador e não abriu a sua boca" (Is 53,7). Quem mais poderá dizer que padece injustamente vendo Jesus que "foi dilacerado por causa de nossos crimes?". Quem mais poderá recusar-se a obedecer, sob pretexto de qualquer incômodo, contemplando Jesus "feito obediente até à morte?". Quem poderá rejeitar as ignomínias, vendo Jesus tratado como louco, como rei de burla, como malfeitor, esbofeteado, cuspido no rosto e suspenso num patíbulo infame?

4. Quem, pois, poderá amar um outro objeto além de Jesus, vendo-o morrer entre tantas dores e desprezos, a fim de conquistar o nosso amor? Um pio solitário rogava ao Senhor que lhe ensinasse o que deveria fazer para amá-lo perfeitamente. O Senhor revelou-lhe que, para chegar a seu perfeito amor, não havia exercício mais próprio que meditar frequentemente na sua Paixão. Queixava-se S. Teresa amargamente de alguns livros, que lhe haviam ensinado a deixar de meditar na Paixão de Jesus Cristo, porque isto poderia servir de impedimento à contemplação da divindade. Pelo que a santa exclamava: "Ó Senhor de minha alma, ó meu bem, Jesus crucificado, não posso recordar-me dessa opinião sem me julgar culpada de uma grande infidelidade. Pois seria então possível que vós, Senhor, fôsseis um impedimento para um bem maior? E donde me vieram todos os bens senão de vós?". E em seguida ajuntava: "Eu vi que, para contentar a Deus e para que nos conceda grandes graças, ele quer que tudo passe pelas mãos dessa humanidade sacratíssima, na qual se compraz sua divina majestade".

5. Por isso dizia o Padre Baltasar Álvarez que o desconhecimento dos tesouros que possuímos em Jesus é a ruína dos cristãos, sendo por essa razão a Paixão de Jesus Cristo sua meditação preferida e mais usada, considerando em Jesus especialmente três de seus tormentos: a pobreza, o desprezo e as dores, e exortava os seus penitentes a meditar frequentemente na Paixão do Redentor, afirmando que não julgassem ter feito progresso algum se não chegassem a ter sempre impresso no coração a Jesus crucificado.

6. Ensina S. Boaventura que quem quiser crescer sempre de virtude em virtude, de graça em graça, medita sempre Jesus na sua Paixão. E ajunta que não há exercício mais útil para fazer santa uma alma do que considerar assiduamente os sofrimentos de Jesus Cristo.

7. Além disso afirmava S. Agostinho (*ap. Bern. de Bustis*) que vale mais uma só lágrima derramada em recordação da Paixão de Jesus, que uma peregrinação a Jerusalém e um ano de jejum a pão e água. E na verdade, por que vosso amante Salvador padeceu tanto senão para que nisso pensássemos e, pensando, nos inflamássemos no amor para com ele? "A caridade de Cristo nos constrange", diz S. Paulo (2Cor 5,14). Jesus é amado por poucos, porque poucos são os que meditam nas penas que por nós sofreu; quem, porém, as medita a miúdo, não poderá viver sem amar a Jesus: sentir-se-á de tal maneira constrangido por seu amor que não lhe será possível resistir e deixar de amar a um Deus tão amante e que tanto sofreu para se fazer amar.

8. Essa é a razão por que dizia o Apóstolo que não queria saber outra coisa senão Jesus e Jesus crucificado, isto é, o amor que ele nos testemunhou na cruz. "Não julgueis que eu sabia alguma coisa entre vós senão a Jesus Cristo e este crucificado" (1Cor 2,2). E na verdade, em que livros poderíamos aprender melhor a ciência dos santos (que é a ciência de amar a Deus) do que em Jesus crucificado? O grande servo de Deus, Frei Bernardo de Corleone, capuchinho, não sabendo ler, queriam seus confrades ensinar-lhe. Ele, porém, foi primeiro aconselhar-se com seu crucifixo e Jesus respondeu-lhe da cruz: "Que livro! Que ler! Eu sou o teu livro, no qual poderás sempre ler o amor que eu te consagro!". Oh! que grande assunto de meditação para toda a vida e para toda a eternidade: um Deus morto por meu amor!

9. Visitando uma vez S. Tomás de Aquino a S. Boaventura, perguntou-lhe de que livro se havia servido para escrever tão belas coisas que havia publicado. S. Boaventura mostrou-lhe a imagem de Jesus crucificado, toda enegrecida pelos muitos beijos que lhe imprimira, dizendo-lhe: "Eis o meu livro, donde tiro tudo o que escrevo; ele ensinou-me o pouco que eu sei". Todos os santos aprenderam a arte de amar a Deus no estudo do crucifixo. Fr. João de Alvérnia, todas as vezes que contemplava Jesus coberto de chagas, não podia conter as lágrimas. Fr. Tiago de Todi, ouvindo ler a Paixão do Redentor, não só derramava abundantes lágrimas, mas prorrompia em soluços, oprimido pelo amor de que se sentia abrasado por seu amado Senhor.

10. S. Francisco fez-se aquele grande serafim pelo doce estudo do crucifixo. Chorava tanto ao meditar os sofrimentos de Jesus Cristo, que perdeu quase totalmente a vista. Uma vez encontraram-no chorando em altas vozes e perguntaram-lhe a razão. "O que eu tenho?", respondeu o santo, "eu choro por causa dos sofrimentos e das afrontas ocasionadas ao meu Senhor e minha pena cresce e aumenta vendo a ingratidão dos homens que não o amam e dele se esquecem". Todas as vezes que ouvia balar um cordeiro, sentia grande compaixão, pensando na morte de Jesus, Cordeiro imaculado, sacrificado na cruz pelos pecados do mundo. Por isso, esse grande amante de Jesus nada recomendava com tanta solicitude a seus irmãos como a meditação constante da Paixão de Jesus.

11. Eis, portanto, o livro, Jesus crucificado, que, se for constantemente lido por nós, também nós aprenderemos de um lado a temer o pecado e doutro nos abrasaremos em amor por um Deus tão amante, lendo em suas chagas a malícia do pecado que reduziu um Deus a sofrer uma morte tão amarga para por nós satisfazer a justiça divina e o amor que nos manifestou o Salvador, querendo sofrer tanto para nos fazer compreender o quanto nos amava.

12. Supliquemos à divina Mãe Maria que nos obtenha de seu Filho a graça de entrarmos nessa fornalha de amor onde ardem tantos corações para que aí sejam destruídos nossos afetos terrenos e possamos nos abrasar naquelas chamas bem-aventuradas que fazem as almas santas na terra e bem-aventuradas no céu.

CAPÍTULO 1

DO AMOR DE JESUS CRISTO QUERENDO SATISFAZER A JUSTIÇA DIVINA POR NOSSOS PECADOS

1. A história narra-nos um caso de um amor tão prodigioso que será a admiração de todos os séculos. Havia um rei, senhor de muitos reinos, que tinha um único filho, tão belo, tão santo, tão amável, que, sendo o encanto do seu pai, este o amava como a si mesmo. Ora, este príncipe se afeiçoou grandemente a um escravo e, tendo este cometido um delito, pelo qual fora condenado à morte, o príncipe se ofereceu a morrer por ele. O pai, amante apaixonado da justiça, resolveu condenar seu amado filho à morte, para livrar o escravo do castigo merecido. E assim aconteceu: o filho morreu justiçado e o escravo ficou livre.

2. Este caso, que uma só vez se deu e nunca mais se repetirá no mundo, está consignado nos santos evangelhos, onde se lê que o Filho de Deus, o Senhor do universo, vendo o homem condenado à morte eterna por causa do pecado, quis tomar a natureza humana e pagar com sua morte a pena devida pelo homem. "Foi oferecido porque ele mesmo o quis" (Is 53,7). E o eterno Pai o fez morrer na cruz para nos salvar, míseros pecadores que somos. "Não poupou a seu próprio Filho, mas o entregou por nós todos" (Rm 8,32). Que vos parece, alma cristã, este amor do Filho e do Pai?

3. Amado Redentor meu, quisestes então com vossa morte sacrificar-vos para obter-me o perdão. E que vos darei em reconhecimento? Muito me obrigastes a amar-vos, muito ingrato serei se não vos amar com todo

o meu coração. Vós me destes vossa vida divina; eu, mísero pecador, vos consagro a minha. Ao menos a vida que me resta, quero empregá-la exclusivamente em amar-vos, obedecer-vos e dar-vos gosto.

4. Ó homens, ó homens, amemos a este Redentor que, sendo Deus, não se dedignou de sobrecarregar-se com os nossos pecados para satisfazer com seus sofrimentos pelos castigos que tínhamos merecido. "Em verdade tomou sobre si as nossas fraquezas e carregou as nossas dores" (Is 53,4). Diz S. Agostinho que o Senhor, criando-nos, o fez em virtude de seu poder, mas, remindo-nos, fê-lo por meio de suas dores (*in* Joan). Quanto vos devo, ó Jesus, meu Salvador! Se eu desse mil vezes meu sangue por vós, e sacrificasse mil vidas, ainda seria pouco. Oh! se eu pensasse continuamente no amor que nos testemunhastes na vossa Paixão, não poderia certamente amar outro objeto além de vós. Por aquele amor com que nos amastes na cruz, dai-me a graça de vos amar com todo o meu coração. Eu vos amo, bondade infinita, eu vos amo acima de todos os bens e não vos peço outra coisa que o vosso santo amor.

5. Mas como explicar isto, continua a dizer S. Agostinho, que vosso amor tenha chegado a tal ponto, ó Salvador do mundo, que, tendo eu cometido o delito, tenhais vós de pagar a pena? (*Medit*. c. 7). E que vos importava, pergunta S. Bernardo, que nos perdêssemos e fôssemos castigados como havíamos merecido? Por que quisestes satisfazer por nossos pecados, castigando vossa carne inocente? Por que quisestes, Senhor, sofrer a morte para dela nos livrar? Ó misericórdia que não teve e nem terá jamais semelhante! Ó graça que nunca poderíamos merecer! Ó amor que nunca se poderá compreender!

6. Já Isaías predissera que nosso Redentor deveria ser condenado à morte e levado ao sacrifício como um inocente cordeiro (Is 53,7). Que admiração para os Anjos, ó Deus, ver seu inocente senhor ser conduzido como vítima para ser sacrificado sobre o altar por amor do homem! E que espanto para o céu e o inferno ver um Deus condenado à morte como um malfeitor, num patíbulo ignominioso, pelos pecados de suas criaturas!

7. Cristo remiu-nos da maldição da lei, feito por nós maldição, porque está escrito: "Maldito todo aquele que é pendurado no lenho, para que a bênção dada a Abraão fosse comunicada aos gentios por Jesus Cristo" (Gl 3,13). Pelo que se diz S. Ambrósio: "Ele se fez na cruz maldito para que tu fosses bem-aventurado no reino de Deus" (Ep. 47). Portanto, meu caro Salvador, vós, para obterdes a bênção divina, vos sujeitastes

a abraçar a vergonha de aparecer na cruz como maldito aos olhos do mundo e abandonado até de vosso eterno Pai, tormento que vos obrigou a exclamar em alta voz: "Meu Deus, meu Deus, por que me abandonastes?". Sim, foi por este motivo que Jesus foi abandonado na sua Paixão, comenta Simão de Cássia, para que nós não ficássemos abandonados nos pecados por nós cometidos (Lib. 13 de *pass*. Dom.). Ó prodígio de misericórdia! Ó excesso de amor de um Deus para com os homens! E como é possível, meu Jesus, haver almas que nisso creem e não vos amam?

8. Ele nos amou e nos lavou dos nossos pecados em seu sangue (Ap 1,5). Eis, ó homens, até onde chegou o amor de Jesus por nós: para lavar-nos das manchas de nossos pecados, ele quis preparar-nos um banho de salvação no seu próprio sangue. Oferece seu sangue, diz um douto autor, que brada mais alto que o de Abel: este pedia justiça; o sangue de Cristo, porém, pede misericórdia. Aqui exclama S. Boaventura: "Ó bom Jesus, que fizestes? Até onde vos levou o amor? Que coisa vistes em mim que tanto vos enlevou? Por que quisestes padecer tanto por mim? Quem sou eu, que por tão grande preço quisestes granjear o meu amor? Ah! compreendo que tudo é o resultado de vosso amor infinito! Sede para sempre bendito e louvado.

9. "Ó vós todos que passais por este caminho, atendei e vede se há dor como a minha dor" (Jr 1,12). O mesmo seráfico doutor, considerando estas palavras de Jeremias como pronunciadas por nosso Salvador, quando se achava na cruz morrendo por nosso amor, diz: "Eu já percebo, ó meu amante Senhor, quanto padecestes neste madeiro infame, mas o que mais me obriga a amar-vos é compreender o afeto que me testemunhastes padecendo tanto a fim de ser amado por mim".

10. O que mais inflamava S. Paulo a amar a Jesus era o pensar que ele quis morrer não somente por todos em geral, mas também por ele em particular. "Ele me amou e se entregou a si mesmo por mim" (Gl 2,20). E assim deve exclamar cada um de nós, porque, como afirma S. João Crisóstomo, Deus ama cada homem em particular com o mesmo amor com que ama o mundo (*in* Gl 2). Pelo que cada um de nós não é menos devedor a Jesus Cristo por ter padecido por todos do que se tivesse sofrido por cada um em particular. Ora, se Jesus tivesse morrido para salvar somente a vós, meu irmão, deixando os outros na sua desgraça original, que obrigação não teríeis para com ele? Deveis, porém, compreender que maior obrigação tendes para com ele, dignando-se ele morrer por todos.

Se tivesse morrido exclusivamente por vós, que pena sentiríeis ao pensar que vossos próximos, pais, irmãos, amigos, teriam de ser condenados e que depois desta vida viveríeis para todo o sempre separados deles! Se tivésseis sido reduzido à escravidão com toda a vossa família e aparecesse alguém a resgatar-vos a vós somente, com que instâncias não suplicaríeis que, juntamente convosco, resgatasse também vossos pais e irmãos! E que agradecimentos não havíeis de lhe testemunhar, se ele o fizesse para vos contentar? Dizei, pois, a Jesus: ah! meu doce Redentor, sem que eu vos suplicasse, vós não só me haveis resgatado da morte, com o preço do vosso sangue, mas também os meus parentes e amigos, podendo eu ter toda a esperança de com eles entrar no vosso gozo no paraíso. Senhor, eu vos agradeço e vos amo e espero agradecer-vos e amar-vos eternamente naquela pátria bem-aventurada.

11. Quem poderá explicar o amor que o Verbo divino consagra a cada um de nós, pergunta S. Lourenço Justiniano, se ele supera o amor de todos os filhos para com suas mães e de todas as mães para com seus filhos? (*Tr. de Chr. Ag.* c. 5) Como revelou o Senhor a S. Gertrudes, ele estaria pronto a morrer tantas vezes quantas são as almas condenadas se fossem ainda capazes de redenção. Ó Jesus, ó bem mais amável que todos os outros bens, por que vos amam os homens tão pouco? Por favor, fazei que eles conheçam o quanto padecestes por um só deles, o amor que lhes tendes, o desejo que vos devora de ser por eles amado, as belas qualidades que possuís para lhes cativar o amor. Fazei-vos conhecer, ó meu Jesus, fazei-vos amar.

12. "Eu sou o bom pastor; o bom pastor dá sua alma por suas ovelhas" (Jo 10,11). Onde, porém, ó Senhor, se encontram no mundo pastores semelhantes a vós? Os outros pastores dão a morte às suas ovelhas para a conservação da própria vida divina para obter a vida para as vossas amadas ovelhas. E eu sou uma dessas felizes ovelhas, ó meu amabilíssimo pastor. Que obrigação, pois, a minha, de amar-vos e de dar a minha vida por vós, já que vós por amor de mim em particular vos entregastes à morte. E que confiança não devo pôr no vosso sangue, sabendo que foi derramado para pagar os meus pecados. E dirás naquele dia: "Eu te confessarei, ó Senhor... Eis aqui o Deus meu Salvador; agirei com toda a confiança e não temerei" (Is 12,1-2). E como poderia desconfiar de vossa misericórdia, ó meu Senhor, contemplando as vossas chagas? Eia, pois, ó pecadores, recorramos a Jesus, que está em sua cruz como num trono de misericórdia. Ele aplacou a justiça divina contra nós irritada.

Se ofendemos a Deus, ele fez penitência por nós: basta que tenhamos arrependimento.

13. Ah! meu caríssimo Salvador, a que vos reduziu a compaixão e o amor que me consagrastes: peca o escravo e vós, Senhor, pagais a pena. Se penso nos pecados devo, pois, tremer por causa do castigo que mereço; mas, pensando na vossa morte, tenho mais razão de esperar que de temer. Ó sangue de Jesus, tu és toda a minha esperança!

14. Mas este sangue, à medida que desperta confiança, obriga-nos a ser totalmente de nosso Redentor. O Apóstolo exclama: "Não sabeis que não sois vossos? Fostes comprados por um grande preço" (1Cor 6,19). Reconheço, ó meu Jesus, que eu não posso sem injustiça dispor de mim e de minhas coisas, já que sou propriedade vossa, visto me haverdes comprado com vossa morte. O meu corpo, a minha alma, a minha vida não é mais minha, é vossa e inteiramente vossa. Só em vós, portanto, quero pôr minha esperança, só a vós quero amar, ó meu Deus, por mim morto e crucificado. Não tenho outra coisa para oferecer-vos que esta alma resgatada em vosso sangue, e ela eu vos ofereço. Permiti que vos ame, pois nada mais quero fora de vós, meu Salvador, meu Deus, meu amor, meu tudo. Ao tempo passado fui muito grato para com os homens, mas fui muito ingrato para convosco. Presentemente eu vos amo e não há coisa que mais me aflija que o ter-vos desgostado. Ó meu Jesus, dai-me que eu confie em vossa Paixão e tirai de meu coração todo o afeto que não for para vós. Quero amar-vos exclusivamente, já que mereceis todo o meu amor e de tantas maneiras me obrigastes a vos amar.

15. E quem poderá deixar de vos amar, vendo-vos, como o filho dileto do eterno Pai, terminar vossa vida com uma morte tão amarga e desumana por nosso amor? Ó Mãe do belo amor, pelos merecimentos de vosso coração abrasado em amor, obtende-nos a graça de viver somente para amar o vosso Filho, que, merecendo um amor infinito, quis a tanto custo conquistar o amor de um mísero pecador. Ó amor das almas, meu Jesus, eu vos amo; dai-me mais amor, mais chamas que me façam viver abrasado em vosso amor. Eu não mereço, mas vós o mereceis, bondade infinita. Amém, assim o espero, e assim seja.

CAPÍTULO 2
JESUS QUIS PADECER TANTO POR NÓS, PARA NOS FAZER COMPREENDER O GRANDE AMOR QUE NOS CONSAGRA

1. Duas coisas fazem conhecer um amigo, escreve Cícero: fazer-lhe bem e padecer por ele, e esta é a maior prova de um verdadeiro amor. Deus já tinha demonstrado seu amor ao homem, dispensando-lhe inúmeros benefícios, mas, segundo S. Pedro Crisólogo, beneficiar unicamente ao homem parecer-lhe-ia muito pouco a seu amor, se não tivesse encontrado o modo de demonstrar-lhe quanto o amava, padecendo e morrendo por ele, como o fez de fato, tomando a natureza humana (*Serm.* 69). E que maneira mais apta poderia Deus encontrar para manifestar-nos o amor imenso que nos consagra, do que fazer-se homem e padecer por nós? Não poderia se manifestar de outra maneira o amor de Deus para conosco, escreve a esse respeito S. Gregório Nazianzeno. Meu amado Jesus, muito vos tendes esforçado por demonstrar-me vosso afeto e patentear-me vossa bondade. Grande, pois, seria a ofensa a vós feita, se vos amasse pouco ou amasse outra coisa além de vós.

2. Cornélio a Lápide diz que Deus nos deu o maior sinal de amor, deixando-se ver coberto de chagas, pregado à cruz e morto por nós. E antes dele, disse S. Bernardo que Jesus em sua Paixão nos fez conhecer que seu amor para conosco não podia ser maior do que foi (*De pass.* c. 14). Escreve o Apóstolo que, quando Jesus Cristo quis morrer por nossa salvação, demonstrou até onde chegava o amor de um Deus para conosco, miseráveis pecadores (Tito 3,4). Ah! meu amante Salvador, compreendo: todas as vossas chagas me falam do amor que me tendes.

E quem poderá deixar de vos amar, depois de tantos sinais de vossa caridade? S. Teresa tinha razão de dizer, ó amabilíssimo Jesus, que quem não vos ama demonstra que vos desconhece.

3. Jesus Cristo, mesmo sem padecer e levando na terra uma vida agradável e deliciosa, poderia nos obter a salvação. Mas, como diz S. Paulo, havendo-lhe sido proposto o gozo, sofreu na cruz (Hb 12,2). Ele recusou as riquezas, as delícias, as honras terrestres, e escolheu uma vida pobre e uma morte cheia de dores e de opróbrios. E por quê? Não seria suficiente se ele tivesse suplicado ao Padre Eterno, com uma petição simples, que perdoasse ao homem a qual, sendo de valor infinito, bastaria para salvar o mundo e infinitos mundos? Por que foi que ele quis suportar tantos tormentos e uma morte tão cruel, havendo se separado a alma de Jesus de seu corpo exclusivamente por pura dor, como nota um autor? (*Contens*. 1. 10, d. 4 c. 1) Por que tanto esforço para remir o homem? "Se uma prece de Jesus bastava para remir-nos", responde S. João Crisóstomo (*Serm*. 128), contudo não bastou para nos demonstrar o amor que este Deus nos tinha. "O que bastava à redenção não bastava ao amor". E S. Tomás confirma-o, dizendo: "Cristo, sofrendo por amor, pagou a Deus mais do que exigia a reparação da ofensa do gênero humano" (III q. 48, a. 2). Porque Jesus muito nos amava, desejava também ser muito amado por nós e por essa razão fez o quanto pôde, mesmo a preço de sofrimentos, para conquistar o nosso amor e nos fazer compreender que nada mais lhe restava fazer para ser amado por nós. Ele quis padecer muito, para obrigar-nos a amá-lo muito, diz S. Bernardo.

4. "E que maior prova de amor", diz o próprio Salvador, "poderá dar um amigo a seu amigo, do que dar a vida por seu amor?" (Jo 15,13). Mas vós, ó amantíssimo Jesus, diz S. Bernardo, fizestes mais do que isso, já que quisestes dar a vida por nós, não vossos amigos, mas inimigos e rebeldes. É o que faz notar o Apóstolo, quando escreve: "Deus faz brilhar a sua caridade em nós, porque, quando ainda éramos pecadores, em seu tempo Cristo morreu por nós" (Rm 5,8). Vós, pois, ó meu Jesus, quisestes morrer por mim, vosso inimigo, e eu poderei resistir a tão grande amor? Eia, pois, já que com tanto ardor desejais que vos ame sobre todas as coisas, repelirei todo outro amor e quero amar-vos a vós somente.

5. São João Crisóstomo diz que o fim principal que teve Jesus em sua Paixão foi o de manifestar o seu amor e assim atrair os nossos corações com a recordação dos sofrimentos por nós suportados (*De Pass*. s. 6). E S. Tomás ajunta que, por meio da Paixão de Jesus, chegamos ao

conhecimento da grandeza do amor que Deus dedica ao homem. E já antes dele disse S. João: "Nisto conhecemos a caridade de Deus, que ele entregou sua alma por nós" (1Jo 3,16). Ó meu Jesus, ó Cordeiro imaculado, por mim sacrificado na cruz, que não seja baldado o que padecestes por mim, antes fazei que me aproveite de tantos sofrimentos vossos. Prendei-me inteiramente com os doces laços de vosso amor, para que não vos abandone nem me separe mais de vós.

6. Refere S. Lucas que, conversando Moisés e Elias no monte Tabor sobre a Paixão de Jesus Cristo, denominaram-se um excesso: "E falaram de seu excesso, que realizaria em Jerusalém" (Lc 9,31). Com razão, diz S. Boaventura, a Paixão de Jesus foi chamada em excesso, visto ter sido um excesso de dor e um excesso de amor. Um autor piedoso acrescenta: "Que mais podia padecer que não sofresse? O sumo excesso de amor atingiu seu zênite" (*Constens*. 1. 10, d. 4). E não é verdade? A lei divina não impõe outra obrigação aos homens a não ser amar a seu próximo como a si mesmo. Jesus, porém, amou os homens mais do que a si mesmo, é a expressão de S. Cirilo. Por isso, vos direi com S. Agostinho: "Vós, meu amado Redentor, chegastes a amar-me mais do que a vós mesmo, já que para me salvar quisestes sacrificar vossa vida divina, vida infinitamente mais preciosa que as vidas de todos os homens e de todos os anjos juntos".

7. Ó Deus infinito, exclama o Abade Guerrico, vós, por amor do homem (se for lícito dizê-lo), vos tornastes pródigo de vós mesmo. "E como não?", pergunta, "se não só quisestes dar os vossos bens, mas até vós mesmo para reaver o homem?". Ó prodígio, ó excesso de amor, digno só de um infinito amor! "Quem poderá, mesmo de longe", diz S. Tomás de Vilanova, "compreender a imensidade de vosso amor em vos amar tanto a nós, míseros vermes, chegando a morrer e a morrer na cruz por nós? Sim, semelhante amor excede toda medida, toda inteligência" (*In Nat. Dom.* c. 3).

8. É coisa agradável ver-se alguém estimado por uma alta personagem, tanto mais se esta estiver disposta a felicitá-lo com uma grande fortuna. Oh! quanto mais agradável e estimável nos deverá ser o ver-nos amados por Deus, que nos pode transmitir uma fortuna eterna? Na antiga lei o homem podia duvidar se Deus o amava com ternura. Depois, porém, de vê-lo sobre um patíbulo derramar seu sangue e morrer, como poderíamos ainda duvidar que ele nos ama com toda a ternura possível? Minha alma, contempla o teu Jesus, como ele está pendente na cruz, todo chagado: eis como ele te demonstra bem claramente por suas chagas o amor de que

está repleto seu coração. "O segredo do coração se revela pelas chagas do corpo", diz S. Bernardo. Meu caro Jesus, aflige-me ver-vos morrer sob a pressão de tantas dores nesse madeiro de opróbrio, mas tudo me consola e me inflama em amor por vós, conhecendo por meio dessas chagas o amor que me tendes. Serafins do céu, que pensais da caridade de meu Deus, que me amou e se entregou a si mesmo por mim?

9. Afirma S. Paulo que os pagãos, ouvindo pregar que Jesus foi crucificado por amor dos homens, tinham isso em conta de uma loucura inacreditável: "Nós, porém, pregamos a Cristo crucificado, que é para os judeus um escândalo e para os pagãos uma loucura" (1Cor 1,23). Como é possível, diziam, crer que um Deus onipotente, que não precisa de ninguém para ser sumamente feliz, tenha querido fazer-se homem para salvar os homens e morrer numa cruz? Seria o mesmo que crer que um Deus se tornou louco de amor pelos homens. E, assim pensando, recusavam aceitar a fé! Esta grande obra da redenção, que os pagãos julgavam e chamavam uma loucura, sabemos nós que Jesus a empreendeu e realizou. Vimos a sabedoria eterna, diz S. Lourenço Justiniano, o Unigênito de Deus tornado como louco, por assim dizer, pelo amor excessivo que tinha aos homens. Sim, porque não deixa de ser uma loucura de amor, ajunta o Cardeal Hugo, querer um Deus morrer pelo homem (*in* 1Cor 1).

10. O Beato Jacopone, que no século fora um literato, feito franciscano, parecia haver-se tornado louco de amor por Jesus Cristo. Apareceu-lhe uma vez Jesus e disse-lhe: "Jacopone, por que fazes essas loucuras?". "Por que as faço? Porque vós mas haveis ensinado. Se eu sou louco, vós ainda sois mais, havendo querido morrer por mim". Também S. Maria Madalena de Pazzi, arrebatada em êxtases, exclamava: "Ó Deus de amor! Ó Deus de amor! É demais o amor que tendes às criaturas, ó meu Jesus" (*Vita* c. 11). Uma vez, toda fora de si, em êxtases, tomou um crucifixo e se pôs a correr pelo convento, gritando: "Ó amor, ó amor; não cessarei jamais de chamar-vos amor, ó meu Deus". E, voltando-se para as Religiosas, disse: "Não sabeis, caras Irmãs, que o meu Jesus é só amor e até ouso dizer e sempre o direi, louco de amor?". Dizia que, quando chamava Jesus amor, desejaria ser ouvida do mundo inteiro, a fim de que fosse conhecido e amado por todos o amor de Jesus. De quanto em vez se punha a tocar o sino para que todos os povos da terra, como desejava, se possível fosse, viessem amar a seu Jesus.

11. Permiti-me dizê-lo, ó meu doce Redentor, muita razão não tinha em vossa esposa de chamar-vos louco de amor. E não parece uma lou-

cura o terdes querido morrer por mim, um verme ingrato, como sou, de quem já prevíeis as ofensas e as traições que vos deveria fazer? Mas se vós, ó meu Deus, quase enlouquecestes por amor de mim, como é que eu não chego a enlouquecer por amor de um Deus? Depois de vos haver visto morto por mim, como poderei pensar em outro, além de vós? Como poderei amar outra coisa além de vós? Oh! sim, meu Senhor, meu sumo bem, mais amável que todos os outros bens, eu vos amo mais do que a mim mesmo. Prometo-vos não amar de hoje em diante outro bem fora de vós e pensar sempre no amor que me haveis demonstrado, morrendo no meio de tantos tormentos por mim.

12. Ó flagelos, ó espinhos, ó cravos, ó cruz, ó chagas, ó tormentos, ó morte de meu Jesus, vós muito me forçais e obrigais a amar a quem tanto me amou. Ó Verbo encarnado, ó Deus amoroso, minha alma se abrasa em amor por vós. Desejaria amar-vos tanto que não tivesse outro prazer que dar-vos prazer, ó dulcíssimo Senhor meu, e visto que tanto desejais o meu amor, eu protesto que não quero mais viver senão para vós, e fazer tudo o que quereis de mim. Ó meu Jesus, ajudai-me, fazei que eu vos agrade inteiramente e sempre, no tempo e na eternidade. Maria, minha Mãe, rogai a Jesus por mim, para que me conceda o seu amor, já que outra coisa não desejo nesta e na outra vida que amar a Jesus. Amém.

CAPÍTULO 3

POR NOSSO AMOR, JESUS QUIS DESDE O PRINCÍPIO DE SUA VIDA SOFRER AS PENAS DE SUA PAIXÃO

1. Para fazer-se amar ao homem: foi por isso que o Verbo divino veio ao mundo tomar a natureza humana. Veio com tão grande desejo de sofrer por nosso amor, que não quis perder um só momento em dar começo a seus tormentos, ao menos pela apreensão. Mal havia sido concebido no ventre de Maria, já se representou em espírito todos os tormentos de sua Paixão. E para nos obter o perdão e a graça divina, se ofereceu ao Pai Eterno, sujeitando-se a todas as penas e castigos devidos a nossos pecados. A partir desse instante começou a padecer tudo o que depois veio a sofrer na sua dolorosa morte. Ah! meu amorosíssimo Redentor, e eu até agora que fiz? O que padeci por vós? Se durante mil anos suportasse por vós os tormentos sofridos pelos mártires, seria ainda pouco em comparação daquele só primeiro momento em que vos oferecestes e começastes a padecer por mim.

2. Os mártires sofreram, de fato, grandes dores e ignomínias, mas unicamente na ocasião de seu martírio. Jesus padeceu sempre, desde os tormentos de sua Paixão, já que, desde o primeiro momento, se pôs diante dos olhos toda a cena horripilante dos tormentos e das injúrias que devia receber dos homens. Por isso ele, pela boca do profeta, disse: "Minha dor está sempre à minha vista" (Sl 37,18). Ah! meu Jesus, por meu amor vos mostrastes tão desejoso de padecer que quisestes sofrer antes do tempo. E eu, tão ávido de prazeres da terra, quantos desgostos vos dei para satisfazer o meu corpo! Senhor, pelos méritos de vossos padecimentos, tirai-me o afeto aos prazeres terrenos. Eu proponho por vosso amor abster-me de tal satisfação (*nomeai-a*).

3. Deus, por compaixão conosco, não nos revela antes do tempo os sofrimentos que nos estão preparados. Se a um réu condenado à forca fosse revelado desde o uso da razão o suplício que o esperava, poderia ele ter um só dia de alegria? Se, desde o começo de seu reinado, fosse mostrada a Saul a espada que o deveria traspassar; se Judas previsse o laço que deveria sufocá-lo, quão amarga não lhes seria a vida! Nosso amável Redentor, desde o primeiro instante de sua vida, tinha diante dos olhos os açoites, os espinhos, a cruz, os ultrajes da sua Paixão, a morte dolorosa que o esperava. Quando via as vítimas que eram sacrificadas no templo, sabia muito bem que todas elas eram figura do sacrifício que esse Cordeiro imaculado deveria consumar no altar da cruz. Quando via a cidade de Jerusalém, sabia que aí deveria sacrificar sua vida num mar de dores e de vitupérios. Quando olhava para sua querida Mãe, já a imaginava agonizante ao pé da cruz, junto a si moribundo. E assim, meu Jesus, a vista horrível de tantos males em toda a vossa vida vos afligiu sempre e vos atormentou antes do tempo de vossa morte. E vós aceitastes tudo e sofrestes por meu amor.

4. Somente a vista de todos os pecados do mundo, especialmente dos meus, ó meu aflito Senhor, com os quais já previeis que eu vos havia de ofender, fez que a vossa vida fosse a mais aflita e penosa de todas as existências passadas e futuras. Mas, ó meu Deus, em que lei bárbara está escrito que um Deus ame tanto uma criatura e que depois disso a criatura viva sem amar o seu Deus, antes o ofenda e desgoste? Fazei, Senhor, que eu conheça a grandeza de vosso amor, para que não vos seja mais ingrato. Ó meu Jesus, se eu vos amasse, se eu vos amasse deveras, quão doce me seria o padecer por vós.

5. À Sóror Madalena Orsini, que já há longo tempo vivia atribulada, apareceu uma vez Jesus na cruz, e a animou a sofrer com paciência. A serva de Deus respondeu: "Mas, Senhor, vós só por três horas estivestes pregado na cruz e eu já há mais anos sofro este tormento". Repreendendo-a, disse-lhe Jesus Cristo: "Ah! ignorante, que dizes? Eu, desde o primeiro instante em que me achei no seio de minha Mãe, sofri no coração tudo aquilo que mais tarde tolerei na cruz". E eu, meu caro Redentor, à vista de tantos tormentos que durante toda a vossa vida sofrestes por meu amor, como posso lamentar-me das cruzes que vós me enviais para meu bem? Agradeço-vos haver-me remido com tanto

amor e com tanta dor. Vós, para animar-me a sofrer com paciência as penas desta vida, quisestes vos encarregar de todos os nossos males. Ah! Senhor, fazei que tenha sempre presentes as vossas dores, para que eu aceite e deseje sempre padecer por vosso amor.

6. "Grande como o mar é vossa dor" (Lm, 2,13). Como as águas do mar são salgadas e amargosas, assim a vida de Jesus foi toda cheia de amarguras e falta de todo o alívio, como ele mesmo disse a S. Margarida de Cortona. Além disso, como no mar se reúnem todas as águas da terra, assim em Jesus Cristo se reuniram todas as dores dos homens. Pela boca do Salmista ele mesmo o afirma: "Salvai-me, ó meu Deus, porque as águas entraram até a minha alma; cheguei ao alto mar e a tempestade me submergiu" (Sl 68,1). Ah! meu caro Jesus, meu amor, minha vida, meu tudo, se eu contemplo exteriormente o vosso corpo, nada mais vejo senão chagas. Se penetro em vosso coração desolado, não encontro senão amarguras e opróbrios, que vos causam mortais agonias. Ah! meu Senhor, quem, além de vós, que sois uma bondade infinita, se sujeitaria a padecer tanto e morrer por uma criatura vossa? Mas, porque vós sois Deus, amais como Deus, com um amor que não pode ser comparado com nenhum outro amor.

7. S. Bernardo diz: "Para remir o escravo, o Pai não poupou a seu Filho e o Filho não se poupou a si mesmo" (*Serm. de pass. Dom.*). Ó caridade infinita de Deus: de um lado o Padre Eterno impôs a Jesus Cristo satisfazer por todos os pecados dos homens (Is 53,6) e doutro lado, Jesus, para salvar os homens da maneira mais amorosa possível, quer tomar sobre si a pena que era devida à divina justiça em todo o seu rigor, do que conclui S. Tomás que ele se submeteu a todas as dores e a todos os ultrajes em sumo grau. Por essa razão, Isaías o chama "o homem das dores e o mais desprezado de todos os homens" (Is 53,3). E com razão, porque enquanto Jesus era atormentado em todos os membros e sentidos do corpo, sofria ainda maiores tormentos em todas as potências de sua alma, visto que as penas interiores superam imensamente todas as dores externas. Ei-lo, pois, dilacerado, exangue, tratado como enganador, mágico, doido abandonado por seus próprios amigos e finalmente perseguido por todos até findar sua vida sobre um infame patíbulo.

8. "Sabeis o que eu fiz para vós" (Jo 13,12). Senhor, eu sei quanto fizestes e padecestes por meu amor, e vós sabeis que até agora nada fiz por vós. Meu Jesus, ajudai-me a sofrer qualquer coisa por amor de vós, antes de me atingir a morte. Eu me envergonho de aparecer diante de vós,

mas não quero ser mais aquele ingrato que tenho sido para convosco há tantos anos. Vós vos privastes de todo o prazer por mim; eu renuncio por vosso amor a todos os prazeres dos sentidos. Vós sofrestes tantas dores por mim; eu quero sofrer por vós todas as penas de minha vida e minha morte. Vós fostes abandonado e eu consinto em ser abandonado por todos, para que vós não me abandoneis, meu único e sumo bem. Vós fostes perseguido e eu aceito toda sorte de perseguições. Vós finalmente morrestes por mim e eu quero morrer por vós. Ah! meu Deus, meu tesouro, meu amor, meu tudo, eu vos amo, dai-me mais amor.

CAPÍTULO 4

DO GRANDE DESEJO QUE JESUS TEVE DE PADECER E MORRER POR NOSSO AMOR

1. Muito terna, amorosa e afetuosa foi aquele declaração que fez nosso Redentor quando veio à terra, afirmando que ele tinha vindo para acender nas almas o fogo do amor divino e que não tinha outro desejo senão ver acesa nos corações de todos os homens essa santa chama. "Eu vim trazer fogo à terra, e que desejo senão que ele se acenda?" (Lc 12,49). E ajunta imediatamente que desejava ser batizado no batismo de seu próprio sangue, não para lavar seus próprios pecados (pois era impecável), mas os nossos, pelos quais ele vinha satisfazer por seus tormentos. A Paixão de Cristo chama-se batismo, porque fomos purificados por seu sangue, diz S. Boaventura. Em seguida nosso amantíssimo Jesus, para nos fazer compreender o ardor desse seu desejo de morrer por nós, acrescenta, com grande expressão de amor, que ele sentia uma imensa aflição por ter de diferir a execução de sua Paixão, tão grande era o seu desejo de padecer por nosso amor. Eis suas amorosas palavras: "Tenho de ser batizado em um batismo e quão grande é minha angústia enquanto não o vejo cumprido" (Lc 12,50).

2. Ó Deus, abrasado em amor pelos homens, que podíeis mais dizer e fazer para obrigar-me a vos amar? E que bem vos podia trazer meu amor, que, para obtê-lo, quisestes morrer e desejastes tão ardentemente a morte? Se um escravo tivesse desejado morrer por mim, seguramente teria conquistado o meu amor, e poderei viver sem amar com todo o meu coração a vós, meu Rei e meu Deus, que por mim morrestes e com tão grande desejo de obter o meu amor?

3. Sabendo Jesus que chegara a sua hora de se ir deste mundo para seu Pai, tendo amado os seus, amou-os até o fim (Jo 13,1). Diz S. João que Jesus chamou sua hora a hora de sua Paixão, porque, como escreve um piedoso comentador, foi esse o momento da vida mais ardentemente desejado por nosso Redentor; com padecer e morrer pelo homem, ele queria fazê-lo compreender o amor imenso que lhe dedicava: "É aquela hora do amante em que padece pelo amigo" (*Barrad* t. 4. 1. 2., c. 5). É cara ao que ama a hora em que sofre pela pessoa amada, já que o padecer por outrem é a coisa mais própria para manifestar-lhe o nosso amor e ganhar-lhe o seu. Ah! meu caro Jesus, para me patenteardes o vosso grande amor, não quisestes confiar a outrem a obra de minha redenção. Tão caro vos era o meu amor, que quisestes padecer tão grandes penas para conquistá-lo. E que mais poderíeis fazer, se tivésseis de granjear o amor de vosso eterno Pai? Que mais poderia padecer um escravo para obter o amor de seu senhor, do que aquilo que suportastes para serdes amado por mim, escravo vil e ingrato?

4. Vejamos nosso amado Jesus, já próximo a ser sacrificado sobre o altar da cruz por nossa salvação, naquela noite bem-aventurada que precedeu a sua Paixão. Ouçamos o que diz a seus discípulos na última ceia que toma com eles. "Ardentemente desejei comer esta páscoa convosco" (Lc 22,15). S. Lourenço Justiniano, considerando estas palavras, assevera que foram todas expressões de amor. Como se nosso amante Redentor tivesse dito: ó homens, sabei que esta noite, na qual se dará início à minha Paixão, é o tempo pelo qual mais suspirei durante toda a minha vida, porque agora com meus sofrimentos e com minha acerba morte vos farei compreender quanto eu vos amo e assim vos obrigarei a amar-me da maneira mais eficaz que me é possível. Diz um autor que na Paixão de Jesus a onipotência divina se uniu com o amor; o amor pretendeu amar o homem com toda a extensão da onipotência e a onipotência procurou satisfazer o amor em toda a extensão de seu desejo. Ó sumo Deus, vós me haveis dado tudo, dando-vos a mim, e como posso deixar de amar-vos com todo o meu ser? Eu creio, sim, eu o creio, que vós morrestes por mim e como posso amar-vos tão pouco, esquecendo-me tão a miúdo de vós e do quanto padecestes por mim? E por que, Senhor, não me sinto todo abrasado no vosso amor, ao pensar na vossa Paixão e não me rendo todo a vós, como tantas almas santas, que, considerando vossos sofrimentos, tornaram-se presas felizes de vosso amor e deram-se por inteiro a vós?

5. Dizia a esposa dos Cânticos que, cada vez que seu esposo a introduzia na sagrada cela de sua Paixão, se via de tal modo assaltada pelo amor divino, que, desfalecida de amor, era obrigada a buscar alívio ao seu coração ferido: "Introduziu-me em sua adega e ordenou em mim a caridade. Confortai-me com flores, alentai-me com pomos, porque desfaleço de amor" (Ct 2,4). E como é possível que uma alma, pondo-se a considerar a Paixão de Jesus Cristo, as dores e a agonia que tanto afligiram o corpo e a alma de seu amado Senhor, não se sinta ferida como por outras tantas setas de amor e docemente forçada a amar a quem tanto o amou? Ó Cordeiro sem mancha, como me pareceis belo e amável quando vos contemplo nessa cruz assim dilacerado, ensanguentado e desfigurado! Sim, porque todas essas chamas que em vós eu vejo são provas e sinais do grande amor que me tendes. Ah, se todos os homens vos contemplassem nesse estado, em que fostes dado um dia em espetáculo a Jerusalém, quem poderia deixar de sentir-se cativo de vosso amor? Meu amado Senhor, aceitai o meu amor, pois eu vos consagro todos os meus sentidos e toda a minha vontade. E como vos poderei negar alguma coisa quando vós não me negastes o vosso sangue, a vossa vida e todo o vosso ser?

6. Tão grande foi o desejo de padecer por nós, que na noite anterior à sua morte não somente seguiu espontaneamente para o horto, onde sabia que os judeus o haviam de prender, mas também disse a seus discípulos, sabendo que Judas, o traidor, já estava próximo com a escolta dos soldados: "Levantai-vos, vamos; já está próximo quem me vai trair" (Mc 14,42). Quis ele mesmo ir ao seu encontro, como se viessem para conduzi-lo não já ao suplício da morte, mas à coroa de um grande reino. Ó meu doce Salvador, fostes ao encontro da morte com tão ardente desejo de morrer, pelo excessivo anseio que tínheis de ser amado por mim. E eu não desejarei morrer por vós, meu Deus, para testemunhar-vos o amor que vos tenho? Sim, meu Jesus, morto por mim, eu também desejo morrer por vós. Eu vos consagro o sangue, a vida, tudo o que tenho! Eis-me pronto a morrer por vós como e quando vos aprouver. Aceitai este mesquinho sacrifício que vos faz um miserável pecador, que antigamente vos ofendeu, mas agora mais vos ama do que a si mesmo.

7. S. Lourenço Justiniano considera aquele Sítio que Jesus proferiu na cruz ao morrer e diz que essa sede não foi uma sede que provinha da necessidade de água, mas que nascia do fogo do amor que Jesus sentia por nós: essa sede provinha do ardor da caridade. Com essa palavra nosso Redentor quer manifestar-nos, mais que a sede do corpo,

o desejo que tinha de sofrer por nós, demonstrando-nos o seu amor e juntamente o desejo que sentia de ser amado por nós depois de tantos sofrimentos suportados por nós. E S. Tomás afirma igualmente: "Por este Sítio mostra seu ardente desejo de salvação do gênero humano" (*in* Jo 19,1.5). Ah! Deus de amor, é possível que fique sem correspondência um tal excesso de caridade? Costuma-se afirmar que amor com amor se paga, mas com que amor se poderá pagar o vosso amor? Seria necessário que um outro Deus morresse por nós, para compensar o amor que nos testemunhastes, morrendo por nós. Como, pois, Senhor meu, como pudestes afirmar que vossas delícias consistiram em estar com os homens, se deles não tendes recebido senão injúrias e maus tratos? O amor, pois, vos transforma em delícias as dores e os vitupérios que sofrestes por nós.

8. Ó Redentor amabilíssimo, não quero resistir por mais tempo às vossas finezas: eu vos consagro todo o meu amor. Vós sereis entre todas as coisas e haveis de ser sempre o único amor de minha alma. Fizestes-vos homem para ter uma vida que dar por mim e eu desejaria ter mil vidas para sacrificá-las todas por vós. Eu vos amo, bondade infinita, e quero amar-vos com todas as minhas forças; quero fazer quanto em mim estiver para vos agradar. Vós, inocente, tanto padecestes por mim e eu, pecador, que mereci o inferno, quero sofrer por vós o que vos aprouver. Meu Jesus, auxiliai este meu desejo que vós mesmo me inspirais, pelos vossos merecimentos. Ó Deus infinito, eu creio em vós, em vós eu espero, a vós eu amo. Maria, minha Mãe, intercedei por mim. Amém.

CAPÍTULO 5

DO AMOR QUE JESUS NOS MOSTROU, DEIXANDO-SE A SI MESMO EM COMIDA ANTES DE ENTREGAR-SE À MORTE

1. "Sabendo Jesus que era chegada a sua hora de passar deste mundo ao Pai, tendo amado os seus, amou-os até o fim" (Jo 13,1). Nosso amantíssimo Redentor, na última noite de sua vida, sabendo que já era chegado o tempo suspirado de morrer por amor dos homens, não teve ânimo de nos deixar sós neste vale de lágrimas. E para não se separar de nós nem mesmo depois de sua morte, quis deixar-se-nos todo em alimento no sacramento do altar. Com isto deu-nos a entender que, depois desse dom infinito, não tinha mais o que dar-nos para nos testemunhar o seu amor. Cornélio a Lápide, com S. Crisóstomo e Teofilacto, explica segundo o texto grego a palavra até o fim e escreve: "É como se dissesse: amou-os com um amor supremo e sem limites". Jesus neste sacramento fez o último esforço de amor para o homem, como diz o Abade Guerrico (*Serm. de Ascens.*). Essa ideia foi ainda melhor expressa pelo sagrado Concílio de Trento que, falando do sacramento do altar, disse que nele nosso Salvador derramou, por assim dizer, todas as riquezas de seu amor para conosco (*Sess.* 13, c.2). Tinha razão S. Tomás de Aquino de chamar este sacramento de sacramento de amor e o maior penhor de amor que um Deus nos podia dar (*Op.* 18, c. 25). E S. Bernardo o chamava amor dos amores. S. Maria Madalena de Pazzi dizia que uma alma depois de comungar pode exclamar: "Tudo está consumado", já que o meu Deus, tendo-se dado todo a mim nesta comunhão, nada mais tem para comunicar-me. Uma vez perguntou esta santa a uma de suas noviças em que havia pensado depois da comunhão. Respondeu-lhe a noviça: no amor de Jesus. Sim, replicou então a santa, quando se pensa no amor, não se pode ir mais avante, antes é preciso deter-se nele. Ó Salvador do mundo, que pretendeis dos homens, deixando-vos levar a dar-lhes como alimento o vosso próprio ser? E que mais vos resta dar-nos, depois deste sacramento para nos obrigar a vos amar? Ah! meu Deus amantíssimo, iluminai-me para que conheça qual foi o excesso de bondade que vos reduziu a vos fazerdes minha comida na santa comunhão. Se, pois, vos destes inteiramente a mim, é justo que eu também me dê todo a vós. Sim, Jesus, eu me dou todo a vós, vos amo acima de todos os bens e desejo receber-vos para vos amar ainda mais. Vinde, sim, vinde muitas vezes à minha alma e fazei-a toda vossa. Ah! se eu pudesse dizer que em verdade como S. Filipe Néri ao receber a comunhão em viático: "Eis aí o meu amor, eis aí o meu amor; dai-me o meu amor".

2. "Quem come a minha carne e bebe o meu sangue, permanece em mim e eu nele" (Jo 6,57). S. Dionísio Areopagita diz que o amor tende sempre à união com o objeto amado. E porque a comida se faz uma só coisa com quem a toma, por isso Nosso Senhor quis fazer-se comida, para que nós, recebendo-o na santa comunhão, nos tornássemos uma só coisa com ele: "Tomai e comei: isto é o meu corpo" (Mt 25,26). Como se quisesse dizer, assevera S. João Crisóstomo: "Comei-me, para que nos tornemos um só ser" (*Hom. 15 in Joan*), alimenta-te de mim, ó homem, para que de mim e de ti se faça uma só coisa. Assim como dois pedaços de cera derretidos, diz S. Cirilo Alexandrino, se misturam e confundem, da mesma forma uma alma que comunga se une de tal maneira a Jesus que Jesus está nela e ela em Jesus. "Ó meu amado Redentor", exclama S. Lourenço Justiniano, "como pudestes chegar e amar-vos tanto e de tal modo unir-vos a vós, que do vosso coração e do nosso não se fizesse senão um só coração?" (*De div. amor,* c. 5). Tinha, pois, razão S. Francisco de Sales de dizer, falando da santa comunhão: "O Salvador não pode ser considerado em nenhum outro mistério nem mais amável nem mais terno que neste, no qual se aniquila, por assim dizer, e se reduz à comida para penetrar em nossas almas e unir-se ao coração de seus fiéis". "E assim", diz S. João Crisóstomo, "nós nos unimos e nos tornamos um corpo e uma carne com aquele em quem os anjos não ousam fixar seus olhares. Que pastor, ajunta o santo, alimenta suas ovelhas com seu próprio sangue? Mesmo as mães dão seus filhos a amas estranhas. Jesus, porém, nesse sacramento nos alimenta com o seu próprio sangue e une-se a nós" (*Hom*. 60). Em suma, ele quer fazer-se nosso alimento e uma mesma coisa conosco, porque nos ama ardentemente (*Hom*. 51).

Ó amor infinito, digno de um infinito amor, quando vos amarei, ó meu Jesus, como vós me amastes? Ó alimento divino, ó sacramento de amor, quando me atraireis todo a vós? Não podeis fazer mais para vos fazerdes amar por mim. Eu quero sempre começar a amar-vos, prometo-vos sempre, mas nunca o começo. Quero começar hoje a amar-vos deveras. Ajudai-me, inflamai-me, desprendei-me da terra e não permitais que eu continue a resistir a tantas finezas de vosso amor. Eu vos amo de todo o coração e por isso quero tudo abandonar para vos comprazer, minha vida, meu amor, meu tudo. Quero unir-me muitas vezes convosco neste sacramento, para desprender-me de tudo e amar somente a vós, meu Deus. Espero de vossa bondade poder executá-lo com o vosso auxílio.

3. Temos visto a Sabedoria como que enlouquecida pelo excesso de amor, diz S. Lourenço. "E de fato não parece uma loucura de amor", pergunta S. Agostinho, "um Deus dar-se em alimento às suas criaturas?" (*in ps*. 33 *en*. 1). E que mais poderia dizer uma criatura a seu Criador? S. Dionísio Areopagita diz que Deus, por causa da grandeza de seu amor, como que caiu fora de si, pois, mesmo sendo Deus, se fez não só homem, mas até alimento dos homens (*Liv. V de div. Nom*. p. 4). Mas tal excesso, Senhor, não convinha à vossa Majestade! Responde por Jesus S. João Crisóstomo: "O amor não procura razões quando quer fazer bem e manifestar-se ao objeto amado; vai, não para onde lhe convém, mas para onde o arrasta seu desejo" (*Sem*. 147). Ah! meu Jesus, quanto me envergonho ao pensar que, podendo vos possuir, bem infinito, mais digno de amor que todos os outros bens e tão abrasado em amor por minha alma, eu me deixei levar a amar bens vis e mesquinhos, pelos quais vos abandonei. Por favor, ó meu Deus, manifestai-me cada vez mais as grandezas de vossa bondade, para que eu me abrase sempre mais em amor por vós e mais me esforce para vos agradar. Ah! meu Senhor, que objeto mais belo, mais perfeito, mais santo, mais amável que vós posso encontrar para amar? Amo-vos, bondade infinita, amo-vos mais do que a mim mesmo e quero viver para vos amar e vós que mereceis todo o meu amor.

4. S. Paulo considera o tempo em que Jesus nos presenteou com este sacramento dádiva que ultrapassa todos os outros dons que um Deus nos podia fazer (dizia S. Clemente); sendo onipotente, nada mais tinha depois disso para nos dar, como atesta S. Agostinho. O Apóstolo nota e diz:

"O Senhor Jesus, na noite em que foi traído, tomou o pão e dando graças o partiu e disse: tomai e comei, isto é o meu corpo, que será entregue por vós" (1Cor 11,23). Naquela mesma noite, pois, na qual os homens pensavam em preparar a Jesus tormentos e morte, o amante Redentor pensou em deixar-lhes a si mesmo no Santíssimo Sacramento, dando a entender que seu amor era tão grande que, em vez de arrefecer com tantas injúrias, antes mais se acendeu e inflamou com isso. Ah! Senhor amorosíssimo, como pudestes amar tanto os homens, querendo ficar com eles na terra como seu alimento, quando eles vos expulsavam com tanta ingratidão? Note-se, além disso, o imenso desejo que Jesus teve na sua vida de ver chegar aquela noite em que resolvera deixar-nos esse grande penhor de seu amor, declarando no momento de instituir este dulcíssimo sacramento: "Desejei ardentemente comer esta páscoa convosco" (Lc 22,15). Estas palavras denunciam o ardente desejo que tinha de unir-se conosco na comunhão, pelo grande amor que por nós sentia, diz S. Lourenço Justiniano. E o mesmo desejo conserva Jesus ainda hoje por todas as almas que o amam. Não se encontra uma abelha, disse ele um dia a S. Mectildes, que se precipite com tanto ímpeto sobre as flores para lhes sugar o mel, como eu me dirijo à alma que me deseja, impelido pela violência de meu amor.

Ó Deus amabilíssimo, não podeis dar-me maiores provas de vosso amor. Agradeço-vos a vossa bondade. Atraí-me, ó meu Jesus, inteiramente a vós: fazei que vos ame de hoje em diante com todo o meu coração e com toda a ternura. Que os outros se contentem de amar-vos só com um amor apreciativo e predominante: sei que com isso vos contentais; eu só me contentarei quando vir que amo com maior ternura que a um amigo, um irmão, um pai e um esposo. E onde poderei encontrar um amigo, um irmão, um pai, um esposo que tanto me ame, como vós me amastes, meu Criador, meu Redentor e meu Deus, que por mim destes o sangue e a vida e ainda a vós mesmo todo inteiro neste sacramento de amor? Amo-vos, pois, ó meu Jesus, com todos os meus afetos, amo-vos mais do que a mim mesmo. Ajudai-me a amar-vos e nada mais vos peço.

5. Diz S. Bernardo que Deus nos amou somente para ser amado por nós (*In Cant. serm.* 83). E por isso protestou nosso Salvador que ele veio à terra para fazer-se amar: "Vim trazer fogo à terra!". Oh! que belas chamas de santo amor não acendeu Jesus nas almas por meio deste diviníssimo sacramento. Dizia o venerável S. Francisco Olímpio, teatino, que nenhuma coisa é tão apta para inflamar os nossos corações a amar o sumo bem

como a santa comunhão. Hesíquio chamava a Jesus no Santíssimo Sacramento o fogo divino e S. Catarina viu um dia nas mãos de um sacerdote a Jesus-Sacramento semelhante a uma fornalha de amor, admirando-se de não estar o mundo inteiro abrasado por ela. Segundo o abade Ruperto E S. Gregório Nisseno, o altar é aquela adega onde a alma, esposa de Jesus, se inebria de amor por seu Senhor, de tal modo esquecida da terra que se abrasa docemente e enlanguesce de santa caridade."Introduziu-me na cela vinária", diz a esposa dos Cânticos, "e ordenou em mim a caridade. Conformai-me com flores e alentai-me com maçãs, porque desfaleço de amor" (Ct 2,4). Ó amor de meu coração, Santíssimo Sacramento! Oh! se eu me recordasse sempre de vós e me esquecesse de tudo para amar a vós somente, sem interrupção e sem reserva. Ah! meu Jesus, tanto batestes à porta de meu coração que afinal nele entrastes, como eu o espero. Já, porém, que nele entrastes, peço-vos que expulseis dele todos os afetos que não tendem para vós. Tomai posse de tal modo de mim que eu possa doravante dizer em toda a verdade com o profeta: "Que tenho eu no céu e, fora de ti, que desejei sobre a terra?... Deus de meu coração e minha partilha, Deus para sempre" (Sl 72,25). Meu Deus, que desejo eu fora de vós nesta terra e no céu? Vós só sois e sempre sereis o único senhor de meu coração e de minha vontade e vós só haveis de ser toda a minha partilha, toda a minha riqueza nesta e na outra vida.

6. Ide, dizia o profeta Isaías, ide e publicai por toda parte as invenções amorosas de nosso Deus, para obrigar os homens a seu amor. "Tirareis água com alegria das fontes do Salvador e direis nesse dia: louvai o Senhor e invocai o seu nome, fazei conhecidas aos povos as suas invenções" (Is 12,3). E que invenções não achou o amor de Jesus para se fazer amar por nós! Na cruz quis ele abrir-nos nas suas chagas tantas fontes de graças que, para recebê-las, basta o pedi-las com confiança. E não contente com isso quis dar-se todo a nós no SS. Sacramento. Ó homem, exclama S. João Crisóstomo, por que és tão mesquinho e te mostras tão reservado no amor para com teu Deus, que sem reserva se deu inteiramente a ti? É precisamente no SS. Sacramento, diz o Doutor Angélico, que Jesus nos dá tudo quanto é e quanto tem (*Opusc.* 63, c. 3). Eis o Deus imenso que o mundo não pode conter, ajunta S. Boaventura, tornado nosso prisioneiro e cativo, quando vem ao nosso peito na sagrada comunhão (*In praep. Miss.* c. 4). Por isso S. Bernardo, considerando esta verdade, fora de si de amor, exclamava: "O meu Jesus quis fazer-se hóspede inseparável de meu coração. E já que o meu Deus quis entregar-se inteiramente a mim para cativar-me o amor, é justo", concluía, "que eu me empregue todo e inteiro em servi-lo e amá-lo".

Ah! meu caro Jesus, dizei-me, que mais vos resta inventar para vos fazerdes amar? E eu continuarei a viver tão ingrato para convosco como o tenho sido até agora? Senhor, não o permitais. Vós dissestes que quem se alimenta de vossa carne na comunhão viverá por virtude de vossa graça: "Quem me comer viverá por mim" (Jo 6,58). Visto, pois, que vós não dedignais de vir a mim na sagrada comunhão, fazei que minha alma viva sempre da verdadeira vida da vossa graça. Arrependo-me, ó sumo bem, de havê-la desprezado na minha vida passada, mas vos agradeço o tempo que me dais para chorar as ofensas que vos fiz. Quero pôr em vós, no restante de minha vida, todo o meu amor e pretendo agradar-vos quanto em mim estiver. Socorrei-me, ó meu Jesus, não me abandoneis. Salvai-me por vossos merecimentos, e minha salvação consista em amar-vos sempre nesta vida e na eternidade. Maria, minha Mãe, ajudai-me também vós.

CAPÍTULO 6
DO SUOR DE SANGUE E AGONIA DE JESUS NO HORTO

1. Contemplai como o nosso amorosíssimo Salvador, chegando ao jardim de Getsêmani, quis dar começo à sua dolorosa Paixão, permitindo que os sentimentos de temor, de tédio e de tristeza viessem afligi-lo com todas as suas consequência. Começou a ter pavor e angustiar-se e entristecer-se (Mt 26,37; Mc 14,33). Começou primeiramente a sentir um grande temor da morte e das penas que teria em breve de sofrer: começou a atemorizar-se. Mas como é isso possível? Não foi então ele que se ofereceu espontaneamente a sofrer tais tormentos? Foi sacrificado porque ele mesmo o quis. Não foi ele que tanto desejara o momento de sua Paixão, tendo dito pouco antes: "Desejei ardentemente comer esta páscoa convosco"? E agora como é que está tão cheio de temor de sua morte, que chega a rogar a seu Pai que dela o livre: "Meu Pai, se for possível, afastai de mim este cálice?" (Mt 26,39). S. Beda, o Venerável, responde: "Pede que se afaste o cálice para mostrar que é verdadeiramente homem" (*in* Mc 14). Nosso amantíssimo Senhor muito desejava morrer por nós, para com sua morte patentear-nos o amor que nos tinha; mas, para que os homens não pensassem que ele tinha tomado um corpo fantástico (como o afirmaram alguns hereges) ou então por virtude de sua divindade ele tivesse morrido sem experimentar nenhuma dor, fez essa súplica a seu Pai, não para ser atendido, mas para nos dar a entender que morria como homem e morria atormentado com um grande temor da morte e das dores que a deviam acompanhar.

Ó Jesus amabilíssimo, quisestes tomar sobre vós a nossa timidez para nos conceder a vossa coragem no sofrer os trabalhos desta vida. Sede bendito para sempre por tanta piedade e amor. Que todos os corações vos amem quanto vós o desejais e mereceis.

2. Começou a angustiar-se. Começou também a sentir um grande tédio das penas que lhe estavam aparelhadas. Quando se está desgostoso, até as delícias enfastiam. Oh! quantas angústias inseparáveis de tal tédio não deveria causar a Jesus o horrendo aparato que então lhe passou pela mente, de todos os tormentos exteriores, que deveria martirizar horrendamente seu corpo e sua alma bendita! Apresentaram-se distintamente diante de seus olhos todas as dores que deveria sofrer, todos os escárnios que deveria receber dos judeus e dos romanos, todas as injustiças que lhe fariam os juízes de sua causa, e de modo particular se lhe apresentou à mente a morte dolorosíssima que teria de suportar, abandonado de todos, dos homens e de Deus, num mar de dores e de desprezos. E foi justamente isso que lhe ocasionou um desgosto tão amargo que o obrigou a pedir conforto a seu Pai Eterno. Ah! meu Jesus, eu me compadeço de vós, vos agradeço e vos amo.

3. "Apareceu-lhe então um anjo do céu que o confortou" (Lc 22,43). Veio o conforto, mas este mais aumenta do que lhe alivia a dor, diz S. Beda. Sim, porque o anjo o confortou para padecer mais por amor dos homens e para glória de seu Pai. Oh! quantas angústias vos causou este vosso primeiro combate, ó meu amado Senhor! No decorrer de vossa Paixão, os flagelos, os espinhos, os cravos vieram uns após outros atormentar-vos; no horto, porém, os sofrimentos de toda a vossa Paixão vos assaltam todos juntos e vos afligem ao mesmo tempo. E vós aceitastes tudo por meu amor e por meu bem. Ah! meu Deus, quanto me penaliza não vos haver amado pelo passado e ter anteposto os meus gostos criminosos à vossa santa vontade. Detesto-os agora mais que todos os males e me arrependo de todo o coração. Jesus, perdoai-me!

4. Começou a entristecer-se e a magoar-se. Com o temor e com o tédio, começou Jesus a sentir ao mesmo tempo uma grande melancolia e aflição de espírito. Mas, Senhor, não fostes vós que infundistes tão grande alegria aos vossos mártires no meio dos tormentos, que chegavam até a desprezar os sofrimentos e a morte? De S. Vicente diz S. Agostinho que falava com tanta alegria ao ser martirizado, que parecia ser um o que padecia e outro o que falava. Narra-se de S. Lourenço que, ardendo nas grelhas, era tão grande a consolação que sentia em sua alma, que insultava o tirano, dizendo: "Vira-me e come". Como é que vós, ó meu Jesus, que destes tanta alegria aos vossos servos na morte, escolhestes para vós uma tristeza tão grande ao morrer?

5. Ó alegria do paraíso, que alegrais o céu e a terra com o vosso júbilo, por que vos vejo agora tão aflito e tão triste, e vos ouço dizer que a tristeza que vos aflige é suficiente para dar-vos a morte? "Minha alma está triste até à morte" (Mc 14,34). Por que, meu Redentor? Ah! já vos compreendo: não foram tanto os sofrimentos de vossa Paixão, quanto os pecados dos homens, entre estes os meus, que vos causaram então aquele grande temor da morte.

6. Tanto o Verbo eterno amava seu Pai quanto odiava o pecado, do qual bem conhecia a malícia. Por isso, para tirar o pecado do mundo e para não ver mais seu amado Pai ofendido, ele veio à terra e fez-se homem e resolveu sofrer uma Paixão e uma morte tão dolorosa. Vendo, porém, que, apesar de todas as suas penas, ainda se cometeriam tantos pecados no mundo, esta dor, diz S. Tomás, superou toda a dor que qualquer penitente jamais sentiu por suas próprias culpas e excedeu igualmente qualquer pena que possa afligir um coração humano. E a razão é que todos os sofrimentos dos homens são sempre misturados de alguma consolação; mas a dor de Jesus foi pura, sem lenitivo. Suportou a dor pura sem mistura de nenhuma consolação (*Contens.* 1.10, d. 4, c. 1). Ah, se eu vos amasse, se eu vos amasse, ó meu Jesus, vendo o quanto padecestes por mim, doces se me tornariam todas as dores, todos os opróbrios e os maus tratos deste mundo. Concedei-me, peço-vos, o vosso amor, para que sofra com gosto ou ao menos com paciência o pouco que me é dado sofrer. Não permitais que eu morra tão ingrato a tantas finezas de vosso amor. Nas tribulações que me sobrevierem, proponho dizer sempre: meu Jesus, abraço estes sofrimentos por vosso amor e os quero suportar para vos comprazer.

7. Na história lê-se que muitos penitentes, iluminados pela luz divina sobre a malícia de seus pecados, chegaram a morrer de pura dor. Que tormento, portanto, deveria suportar o coração de Jesus à vista de todos os pecados do mundo, todas as blasfêmias, sacrilégios, desonestidades e de todos os outros crimes cometidos pelos homens depois de sua morte, dos quais cada um vinha com sua própria malícia, à semelhança de uma fera cruel, lacerar-lhe o coração. Vendo isto, dizia então nosso aflito Senhor, agonizando no horto: É esta, então, ó homens, a recompensa que vós me dais pelo intenso amor meu? Oh! se eu visse que vós, gratos ao meu afeto, deixaríeis de pecar e começaríeis a amar-me, com que alegria iria agora morrer por vós. Mas ver, depois de tantos sofrimentos meus, ainda tantos pecados; depois de tão grande amor meu, ainda tantas ingratidões, é isto justamente o que mais me aflige, me entristece até à morte e me faz suar sangue vivo: "E seu suor tornou-se em gotas de sangue que corria até a terra" (Lc 22,44). No dizer do Evangelista, este suor sanguíneo foi tão copioso que primeiro molhou todas as vestes do Redentor e depois correu em abundância sobre a terra.

8. Ah! meu terno Jesus, eu não vejo neste horto nem flagelos nem espinhos, nem cravos que vos firam, e como é que vos vejo todo banhado em suor de sangue da cabeça aos pés? Foram os meus pecados a prensa cruel que, à força de aflições e tristeza, fez jorrar tanto sangue de vosso coração. Também eu fui então um dos vossos mais cruéis carnífices, ajudando com os meus pecados a atormentar-vos mais cruelmente. Certo é que se eu houvesse pecado menos, menos teríeis padecido, ó meu Jesus. Quanto maior foi o meu prazer em ofender-vos, tanto maior foi a aflição que vos causei ao vosso coração magoado. E como este pensamento não me faz agora morrer de dor, ao compreender que paguei o amor, que testemunhastes na vossa Paixão, aumentando vossa tristeza e vossas penas? Fui eu quem atormentou esse tão amável e amoroso coração que tanto me amou! Senhor, como agora não possuo outro meio para vos consolar que arrependendo-me de vos haver ofendido, aflijo-me e arrependo-me de todo o meu coração, ó meu Jesus. Dai-me uma dor tão grande que me faça chorar continuamente até último suspiro de minha vida os desgostos que vos dei, meu Deus, meu amor, meu tudo.

9. "Prostrou-se com o rosto por terra" (Mt 26,39). Vendo-se Jesus sobrecarregado com a incumbência de satisfazer pelos pecados do mundo inteiro, prostrou-se com a face em terra para suplicar pelo homem, como se estivesse envergonhado de levantar os olhos para o céu ao ver-se sob o peso de tantas iniquidades. Ah! meu Redentor, eu vos vejo todo aflito e pálido por vossos sofrimentos e, numa agonia mortal, rezais: "Posto em agonia rezava com mais instância" (Lc 22,43). Dizei-me por quem orais? Não foi tanto por vós que então suplicastes, mas sim por mim, oferecendo ao eterno Pai vossas poderosas súplicas unidas às vossas penas, para obter-me o perdão de minhas culpas. "O qual, nos dias de sua mortalidade, oferecendo com grande clamor e com lágrimas e súplicas àquele que o podia salvar da morte, foi atendido pelo seu submisso respeito" (Hb 5,7). Ah! meu Redentor, como pudestes amar tanto a quem tanto vos ofendeu?

Como pudestes aceitar tantos sofrimentos por mim, conhecendo já então a ingratidão com que vos haveria de tratar?

10. Ó meu Senhor afligido, fazei que eu participe da dor que então sentistes pelos meus pecados. Eu os detesto no presente e uno este meu arrependimento ao pesar que sentistes no horto. Ah! meu Salvador, não olheis para meus pecados, pois não me bastaria o inferno; olhai para os sofrimentos que suportastes por mim. Ó amor de meu Jesus, sois o meu amor e minha esperança. Senhor, eu vos amo com toda a minha alma e quero amar-vos sempre. Pelos merecimentos daquela angústia e tristeza que sofrestes no horto, dai-me fervor e coragem nas empresas para vossa glória. Pelos merecimentos de vossa agonia, dai-me força para resistir a todas as tentações da carne e do inferno. Dai-me a graça de me recomendar sempre a vós e de repetir sempre com Jesus Cristo: não o que eu quero, mas sim o que vós quereis. Não se faça a minha, mas sempre a vossa divina vontade. Amém.

CAPÍTULO 7
DO AMOR DE JESUS EM SOFRER TANTOS DESPREZOS EM SUA PAIXÃO

1. Diz Belarmino que os espíritos nobres sentem mais com os desprezos que com as dores do corpo, pois se estas afligem a carne, aqueles atormentam a alma, a qual, sendo mais nobre que o corpo, tanto mais sente as ofensas que lhe são feitas. Mas quem poderia imaginar que a personagem mais nobre do céu e da terra, o Filho de Deus, vindo a este mundo por amor dos homens, tivesse de suportar deles tantos vitupérios e injúrias, como se fosse o último e o mais vil dos homens? "Nós o vimos desprezado e como o último dos homens" (Is 53,2). Assevera S. Anselmo que Jesus Cristo quis sofrer tantos e tão grandes desprezos que não podia ser mais humilhado do que o foi na sua Paixão (*in* Fl 2). Ó Senhor do mundo, sois o maior de todos os reis e quisestes ser desprezado mais que todos os homens para ensinar-me a amar os desprezos. Já, pois, que sacrificastes a vossa honra por meu amor, quero sofrer por vosso amor todas as afrontas que me forem feitas.

2. E houve também uma espécie de afrontas que não sofresse na sua Paixão o Redentor? Foi afligido por seus próprios discípulos. Um deles o atraiçoa e o vende por trinta dinheiros; um outro o renega mais vezes, protestando publicamente não o conhecer, atestando com isso envergonhar-se de o haver anteriormente conhecido. Os outros discípulos, vendo-o preso e acorrentado, fogem e o abandonam (Mc 14,50). Ó meu Jesus abandonado, quem tomará a vossa defesa se, no começo de vossa prisão, os que vos são mais caros vos abandonam e fogem?

E afinal, ó meu Deus, essa afronta não terminou com a vossa Paixão. Quantas almas, depois de se haverem dedicado ao vosso seguimento e serem favorecidas por vós com muitas graças e sinais especiais de amor, arrastadas por alguma paixão de vil interesse ou de loucos prazeres, vos abandonaram com ingratidão? Quem se encontrar ao número desses ingratos, diga gemendo: ah! meu caro Jesus, perdoai-me que não quero mais abandonar-vos; prefiro perder mil vezes a vida a perder a vossa graça, ó meu Deus, meu amor, meu tudo.

3. Chegando Judas ao horto juntamente com os soldados, dirige-se para o mestre, abraça-o, beija-o. Jesus deixa-se beijar, mas, conhecendo seu pérfido desígnio, não pode deixar de se lhe queixar de sua pérfida traição, dizendo-lhe: "Judas, é com um ósculo que entregas o Filho do homem?" (Lc 22,48). E logo os insolentes ministros, seus comparsas, atropelam Jesus, põem-lhe a mão e o prendem como a um malfeitor: "Os ministros dos judeus prenderam a Jesus e o ligaram" (Jo 18,12). Céus, que vejo? Um Deus preso: por quem? Pelos homens, por vermes criados por ele mesmo. Que dizeis disso, ó anjos do paraíso? "Que têm convosco", pergunta S. Bernardo, "as cadeias dos escravos e dos réus, convosco, que sois o Santo dos santos, o Rei dos reis e o Senhor dos senhores?" (*De Pass.* c. 4).

Mas se os homens vos prendem, por que vos não desligais e vos livrais dos tormentos e da morte que estes vos preparam? Eu o compreendo, não são tanto essas cordas que vos ligam, é o amor que vos prende e vos obriga a padecer e morrer por nós. "Ó caridade, quão fortes são os teus vínculos que prendem o próprio Deus", diz S. Lourenço Justiniano (*Lg. vit.* c. 6). Ó amor divino, só vós pudestes prender um Deus e conduzi-lo à morte por amor dos homens.

4. "Contempla, ó homem, como esses cães arrastam sua vítima", diz S. Boaventura, "e como ele os segue sem resistência como um mansíssimo cordeiro. Um o agarra, outro o liga; um o empurra e o outro o fere" (*Med. vit. Chr.* c. 75). Preso, é nosso doce Salvador conduzido primeiramente à casa de Anás, depois à de Caifás, onde Jesus, sendo interrogado por esse malvado a respeito de seus discípulos e de sua doutrina, responde que não havia falado em segredo, mas publicamente, e que os mesmos que ali estavam presentes sabiam perfeitamente o que havia ensinado (Jo 18,20). A tal resposta um daqueles ministros, tratando-o de temerário, deu-lhe uma forte bofetada. Aqui exclama S.

Jerônimo: "Ó anjos do céu, como podeis guardar silêncio? Será que tão grande paciência vos tornou mudos?".

Ah, meu Jesus, como é que uma resposta tão justa e tão modesta podia merecer uma afronta tão grande na presença de tanta gente? O indigno pontífice, em vez de repreender a insolência daquele atrevido, o louva ou ao menos dá-lhe sinais de aprovação. E vós, meu Senhor, sofreis tudo para pagar as afrontas que eu, miserável, tenho feito à divina majestade com os meus pecados. Eu vos agradeço, ó meu Jesus! Eterno Padre, perdoai-me pelos merecimentos de Jesus.

5. Em seguida, o iníquo pontífice perguntou-lhe se ele era realmente o Filho de Deus: "Conjuro-vos pelo Deus vivo para que vos digais se sois vós o Cristo, Filho de Deus" (Mt 26,63). Jesus, por respeito ao nome de Deus, afirmou ser isso a verdade e então Caifás rasgou as vestes, dizendo que ele havia blasfemado. Todos gritaram então que ele merecia a morte. Sim, com razão, ó meu Jesus, eles vos declararam réu de morte, pois quisestes vos encarregar de satisfazer por mim, que merecia a morte eterna. Mas se com vossa morte me adquiristes a vida, é justo que eu empregue minha vida inteira e, se necessário for, a sacrifique por vós e vosso amor: socorrei-me com a vossa graça.

6. "Cuspiram-lhe então no rosto e deram-lhe bofetadas" (Mt 26,67). Depois de o julgarem digno de morte, como um homem já condenado ao suplício e declarado infame, aquele canalha pôs-se a maltratá-lo durante toda a noite com bofetadas, com golpes, com pontapés, arrancando-lhe a barba, cuspindo-lhe no rosto, motejando dele como dum falso profeta, dizendo-lhe: "Adivinha, ó Cristo, quem te bateu?". Tudo já predissera nosso Redentor por Isaías: "Entreguei meu corpo aos que me feriam e minha face aos que a laceravam; não desviei o rosto dos que me injuriavam e me cobriam de escarros" (Is 50,6). Diz o devoto Tauler ser opinião de S. Jerônimo que só no dia do juízo final serão conhecidas todas as penas e injúrias que Jesus sofreu naquela noite. S. Agostinho, falando das ignomínias sofridas por Jesus Cristo, diz: "Se este remédio não curar a nossa soberba, não sei o que há de curá-la" (*Serm. 1 in dom. 2 quadr.*). Ah, meu Jesus, vós tão humilde e eu tão soberbo! Senhor, dai-me luz, fazei-me conhecer quem sois vós e quem sou eu.

Então cuspiram-lhe no rosto! Ó Deus, que maior afronta que ser injuriado com escarros! O último dos ultrajes é receber escarros, diz Orígenes. Onde se costuma escarrar, senão em lugares sórdidos?

E vós, meu Jesus, sofreis escarros no rosto. Esses iníquos vos maltratam com bofetadas e pontapés, vos injuriam e cospem no vosso rosto, fazem convosco o que querem e não os ameaçais, nem os reprovais: "O qual, sendo amaldiçoado, não amaldiçoava, sendo maltratado, não ameaçava, mas entregava-se àquele que o julgava injustamente" (1Pd 2,23). Como um cordeiro inocente, humilde e manso, tudo suportastes sem nenhum lamento, oferecendo tudo ao vosso Pai para nos obter o perdão de nossos pecados: "Como um cordeiro diante do que o tosquia, emudecerá e não abrirá sua boa" (Is 53,7). S. Gertrudes, meditando uma vez sobre as injúrias feitas a Jesus na sua Paixão, pôs-se a louvá-lo e abençoá-lo; o Senhor com isso ficou tão satisfeito, que lho agradeceu amorosamente.

Ah, meu Senhor ultrajado, sois o rei dos céus, o Filho do Altíssimo, não deveríeis ser maltratado, mas adorado e amado por todas as criaturas. Eu vos bendigo e dou-vos graças, amo-vos de todo o meu coração, arrependo-me de vos ter ofendido; ajudai-me e tende compaixão de mim.

7. Tendo amanhecido, os judeus conduziram Jesus a Pilatos, para que fosse condenado à morte. Pilatos declara-o inocente: "Não encontro nenhuma culpa neste homem" (Lc 23,4). E para ver-se livre dos insultos dos judeus, que continuavam a exigir a morte do Salvador, o envia a Herodes. Muito se alegrou Herodes por ter Jesus em sua presença, esperando que, para livrar-se da morte, haveria de fazer diante dele algum dos muitos prodígios de que ouvira falar. Fez-lhe por isso muitas perguntas. Mas Jesus, porque não queria livrar-se da morte, uma vez que aquele malvado não merecia resposta, cala-se e não responde. Então esse rei soberbo o desprezou com toda a sua corte e, cobrindo-o com uma veste branca, para mostrar que o considerava um ignorante e insensato, o reenviou a Pilatos (Lc 23,11). O Cardeal Hugo diz: "Zombando dele como de um louco, vestiu-lhe uma túnica". E S. Boaventura: "Desprezou-o como inepto, porque não fez milagres; como ignorante, porque não respondeu uma única palavra; como louco, porque se não defendeu".

Ó Sabedoria eterna, ó Verbo divino, só vos faltava essa ignomínia de ser tratado de louco, privado de senso. Tanto vos interessa a nossa salvação, que por nosso amor quereis não só ser vituperado, mas saciado de vitupérios, como já profetizara a vosso respeito Jeremias: "Apresentará a face a quem o esbofetear e ficará saciado de opróbrios" (Lm 3,30). E como podeis amar tanto os homens, dos quais só ingratidões e desprezos recebeis? Ai de mim, que sou um desses que vos ultrajou mais do que

Herodes. Ah, meu Jesus, não me castigueis como a Herodes, privando-me da vossa voz. Herodes não vos reconhecia por quem sois, eu vos proclamo meu Deus; Herodes não vos amava, eu vos amo mais do que a mim mesmo. Por isso não me recuseis as vozes das inspirações como eu merecia pelas ofensas que vos fiz. Dizei o que quereis de mim, que eu, com a vossa graça, estou pronto a executá-lo.

8. Reconduzido Jesus a Pilatos, o governador o apresentou ao povo, para saber a quem queriam libertar nessa páscoa, se a Jesus ou a Barrabás, o homicida. Mas o povo gritou: "Não este, mas Barrabás". Ao que perguntou Pilatos: "Que farei então de Jesus?". Responderam: "Crucifica-o". "Que mal, porém, praticou este inocente?", interroga Pilatos. Ao que replicam: "Seja crucificado". Ó Deus! até agora a maior parte dos homens continua a dizer: "Não este, mas Barrabás, preferindo a Jesus Cristo um prazer sensual, um ponto de honra, um desabafo de cólera".

Ah, meu Senhor, vós bem sabeis que houve um tempo em que vos fiz as mesmas injúrias, quando vos pospus aos meus malditos prazeres. Meu Jesus, perdoai-me, que eu me arrependo de meu passado e de hoje em diante quero preferir-vos a todas as coisas. Eu vos estimo e vos amo acima de todos os bens; prefiro mil vezes morrer a abandonar-vos. Dai-me a santa perseverança, dai-me o vosso amor.

9. Falaremos depois dos outros opróbrios que Jesus Cristo teve de sofrer até morrer numa cruz: suportou a cruz, desprezando a ignomínia (Hb 12,2). Consideremos, entretanto, como em nosso Redentor se realizou perfeitamente o que dissera o Salmista, isto é, que ele se tornaria na sua Paixão o opróbrio dos homens e o ludíbrio da plebe: "Eu sou um verme e não um homem, o opróbrio dos homens e a abjeção da plebe" (Sl 21,7), chegando a morrer coberto de vergonha, justiçado pela mão do carrasco num patíbulo, como um malfeitor, no meio de dois celerados: "E foi posto no número dos malfeitores" (Is 53,12).

"Ó Senhor altíssimo, tornado o mais baixo de todos os homens", exclama S. Bernardo; "ó excelso tornado vil, ó glória dos anjos tornada o opróbrio dos homens!".

10. "Ó graça, ó força do amor de um Deus", continua S. Bernardo (*Serm. de pass. Dm.*). É assim que o senhor supremo de todos se fez o ínfimo de todos! E quem fez isto? O amor. Tudo fez o amor que Deus consagra aos homens, para nos patentear quanto ele nos ama e ensinar-nos com seu exemplo a sofrer pacientemente os desprezos e as injúrias.

"Cristo padeceu por nós", diz S. Pedro, "deixando-vos o exemplo para que sigais os meus vestígios" (1Pd 2,21). Eleazar, perguntado por sua esposa como podia suportar com tanta paciência as injúrias que lhe eram feitas, respondeu: "Eu me ponho a considerar Jesus desprezado e confesso que minhas afrontas nada são em comparação com as que ele, sendo meu Deus, quis suportar por amor de mim".

Ah, meu Jesus, e como é que eu, à vista de um Deus tão ultrajado por meu amor, não sei suportar o mínimo desprezo por vosso amor? Pecador e soberbo! Donde, Senhor, me pode vir este orgulho? Ah! pelos merecimentos dos desprezos que sofrestes, dai-me a graça de suportar com paciência e alegria as afrontas e injúrias. Proponho de agora em diante com o vosso auxílio não mostrar mais ressentimento e receber com alegria todas as injúrias que me forem feitas. Outros desprezos mereci eu, que desprezei a vossa divina majestade e por isso mereci os desprezos do inferno. Vós, meu amado Redentor, me fizestes muito doces e amáveis as afrontas, abraçando tantos desprezos por meu amor. Proponho, além disso, para vos comprazer, beneficiar quanto puder quem me desprezar ou pelo menos dizer bem dele e rezar por ele. E agora vos suplico encher de graças aqueles de quem recebi alguma injúria. Eu vos amo, bondade infinita, e quero amar-vos sempre quanto eu puder. Amém.

CAPÍTULO 8
DA FLAGELAÇÃO DE JESUS CRISTO

1. Entremos no pretório de Pilatos, convertido em horrendo teatro de ignomínias e dores de Jesus, e consideremos quanto foi injusto, ignominioso e cruel o suplício que aí sofreu o Salvador do mundo. Vendo Pilatos que os judeus continuavam a bradar contra Jesus, injustissimamente o condenou a ser flagelado: "Então Pilatos tomou a Jesus e mandou açoitá-lo" (Jo 19,1). Pensou esse iníquo juiz que com esse bárbaro tratamento despertaria a compaixão dos inimigos e o livraria da morte: "Eu o mandarei punir e depois o soltarei" (Lc 23,22). Era a flagelação castigo reservado só aos escravos. "Nosso amoroso Redentor", diz S. Bernardo, "não só quis tomar a forma de escravo, sujeitando-se à vontade de outrem, mas a de um mau escravo, para ser castigado com açoites e assim pagar a pena merecida pelo homem feito escravo do pecado" (*Sem. de pass. Dm.*).

Ó Filho de Deus, ó grande amante de minha alma, como pudestes vós, Senhor de infinita majestade, amar tanto um objeto tão vil e ingrato como eu sou, submetendo-vos a tantas para livrar-me do castigo merecido? Um Deus flagelado! Causa mais espanto um Deus sofrer o mais insignificante golpe do que os homens todos e todos os anjos serem destruídos e aniquilados. Ah, meu Jesus, perdoai-me as ofensas que vos fiz e castigai-me então como vos aprouver. Uma só coisa desejo: é amar-vos e ser amado por vós e declaro-me então pronto a sofrer todas as penas que quiserdes.

2. Chegado que foi ao pretório nosso amável Salvador, segundo a revelação de S. Brígida (1. c., c. 70), ele mesmo se despojou de suas vestes ao mando dos algozes, abraçou a coluna e entregou as mãos para serem ligadas. Ó céus, já se dá início ao cruel tormento! Ó anjos do céu, vinde assistir a este doloroso espetáculo e se não podeis livrar vosso Rei desse bárbaro ultraje, que os homens lhe fazem, vinde ao menos chorar de compaixão. E tu, minha alma, imagina-te presente a esta horrenda carnificina de teu amado Redentor. Contempla como teu aflito Jesus está com a cabeça baixa, olhando para a terra, e, todo confuso pela vergonha, espera por esse horrendo tormento. E eis que os bárbaros, como outros tantos cães raivosos, arremetem com seus açoites contra o inocente cordeiro. Ah! este bate-lhe no peito, aquele fere-lhe os ombros; um fustiga-lhe as ilhargas, outro golpeia-lhe as pernas: mesmo sua sagrada cabeça e sua bela face não ficam livres de pancadas. Já corre o divino sangue de todas as partes: já estão embebidos de sangue os azorragues, as mãos dos algozes, a coluna e a terra. "Todo o seu corpo é rasgado pelos açoites: ora os ombros, ora as pernas, são atingidas; chagas acrescentam-se a chagas e golpes a novos golpes" (*De ch. ag.* c. 14).

Ah, cruéis, por quem o tomais? Cessai, cessai, sabei que vos enganastes. Esse homem a quem supliciais é inocente e santo: eu sou réu; a mim, que pequei, pertencem os açoites e os tormentos. Mas vós, eterno Pai, como podeis sofrer essa grande injustiça? Como podeis suportar que vosso Filho querido assim padeça? E não o socorreis? Que delito cometeu ele para merecer um castigo tão vergonhoso e tão cruel?

3. "Eu o castiguei por causa dos crimes de meu povo" (Is 53,8). Muito bem eu sei, afirma o Padre Eterno, que meu Filho é inocente; visto, porém, que ele se ofereceu para satisfazer a minha justiça por todos os pecados dos homens, convém que eu o abandone ao furor de seus inimigos. Ó meu adorável Salvador, vós, para pagar os nossos delitos e em especial os pecados de impureza (que é o pecado mais comum entre os homens), quisestes que fosse dilacerada vossa carne puríssima. Quem não exclamará com S. Bernardo: "Ó caridade incompreensível do Filho de Deus para com os homens!"? Ah, meu Senhor flagelado, agradeço-vos tão grande amor e arrependo-me de ter-me unido eu também, com os meus pecados, aos vossos algozes. Eu detesto, ó meu Jesus, a todos esses prazeres depravados que vos ocasionaram tantas dores. Oh! há quantos anos deveria estar queimando no inferno. Por que me esperaste até agora com tanta paciência? Vós me suportastes para que afinal, vencido por tantas finezas de amor, me rendesse ao vosso amor e deixasse o pecado. Meu amado Redentor, não quero resistir por mais tempo ao vosso afeto: quero amar-vos para o futuro quanto em mim estiver. Vós, porém, já conheceis a minha fraqueza, e as traições com que vos tratei: desprendei-me de todas as afeições terrenas que me impedem ser todo vosso; trazei-me continuamente à memória o amor que me consagrastes e a obrigação que tenho de amar-vos. Em vós ponho todas as minhas esperanças, meu Deus, meu amor, meu tudo.

4. Gemendo, exclama S. Boaventura: "Corre o sangue divino e as chagas sucedem-se às chagas e as fraturas às fraturas" (*Med. vit. Chr.* c. 76). Por toda parte escorria o sangue divino e seu corpo sagrado tornara-se uma única chaga, mas aqueles cães furiosos não cessavam de ajuntar feridas sobre feridas, como predissera o Profeta: "E sobre a dor de minhas chagas acrescentaram novas chagas" (Sl 68,27). Os azorragues não só cobriam de feridas seu corpo inteiro, como também arrancavam pedaços de carne, ficando essas carnes sagradas totalmente rasgadas, podendo-se contar todos os ossos (*Contens*. 1. 10, d. 4, c. 1). Diz Cornélio a Lápide que nesse tormento Jesus Cristo deveria naturalmente morrer: quis, porém, com sua virtude divina conservar a vida, a fim de sofrer penas ainda maiores por nosso amor. Já S. Lourenço Justiniano havia afirmado a mesma coisa.

Ah, meu amantíssimo Senhor, digno de um amor infinito, tanto sofrestes para que eu vos amasse! Não permitais que, em vez de vos amar, venha ainda a vos ofender e desgostar-vos. Mereceria um inferno à parte, se, depois de ter conhecido o amor que dedicastes, me condenasse miseravelmente, desprezando um Deus vilipendiado, insultado e flagelado por mim e que, além disso, me perdoou tão compassivamente depois de havê-lo ofendido tantas vezes. Ah, meu Jesus, não permitais. Ó Deus, o amor e a paciência que me mostrastes constituiriam no inferno um outro inferno para mim.

5. Este tormento da flagelação foi um dos mais cruéis para o nosso Redentor, porque foram muitos os algozes que o flagelaram, pois, segundo a revelação feita a S. Maria Madalena de Pazzi, foram uns sessenta (*Vita* c. 6). Ora, estes, instigados pelo demônio e ainda mais pelos sacerdotes, que temiam que Pilatos, depois desse castigo, pusesse o Senhor em liberdade, como já afirmara dizendo: "Castigá-lo-ei e pô-lo-ei em liberdade", assentaram tirar-lhe a vida com os açoites. Acordam todos os doutores com S. Boaventura que escolheram para esse serviço os instrumentos mais bárbaros, de maneira que cada golpe abria uma chaga, como diz S. Anselmo, chegando os golpes a milhares, porque, segundo o

Padre Crasset, a flagelação foi feita conforme o uso dos romanos e não dos judeus, aos quais era proibido ultrapassar o número de quarenta vergastadas (Dt 25,3).

O historiador Flávio José, que viveu pouco depois de Nosso Senhor, diz que Jesus foi de tal maneira dilacerado na flagelação, que foram postas a descoberto as suas costelas. O mesmo foi revelado à S. Brígida pela Santíssima Virgem: "Eu, que estava presente, vi seu corpo flagelado até às costas, de modo que eram visíveis suas costelas. E o mais doloroso era que, ao retraírem-se, os azorragues vinham com pedaços de carne" (*Lib.* I *revel.*, c. 10). Apareceu Jesus flagelado a S. Teresa. Quis a santa vê-lo retratado tal que lhe aparecera e disse ao pintor que representasse no braço esquerdo um grande retalho de carne pendente. "Mas de que maneira devo pintá-lo?", perguntou o pintor. Voltando-se então para o quadro, viu-o com o retalho já pronto. Ah, meu Jesus amado e adorado, quanto padecestes por meu amor! Ah, que não sejam perdidas para mim tantas dores e tanto sangue!

6. Mas das mesmas Escrituras se deduz quanto foi desumana a flagelação de Jesus Cristo. Por que foi que Pilatos, depois da flagelação, o mostrou ao povo, dizendo: "Eis aqui o homem", senão porque nosso Salvador estava reduzido a uma figura tão digna de compaixão, que ele só com o apresentar ao povo julgava mover à compaixão até seus mesmos inimigos, levando-os a não exigirem mais a sua morte? Por que foi que, ao subir Jesus ao Calvário, as mulheres judias o acompanharam com lágrimas e lamentos? (Lc 23,27). Talvez porque essas mulheres o amavam e o julgavam inocente? Não, as mulheres comumente seguem os sentimentos de seus maridos e por isso também elas o tinham como réu. O motivo era que Jesus, depois da flagelação, oferecia um aspecto tão lastimoso e deplorável, que movia às lágrimas até os que o odiavam. Por que foi que nesse mesmo caminho os judeus lhe tiraram a cruz dos ombros e a deram a Simão para carregar? Segundo se deduz claramente de S. Mateus: "A este constrangeram para que levasse a cruz de Jesus" (Mt 27,32) e de S. Lucas: "E puseram-lhe a cruz para que a levasse após Jesus" (Lc 23,26), fizeram eles isso, talvez, por piedade para com Jesus e porque queriam aliviar-lhe a pena? Não, pois esses iníquos odiavam-no e procuravam afligi-lo o mais possível. Mas, como afirma o B. Dionísio Cartusiano, temiam que lhes morresse no caminho. Vendo que Nosso Senhor perdera na flagelação quase todo o sangue e que estava tão privado de forças que quase não podia mais ter-se em pé, caindo por isso debaixo da cruz ao longo do caminho e a cada passo, por assim dizer, exalando um último suspiro, foram constrangidos a obrigar a Cireneu a levar a cruz, visto que o queriam vivo no Calvário e pregado na cruz, como haviam resolvido, para que seu nome ficasse para sempre inflamado. "Arranquemo-lo da terra dos vivos e seu nome não seja mais recordado", segundo a predição do Profeta (Jr 11,19).

Ah, Senhor, grande é a minha alegria sabendo quanto me tendes amado e que conservais por mim o mesmo amor que me tínheis no tempo de vossa Paixão. Mas quão grande é a minha dor ao pensar que ofendi a um Deus tão bom. Pelos merecimentos de vossa flagelação, ó meu Jesus, vos suplico o meu perdão. Arrependo-me de vos haver ofendido e proponho antes morrer que novamente vos ofender. Perdoai-me todas as ofensas que vos fiz e dai-me a graça de no futuro amar-vos sempre.

7. O profeta Isaías pinta-nos, mais claramente que todos os outros, o estado lastimoso a que foi reduzido nosso Redentor. Afirmou que sua santíssima carne na Paixão não só seria toda dilacerada, mas também toda triturada e despedaçada (Is 53,5). Porque seu eterno Pai, continua o Profeta, para dar à sua justiça uma maior satisfação e para fazer os homens compreenderem a malícia do pecado, não se contentou enquanto não viu seu Filho retalhado e pisado pelos açoites: "O Senhor quis quebrantá-lo na sua enfermidade" (Is 53,10), de maneira que o corpo bendito de Jesus tornou-se semelhante ao de um leproso, coberto de chagas dos pés à cabeça: "E nós o reputamos como um leproso ferido por Deus e humilhado" (Is 53,4).

Ó meu Senhor dilacerado, a que estado vos reduziram nossas iniquidades! "Ó bom Jesus, nós pecamos e vós fostes castigado", exclama S. Bernardo. Que a vossa imensa caridade seja para sempre bendita e vós amado como o mereceis por todos os pecadores e especialmente por mim, que vos desprezei mais do que os outros.

8. Apareceu uma vez Jesus flagelado a Sóror Vitória Angelini, e mostrando-lhe seu corpo todo ferido, disse-lhe: "Estas chagas todas, Vitória, te pedem amor". E S. Agostinho, todo abrasado em amor, exclama: "Amemos o Esposo que tanto mais se nos recomenda, quanto mais disforme se nos apresenta e tanto mais caro e mais amável se mostra à sua esposa". Sim, meu doce Salvador, eu vos vejo todo coberto de chagas: olho para vosso belo rosto, e, ó Deus, não me parece nada belo, mas horrível, denegrido pelo sangue, cheio de equimoses e escarros. "Não tem mais beleza, nem brilho e nós o vimos e não tinha mais aparência" (Is 53,2).

Mas quanto mais desfigurado vos vejo, ó meu Senhor, tanto mais belo e amável me pareceis, pois sinais de quê são essas deformidades, senão de ternura do amor que me tendes?

Eu vos amo, ó Jesus, dilacerado e chagado por meu amor. Quisera ver-me também despedaçado por vós, como tantos mártires que tiveram tão feliz sorte. Se não posso agora oferecer-vos feridas e sangue, ofereço-vos ao menos todas as penas que me couberem em parte; ofereço-vos o meu coração, com o qual quero amar-vos o mais ternamente possível. E o que deverá amar com mais ternura a minha alma senão a um Deus flagelado e exangue por mim? Eu vos amo, ó Deus de amor, eu vos amo, bondade infinita, amo-vos, ó meu amor, meu tudo: amo-vos, e não quero cessar mais de dizer, nesta e na outra vida: eu vos amo, eu vos amo. Amém.

CAPÍTULO 9
DA COROAÇÃO DE ESPINHOS

1. Continuando os soldados a flagelar cruelmente o inocente Cordeiro, conta-se que se adiantou um dos presentes e corajosamente disse-lhes: vós não tendes ordem de matar este homem, como o pretendeis. E assim dizendo cortou as cordas com que estava ligado o Senhor. Isto foi revelado a S. Brígida (*Lib.* 1 *Rev.*, c. 10). Mas, apenas terminada a flagelação, aqueles bárbaros, instigados e corrompidos com o dinheiro dos judeus, como assegura S. João Crisóstomo, fazem o Redentor sofrer um novo gênero de tormentos: "Então os soldados do governador conduziram Jesus ao pretório e reuniram ao redor dele toda a corte; despiram-no e revestiram com uma clâmide vermelha e, tecendo uma coroa de espinhos, a puseram sobre sua cabeça e na sua mão direita uma cana" (Mt 27,27-29). Os soldados, pois, o despiram novamente e, tratando-o como rei de comédia, lhe impuseram um manto carmesim, que outra coisa não era senão um pedaço de um velho manto de soldado romano, chamado clâmide; deram-lhe na mão uma cana em sinal de cetro e um feixe de espinhos na cabeça em sinal de coroa.

Mas, ó meu Jesus, não sois vós o verdadeiro rei do universo? E como vos tornastes rei de dores e de opróbrios? Eis até onde vos levou o amor. Ó meu amabilíssimo Senhor, quando virá o dia em que eu me una tão intimamente a vós que nenhuma coisa possa separar-me de vós e não possa mais deixar de vos amar? Ó Senhor, enquanto vivo nesta terra, estou sempre em perigo de voltar-vos as costas e negar-vos o meu amor, como infelizmente o fiz no passado. Ah, meu Jesus, se virdes que eu, continuando a viver, hei de chegar a essa suma desgraça, fazei-me morrer agora que espero estar em vossa graça. Rogo-vos por vossa Paixão, não permitais que me suceda tão grande desgraça. Eu a mereci pelos meus pecados, mas vós não o merecestes. Escolhei para mim qualquer outro castigo, mas não esse. Ó Jesus, não quero ver-me outra vez separado de vós.

2. "E, tecendo uma coroa de espinhos, puseram-lhe sobre a cabeça". Bem reflete o devoto Landspérgio que este tormento de espinhos foi excessivamente doloroso, porque traspassaram toda a sagrada cabeça do Senhor, parte sensibilíssima, já que da cabeça partem todos os nervos e sensações do corpo. Além disso, foi o tormento mais prolongado da Paixão, pois Jesus suportou até à morte esses espinhos, tendo-os enterrados em sua cabeça. Todas as vezes que lhe tocavam nos espinhos ou na cabeça, se renovavam todas as dores. Segundo o sentir comum dos escritos, com S. Vicente Ferrer, a coroa foi entrelaçada de vários ramos de espinhos em forma de capacete ou chapéu, de modo que envolvia toda a cabeça e descia até ao meio da testa conforme foi revelado a S. Brígida (*Lib.* 4 *Rev.* c. 70). E, como afirma S. Lourenço Justiniano com S. Pedro Damião, os espinhos eram tão longos que chegaram até a penetrar no cérebro (*De triumph. Cti. Ag.* c. 14). E o manso Cordeiro deixava atormentar-se ao gosto deles, sem dizer palavras, sem se lamentar, mas, fechando os olhos pelo excesso de dor, exalava continuamente amargos suspiros, como um supliciado que está próximo da morte, conforme foi revelado à beata Ágata da Cruz. Tão grande era a abundância de sangue que corria nas feridas da sagrada cabeça que não se via em seu rosto senão sangue, segundo a revelação de S. Brígida: "Várias torrentes de sangue corriam por sua face, enchendo seus cabelos, seus olhos, e sua barba, não se vendo outra coisa senão sangue" (*Lib.* 4 *Rev.* c. 70). E S. Boaventura ajunta que não parecia ser mais a bela face do Senhor, mas a face de um homem esfolado.

Ó amor divino, exclama Salviano, não sei como apelar-te, se doce, se cruel, pois pareceis ser ao mesmo tempo doce e cruel (*Ep.* 1). Ah, meu Jesus, o amor vos fez a mesma doçura para conosco, levando-vos a vos mostrar tão apaixonado para com nossas almas, e ele vos tornou cruel para convosco, obrigando-vos a sofrer tormentos tão atrozes. Quisestes ser coroado de espinhos, para obter-nos uma coroa de glória no céu (*Dion. Cart. In Jo* 17). Meu dulcíssimo Salvador, espero ser vossa coroa no paraíso, salvando-me pelos merecimentos de vossas dores; "aí louvarei sempre o vosso amor e as vossas misericórdias: cantarei as misericórdias do Senhor eternamente, sim, eternamente".

3. Ah, espinhos cruéis, ingratas criaturas, por que atormentais de tal maneira o vosso Criador? "Mas de que adianta acusar os espinhos?", diz S. Agostinho. Eles foram instrumentos inocentes: nossos pecados, nossos maus pensamentos foram os espinhos cruéis que atravessaram a cabeça de Jesus Cristo. Aparecendo um dia Jesus a S. Teresa, coroado de espinhos, a santa pôs-se a prantéa-lo. Disse-lhe, porém, o Senhor: "Teresa, não te deves compadecer das feridas que me fizeram os espinhos dos judeus, apiada-te antes das chagas que me fazem os pecados dos cristãos".

Ó minha alma, tu também atormentaste a venerável cabeça de teu Redentor com teus maus pensamentos. Sabe e vê que má e amarga coisa é o haveres deixado o Senhor teu Deus (Jr 2,19). Abre agora os olhos e vê e chora amargamente tua vida inteira os males que fizeste, voltando as costas com tanta ingratidão ao teu Senhor e Deus. Ah, meu Jesus, não mereceis ser tratado por mim como eu vos tratei: eu fiz mal, eu me enganei; desagrada-me de todo o coração, perdoai-me e dai-me uma dor que me faça chorar toda a minha vida os erros que eu cometi. Meu Jesus, meu Jesus, perdoai-me, que eu quero amar-vos sempre.

4. "E dobrando o joelho diante dele, o escarneciam, dizendo: salve, rei dos judeus. Cuspindo-lhe no rosto tomavam-lhe a cana e batiam-lhe com ela na cabeça" (Mt 27,29). E S. João acrescenta: "E davam-lhe bofetadas" (Jo 19,3). Depois de aqueles bárbaros haverem colocado na cabeça de Jesus aquela crudelíssima coroa, não se contentaram com enterrá-la com toda a força com as mãos, mas se utilizaram da cana como de um martelo para fazer entrar mais profundamente os espinhos. Começaram, entretanto, a zombar dele, como rei de burla, saudando-o primeiramente de joelhos, como rei dos judeus, e em seguida, levantando-se, lhe escarravam na face, esbofeteavam-no com gritos e risos de desprezos. Ah, meu Jesus, a que miséria estais reduzido. Quem por acaso passasse então por aquele lugar e visse Jesus Cristo esvaído em sangue, coberto com aquele trapo vermelho, com o tal cetro na mão, com aquela coroa na cabeça e tão escarnecido e maltratado por aquela gentalha, não haveria de tê-lo pelo homem mais vil e celerado do mundo? Eis o Filho de Deus tornando então o vitupério de Jerusalém. "Ó homens, se não quereis amar Jesus Cristo porque ele é bom e é Deus", exclama o Beato Dionísio Cartusiano, "amai-o ao menos pelas imensas penas que sofreu por vós" (*in* cap. 27 Mt).

Ah, meu caro Redentor, recebei um servo que vos abandonou, mas que, arrependido, agora para vós se volta. Quando eu vos fugia e desprezava o vosso amor, não deixastes de correr atrás de mim para atrair-me a vós; por isso não posso temer que me expulseis agora que vos busco, vos estimo e vos amo sobre todas as coisas. Fazei-me conhecer o que devo fazer para agradar-vos, pois estou pronto para tudo. Ó Deus amabilíssimo, quero amar-vos deveras e não quero desgostar-vos mais. Ajudai-me com vossa graça, não permitais que vos torne a abandonar. Maria, minha esperança, rogai a Jesus por mim. Amém.

CAPÍTULO 10

DO *ECCE HOMO*

1. Pilatos, vendo o Redentor reduzido a um estado tão digno de toda a compaixão, pensou que só a sua vista comoveria os judeus e por isso, conduziu-o a uma varanda, levantou o farrapo de púrpura e, mostrando ao povo o corpo de Jesus coberto de chagas e dilacerado, disse-lhe: "Eis aqui o homem" (Jo 19,4). *Ecce homo*, como se quisesse dizer: eis o homem que acusastes perante mim como se pretendesse fazer-se rei; eu, para vos agradar, condenei-o aos flagelos, ainda que inocente. "Eis o homem, não ilustre pelo império, mas repleto de opróbrio" (*St. Ag. Trac.* 11 *in* Jo 6). Ei-lo reduzido a tal estado que parece um homem esfolado ao qual restam poucos instantes de vida. Se, apesar de tudo, pretendeis que eu o condene à morte, afirmo-vos que não posso fazê-lo, porque não encontro motivo para o condenar. Mas os judeus, à vista de Jesus assim maltratado, mais se enfurecem: "Ao verem-no, os pontífices e ministros clamavam, dizendo: 'Crucifica-o, crucifica-o'. Vendo Pilatos que não se acalmavam, lavou as mãos à vista do povo, dizendo: 'Sou inocente do sangue deste justo: vós lá vos avinde'. E eles responderam: 'Seu sangue caia sobre nós e sobre nossos filhos'" (Mt 27,23-26).

Ó meu amado Salvador, vós sois o maior de todos os reis, mas agora eu vos vejo como o homem mais desprezado, dentre todos: se esse povo ingrato não vos conhece, eu vos conheço e vos adoro por meu verdadeiro rei e Senhor. Agradeço-vos, ó meu Redentor, por tantos ultrajes por mim recebidos e suplico-vos que me deis amor aos desprezos e aos sofrimentos, já que vós os abraçastes com tanto afeto. Envergonho-me de haver no passado amado tanto as honras e os prazeres, chegando por sua causa a renunciar tantas vezes à vossa graça e ao vosso amor; arrependo-me disso mais que de todas as coisas. Abraço, Senhor, todas as dores e ignomínias que vossas mãos me enviarem; dai-me aquela resignação de que necessito. Amo-vos, meu Jesus, meu amor, meu tudo.

2. Assim como Pilatos daquela varanda mostrou Jesus ao povo, do mesmo modo e ao mesmo tempo o eterno Pai nos apresentava do alto do céu o seu Filho dileto, dizendo-nos igualmente: *Ecce homo*. "Eis aqui esse homem que é meu Filho muito amado, em quem me comprazo" (Mt 3,17). Eis aqui o homem, vosso Salvador, por mim prometido e por vós há tanto desejado. Eis aqui o homem, o mais nobre dentre todos os homens, tornado o homem das dores. Ei-lo, vede a que estado de compaixão o reduziu o amor que vos consagra, e amai-o ao menos por compaixão. Contemplai-o e amai-o, ao menos vos movam essas dores e ignomínias que sofre por vós.

Ah, meu Deus e Pai de meu Redentor, eu amo vosso Filho, que padece por meu amor, e eu vos amo a vós que com tão grande amor o entregastes a tantos tormentos por mim. Não vos recordeis de meus pecados com os quais tantas vezes vos ofendi e a vosso Filho: "Olhai para a face de vosso Cristo", contemplai o vosso Unigênito coberto de chagas e de opróbrios para pagar os meus delitos e por seus merecimentos perdoai-me e não permitais que vos ofenda jamais. "Seu sangue caia sobre nós". O sangue desse homem, que vos é tão caro, que por nós vos roga e suplica compaixão, que desça sobre as nossas almas e lhes obtenha a vossa graça. Odeio e amaldiçoo, ó Senhor, todos os desgostos que vos dei e amo-vos, bondade infinita, mais do que a mim mesmo. Por amor desse Filho, dai-me o vosso amor, que me faça vencer todas as paixões e sofrer todas as penas que vos agradarem.

3. "Saí e vede, filhas de Sião, o rei Salomão com o diadema com que o coroou sua mãe no dia de suas bodas e no dia da alegria de seu coração" (Ct 3,11). "Saí e vede o vosso rei com a coroa da pobreza, com a coroa da miséria", diz S. Bernardo (*Serm. 2 de Epip.*). Oh, o mais belo de todos os homens, o maior de todos os monarcas, o mais amável de todos os esposos, a que estado está reduzido, todo coberto de chagas e de desprezos! Vós sois esposo, mas esposo de sangue (Ex 4,25), pois, por meio de vosso sangue e de vossa morte, quisestes esposar as nossas almas. Vós sois rei, mas rei de dores e rei de amor, pois à força de tormentos quisestes atrair os nossos afetos.

Ó amantíssimo esposo de minha alma, oh! Se eu me recordasse sempre do quanto padecestes por mim, não cessaria mais de vos amar e agradar. Tende piedade de mim que tanto vos custei! Em paga de tantas penas sofridas por mim, vos contentais com meu amor; por isso eu vos amo, ó Senhor infinitamente amável, eu vos amo sobre todas as coisas, mas eu vos amo pouco. Meu amado Jesus, dai-me mais amor, se quereis ser mais amado de mim. Desejo amar-vos muito; eu, mísero pecador, deveria arder no inferno desde o primeiro instante em que vos ofendi gravemente; vós, porém, me aturastes desde então, porque não quereis que eu arda nesse fogo desgraçado, mas no fogo bem-aventurado do vosso amor. Este pensamento, ó Deus de minha alma, me abrasa todo no desejo de fazer quanto em mim estiver para vos agradar. Ajudai-me, ó meu Jesus, e já que fizestes tanto, completai a vossa obra, fazei-me todo vosso.

4. Continuando os judeus a insultar o governador, gritando: "Tirai-o, tirai-o, crucificai-o", disse-lhes Pilatos: "Então hei de crucificar o vosso rei?". E eles responderam: "Nos não temos outro rei senão César" (Jo 19,15). Os mundanos, que amam as riquezas, as honras e os prazeres da terra, renegam a Jesus Cristo por seu rei porque Jesus nesta terra não foi rei senão de pobreza, de ignomínia e de dores. Se eles vos rejeitam, ó meu Jesus, nós vos elegemos por nosso único rei e vos protestamos: não temos outro rei senão Jesus. Sim, amável Salvador, "vós sois meu rei", sois e sereis sempre o meu único Senhor. De fato sois vós o verdadeiro rei de nossas almas, pois as criastes e as remistes da escravidão de Lúcifer. "Venha a nós o vosso reino". Dominai, reinai, pois, sempre nos nossos pobres corações; que eles vos sirvam sempre e vos obedeçam. Que outros sirvam aos monarcas deste mundo com a esperança dos bens desta terra; nós queremos servir somente a vós, nosso rei aflito e desprezado, com a única esperança de vos agradar sem consolações terrenas. De hoje em diante nos serão caras as dores e as injúrias, que quisestes sofrer tantas por nosso amor. Dai-nos a graça de vos permanecer fiéis e para isso dai-nos o grande dom de vosso amor. Se vos amarmos, amaremos também os desprezos e as penas que tanto amastes e nada mais vos pediremos além do que vos suplica vosso fiel e devoto servo S. João da Cruz: "Senhor, sofrer e ser desprezado por vós. Senhor, padecer e ser desprezado por vós". Minha mãe Maria, intercedei por nós. Amém.

CAPÍTULO 11

DA CONDENAÇÃO DE JESUS CRISTO E SUA IDA AO CALVÁRIO

1. Continuava Pilatos a escusar-se perante os judeus que não podia condenar à morte aquele inocente. Estes, porém, o atemorizaram, dizendo: "Se soltares a este, não és amigo de César" (Jo 19,12). Cego pelo temor de perder as graças de César, esse juiz desgraçado, depois de ter reconhecido e declarado Jesus Cristo tantas vezes inocente, o condenou finalmente à morte da cruz: "Então ele lhes entregou Jesus para que fosse crucificado". "Ó meu amado Redentor", suspira S. Bernardo, "que delito cometestes para ser condenado à morte e morte de cruz? Mas eu bem compreendo", replica o santo, "o motivo de vossa morte; sei que pecado cometestes: 'O vosso pecado é o vosso amor'". O vosso delito é muito amor que consagrastes aos homens; é ele e não Pilatos que vos condenou à morte. "Não, eu não vejo justo motivo de vossa morte", acrescenta S. Boaventura, "senão o afeto excessivo que nos tendes" (*Stim. div. am.* p. 1 c. 2). "Ah, um tal excesso de amor muito nos constrange, ó Senhor amabilíssimo, a consagrar-vos todos os afetos de nossos corações", diz S. Bernardo (*In CT serm.* 20). Ó meu caro Salvador, só o conhecimento de que vós me amais deveria fazer-me esquecido de todas as coisas para procurar exclusivamente amar-vos e contentar-vos em tudo. "Forte como a morte é o amor". Se o amor é forte como a morte, pelos vossos merecimentos, ó meu Senhor, dai-me um tão grande amor para convosco que me faça detestar todas as afeições terrenas. Fazei-me compreender bem que toda a minha felicidade consiste em agradar a vós, Deus todo bonda-

de e todo amor. Maldigo aquele tempo em que não vos amei; agradeço-vos porque me dais ainda tempo para vos amar. Amo-vos, Jesus meu, infinitamente amável e infinitamente amante; amo-vos com todo o meu ser e prometo-vos querer antes mil vezes morrer, que deixar de vos amar.

2. Lê-se a iníqua sentença de morte ao condenado Jesus: ele a ouve e humildemente a aceita. Não se queixa da injustiça do juiz, não apela para César, como fez S. Paulo; mas, inteiramente manso e resignado, se submete ao decreto do Pai Eterno, que por nossos pecados o condena à cruz. "Humilhou-se a si mesmo, feito obediente até à morte e morte de cruz" (Fl 2,8). E pelo amor que dedica aos homens contenta-se com morrer por nós. "Amou-nos e entregou-se a si mesmo por nós" (Ef 5,2). Ó meu compassivo Salvador, quanto vos agradeço, quanto vos sou obrigado! Desejo, ó meu Jesus, morrer por vós, pois que vós com tão grande amor aceitastes a morte por mim. Mas se não me é dado derramar o meu sangue por vós e sacrificar-vos a minha vida pelas mãos do carrasco, como o fizeram os mártires, aceito ao menos com resignação a morte que me está reservada, e aceito-a no modo e tempo que vos aprouver. Desde já eu vo-la ofereço em honra de vossa majestade e em desconto de meus pecados, e peço-vos pelos merecimentos de vossa morte que me concedais a dita de morrer amando-vos e na vossa graça.

3. Pilatos entrega o inocente cordeiro às mãos daqueles lobos para que com ele façam o que quiserem: "Entregou Jesus à sua vontade" (Lc 23,25). Os algozes agarram-no com fúria, arrancam-lhe dos ombros o farrapo de púrpura, como lhes insinuaram os judeus, e restituem-lhe suas vestes (Mt 27,31). Isso fizeram, diz S. Ambrósio, para que Jesus fosse reconhecido ao menos pelas vestes, visto estar seu belo rosto tão deformado pelo sangue e pelas feridas, que sem as suas vestes dificilmente poderia ser reconhecido. Tomam, entretanto, dois toscos pedaços de madeira, formam com eles às pressas uma cruz de quinze pés (como afirmam S. Boaventura e S. Anselmo) e colocam-na sobre os ombros do Redentor. Mas, segundo S. Tomás de Vilanova, Jesus não esperou que a cruz lhe fosse imposta pelos algozes: ele mesmo a tomou avidamente com suas mãos e a pôs sobre os ombros chagados (*Conc. 3 de uno M.*). Vem, disse então, vem, cruz querida! Há trinta e três anos por ti suspiro e te busco; eu te abraço, te aperto ao meu coração, já que és o altar em que desejo sacrificar a minha vida por amor de minhas ovelhas.

Ah! meu Senhor, como pudestes fazer tanto bem a quem vos fez tantos males? Ó Deus, quando eu penso que fostes obrigado a morrer pela veemência dos tormentos para me obter a amizade divina e que eu a perdi tantas vezes voluntariamente por minha culpa, quereria morrer de dor. Quantas vezes me haveis perdoado e eu tornei a vos ofender. Como poderia esperar perdão se não soubesse que morrestes para perdoar-me? Por essa vossa morte, pois, eu espero o perdão e a perseverança no vosso amor. Arrependo-me, meu Redentor, de vos haver ofendido; perdoai-me por vossos merecimentos, que eu vos prometo não vos dar mais desgosto. Eu estimo e amo a vossa amizade mais do que todos os bens do mundo. Por isso não permitais que eu venha a perdê-la de novo; dai-me, Senhor, qualquer castigo afora esse. Jesus meu, não quero mais perder-vos, prefiro perder a vida, quero amar-vos sempre.

4. A justiça sai com os condenados e entre eles caminha para a morte o rei do céu, o Unigênito de Deus, carregado com a cruz: "Levando sua cruz às costas, saiu para aquele lugar que se chama Calvário" (Jo 19,17). Saí também do céu, ó bem-aventurados Serafins, e vinde acompanhar o vosso Senhor que sobe ao Calvário, para aí ser justiçado em um patíbulo infame juntamente com os malfeitores. Ó espetáculo horrendo! Um Deus supliciado! Este é o Messias que poucos dias antes foi aclamado Salvador do mundo e recebido pelo povo com aplausos e bênçãos, exclamando todos: "Hosana ao Filho de Davi, bendito o que vem em nome do Senhor" (Mt 21, 9). Ei-lo agora preso, escarnecido e amaldiçoado por todos, com uma cruz às costas para morrer como um malfeitor. Ó excesso de amor divino! Um Deus supliciado pelos homens. Encontrar-se-á ainda um homem que não ame este Deus! Ó meu amoroso Jesus, tarde comecei a amar-vos, fazei que no restante de minha vida compense o tempo perdido. Já sei que tudo o que eu fizer é pouco em comparação do amor que vós me tendes tido, mas ao menos quero amar-vos com todo o meu coração. Grande injúria eu vos faria se, depois de tantas finezas, eu dividisse o meu coração e o repartisse com qualquer objeto além de vós. Eu vos consagro de hoje em diante toda a minha vida, a minha vontade, a minha liberdade. Disponde de mim como vos agradar. Peço-vos o paraíso, para lá amar-vos com todas as minhas forças. Muito quero amar-vos nesta vida, para muito vos amar na eternidade. Socorrei-me com a vossa graça; peço-vos e o espero pelos vossos merecimentos.

5. Imagina, minha alma, que vês passar Jesus nesse doloroso caminho. Assim como um cordeiro é levado ao matadouro, o amantíssimo Redentor é conduzido à morte (Is 53,7). Ele está tão esgotado e enfraquecido pelos tormentos, que apenas pode ter-se em pé. Ei-lo todo dilacerado

pelas feridas, com a coroa de espinhos sobre a cabeça, com o pesado madeiro sobre os ombros e com um algoz que o puxa por uma corda. Caminha com o corpo curvado, com os joelhos trêmulos, gotejando sangue; anda com tanta dificuldade, que parece que a cada passo vai exalar a vida. Pergunta-lhe: ó Cordeiro divino, não estais ainda farto de dores? Se com isso pretendeis conquistar o meu amor, deixai de sofrer que eu quero amar-vos como desejais. Não, responde-te, ainda não estou satisfeito: só então estarei contente quanto estiver morto por teu amor. E agora aonde ides, meu Jesus? Vou morrer por ti, não mo impeças; uma só coisa eu peço e recomendo: quando me vires morto sobre a cruz por ti recorda-te do amor que te dediquei; lembra-te disso e ama-me.

Ó meu aflito Senhor, quanto vos custou o fazer-me compreender o amor que me consagrastes. Que vantagem vos poderia trazer meu amor, que para conquistá-lo quisestes sacrificar vosso sangue e a vida? E como pude eu, objeto de tão grande amor, viver tanto tempo sem vos amar, esquecido de vosso afeto? Agradeço-vos a luz que me dais agora e que faz conhecer o quanto me tendes amado. Eu vos amo, bondade infinita, sobre todas as coisas; desejaria, se pudesse, sacrificar-vos mil vidas, que quisestes sacrificar a vossa vida divina por mim. Concedei-me aqueles auxílios que me haveis merecido com tantas penas para vos amar de todo o coração. Dai-me aquele santo fogo que viestes acender na terra, morrendo por nós. Recordai-me sempre da vossa morte, para que nunca mais me esqueça de vos amar.

6. "Foi posto o principado sobre o seu ombro" (Is 9,6). Diz Tertuliano que a cruz foi o nobre instrumento com que Jesus Cristo se adquiriu tantas almas, porque, morrendo nela, pagou a pena de nossos pecados e assim as resgatou ao inferno, fazendo-as suas. "O qual levou os nossos pecados em seu corpo sobre o madeiro" (1Pd 2,24). Portanto, ó meu Jesus, se Deus vos carregou com os pecados de todos os homens: "Deus colocou nele a iniquidade de todos nós" (Is 53,6), eu com os meus pecados vos tornei mais pesada a cruz que levastes ao Calvário.

Ah, meu dulcíssimo Salvador, já então vistes todas as injúrias que eu vos faria e apesar disso não deixastes de me amar e de preparar-me tantas misericórdias que usastes para comigo. Se, pois, vos fui tão caro, apesar de vilíssimo e ingrato pecador que tanto vos ofendi, é justíssimo que vós também me sejais caro, vós, meu Deus, beleza e bondade infinitas, que tanto me tendes amado. Ah, se nunca vos tivesse desgostado! Conheço agora, ó meu Jesus, o mal que vos fiz. Malditos pecados, que fizestes? Fizeste-me contristar o coração amoroso de meu Redentor, coração que tanto me amou. Ó meu Jesus, perdoai-me que eu me arrependo de vos haver desprezado. Para o futuro sereis o único objeto de meu amor. Amo-vos, ó amabilidade infinita, com todo o meu coração, e estou resolvido a não amar a ninguém mais fora de vós. Senhor, perdoai-me e dai-me o vosso amor e nada mais vos peço. Digo-vos com S. Inácio: "Dai-me unicamente o vosso amor com a vossa graça e estou bastante rico".

7. "Se alguém quiser vir após mim, abnegue-se a si mesmo e tome sua cruz e siga-me" (Mt 16,24). Visto que vós, inocente, meu amado Redentor, me precedeis com a vossa cruz e me convidais a seguir-vos com a minha, ide adiante que eu não quero deixar-vos só. Se no passado vos abandonei, confesso que procedi mal. Dai-me agora a cruz que vos aprouver, que eu a abraço, seja qual for, e com ela quero acompanhar-vos até à morte: "Saiamos fora dos arraiais, levando o seu impropério" (Hb 13,13). E como é possível, Senhor, que não amemos por vosso amor as dores e os opróbrios, se vós tanto os amastes por nossa salvação? Já que nos convidais a seguir-vos, queremos, sim, seguir-vos e morrer convosco, mas dai-nos força para executá-lo: essa força vos pedimos por vossos merecimentos e a esperamos. Amo-vos, meu Jesus amabilíssimo, amo-vos com toda a minha alma e não quero mais deixar-vos. Basta-me o tempo em que andei longe de vós; ligai-me agora à vossa cruz. Se eu desprezei o vosso amor, disso me arrependo de todo o coração e agora vos estimo mais que todos os bens.

8. Ah, meu Jesus, quem sou eu que me quereis para vosso discípulo e me ordenais que vos ame e me ameaçais com o inferno se não quiser vos amar? E de que serve, dir-vos-eis com S. Agostinho, ameaçar-me com as penas eternas? Pois que maior desgraça me poderá assaltar do que não vos amar, Deus amabilíssimo, meu Criador, meu Redentor, meu paraíso, meu tudo? Vejo que por um justo castigo das ofensas que vos fiz mereceria estar condenado a não poder mais vos amar; mas vós, porque ainda me amais, continuai a mandar que eu vos ame, repetindo-me sempre ao coração: "Amarás o Senhor teu Deus com todo o teu coração, com toda a tua alma e com toda a tua mente". Agradeço-vos, ó meu amor, este doce preceito e para obedecer-vos eu vos amo com todo o meu coração, com toda a minha alma, com toda a minha mente. Arrependo-me de não vos haver amado pelo passado e no presente prefiro toda pena à de viver sem vos amar, e proponho sempre procurar o vosso amor. Ajudai-me,

ó meu Jesus, a fazer sempre atos de amor e a sair desta vida com um ato de amor, para que eu chegue a amar-vos face a face no paraíso, onde vos amarei sem imperfeição e sem intervalo, com todas as minhas forças por toda a eternidade. Ó Mãe de Deus, rogai por mim. Amém.

CAPÍTULO 12
DA CRUCIFIXÃO DE JESUS

1. Eis-nos chegados à crucificação, ao último tormento que deu a morte a Jesus Cristo, eis-nos no Calvário, feito teatro do amor divino, onde um Deus deixa a vida num mar de dores. "E depois de chegados ao lugar chamado Calvário, aí o crucificaram" (Lc 23,33). Tendo o Senhor chegado com grande dificuldade, mas ainda vivo ao monte, arrancaram-lhe pela terceira vez com violência suas vestes pegadas às chagas de sua carne dilacerada e o estenderam sobre a cruz. O cordeiro divino deita-se sobre esse leito de tormentos, apresenta aos carnífices suas mãos e seus pés para serem pregados e, levantando os olhos ao céu, oferece ao seu eterno Pai o grande sacrifício de sua vida pela salvação dos homens. Cravada uma mão, contraem-se os nervos, sendo por isso necessário que à força e com cordas se puxassem a outra mão e os pés ao lugar dos cravos, como foi revelado a S. Brígida, o que ocasionou a contorção e o rompimento com dores horríveis dos nervos e das veias (*Liv.* 1, c. 10), de tal maneira que se podiam contar todos os ossos, como já predissera Davi: "Atravessaram minhas mãos e meus pés e contaram todos os meus ossos" (Sl 21,17).

Ah, meu Jesus, por quem foram cravados vossas mãos e vossos pés sobre esse madeiro senão pelo amor que tínheis aos homens? Vós quisestes com a dor de vossas mãos traspassadas pagar todos os pecados que os homens cometeram pelo tato e com a dor dos pés quisestes pagar todos os passos que demos para vos ofender. Ó meu amor crucificado, abençoai-me com essas mãos traspassadas. Cravai aos vossos pés este meu coração ingrato, para que eu não me separe mais de vós e fique sempre minha vontade obrigada a amar-vos, já que tantas vezes se revelou contra vós. Fazei que nada me mova além de vosso amor e do desejo de dar-vos gosto. Ainda que vos veja suspenso nesse patíbulo, eu vos reconheço por senhor do mundo, pelo Filho verdadeiro de Deus e Salvador dos homens. Por piedade, ó meu Jesus, não me abandoneis mais no resto de minha vida e especialmente na hora de minha morte: nessa última agonia e combate com o inferno assisti-me e confortai-me para morrer no vosso amor. Eu vos amo, amor crucificado, eu vos amo de todo o meu coração.

2. Diz S. Agostinho não haver morte mais acerba que a morte da cruz (*Tract. 36 in Jo*), pois, como nota S. Tomás (P. III q. 46, a. 6), os crucificados têm os pés e as mãos transpassados, partes essas que sendo compostas de nervos, músculos e veias, são extremamente sensíveis à dor: e o só peso do corpo pendido faz que a dor seja contínua e se aumente sempre mais até à morte. Mas as dores de Jesus ultrapassavam todas as outras dores, pois, como diz o Angélico, o corpo de Jesus Cristo, sendo de delicadíssima compleição, era mais sensível e sujeito às dores: corpo que foi expressamente preparado pelo Espírito Santo para sofrer como ele predissera e conforme o atesta o Apóstolo: "Vós me preparastes um corpo" (Hb 10,5). Além disso, S. Tomás diz que Jesus Cristo suportou uma dor tamanha que só ela seria suficiente para satisfazer a pena que mereciam temporalmente os pecados de todos os homens. Afirma Tiepoli que na crucifixão deram vinte e oito marteladas sobre suas mãos e trinta e seis sobre seus pés.

Minha alma, contempla o teu Senhor, contempla tua vida que pende desse madeiro: "E será tua vida quase pendente diante de ti" (Dt 28,66). Vê como naquele patíbulo doloroso, suspenso desses cravos cruéis, não encontra posição nem repouso. Ora se apóia sobre as mãos, ora sobre os pés, mas onde se firma aumenta a dor. Ora volve a dolorosa cabeça para uma parte, ora para outra, se a deixa cair sobre o peito, as mãos e os pés rasgam-se mais com o peso, se a deita sobre os ombros, estes ficam feridos pelos espinhos; se a apóia sobre a cruz, enterram-se os espinhos ainda mais na sua cabeça. Ah, meu Jesus, que morte horrível é a que sofreis. Meu Redentor crucificado, eu vos adoro nesse trono de ignomínia e de dores. Leio que está escrito nessa cruz que sois rei: "Jesus Nazareno, Rei dos judeus". Mas afora este título de escárnio, qual outro sinal de vossa realeza? Ah, essas mãos cravadas, essa cabeça coroada de espinhos, esse trono de dores, essas carnes dilaceradas vos fazem conhecer por rei, mas rei de amor. Aproximo-me, pois, humilhado e contrito, para beijar vossos pés sagrados trespassados por meu amor; abraço essa cruz, na qual, vítima de amor, quisestes sacrificar-vos à justiça divina por mim, "feito obediente até à morte de cruz". Ó feliz obediência, que nos obtém o perdão dos pecados. E que seria de mim, ó meu Salvador, se vós não tivésseis pago por mim? Agradeço-vos, meu amor, e pelos merecimentos dessa sublime obediência vos peço que me concedais a graça de obedecer em tudo à vossa divina vontade. Desejo o paraíso unicamente para sempre vos amar e com todas as minhas forças.

3. Eis que o rei do céu, suspenso naquele patíbulo, começa a expirar. Perguntemos-lhe com o profeta: "Que são essas chagas no meio de tuas mãos?" (Zc 13,6). Responde por Jesus o Abade Roberto: "São sinais do grande amor que vos tenho, são o preço pelo qual eu vos livro das mãos dos inimigos e da morte". Ama, pois, ó alma fiel, ama a teu Deus que tanto te amou, e, se ainda duvidas de seu amor, olha, diz S. Tomás de Vilanova, "olha para aquela cruz, para aquelas dores e aquela morte acerba que ele sofreu por ti e essas provas te farão conhecer claramente quanto te ama o teu Redentor" (*Conc. 3 dom. 17 p. Pent.*). S. Bernardo ajunta que a cruz clama, clama cada chaga de Jesus que ele vos ama com verdadeiro amor.

Ó meu Jesus, como vos vejo cheio de dores e triste! Tendes muita razão em pensar que vós tanto sofrestes, chegando até a morrer de dores nesse madeiro e que afinal tão poucas almas vos amarão. Ó Deus, ainda agora, quantos corações, apesar de a vós consagrados, não vos amam ou vos amam muito pouco. Ah, belas chamas de amor, vós que consumistes a vida de um Deus sobre a cruz, consumi-me também, consumi todos os afetos desordenados que vivem no seu coração e fazei que eu viva ardendo e suspirando exclusivamente por esse meu amado Senhor, que quer acabar a vida consumido pelos tormentos, por meu amor, num patíbulo infame. Meu amado Jesus, quero amar-vos sempre, e quero amar unicamente a vós, meu amor, meu Deus, meu tudo.

4. "Teus olhos verão o teu preceptor" (Is 30,20). Foi prometido aos homens poderem ver com os próprios olhos seu divino Mestre. A vida inteira de Jesus foi contínuo exemplo e escola de perfeição, mas em nenhuma parte nos ensinou melhor suas mais belas virtudes do que sobre a cátedra da cruz. Como daí nos ensinou bem a paciência, especialmente no tempo das doenças, já que na cruz Jesus sofreu corajosamente com suma paciência as dores de sua atrocíssima morte. Aí, com seu exemplo

nos ensinou uma estrita obediência aos divinos preceitos, uma perfeita resignação com a vontade de Deus e sobretudo ensinou-nos como se deve amar. O P. Paulo Segneri, o moço, pediu a uma penitente sua que escrevesse aos pés do crucifixo: "Eis aqui como se ama".

Eis aqui como se ama, é o que parece dizer a todos o próprio Redentor do alto da cruz, quando nós, para não sofrer qualquer desgosto, abandonamos as obras de seu agrado e por vezes chegamos a renunciar até à sua graça e ao amor. Ele nos amou até à morte e não desce da cruz senão depois de ter deixado de viver. Ah, meu Jesus, vós me amastes até à morte: até à morte vos quero amar. No passado eu vos ofendi e traí muitas vezes. Senhor, vingai-vos de mim, mas com vingança de compaixão e amor: dai-me uma tal dor de meus pecados, que me faça viver sempre contrito e aflito por vos haver ofendido. Eu protesto preferir sofrer todos os males no futuro a vos desgostar. E que maior desgraça poderia suceder-me que vos desgostar a vós, meu Deus, meu Redentor, minha esperança, meu tesouro, meu tudo.

5. "E eu, quando for exaltado da terra, atrairei tudo a mim. Ora, isso ele dizia para indicar de que morte havia de morrer" (Jo 12,32). Jesus Cristo afirmou que, quando fosse levantado na cruz, ele com seus merecimentos, com seu exemplo e com a força de seu amor, haveria de atrair para si os afetos de todas as almas, segundo o comentário de Cornélio a Lápide. O mesmo escreve S. Pedro Damião: "O Senhor apenas foi suspenso na cruz e já atraiu todos a si pelo desejo de seu amor" (*De inv. cruc.*). "E quem deixará de amar a Jesus que morre por nós na cruz?", pergunta o mesmo Cornélio. Vede, ó almas remidas, assim nos exorta a S. Igreja, vede o vosso Redentor pregado naquela cruz, onde toda a sua figura respira amor e convida a amá-lo: a cabeça inclinada, para nos dar o ósculo de paz, os braços estendidos para abraçar-nos, o coração aberto para nos amar. Ah, meu amado Jesus, como minha alma podia ser tão cara aos vossos olhos, conhecendo vós as injúrias que de mim haveis de receber? Vós, para cativar o meu afeto, quisestes dar-me as provas extremas de amor. Vinde, ó flagelos, espinhos, cravos e cruz, que atormentastes as sagradas carnes de meu Senhor, vinde e feri meu coração. Recordai-me sempre que todo o bem que eu recebi e que eu espero, tudo me vem dos merecimentos de sua Paixão. Ó mestre de amor, os outros ensinam com a voz, ao passo que vós, nesse leito de morte, ensinais com o sofrimento; os outros ensinam por interesse, vós por afeto, não buscando outra recompensa que a minha

salvação. Salvai-me, amor meu, e que minha salvação seja a graça de sempre vos amar e agradar. Amar-vos é a minha salvação.

6. Enquanto Jesus agonizava sobre a cruz, os homens não cessavam de atormentá-lo com impropérios e zombarias. Uns lhe diziam: "Salvou os outros e não pode se salvar a si mesmo". Outros: "Se é o rei de Israel, desça da cruz". E que faz Jesus na cruz, enquanto o injuriam? Talvez pede a seu Pai que os castigue? Não, ele pede que lhes dê o perdão: "Pai, perdoai-lhes; não sabem o que fazem" (Lc 23,32). Para demonstrar seu imenso amor pelos homens, diz S. Tomás (p. III q. 47, a. 4), "o Redentor pediu a Deus perdão para seus perseguidores. Pediu-o, pois eles depois de o verem morto se arrependeram de seus pecados: 'Voltavam batendo no peito'".

Ah! meu caro Salvador, eis-me aos vossos pés: eu fui um dos vossos mais ingratos perseguidores: pedi a vosso Pai para que ele me perdoe também a mim. É verdade que os judeus e os algozes não sabiam, ao crucificar-vos, o que faziam; eu, porém, muito bem sabia que, pecando, ofendia a um Deus crucificado e morto por mim. Mas o vosso sangue e a vossa morte me mereceram também a mim a divina misericórdia. Eu não posso duvidar de ser perdoado vendo-vos morrer para me obter o perdão. Ah, meu doce Redentor, lançai sobre mim um daqueles olhares amorosos que me dirigistes ao morrer por mim na cruz: olhai-me e perdoai-me todas as ingratidões com que tratei o vosso amor. Arrependo-me, ó meu Jesus, de vos ter desprezado. Amo-vos de todo o meu coração e, à vista de vosso exemplo, porque vos amo, amo também todos aqueles que me ofenderam. Desejo-lhes todo o bem e proponho servi-los e socorrê-los quanto me for possível por amor de vós, meu Senhor, que quisestes morrer por mim que tanto vos ofendi.

7. "Lembrai-vos de mim", vos disse, "ó meu Jesus, o bom ladrão", e foi consolado com vossa resposta: "Hoje estarás comigo no paraíso" (Lc 23,43). Lembrai-vos de mim, digo-vos também eu; recordai-vos, Senhor, que eu sou uma daquelas ovelhas pelas quais vós destes a vida. Consolai-me, fazendo-me sentir que me perdoastes, dando-me uma grande dor de meus pecados. Ó grande sacerdote, que vos sacrificastes a vós mesmo por amor das vossas criaturas, tende compaixão de mim. Sacrifico-vos de agora em diante a minha vontade, os meus sentidos, as minhas satisfações e todos os meus desejos. Eu creio que vós, meu Deus, morrestes pregado na cruz por mim. Caia sobre mim, vos suplico, o vosso sangue divino: ele me lave de todos os meus pecados; ele me abrase em vosso santo amor e me faça todo vosso. Eu vos amo, ó meu Jesus, e desejo morrer crucificado por vós que morrestes crucificado por mim.

Eterno Pai, eu vos ofendi, mas eis vosso Filho que, preso a esse madeiro, vos satisfaz por mim oferecendo-vos o sacrifício de sua vida divina. Eu vos ofereço seus merecimentos que são todos meus, visto que ele mos deu; por amor deste Filho, vos peço, tenhais piedade de mim. A maior compaixão que vos suplico é que me concedais a vossa graça, que eu infelizmente tantas vezes desprezei de livre vontade. Arrependo-me de vos haver ultrajado e vos amo, meu Deus, meu tudo, e para vos satisfazer estou pronto a suportar toda espécie de opróbrios, de dores, de miséria e de morte.

CAPÍTULO 13

DAS ÚLTIMAS PALAVRAS DE JESUS NA CRUZ E DE SUA MORTE

1. Diz S. Lourenço Justiniano que a morte de Jesus foi a mais amarga e dolorosa dentre todas as mortes dos homens, porque o Redentor morreu na cruz sem o mínimo alívio. Nas pessoas que sofrem, a pena é sempre mitigada por qualquer pensamento ao menos de consolação; mas a dor e a tristeza de Jesus foram inteiramente puras, sem mistura de consolo, como diz o Angélico (III q. 46 a 6). Por isso S. Bernardo, contemplando Jesus agonizando na cruz, exclama: "Meu caro Jesus, contemplando-vos sobre esse madeiro, dos pés até à cabeça não vejo senão dor e tristeza".

Ó meu doce Redentor, ó amor de minha alma, por que quisestes derramar todo o vosso sangue, por que sacrificar a vossa vida divina por um verme ingrato como eu? Ó meu Jesus, quando será que eu me ligarei tão estreitamente a vós que não possa mais separar-me e deixar de vos amar? Ah, Senhor, enquanto vivo neste mundo, estou em perigo de negar-vos o meu amor e perder a vossa amizade, como tenho feito no passado. Ah, meu caríssimo Salvador, se, continuando a viver, terei de passar por esse grande mal, suplico-vos por vossa Paixão, dai-me a morte agora que eu espero estar em vossa graça. Eu vos amo e quero amar-vos sempre.

2. Lamentava-se Jesus pela boca do Profeta que, quando agonizava na cruz, procurava quem o consolasse e não o encontrava (Sl 68,21). Os judeus e os romanos, mesmo quando ele estava para expirar, o maldiziam e blasfemavam. Maria Santíssima, sim, estava aos pés da cruz para dar-lhe algum alívio, se pudesse; mas essa mãe aflita e amorosa,

com a dor que suportava pelos sofrimentos de Jesus, mais afligia a esse Filho que tanto a amava. Diz S. Bernardo que os sofrimentos de Maria contribuíram mais para atormentar o coração de Jesus. Quando o Redentor olhava para Maria assim atormentada, sentia sua alma transpassada mais pelas dores da Mãe que pelas suas próprias, como a mesma Santíssima Virgem revelou a S. Brígida: "Ele, vendo-me, mais se doía de mim que de si mesmo". Do que conclui S. Bernardo: "Ó bom Jesus, vós sofreis grandes dores no corpo, mas sofreis ainda mais no coração por compaixão com vossa Mãe".

3. Que sofrimentos, pois, não experimentaram esses corações amorosíssimos de Jesus e Maria, quando chegou o momento em que o Filho, antes de expirar, teve de se despedir de sua Mãe. Eis as últimas palavras com que Jesus se despediu neste mundo de sua Mãe: "Mulher, eis aí teu filho" (Jo 19,26), indicando-lhe João que lhe deixava por filho em seu lugar.

Ó Rainha das dores, as recordações de um filho amado que morre são muito caras e não saem mais da memória de uma mãe. Recordai-vos que vosso Filho, que tanto vos amou, vos deixou a mim, pecador, por filho, na pessoa de João. Pelo amor que tendes a Jesus, tende piedade de mim. Eu não vos peço os bens da terra: vejo vosso Filho que morre em tantos tormentos por mim; vejo-vos a vós, minha Mãe inocente, sofrendo tantas dores por mim e vejo que eu, miserável réu do inferno, nada padeci pelos meus pecados por vosso amor. Quero sofrer alguma coisa por vós antes de morrer. Esta é a graça que vos peço e vos digo com S. Boaventura que, se vos ofendi, é de justiça que eu padeça por castigo, e seu eu vos servi, é justo que eu sofra por recompensa. Impetrai-me, ó Maria, uma grande devoção e uma recordação contínua da Paixão de vosso Filho. E por aquele tormento que sofrestes, vendo-o expirar na cruz, obtende-me uma boa morte; assisti-me, minha Rainha, naquele último momento e fazei que eu morra amando e proferindo os santíssimos nomes de Jesus e Maria.

4. Vendo Jesus que não encontrava quem o consolasse neste mundo, levantou os olhos e o coração para seu Pai, para pedir-lhe alívio. Mas o eterno Pai, vendo seu Filho coberto com as vestes de pecador: "Não, Filho", disse-lhe, "não te posso consolar, já que estás satisfazendo a minha justiça pelos pecados de todos os homens; convém que agora eu te abandone aos teus sofrimentos e te deixe morrer sem conforto". E foi então que o nosso Salvador, elevando a voz, disse: "Deus meu, por que

me abandonais?" (Mt 27,46). Explicando esta passagem, o Beato Dionísio Cartusiano diz que Jesus proferiu essas palavras com grande brado, para fazer todos compreenderem a grande dor e tristeza em que morria. E quis nosso amantíssimo Redentor morrer privado de toda consolação, acrescenta S. Cipriano, para nos demonstrar seu amor e atrair para si todo o nosso amor.

Ah, meu amado Jesus, queixai-vos injustamente, dizendo: meu Deus, por que me abandonastes? Perguntas por quê? E eu pergunto-vos: por que quisestes vos encarregar de pagar por nós? Não sabíeis que só pelos nossos pecados merecíamos ser abandonados por Deus? Com razão, pois, vos abandonou o vosso Pai e vos deixou morrer num mar de dores e de tristezas. Ah, meu Redentor, o vosso abandono me aflige e me consola: aflige-me, porque vos vejo morrer com tantos sofrimentos, mas consola-me dando-me confiança de que, pelos vossos merecimentos, não serei abandonado pela misericórdia divina, como eu merecia por vos ter abandonado tantas vezes para seguir os meus caprichos. Fazei-me compreender que, se para vós foi tão cruel o ser privado por breve tempo da presença sensível de Deus, qual seria o meu tormento se tivesse de ficar privado de Deus para todo o sempre. Por esse vosso abandono, suportado com tanta dor, não me abandoneis, ó meu Jesus, especialmente na hora de minha morte. Nesse momento em que todos me abandonarão, não me abandoneis, vós, meu Salvador. Sede então vós, meu Senhor desolado, o meu conforto nas minhas desolações. Bem sei que se vos amasse sem consolação, contentaria o vosso coração; conheceis, porém, a minha fraqueza, ajudai-me com a vossa graça, infundindo-me então perseverança, paciência e resignação.

5. Aproximando-se Jesus da morte, disse: "Tenho sede". "Dizei-me, Senhor, de que tendes sede?", pergunta Leão de Óstia. Vós não vos queixais dos imensos tormentos que sofrestes na cruz e vos lamentais exclusivamente da sede? "Minha sede é a vossa salvação", lhe faz dizer S. Agostinho (*In Ps.* 33). Ó almas, diz Jesus, esta minha sede não é outra coisa que o desejo que tenho de vossa salvação. O Redentor amorosíssimo tem um ardente desejo de nossas almas e por isso ardia em se dar todo a nós por meio de sua morte. Foi essa a sua sede, escreve S. Lourenço Justiniano. E S. Basílio de Seleucia diz que Jesus Cristo afirma sentir sede, para dar-nos a entender que, pelo amor que nos tinha, morria com o desejo de padecer por nós mais ainda do que tinha padecido.

Ó Deus amabilíssimo, porque nos amais, desejais que nós suspiremos por vós. "Deus tem sede de que tenhamos sede dele", diz S. Gregório Nazianzeno (*Tetr. Sent.* 34). Ah, meu Senhor, tendes sede de mim, vilíssimo verme, e eu não sentirei sede de vós, meu Deus infinito? Pelos merecimentos dessa sede suportada na cruz, dai-me uma grande sede de vos amar e de comprazer-vos em tudo. Prometestes que nos atenderíeis em tudo o que vos pedíssemos: pedi e recebereis. Eu vos peço este dom de vosso amor. Eu não o mereço, mas será essa a glória de vosso sangue, fazer vosso grande amigo um coração que durante tanto tempo vos desprezou; fazer todo chamas de caridade um pecador todo cheio de lama e de pecados. Fizestes muito mais do que isto, morrendo por mim. Ó Senhor infinitamente bom, eu desejaria amar-vos tanto quanto vós o mereceis. Regozijo-me do amor que vos têm tantas almas abrasadas e mais ainda do amor que tendes por vós mesmo, ao qual uno o meu, embora fraquíssimo. Amo-vos, ó Deus eterno, amo-vos, ó amabilidade infinita. Fazei que eu cresça cada vez mais no vosso amor, repetindo sem cessar atos de amor e esforçando-me para vos agradar em todas as coisas sem intermitência e sem reserva. Fazei que, apesar de miserável e pequenino como sou, seja pelo menos todo vosso.

6. Nosso Jesus, já estando para expirar, disse com voz moribunda: "Tudo está consumado". Enquanto profere essa palavra, rememora em sua mente todo o decorrer de sua vida: viu todas as fadigas que experimentara, a pobreza, as dores, as ignomínias suportadas, oferecendo-as todas novamente a seu eterno Pai pela salvação do mundo. Depois, voltando-se para nós, repetiu: "Tudo está consumado", como se dissesse: ó homens, tudo está consumado, tudo está completo: concluída a vossa redenção, satisfeita a divina justiça, aberto o paraíso. "Eis o teu tempo, e o tempo dos amantes" (Ez 16,8). É tempo, finalmente, ó homens, de começardes a amar-me. Amai-me, pois, amai-me porque nada mais me resta fazer para ser amado por vós. Vede o que fiz para conquistar o vosso amor: por vós levei uma vida tão cheia de tribulações; no fim de meus dias, antes de morrer, consenti em que me tirassem todo o meu sangue, me escarrassem no rosto, lacerassem as carnes, coroassem de espinhos, chegando até aos horrores da agonia neste lenho, como estais vendo. Que falta ainda? Só falta que eu morra por vós; pois bem: quero morrer: Vem, ó morte, dou-te licença de tirar-me a vida pela salvação de minhas ovelhas. E vós, ovelhas minhas, amai-me, porque nada mais posso fazer para me fazer amar. Tudo está consumado, diz Tauler, tudo o

que a justiça exigia, o que requeria a caridade, tudo o que se podia fazer para patentear o amor (*De vita et pass. Salv.* c. 49).

Pudesse dizer também eu ao morrer, meu amado Jesus: Senhor, realizei tudo, fiz tudo que me impusestes, levei com paciência a minha cruz, tudo vos satisfiz. Ah, meu Deus, se tivesse de morrer agora, morreria descontente, porque não poderia repetir nenhuma dessas coisas de verdade. Mas hei de viver sempre assim, ingrato ao vosso amor? Dai-me a graça de contentar-vos nos anos que me restam, para que, quando chegar a morte, possa dizer-vos que ao menos desta data em diante executei a vossa vontade. Se vos ofendi pelo passado, a vossa morte é minha esperança. Para o futuro não quero mais atraiçoar-vos, mas é de vós que espero a minha perseverança. Por vossos merecimentos, ó meu Senhor Jesus Cristo, eu vo-lo peço e espero.

7. Eis Jesus expirando na cruz. Contempla-o, minha alma, nas dores da agonia, a exalar o último suspiro. Contempla esses olhos moribundos, a face pálida, o coração que com lânguido movimento apenas palpita, o corpo que já se entrega à morte e esse bela alma que em breve deixará o corpo dilacerado. Já o céu se escurece, treme a terra, abrem-se os sepulcros. Que significam esses terríveis sinais? A morte do Criador do universo.

8. Por último, nosso Redentor, depois de haver recomendado sua bendita alma a seu eterno Pai, tendo primeiramente dado um grande suspiro partido de seu aflito coração, inclina a cabeça em sinal de obediência, oferece sua morte pela salvação dos homens e expira pela violência de dor, entregando seu espírito nas mãos de seu querido Pai. "E clamando com grande brado, Jesus diz: 'Pai, em vossas mãos encomendo o meu espírito'. E dizendo isto, expirou" (Lc 23,46). Chega-te, minha alma, aos pés deste santo altar, no qual morreu sacrificado para te salvar o Cordeiro de Deus. Chega-te e pensa que ele morreu pelo amor que te consagrou. Pede quanto desejares ao teu Senhor morto e espera tudo. Ó Salvador do mundo, ó meu Jesus, eis a que estado vos reduziu o amor pelos homens; agradeço-vos o terdes querido perder a vida para que se não perdessem as nossas almas: agradeço-vos por todos, mas particularmente por mim mesmo. Quem mais do que eu se aproveitou do fruto de vossa morte? Eu, por vossos merecimentos, sem nem sequer o saber, tornei-me filho da S. Igreja pelo batismo: por vosso amor fui tantas vezes perdoado e recebi tantas graças especiais; por vós tenho a esperança de morrer na graça de Deus e de chegar a amar-vos no paraíso.

Meu amado Redentor, quanto vos devo! Entrego minha pobre alma às vossas mãos traspassadas. Fazei que eu compreenda bem quão grande foi o amor que levou um Deus a morrer por mim. Desejaria morrer também por vós, Senhor, mas que compensação pode dar a morte de um escravo perverso à de seu Senhor e Deus? Desejaria ao menos amar-vos quanto estivesse em mim, mas sem o vosso auxílio, ó meu Jesus, eu nada posso. Ajudai-me e pelos merecimentos de vossa morte fazei que eu morra a todos os amores da terra para que eu ame somente a vós, que mereceis todo o meu amor. Eu vos amo, bondade infinita, eu vos amo, meu sumo bem, e vos suplico com S. Francisco: "Morra eu, Senhor, pelo amor de teu amor, que te dignaste morrer pelo amor de meu amor". Morra eu a tudo, ao menos por gratidão ao grande amor que me mostrastes, dignando-vos morrer por meu amor e para ser amado por mim. Maria, minha Mãe, intercedei por mim. Amém.

CAPÍTULO 14
DA ESPERANÇA QUE DEVEMOS TER NA MORTE DE JESUS

1. Jesus é a única esperança de nossa salvação; fora dele não há salvação em nenhum outro (At 4,12). "Eu sou a única porta", disse ele, "e quem entrar por mim encontrará certamente a vida eterna" (Jo 10,9). Que pecador poderia esperar perdão se Jesus não tivesse satisfeito por nós a justiça divina com seu sangue e com sua morte? "Ele carregou suas iniquidades" (Is 53,11). Por isso, o Apóstolo nos anima, dizendo: "Se o sangue dos bodes e dos touros santifica os imundos para a purificação da carne, quanto mais o sangue de Cristo, que pelo Espírito Santo se ofereceu a si mesmo a Deus como vítima imaculada, purificará a nossa consciência das obras mortas para servir o Deus vivo?" (Hb 9,13-14). Se o sangue dos bodes e dos touros sacrificados tirava nos hebreus as manchas exteriores do corpo, para que pudessem ser admitidos aos sacros mistérios, quanto mais o sangue de Jesus Cristo, o qual por amor se ofereceu a pagar por nós, tirará os pecados de nossas almas para podermos servir o nosso sumo Deus.

Nosso amoroso Redentor, tendo vindo a este mundo somente para salvar os pecadores e vendo já escrita contra nós a sentença de condenação por causa de nossas culpas, que faz? Ele com sua morte pagou o castigo que nos era devido e, cancelando com seu sangue a escritura da condenação, afixou-a na própria cruz em que morre, para que a justiça divina não exigisse de nós a satisfação devida (Cl 2,14).

"Cristo entrou uma só vez no santuário, havendo-nos adquirido uma redenção eterna" (Hb 9,12). Ah, meu Jesus, se não tivésseis encontrado esse modo de obter-me perdão, quem o poderia alcançar? Tinha razão Davi para exclamar: "Publicarei as suas maravilhas" (Sl 9,12). Publicai, ó bem-aventurados, os esforços amorosos que fez nosso Deus para salvar-nos. Visto, pois, ó meu doce Salvador, que me dedicaste tão grande amor, não deixeis de usar de piedade para comigo. Vós me resgatastes das garras de Lúcifer por meio de vossa morte: eu entrego minha alma nas vossas mãos, tendes de salvá-la. "Nas vossas mãos encomendo o meu espírito: vós me remistes, Senhor Deus de verdade" (Sl 30,6).

2. "Filhinhos meus, estas coisas vos escrevo para que não pequeis. Mas, se alguém pecar, temos um advogado junto do Pai, Jesus Cristo, o justo, e ele é a propiciação pelos nossos pecados" (1Jo 2,1). Jesus Cristo não cessou com sua morte de interceder por nós junto de seu Pai, e mesmo agora é nosso advogado e parece, como escreve S. Paulo, que no céu não tem outra ocupação que mover seu Pai a usar de misericórdia para conosco. "Vive sempre a rogar por nós" (Hb 7,25). E ele ajunta que para isso subiu ao céu o Salvador: "Para se apresentar agora perante a face de Deus por nós outros" (Hb 9,24). Assim como são expulsos da face dos reis os rebeldes, nós, pecadores, não seríamos mais dignos de ser admitidos na presença de Deus nem mesmo para pedir-lhe perdão. Jesus, porém, como nosso Redentor, apresenta-se por nós perante Deus e por seus merecimentos nos obtém a graça perdida: "Vós vos chegastes ao mediador do Novo Testamento, Jesus, e à aspersão do sangue mais eloquente que o de Abel" (Hb 12,24). Oh! quanto melhor por nós implora misericórdia o sangue do Redentor do que o sangue de Abel exigia castigo contra Caim! "A minha justiça", disse Deus a S. Maria Madalena de Pazzi, "se transformou em clemência com a vingança exercida sobre a carne inocente de Jesus Cristo. O sangue de meu Filho não exige de mim vingança, como o sangue de Abel, mas pede somente misericórdia e compaixão, e minha justiça não pode deixar de ficar aplacada com essa voz. Esse sangue lhe amarra as mãos de tal maneira que não as pode mover, por assim dizer, para tomar aquela vingança, que deveria, dos pecados".

3. "Não te esqueças da graça que te fez teu fiador" (Eclo 29,20). Ah, meu Jesus, eu era incapaz, depois de meus pecados, de satisfazer a divina justiça, mas vós quisestes com a vossa morte satisfazer por mim. Oh! quão grande seria a minha ingratidão se eu me esquecesse dessa tão grande misericórdia. Não, meu Redentor, não quero esquecer-me mais; quero agradecer-vos sempre e mostrar-me grato, amando-vos e fazendo quanto puder para vos contentar. Socorrei-me com as graças que me merecestes com tantos sofrimentos. Amo-vos, ó meu amor, minha esperança.

"Minha pomba nas fendas do rochedo" (Ct 2,13). Oh! que refúgio seguro encontraremos sempre nessas fendas sagradas da pedra, que não as chagas de Jesus Cristo. "As fendas da pedra são as chagas do Redentor", diz S. Pedro Damião; "nelas a alma fiel põe a sua esperança" (*De S. Mat. serm.* 3). Ah, aí nos veremos livres da desconfiança causada pela vista de nossos pecados, aí encontraremos as armas para nos defendermos quando formos tentados a pecar novamente. "Confiai, eu venci o mundo" (Jo 16,33). "Se não tendes forças bastantes", exorta-nos o Salvador, "para resistir aos assaltos que o mundo vos oferece com seus prazeres, confiai em mim, porque eu o venci e agora vós também o vencereis. Pedi para que meu eterno Pai vos conceda, por meus merecimentos, a força e eu vos prometo que tudo que lhe pedirdes em meu nome, ele vos dará" (Jo 16,23). E em outro lugar nos reafirma a promessa, dizendo que qualquer graça que pedirmos a Deus por seu amor, ele mesmo, que é uma só coisa com o Pai, no-la dará: "Tudo que pedirdes a meu pai em meu nome, eu o farei, para que o Pai seja glorificado no Filho" (Jo 14,13).

Ah! eterno Pai, confiado nos merecimentos e nessas promessas de Jesus Cristo, não vos peço bens da terra, mas somente a vossa graça. É verdade que eu, pelas injúrias que vos fiz, não mereceria nem o perdão nem graças. Mas se eu não o mereço, mereceu-mas vosso Filho, oferecendo seu sangue e sua vida por mim. Perdoai-me, pois, por amor desse vosso Filho. Dai-me uma grande dor de meus pecados e um grande amor a vós. Alumiai-me para que conheça quanto é amável a vossa bondade e quão grande é o amor que me tendes tido desde toda a eternidade. Fazei-me compreender a vossa vontade e dai-me a força para executá-la perfeitamente. Senhor, eu vos amo, e quero fazer tudo o que de mim exigis.

4. Que grande esperança de salvação nos dá a morte de Jesus Cristo. "Quem é que nos há de condenar? Jesus Cristo, que morreu por nós e que também intercede por nós" (Rm 8,34). "Quem será que nos condenará?", pergunta o Apóstolo: é aquele mesmo Redentor que, para não nos condenar à morte eterna, condenou-se a si mesmo a morrer cruelmente numa cruz. Isso anima S. Tomás de Vilanova a dizer: "Que temes, ó pecador, se pretendes deixar o pecado? Como há de te condenar aquele Senhor que morreu para te não condenar? Como te há de expulsar, quando voltares a seus pés, aquele que desceu do céu a tua procura, quando fugias dele?".

Mas ainda maior coragem nos incute o Salvador mesmo, dizendo por Isaías: "Eis que eu te gravei nas minhas mãos; tuas muralhas estão sempre diante de meus olhos" (Is 49,16). Não percas a confiança, ovelha minha, vê quanto me custaste, eu tenho-te escrita nas minhas mãos, nestas chagas que eu sofri por ti: elas sempre me recordam que devo ajudar-te e defender-te contra teus inimigos: ama-me e confia.

Sim, meu Jesus, eu vos amo e em vós confio. O resgatar-me vos custou tanto, mas o salvar-me nada vos custa. A vossa vontade é que todos se salvem e que ninguém se perca. Se meus pecados me espantam, anima-me a vossa bondade que mais deseja fazer-me bem que eu recebê-lo. Ah, meu amado Redentor, vos direi com Jó: "Mesmo que ele me mate esperarei nele... E ele será meu salvador" (Jó 13,15). Ainda que me expulseis de vossa face, ó meu amor, não deixarei de esperar em vós, que sois meu Salvador. Essas vossas chagas e esse vosso sangue me dão suficiente confiança para esperar todos os bens de vós. Eu vos amo, caro Jesus, eu vos amo e em vós espero.

O glorioso S. Bernardo, achando-se enfermo, viu-se uma vez transportado diante do tribunal de Deus, onde o demônio o acusava de seus pecados e afirmava que ele não merecia o paraíso. O santo respondeu: "É verdade que eu não mereço o paraíso, mas Jesus tem duplo direito a esse reino: um por ser Filho natural de Deus, outro por havê-lo conquistado com sua morte; ele se contenta com o primeiro e cede-me o segundo, por isso eu peço e espero o paraíso". O mesmo podemos nós dizer, pois S. Paulo escreve que Jesus Cristo quis morrer consumido de dores para obter o paraíso a todos os pecadores arrependidos e resolvidos a emendar-se. "E, sacrificado, foi feito o autor da salvação eterna para todos os que lhe obedecem" (Hb 5,9). E o Apóstolo ajunta: "Corramos ao combate que nos está proposto, olhando para o autor e consumador da fé, Jesus, que, sendo-lhe proposto o gozo, suportou a cruz, desprezando a ignomínia" (Hb 12,1-2). Combatamos com coragem os nossos inimigos, olhando para Jesus Cristo que, com os merecimentos de sua Paixão, nos oferece a vitória e a coroa.

5. Ele disse que subia aos céus para preparar-nos um lugar: "Não se turbe o vosso coração... porque eu vou preparar-vos um lugar" (Jo 14,1). Ele disse e continua a dizer a seu Pai que, visto o Pai nos ter dado a ele, nos quer ter consigo no paraíso: "Pai, quero que aqueles que me destes estejam comigo onde eu estou" (Jo 17,24). "Que maior misericórdia poderíamos esperar do Senhor", diz S. Anselmo, "que o Padre Eterno dizer a um pecador

já condenado ao inferno por seus crimes e que não tinha meios de livrar-se do castigo: 'Toma o meu Filho e oferece-o por ti' e o Filho acrescentar: 'Toma-me e livra-te do inferno'" (*Cur Deus homo* l. 2, c. 20).

Ah, meu Pai amoroso, agradeço-vos haver-me dado vosso Filho por meu Salvador, ofereço-vos sua morte e por seus merecimentos vos suplico compaixão. Agradeço-vos sempre, ó meu Redentor, por haverdes dado vosso sangue e vossa vida para livrar-me da morte eterna. Socorrei-nos, pois, a nós, servos rebeldes, os quais com tanto custo remistes. Ó meu Jesus, única esperança minha, vós me amais e porque sois onipotente, fazei-me santo. Se eu sou fraco, dai-me fortaleza, se estou enfermo pelas culpas cometidas, aplicai à minha alma uma gota de vosso sangue e sarai-me. Dai-me o vosso amor e a perseverança final e fazei que eu morra na vossa graça. Dai-me o paraíso. Eu vos amo, ó Deus amabilíssimo, com toda a minha alma, e espero amar-vos sempre: ajudai a um mísero pecador que vos quer amar.

6. "Tendo nós o grande pontífice que penetrou nos céus, Jesus, Filho de Deus, conservemos a nossa confissão. Não temos um pontífice que não possa compadecer-se de nossas enfermidades, tendo experimentado todas as tentações, exceto o pecado" (Hb 4,14). "Já que temos um Salvador que nos abriu o paraíso, que por um certo tempo nos estava fechado pelo pecado", diz o Apóstolo, "confiemos sempre nos seus merecimentos, pois ele sabe se compadecer de nós, tendo querido na sua bondade padecer as nossas misérias". "Vamos, pois cheios de confiança, ao trono da graça, para que consigamos misericórdia e encontremos a graça para sermos socorridos oportunamente" (Hb 4,16). Dirijamo-nos, pois, com confiança ao trono da misericórdia, ao qual temos acesso por meio de Jesus Cristo, para que aí encontremos todas as graças de que necessitamos. E como poderemos duvidar, ajunta S. Paulo, que Deus, tendo-nos dado seu Filho, nos tenha dado com ele todos os bens? "Entregou-o por nós todos: como não nos deu com ele todas as coisas?" (Rm 8,32). O Cardeal Hugo comenta este passo: "Não nos negará o menos, que é a glória eterna, aquele Senhor que chegou a dar-nos o mais, que é o seu próprio Filho".

Ó meu sumo bem, que vos darei por um tal dom que me fizestes de vosso Filho? Dir-vos-ei com Davi: "O Senhor retribuirá por mim" (Sl 137,8). Senhor, não tenho com que retribuir-vos, vosso próprio Filho é o único que vos poderá agradecer dignamente: ele vos agradece por mim. Pai piedosíssimo, pelas chagas de Jesus, peço-vos que me salveis.

Amo-vos, bondade infinita, e, porque vos amo, arrependo-me de vos haver ofendido. Meu Deus, meu Deus, eu quero ser todo vosso; aceitai-me por amor de Jesus Cristo. Ah, meu doce Criador, será possível que, havendo-me dado o vosso Filho, me negueis os vossos bens, a vossa graça, o vosso amor, o vosso paraíso?

7. Assevera S. Leão que foram maiores os bens que nos trouxe a morte de Jesus Cristo, do que os danos a nós causados pelo demônio com o pecado de Adão (*Serm.* 1, *de Asc.*). É o que afirma claramente o Apóstolo quando escreve aos Romanos: "Não se deu com o pecado como com o dom. Onde abundou o pecado, superabundou a graça" (Rm 5,20). Explica o Cardeal Hugo: "A graça de Cristo é de maior eficácia do que o pecado". "Não há comparação entre o pecado do homem e o dom que Deus fez dando-nos Jesus Cristo; foi grande o delito de Adão, mas muito maior a graça que Jesus Cristo nos mereceu com sua Paixão". "Eu vim para que tenham vida e a tenham em abundância" (Jo 10,10). Eu vim ao mundo, atestou o Salvador, para que os homens, mortos pelo pecado, não só recebam por mim a vida da graça, mas uma vida mais abundante do que a que perderam pela culpa. Motivo esse que levou a santa Igreja a chamar feliz a culpa que nos mereceu ter um tal Redentor. "Eis o Deus meu Salvador: agirei com confiança e não recearei" (Is 12,2). Se vós sois um Deus onipotente, ó meu Jesus, e sois também meu Salvador, que receios poderei ter de condenar-me? Se no passado vos ofendi, arrependo-me disso de todo o coração: no futuro quero servir-vos, obedecer-vos e amar-vos: espero firmemente que vós, meu Redentor, que tanto fizestes e padecestes por minha salvação, não me negareis graça alguma necessária para salvar-me (S. Boaventura). "Tirareis águas com alegria das fontes do Salvador e direis nesse dia: louvai o Senhor e invocai o seu nome" (Is 12,3). As chagas de Jesus Cristo são essas benditas fontes das quais podemos receber todas as graças se com fé lhas pedirmos. "E sairá da casa do Senhor uma fonte, que regará a torrente dos espinhos" (Joel 3,18). A morte de Jesus é essa fonte prometida que irrigou as nossas almas com as águas da graça e transformou em flores e frutos da vida eterna por seus merecimentos os espinhos do pecado. Como diz S. Paulo, nosso amante Redentor fez-se pobre neste mundo para que nós pelo merecimento de sua pobreza nos tornássemos ricos (2Cor 8,9). Pelo pecado nos fizemos ignorantes, injustos, iníquos, escravos do inferno; Jesus Cristo morrendo e satisfazendo por nós, fez-se por Deus nossa sabedoria, nossa santificação e nossa redenção, diz o Apóstolo (1Cor 1,20).

Fez-se nossa sabedoria, instruindo-nos; nossa justiça, perdoando-nos; nossa santidade, com seu exemplo; nosso resgate, com sua Paixão, livrando-nos das garras de Lúcifer. Em suma, diz S. Paulo, os merecimentos de Jesus Cristo nos enriqueceram de todos os bens, de maneira que nada mais nos falta para receber todas as graças (1Cor 1,5).

Ó meu Jesus, meu Jesus, que belas esperanças me incute vossa Paixão. Quanto vos devo, meu amado Senhor. Ah, não vos tivesse eu ofendido. Perdoai-me todas as injúrias que vos fiz: inflamai-me para sempre. E como posso temer não ser perdoado e receber a salvação de todas as graças de um Deus onipotente que me deu todo o seu sangue? Ah, meu Jesus, minha esperança, para não me condenardes, quisestes perder a vossa vida: não quero perder-vos mais, bem infinito. Se vos perdi no passado, eu me arrependo e no futuro não quero perder-vos mais, vós me ajudareis para que eu não vos perca mais. Senhor, eu vos amo e quero amar-vos sempre. Maria, depois de Jesus sois a minha esperança; dizei a vosso Filho que vós me protegereis e serei salvo. Amém.

CAPÍTULO 15
DO AMOR DO ETERNO PAI QUE NOS DEU O SEU FILHO

1. "Assim Deus amou o mundo que lhe deu seu Filho unigênito" (Jo 3,16). Três coisas devemos considerar nesta dádiva: quem é quem dá, que coisa e com que amor no-la dá. É sabido que, quanto mais nobre o doador, tanto mais apreciável a dádiva; se alguém recebe uma flor de um monarca, estimará essa flor mais que um tesouro. Quanto, pois, devemos estimar este dom que nos vem das mãos de Deus? E que foi o que nos deu? Seu próprio Filho. Não se contentou o amor desse nosso Deus com dar-nos tantos bens nesta terra, mas chegou a dar-se todo inteiro a nós na pessoa do Verbo encarnado. S. João Crisóstomo diz: "Deu-nos não um servo, nem um anjo, mas seu próprio Filho" (*In Jo. Hom.* 26). Por isso exclama a Igreja, cheia de júbilo: "Ó maravilhosa condescendência de vossa ternura! Ó inapreciável rasgo de caridade! Para resgatar o escravo, sacrificastes o Filho!".

Ó Deus infinito, como pudestes usar para conosco de tão admirável piedade? Quem jamais poderá compreender um excesso tão grande, que, para resgatar o escravo, quisésseis sacrificar vosso único Filho? Ah, meu benigníssimo Senhor, desde que me destes o que de melhor possuíeis, é justo que eu vos dê o mais que me for possível. Vós quereis o meu amor e eu nada mais de vós desejo que o vosso amor. Aqui tendes o meu mísero coração que eu consagro inteirinho a vos amar. Criaturas todas, saí do meu coração e dai lugar ao meu Deus, que o merece e quer possuí-lo todo e sem partilha. Amo-vos, ó Deus de amor, amo-vos sobre todas as coisas e só a vós quero amar, meu Criador, meu tesouro, meu tudo.

2. Deus nos deu seu Filho e por quê? Só por amor. Pilatos, por temor humano, entregou Jesus aos judeus (Lc 23,25). O eterno Pai entrega-nos seu Filho, mas pelo amor que nos consagra (Rm 8,32). S. Tomás afirma que numa dádiva o amor vem em primeiro lugar (I q. 38. a. 2). Quando nos fazem um presente, o primeiro dom que recebemos é o amor que o doador nos oferece na dádiva que faz, porque a única razão de um dom gratuito é o amor: quando se dá com outro fim, que não seja o puro afeto, o dom perde a razão de verdadeiro dom. A dádiva que o Pai Eterno nos fez de seu Filho foi um verdadeiro dom todo gratuito e sem mérito algum da nossa parte. É por isso que se diz que a Encarnação do Verbo foi obra do Espírito Santo, isto é, efetuada por puro amor, como afirma o mesmo santo doutor: "Que o Filho de Deus se revestiu de carne proveio do mais acendrado amor de Deus" (III q. 32, a. 1).

Mas Deus não somente nos deu seu Filho por puro amor, mas no-lo deu igualmente com amor imenso. Foi justamente o que quis Jesus significar, dizendo: "Assim amou Deus o mundo". A palavra assim denota a grandeza do amor, diz S. João Crisóstomo, com que Deus nos fez essa grande dádiva (*In Jo. Hom.* 26). E que maior amor poderia um Deus demonstrar-nos do que condenar à morte seu próprio Filho, inocente, para nos salvar a nós, míseros pecadores? "Não poupou a seu próprio Filho, mas entregou-o por nós todos" (Rm 8,32). Se o Padre Eterno pudesse padecer, que dor não sentiria ao ver-se obrigado por sua justiça a condenar o Filho, que amava como a si mesmo, a uma morte tão cruel e cheia de ignomínias? Quis que morresse consumido pelos tormentos e pelas dores, diz Isaías (53,10).

Imaginai que estais vendo o Padre Eterno com Jesus morto nos braços, dizendo-vos: "Ó homens, é este o meu Filho muito amado, em que eu encontrei todas as minhas complacências. Vede como eu o quis ver maltratado pelas vossas iniquidades" (Is 53,8). Ei-lo condenado à morte nessa cruz, aflito, abandonado até de mim, que tanto o amo. E tudo isto eu o fiz para que vós me ameis.

Ó bondade infinita! Ó misericórdia infinita! Ó Deus de minha alma, já que por minha causa quisestes a morte do objeto mais caro ao vosso coração, ofereço-vos por mim o grande sacrifício que vos fez de si mesmo este vosso Filho, e por seus merecimentos vos peço o perdão de meus pecados, o vosso amor, o vosso paraíso. São grandes estes favores que eu vos peço, mas é ainda mais valiosa a oferta que vos apresento. Perdoai-

-me e salvai-me, ó meu Pai, pelo amor de Jesus Cristo. Se vos ofendi pelo passado, arrependo-me disso mais que de todo o mal e agora eu vos estimo e vos amo mais que todos os bens.

3. Quem, a não ser um Deus de infinito amor, poderia nos amar a tal ponto? S. Paulo escreve: "Mas Deus, que é rico em misericórdia, pela excessiva caridade com que nos amou, nos vivificou em Cristo quando estávamos mortos pelo pecado" (Ef 2,4). Chama o Apóstolo amor excessivo esse amor que Deus nos demonstrou, dando aos homens, por meio da morte de seu Filho, a vida da graça que haviam perdido por seus pecados. Para Deus, porém, não foi excessivo esse amor, pois que Deus é o mesmo amor: "Deus é amor" (1Jo 4,16).

Diz S. João que nisso quis Deus fazer-nos ver até onde chegava a grandeza do amor de um Deus para conosco, enviando seu Filho ao mundo para obter-nos com sua morte o perdão e a vida eterna (1Jo 4,9). Estávamos mortos à graça pelo pecado, e Jesus com sua morte nos restituiu a vida. Estávamos na miséria, disformes e abomináveis, mas Deus, por meio de Jesus Cristo, tornou-nos belos e caros aos seus olhos divinos. Escreve o Apóstolo: "Ele nos fez agradáveis a si no seu amado Filho" (Ef 1,6). O texto grego diz: fez-nos graciosos. Por isso S. João Crisóstomo ajunta que, se houvesse um pobre leproso todo dilacerado e disforme, e alguém o curasse da lepra e o tornasse belo e rico, qual não seria a sua obrigação para com esse benfeitor? Ora, imensamente maior é a nossa dívida para com Deus, pois sendo nossas almas disformes dignas de ódio pelas culpas cometidas, ele por meio de Jesus Cristo não só as livrou dos pecados como também as tornou mais belas e amáveis. "Abençoou-nos com toda a bênção espiritual em bens celestes, em Cristo" (Ef 1,3). Cornélio a Lápide comenta esta passagem: "Gratificou-nos com todos os bens espirituais". A bênção de Deus é gratificar ou fazer bem e o Padre Eterno, dando-nos Jesus Cristo, cumulou-nos de todos os bens, não terrenos para o corpo, mas espirituais para a alma. Em bens celestes, "dando-nos com seu Filho uma vida celeste neste mundo, e no outro uma glória celeste".

Abençoai-me, pois, fazei-me bem, ó Deus amantíssimo, e que esse benefício seja atrair-me inteiramente ao vosso amor: "Atraí-me pelos laços de vosso amor". Fazei que o amor que me consagrastes me arrebate em amor pela vossa bondade. Vós mereceis um amor infinito: eu vos amo com o amor de que sou capaz, amo-vos sobre todas as coisas, amo-vos mais do que a mim mesmo. Consagro-vos toda a minha vontade e esta é a graça que vos peço: fazei que de hoje em diante eu viva e faça tudo segundo a vossa vontade, visto que nada mais quereis que o meu bem e minha salvação eterna.

4. "Introduziu-me em sua adega e ordenou em mim a caridade" (Ct 2,4). "O meu Senhor", diz a esposa sagrada, "conduziu-me à adega, isto é, pôs-me diante dos olhos todos os benefícios que me fez para induzir-me a amá-lo: Ordenou em mim a caridade". Diz um autor que Deus, para conquistar nosso amor, enviou, por assim dizer, contra nós um exército de graças de amor. "Dispôs contra mim a caridade como um exército" (*Casp*. Sánchez). Segundo o Cardeal Hugo, o dom de si mesmo a nós, que Jesus nos fez, foi a seta reservada predita por Isaías: "Pôs-se como uma seta reservada: escondeu-me na sua aljava" (Is 49,2). Como o caçador reserva a melhor seta para o último tiro que deve abater a fera, assim Deus entre todos os seus benefícios reservou Jesus, até chegar o tempo da graça, e então o enviou como último golpe para ferir de amor os corações dos homens. Ferido por esta seta, dizia S. Pedro a seu Mestre: "Senhor, vós bem sabeis que eu vos amo" (Jo 21,15).

Ah, meu Deus, vejo-me circundado de todas as partes pelas finezas de vosso amor. Eu também vos amo e se eu vos amo sei que também vós me amais. E quem poderá privar-me de vosso amor? Só o pecado. Mas deste monstro do inferno, vós, pela vossa misericórdia, me haveis de livrar. Prefiro todos os males, a morte mais cruel, mesmo a destruição de meu ser, a ofender-vos com um pecado mortal. Vós, porém, já conheceis minhas quedas passadas, conheceis minha fraqueza, ajudai-me, meu Deus, pelo amor de Jesus Cristo. "Não desprezeis a obra de vossas mãos" (Sl 137,8). Sou a obra de vossas mãos, vós me criastes; não me desprezeis. Se por minhas culpas mereço ser abandonado, mereço não menos que tenhais misericórdia de mim por amor de Jesus Cristo, que sacrificou sua vida por minha salvação. Eu vos ofereço os seus merecimentos, que são todos meus, e por eles eu vos peço e espero de vós a santa perseverança com uma boa morte e, entretanto, a graça de viver o resto de minha vida todo consagrado à vossa glória. Basta quanto vos ofendi: eu me arrependo de todo o coração e quero amar-vos quanto posso. Não quero mais resistir ao vosso amor: entrego-me inteiramente a vós. Dai-me a vossa graça e o vosso amor e fazei de mim o que quiserdes. Meu Deus, eu vos amo e quero e peço-vos sempre o vosso amor: atendei-me pelos merecimentos de Jesus Cristo. Maria, minha Mãe, rogai a Deus por mim. Amém.

CAPÍTULO 16

DO AMOR DO FILHO DE DEUS EM QUERER MORRER POR NÓS

1. "Eis aí o teu tempo, o tempo dos que amam... e te tornaste extremamente bela" (Ez 16, 8, 13). Quanto nós, os cristãos, somos devedores ao Senhor, por nos fazer nascer depois da vinda de Jesus Cristo! Nosso tempo não é mais o tempo do temor, como era o dos hebreus, mas é o tempo do amor, havendo um Deus morrido por nossa salvação e para ser amado por nós. É artigo de fé que Jesus nos amou e por nosso amor se entregou à morte: "Cristo nos amou e se entregou a si mesmo por nós" (Ef 5,2). E quem poderia fazer morrer um Deus onipotente se ele não quisesse de livre vontade dar a vida por nós? "Eu entrego a minha vida... Ninguém a tira de mim, mas eu a entrego por mim mesmo" (Jo 10,17-18). Por isso diz S. João que Jesus na sua morte deu-nos a última prova que podia dar-nos do seu amor: "Tendo-os amado, amou-os até o fim" (Jo 13,1). Afirma um autor devoto que Jesus na sua morte nos deu a maior prova de seu amor, nada mais lhe restando depois disso a fazer para nos demonstrar quanto nos amava (*Contens.* 1. 10, d. 4, c. 1).

Meu amado Redentor, vós vos destes todo a mim por amor e eu por amor me dou todo a vós. Destes a vida por minha salvação, eu por vossa glória quero morrer quando e como vos aprouver. Vós não podíeis fazer mais para conquistar o meu amor e eu, ingrato, entreguei-vos por nada. Meu Jesus, arrependo-me disso de todo o coração: perdoai-me por vossa Paixão e em prova do perdão concedei-me a graça de amar-vos. Sinto em mim um grande desejo de vos amar e tomo a resolução de ser todo vosso:

vejo, porém, minha fraqueza, e vejo as traições que vos fiz: só vós podeis socorrer-me e tornar-me fiel. Ajudai-me, meu amor, fazei que vos ame e nada mais vos peço.

2. Diz o Beato Dionísio Cartusiano que a Paixão de Jesus Cristo foi denominada um excesso: "E falavam do excesso que realizaria em Jerusalém" (Lc 9,31), porque foi excesso de piedade e de amor. Ó Deus, qual é o fiel que poderia viver sem amar Jesus Cristo, se meditasse a miúdo na sua Paixão? As chagas de Jesus, diz S. Boaventura, são todas chagas de amor, são dardos e chamas que ferem até os corações mais duros e abrasam as almas mais frias. O Beato Henrique Suso, para melhor imprimir em seu coração o amor a Jesus crucificado, tomou uma vez um ferro cortante e gravou em seu peito o nome de seu amado Senhor, e estando assim banhado em sangue dirigiu-se à igreja e prostrando-se diante do crucifixo, disse-lhe: "Ó Senhor, único amor de minha alma, vede o meu desejo, quereria escrever vosso nome dentro de meu coração, mas não posso.. Vós, que tudo podeis, supri o que falta às minhas forças e imprimi no mais fundo do meu coração o vosso nome adorável, de tal maneira que não possa ser mais dela apagado nem o vosso nome, nem o vosso amor".

"O meu bem amado é cândido e rosado, eleito entre mil" (Ct 5,10). Ó meu Jesus, vós sois todo cândido por vossa ilibada inocência, mas, sobre essa cruz, estais todo vermelho pelas chagas sofridas por mim. Eu vos escolho pelo único objeto de meu amor. E a quem amarei senão a vós? Que objeto entre todos posso eu encontrar mais amável do que vós, meu Redentor, meu Deus, meu tudo? Eu vos amo, Senhor amabilíssimo, eu vos amo sobre todas as coisas. Fazei que eu vos ame com todos os meus afetos e sem reserva.

3. "Oh! se conhecesses o mistério da cruz", disse S. André ao tirano. Ó tirano, queria ele dizer, se conhecesses o amor que Jesus Cristo te mostrou, querendo morrer sobre uma cruz para salvar-te, deixarias todos os teus bens e esperanças terrenas para te entregares inteiramente ao amor deste teu Salvador. O mesmo deve dizer-se aos fiéis que creem na Paixão de Jesus Cristo, mas nela não meditam. Ah, se todos os homens pensassem no amor que Jesus Cristo lhes testemunhou na sua morte, quem poderia deixar de amá-lo? Diz o Apóstolo que nosso amado Redentor morreu por nós, para que com o amor que nos demonstrou na sua morte se fizesse senhor de nossos corações. "Para isso Cristo morreu e ressuscitou, para ser senhor tanto dos mortos como dos vivos. Quer,

pois, morramos, quer vivamos, somos do Senhor" (Rm 14,9). Portanto, quer morramos, quer vivamos, é justo que sejamos todos de Jesus que a tanto custo nos salvou. Oh! que eu pudesse dizer, como o abrasado S. Inácio, mártir, que teve a sorte de dar a vida por Jesus Cristo: "Que venham sobre mim o fogo, a cruz, as feras, e toda a espécie de tormentos, contanto que goze de ti, ó Cristo" (*Ep. ad Rom.* c. V).

Ó meu caro senhor, morrestes para conquistar minha alma, e eu que fiz para vos adquirir, bem infinito? Ah, meu Jesus, quantas vezes eu vos perdi por um nada! Miserável! Eu já sabia que com o meu pecado perdia a vossa graça, sabia que vos causava um grande desgosto e contudo eu o fiz. Consolo-me que tenho de tratar com uma bondade infinita, que se esquece das ofensas, mal um pecador delas se arrepende e a ama. Sim, meu Deus, eu me arrependo e vos amo. Perdoai-me e de hoje em diante dominai sobre este coração rebelde. Eu vo-lo entrego e a vós me dou inteiramente: dizei-me o que quereis, que eu quero fazer tudo. Sim, meu Senhor, quero amar-vos, quero contentar-vos em tudo: dai-me força e espero executá-lo.

4. Jesus com sua morte não cessou de nos amar; ama-nos ainda e procura-nos com o mesmo amor com que veio do céu à nossa procura e a morrer por nós. É célebre a fineza de amor que demonstrou o Redentor a S. Francisco Xavier, quando ele viajava. Durante uma tempestade, uma onda do mar havia-lhe roubado o crucifixo. Chegado o santo à praia, sentia-se triste e desejava recuperar a imagem de seu amado Senhor. E eis que vê um caranguejo vir ao seu encontro com o crucifixo alçado entre suas tenazes. Ele correu-lhe ao encalço e com lágrimas de ternura e amor o recebeu e estreitou ao peito. Oh! com que amor Jesus vai ao encontro da alma que busca. "Bom é o Senhor... para a alma que o busca" (Lm 3,25), isto é, para a alma que o busca com verdadeiro amor. Poder-se-á pensar que possuem este amor aquelas que recusam as cruzes que o Senhor lhes envia? "Cristo não procurou agradar a si mesmo" (Rm 15,3). Cristo não buscou sua vontade e cômodos, diz Cornélio a Lápide, mas sacrificou tudo isso e sua própria vida por nossa salvação. Jesus, por amor de nós, não procurou prazeres terrenos, mas os sofrimentos e a morte, apesar de ser inocente. E nós, que procuramos por amor de Jesus Cristo? Um dia se queixava S. Pedro, mártir, estando encarcerado por uma injusta acusação que lhe fizeram, e dizia: "Mas, Senhor, que mal fiz eu para sofrer esta perseguição?". E o crucificado lhe respondeu: "E eu, que mal pratiquei para estar pregado nesta cruz?".

Ó meu Salvador, perguntais que mal fizestes? Muito nos amastes e por isso quisestes padecer tanto por nosso amor. E nós, que por nossos pecados merecíamos o inferno, recusaremos padecer o que nos enviardes para nosso bem? Vós sois todo amor, ó meu Jesus, para quem vos procura. Eu não busco vossas doçuras e consolações, busco só a vós e a vossa vontade; dai-me o vosso amor e depois tratai-me como vos aprouver. Abraço todas as cruzes que me enviardes, pobreza, perseguições, enfermidades, dores: livrai-me unicamente do mal do pecado e em seguida sobrecarregai-me de todos os males. Tudo será pouco em comparação dos males que vós sofrestes por meu amor.

5. "Para remir o servo nem o Pai poupou o Filho, nem o Filho poupou-se a si mesmo", diz S. Bernardo (*Serm. de pass.*). E depois de um tão grande amor para com os homens poderá haver alguém que não ame a esse Deus tão amante? Escreve o Apóstolo que Jesus morreu por nós todos, para que nós vivamos somente para ele e seu amor: por todos morreu Cristo, para que os que vivem, não vivam mais para si, mas para aquele que morreu por eles (2Cor 5,15). A maior parte dos homens, infelizmente, depois de um Deus haver morrido por eles, vive para os pecados, para o demônio e não para Jesus Cristo. Dizia Platão que o amor é o ímã do amor. E Sêneca afirmava: "Ama, se queres ser amado". E como é que Jesus, que, morrendo pelos homens, pareceu enlouquecer de amor, na expressão de S. Gregório (*Hom.* 6), não conseguiu atrair a si os nossos corações depois de tantas provas de amor? Como é possível que amando-nos tanto não chegou a fazer-se amar de nós?

Oh! se vos amassem todos os homens, ó Jesus meu amabilíssimo. Sois um Deus digno de um amor infinito. Mas, meu pobre Senhor, permiti que assim vos chame, sois tão amável, fizestes e padecestes tanto para que os homens vos amassem, e quanto são os que vos amam? Vejo quase todos os homens aplicados em amar ou os parentes, ou os amigos, ou as riquezas, ou as honras, ou os prazeres, e mesmo os animais: mas quantos são os que vos amam, bem infinito? Ó Deus, são muito poucos, mas eu quero estar no número destes poucos, apesar de mísero pecador, que durante tanto tempo também vos ofendi, amando o lodo, separando-me de vós. Agora, porém, eu vos amo e vos estimo sobre todos os bens e só a vós quero amar. Perdoai-me, meu Jesus, e socorrei-me.

6. "Ó cristão", diz S. Cipriano, "Deus está contente contigo, chegando até a morrer para conquistar teu amor, e tu não estarás contente com Deus, visto que amas outros objetos, fora de teu Senhor?" (*Ap. Cont.*).

Ah, meu amado Jesus, eu não quero ter outro amor que não seja por vós: estou satisfeito convosco, renuncio a todos os outros afetos, o vosso amor só me basta. Sinto que me dizeis: "Põe-me como selo sobre o teu coração" (Ct 8,6). Sim, meu Jesus crucificado, eu vos ponho e peço-vos que vos ponhais a vós mesmo como um selo sobre o meu coração, para que fique fechado a todo outro afeto que não tenha para vós. No passado eu vos desgostei com outros amores, mas presentemente não há pena que mais me aflija como a recordação de haver com os meus pecados perdido o vosso amor, e no futuro "quem me separará do amor de Jesus Cristo?".

Não, meu amabilíssimo Senhor, depois de me haverdes feito conhecer o amor que me tivestes, não quero mais viver sem vos amar. Eu vos amo, meu amor crucificado, eu vos amo de todo o meu coração e vos entrego esta alma tão procurada e amada por vós. Pelos merecimentos de vossa morte, que tão atrozmente separou vossa bendita alma de vosso corpo, desprendei-me de todo o amor que possa impedir-me de ser todo vosso e de amar-vos de todo o meu coração. Maria, minha esperança, ajudai-me a amar unicamente o vosso dulcíssimo Filho, de tal maneira que eu possa repetir sempre, no decorrer de minha vida: meu amor foi crucificado. Amém.

ORAÇÃO DE SÃO BOAVENTURA

Ó Jesus, que por mim não perdoastes a vós mesmo,
imprimi em mim a vossa Paixão,
a fim de que em toda parte para onde me volte
veja as vossas chagas e não encontre outro repouso que em vós
e em meditar os vossos sofrimentos.

Amém.

II
SETAS DE FOGO – OU PROVAS QUE JESUS CRISTO NOS DEU SEU AMOR NA OBRA DA REDENÇÃO

Quem considera o amor imenso que Jesus Cristo nos demonstrou na sua vida e particularmente na sua morte, sofrendo tantos tormentos por nossa salvação, não poderá deixar de sentir-se ferido e obrigado a amar um Deus tão apaixonado por nossas almas. S. Boaventura diz que as chagas de nosso Redentor comovem os corações mais duros e inflamam em amor as almas mais frias. Consideremos por isso, nesta breve resenha do amor de Jesus Cristo, segundo o testemunho das Sagradas Escrituras, o quanto fez nosso amoroso Redentor para dar-nos a entender o amor que nos tem e obrigar-nos a amá-lo.

1. "Amou-nos e entregou-se a si mesmo por nós" (Ef 5,2). Tinha Deus feito tantos favores aos homens para ganhar-lhes o amor, mas os ingratos não somente não o amavam, mas nem mesmo queriam conhecê-lo por seu Senhor. Apenas num recanto da Judeia era ele reconhecido como Deus pelo povo eleito: este, porém, mais o temia do que o amava. Ora, querendo ele ser mais amado do que temido por nós, fez-se homem e escolheu uma vida pobre, atribulada e obscura e uma morte penosa e ignominiosa. E por quê? Para atrair-nos os corações. Se Jesus Cristo não nos tivesse remido, não seria menos feliz e poderoso do que sempre o foi: quis, porém, procurar-nos a salvação com tantos suores e penas como se a sua felicidade dependesse da nossa. Poderia remir-nos sem sofrer, mas quis livrar-nos da morte eterna com sua própria morte, e podendo salvar-nos de mil modos, quis escolher a maneira mais humilde e penosa, morrendo na cruz de pura dor, para conquistar o afeto de nós, vermes ingratos. Pois não foi o amor que nos tem a única causa de seu nascimento tão atribulado e de uma morte tão desolada? Ah, meu Jesus, que o amor que vos fez morrer por mim no Calvário me faça morrer a todos os afetos mundanos e me consuma naquele santo fogo que viestes acender na terra. Maldigo mil vezes os indignos prazeres que vos custaram tantas dores. Arrependo-me, meu caro Redentor, de toda a minha alma, de todas as ofensas que vos fiz. Para o futuro prefiro morrer a dar-vos desgosto e quero fazer quanto puder para agradar-vos. Vós em nada vos poupastes por meu amor e eu também em nada quero poupar-me por vosso amor. Vós me amastes sem reserva e eu quero amar-vos também sem reserva. Amo-vos, meu único bem, meu amor, meu tudo.

2. "Assim Deus amou o mundo que lhe deu seu Filho unigênito" (Jo 3,16). Oh! quanto significa essa partícula — assim! Significa que nós não podemos compreender o impulso do amor que levou Deus a enviar seu Filho a morrer para salvar o homem que estava perdido. E quem poderia fazer-nos esse dom de valor infinito, senão um Deus de amor infinito?

Agradeço-vos, ó Padre Eterno, o haverdes me dado vosso Filho por meu Redentor. E agradeço-vos, ó grande Filho de Deus, o me haverdes remido com tantas penas e tão grande amor. Que seria de mim, depois de tantas injúrias que vos fiz, se vós não tivésseis morrido por mim, ó meu Jesus? Ah, tivesse eu morrido antes de vos ofender, meu Salvador. Eu vos suplico que me façais participar do horror que durante vossa vida tivestes dos meus pecados e perdoai-me. Não me basta, porém, o perdão: vós mereceis muito ser amado, vós me amastes até à morte e eu também quero amar-vos até à morte. Amo-vos, bondade infinita, de toda a minha alma, amo-vos mais do que a mim mesmo e quero que sejais o único objeto de todos os meus afetos. Ajudai-me, pois; não permitais que eu continue a viver tão ingrato como tenho sido até agora. Dizei-me o que queres de mim, que eu com vossa graça quero fazer tudo, tudo. Sim, meu Jesus, eu vos amo e quero amar-vos sempre, meu tesouro, minha vida, meu amor, meu tudo.

3. "Nem com o sangue dos bodes ou de novilhos, mas com o próprio sangue entrou no santuário uma vez, obtendo uma redenção eterna" (Hb 9,12). E de fato o que poderia valer o sangue de todos os novilhos e mesmo de todos os homens para nos alcançar a graça divina? Só o sangue deste Homem-Deus podia merecer-nos o perdão e a salvação eterna. Mas se o próprio Deus não tivesse inventado este modo de remir-nos, isto é, morrendo por nossa salvação, quem jamais poderia pensar nisso? Só o amor o sonhou e o executou. Tinha, pois, razão Jó quando perguntava a este Deus tão amante dos homens: "Que é o homem, para que assim o exaltes? E por que pões sobre ele o teu coração?" (Jó 7,17).

Ah, meu Jesus, é pouco um coração para amar-vos, ainda que vos amasse com o coração de todos os homens, seria ainda pouco. Que ingratidão, pois, seria a minha se eu dividisse meu coração entre vós e as criaturas? Não, meu amor, vós o quereis todo e o mereceis todo, quero dar-vo-lo todo. E se não sei dar-vo-lo como é meu dever, tomai-o vós e fazei que eu possa dizer-vos com verdade: Deus de meu coração. Ah, meu Redentor, pelos merecimentos da vida desprezada e atribulada que quisestes levar para me ensinar a verdadeira humildade, fazei-me amar os desprezos e a vida oculta. Fazei que eu abrace com amor as enfermidades, as afrontas, as perseguições, as penas internas e todas as cruzes que me vierem de vossas mãos. Fazei que eu vos ame e depois disponde de mim como vos aprouver. Ó coração amante de Jesus, prendei-me a vós, fazendo-me conhecer o imenso bem que vós sois. Fazei-me todo vosso antes de morrer. Amo-vos meu Jesus, que tanto mereceis ser amado e tanto desejais o meu amor: amo-vos com todo o meu coração, amo-vos com toda a minha alma.

4. "Apareceu a benignidade e a humanidade de nosso Deus Salvador" (Tt, 3,4). Deus amou o homem desde toda a eternidade: "Amei-te com um amor eterno" (Jr 31,3). Mas, segundo S. Bernardo, antes da encarnação do Verbo manifestava-se o poder divino na criação do mundo e a sabedoria de Deus em governá-lo; quando, porém, se fez homem o Filho de Deus, manifestou-se então claramente o amor que Deus tinha aos homens. Realmente, depois que vimos Jesus Cristo levar uma vida tão atribulada e uma morte tão penosa, seria uma injúria se duvidássemos do afeto que ele tem por nós. Sim, muito ele nos amou porque nos ama e quer ser amado por nós. Morreu por nós para que nós vivamos para ele. "Por todos morreu o Cristo, para que os que vivem já não vivam para si, mas para aquele que por eles morreu e ressuscitou" (2Cor 5,15).

Ah, meu Salvador, quando será que eu começarei a reconhecer o amor que me tendes? No passado, em vez de vos amar, paguei-vos com injúrias e desprezos. Mas, visto que sois a bondade infinita, não quero desesperar. Vós prometestes perdoar os que se arrependem; por piedade, cumpri o que prometestes. Eu vos desonrei, pospondo-vos às minhas satisfações; agora eu me arrependo de toda a minha alma e nada me aflige tanto como o recordar-me de vos haver ofendido a vós, meu soberano bem. Perdoai-me e uni-me inteiramente a vós com laços de um amor eterno, para que eu não vos deixe mais e viva somente para vos amar e obedecer. Sim, meu Jesus, só para vós quero viver, só a vós quero amar.

Tempo houve em que eu vos abandonei pelas criaturas; mas agora abandono tudo e todo a vós me dou. Amo-vos, ó Deus de minha alma, amo-vos mais do que a mim mesmo. Ó Mãe de Deus, Maria, impetrai-me a graça de ser fiel a Deus até à morte.

5. "A caridade de Deus para conosco mostrou-se em que Deus enviou seu Filho unigênito ao mundo para que vivamos por ele" (Jo 4,9). Pelo pecado, todos os homens estavam mortos e teriam permanecido mortos se o eterno Pai não tivesse enviado seu Filho a restituir-lhes a vida por meio de sua morte. Mas como? Um Deus morrer pelo homem! Um Deus! E que é esse homem? "Quem sou eu?", pergunta S. Boaventura. "Por que, Senhor, por que me amastes tanto assim?". Mas é aqui que resplandece o amor infinito desse Deus. A Igreja canta no Sábado Santo: "Ó admirável condescendência de vosso amor para conosco. Ó inestimável predileção de vossa caridade: para remirdes o servo, entregastes o Filho!".

Vós, pois, meu Deus, assim procedestes para que vivêssemos por Jesus Cristo. Sim, é muito justo que vivamos por aquele que por nós deu todo o seu sangue e a sua vida. Meu caro Redentor, à vista de vossas chagas e da cruz em que vos vejo morto por mim, eu vos consagro minha vida e toda a minha vontade. Ah, tornai-me todo vosso, de maneira que de hoje em diante não busque e não suspire senão por vós. Amo-vos, bondade infinita, amo-vos, amor infinito, fazei que eu viva dizendo sempre: "Meu Deus, eu vos amo", eu vos amo e fazei que sejam também estas minhas últimas palavras na morte: "Meu Deus, eu vos amo, eu vos amo".

6. "Pelas entranhas de misericórdia de nosso Deus, como que o sol nascente nos visitou do alto" (Lc 1,78). Eis que vem à terra o Filho de Deus para nos remir dos pecados; vem unicamente movido pela sua tão grande misericórdia. Mas, Senhor, se tendes compaixão do homem que se perdeu, não será suficiente enviar um anjo para remi-lo? "Não", responde o Verbo eterno, "quero fazê-lo pessoalmente, para que o homem compreenda quanto eu o amo". Escreve S. Agostinho: "O motivo principal por que Cristo veio foi para que o homem conhecesse quanto Deus o ama". Mas, ó meu Jesus, já que viestes para vos fazer amar, quantos são os homens que vos amam verdadeiramente? Ah, pobre de mim. Vós sabeis como vos amei no passado, sabeis com que desprezo tratei o vosso amor. Ah, se eu pudesse morrer de dor. Arrependo-me, meu caro Redentor, de ter-vos assim desprezado.

Ah, perdoai-me e junto com o perdão dai-me a graça de vos amar. Não permitais que eu viva ainda esquecido do amor que me tendes.

Agora eu vos amo, mas vos amo pouco; vós mereceis um amor infinito. Fazei que eu ao menos vos ame com todas as minhas forças. Ah, meu Salvador, minha alegria, minha vida, meu tudo, e que mais quero eu senão vos amar a vós, bem infinito? Eu consagro todos os meus desejos à vossa vontade e, à vista dos padecimentos que quisestes sofrer por mim, ofereço-me a sofrer tudo o que vos aprouver. Afastai de mim todas as ocasiões de vos ofender. "Não nos deixeis cair em tentação, mas livrai-nos do mal". Livrai-me do pecado e depois disponde de mim como vos aprouver. Eu vos amo, bondade infinita, e estou pronto a sofrer todas as penas, mesmo a de ser aniquilado, a viver sem vos amar.

7. "E o Verbo se fez carne" (Jo 1,14). Deus envia o Arcanjo Gabriel a requerer o consentimento de Maria para aceitá-lo por filho. Maria dá o seu consentimento e o Verbo divino se faz homem. Ó prodígio que assombra o céu e a natureza: o Verbo feito carne, um Deus feito homem. Que diríamos se víssemos um rei feito verme para salvar com sua morte a vida de um vermezinho da terra? Ora, vós, meu Jesus, sois o meu Deus e, não podendo morrer como Deus, vos fizestes homem para poderdes morrer e dar a vida por mim.

Meu doce Redentor, como é possível que eu não morra de dor à vista de tantas misericórdias que usastes comigo e de tão grande amor que me haveis demonstrado? Vós descestes do céu para procurar-me, ovelha perdida, e eu tantas vezes vos tenho repelido, preferindo as minhas indignas satisfações. Visto porém, que vós me quereis, eu abandono tudo, quero ser vosso e não quero outra coisa além de vós. Elejo-vos por único objeto de meus afetos: meu dileto é meu, eu sou dele. Vós pensais em mim e eu não quero pensar senão em vós. Fazei sempre que vos ame, e não deixe de vos amar. Porque eu vos amo, contento-me com ficar privado de todas as consolações sensíveis e sofrer todas as penas. Vejo que me quereis todo para vós e eu quero também ser todo vosso. Conheço que tudo o que existe no mundo é mentira, engano, fumaça, futilidade e vaidade. Vós sois o verdadeiro e único bem e por isso vós só me bastais. "Meu Deus, quero a vós somente e nada mais". Senhor, ouvi-me, quero só a vós e nada mais.

8. "Aniquilou-se a si mesmo" (Fl 2,7). Eis o Unigênito de Deus onipotente, verdadeiro Deus como o Padre, nascido como uma pequena criança em uma gruta. "Ele se aniquilou a si mesmo, tomando a forma de servo e feito semelhante aos homens". Quem quiser ver um Deus aniquilado, entre na gruta de Belém e aí encontrará como um menino ligado

com faixas, sem se poder mover, chorando e tremendo de frio. Ah, santa fé, dizei-me de quem é filho este pobre menino? Ela responde: ele é Filho de Deus e verdadeiro Deus. E quem o reduziu a esse mísero estado? Foi o amor que ele tem aos homens. E podemos encontrar homens que não amem este Deus?

Vós, meu Jesus, consumistes vossa vida inteira entre as penas, para fazer-me compreender o amor que me tendes, e eu desperdicei a minha vida, desprezando-vos e desgostando-vos com os meus pecados. Ah, fazei-me conhecer o mal que eu vos fiz e o amor que mereceis. Mas, desde que me haveis suportado até agora, não permitais que eu ainda vos ofenda. Inflamai-me inteiramente de vosso santo amor e recordai-me sempre quanto padecestes por mim, para que eu de hoje em diante me esqueça de tudo e não pense noutra coisa senão em vos amar e dar-vos gosto. Vós viestes à terra para reinar em nossos corações: pois bem, tirai do meu coração tudo o que vos impeça de possuí-lo inteirinho. Fazei que a minha vontade seja toda conforme à vossa e a vossa seja a minha e que ela seja a regra de todas as minhas ações e meus desejos.

9. "Um menino nos foi dado e um filho nos nasceu" (Is 9,6). O fim que teve em vista o Filho de Deus, querendo nascer como uma criança, foi o de dar-se a nós desde sua infância e assim ganhar o nosso amor: "Para que fim toma Jesus esta doce e amável condição de menino", pergunta S. Francisco de Sales, "senão para excitar-nos e amá-lo e a confiar nele?". E já S. Pedro Crisólogo o havia dito: "Quis nascer desta maneira, porque quis ser amado".

Meu caro menino, e meu Salvador, eu vos amo e em vós confio. Vós sois minha esperança e todo o meu amor. E que seria de mim, se não viésseis do céu para me salvar? O inferno seria minha partilha pelas ofensas que vos fiz. Seja bendita a vossa misericórdia, pois estais sempre pronto a perdoar-me se eu me arrepender de meus pecados. Sim, eu me arrependo de todo o meu coração, ó meu Jesus, de vos haver desprezado. Recebei-me na vossa graça e fazei que eu morra a mim mesmo para viver só para vós, meu único bem. Queimai, ó fogo consumidor, em mim, tudo o que desagrada aos vossos olhos e atraí para vós todos os meus afetos. Eu vos amo, ó Deus de minha alma, eu vos amo, meu tesouro, minha vida, meu tudo. Eu vos amo e quero expirar dizendo: "Meu Deus, eu vos amo", para começar então a amar-vos com amor perfeito que não terá mais fim.

10. Os santos profetas suspiraram durante tantos anos pela vinda de nosso Salvador: "Destilai, ó céus, o vosso orvalho e as nuvens

chovam o justo" (Is 45,8). "Enviai o cordeiro que há de dominar a terra" (Is 16,1). "Dai-nos o vosso Salvador" (Sl 84,6). O profeta Isaías dizia: "Oxalá romperas tu os céus e desceras de lá, os montes se derreteriam diante de tua face... e as águas arderiam em fogo" (Is 64,1-2). Senhor, dizia, quando os homens vos virem descido à terra por seu amor, se derreterão os montes, isto é, os homens vencerão todas as dificuldades para servir-vos, que lhes pareciam ao princípio montes insuperáveis. As águas arderão em fogo, isto é, as almas mais frias, à vista de vós feito homem, se abrasarão no vosso santo amor. E isso se deu de fato com muitas almas felizes, como S. Teresa, um S. Filipe Néri, um S. Francisco Xavier, que ainda nesta terra se abrasaram neste fogo. Mas quantas são elas? Em verdade, muito poucas.

Ah, meu Jesus, eu quero ser do número dessas poucas. Eu deveria já há tantos anos arder no inferno, separado de vós, odiando-vos, maldizendo-vos para sempre. Mas vós me suportastes com tanta paciência, para ver-me abrasado, não neste fogo desgraçado, mas no bem-aventurado fogo de vosso amor. Para esse fim me destes tantas luzes e tantos toques do coração, enquanto eu estava longe de vós, enfim tanto fizestes que com vossos doces atrativos me obrigastes a amar-vos. Eis que eu já sou vosso. Eu quero ser sempre vosso e todo vosso. A vós pertence tornar-me fiel e eu o espero com segurança de vossa bondade. Ah, meu Deus, quem terá ainda ânimo de vos abandonar e de viver ainda que seja por um momento sem vosso amor? Eu vos amo, ó meu Jesus, sobre todas as coisas, mas isto é pouco. Amo-vos mais do que a mim mesmo e é ainda pouco. Amo-vos com todo o meu coração, com toda a minha alma e também isso é ainda pouco. Ó meu Jesus, ouvi-me, dai-me mais amor, mais amor. Ó Maria, rogai a Deus por mim.

11. "O desprezado e o último dos homens" (Is 53,3). Eis o que foi a vida do Filho de Deus feito homem: "O último dos homens"; foi tratado como o mais vil e desprezível deles. E a que maior baixeza poderia reduzir-se a vida de Jesus Cristo do que nascer numa gruta? Viver como artífice numa oficina, desconhecido e desprezado? Ser preso como réu? Flagelado como escravo? Esbofeteado, tratado como rei de burla, escarrado na face? E finalmente morrer justiçado como malfeitor num patíbulo infame? S. Bernardo exclama: "O último e altíssimo". Ó Deus, sois o senhor de todos e como vos contentais de ser o mais desprezado de todos? E eu, ó meu Jesus, vendo-vos assim humilhado por mim, como pretendo ser estimado e honrado de todos, pecador e soberbo?

Ah, meu Redentor desprezado, fazei que pelo vosso exemplo eu ame os desprezos e a vida obscura. De agora em diante, espero com vosso auxílio abraçar todos os opróbrios que me forem feitos, por amor de vós que suportastes tantos por amor de mim. Perdoai-me o orgulho de minha vida passada e dai-me vosso amor. Eu vos amo, meu Jesus desprezado. Ide adiante com vossa cruz, que eu quero acompanhar-vos com a minha e não vos abandonar mais até morrer crucificado por vós, como vós morrestes crucificado por mim. Meu Jesus, meu Jesus desprezado, eu vos abraço e abraçado convosco quero viver e morrer.

12. "Varão das dores" (Is 53,3). Qual foi a vida de Jesus Cristo? Vida de dores. Vida cheia de dores internas e externas, desde o começo até o fim. Mas o que mais afligiu a Jesus Cristo em toda a sua vida foi a vista dos pecados e das ingratidões com que lhe haviam os homens de pagar as penas que ele com tão grande amor sofreu por nós: tal vista fez dele o homem mais aflito que jamais existiu nesta terra. Ó meu Jesus, também eu concorri para vos afligir com os meus pecados, durante toda a vossa vida. E por que não digo com S. Margarida de Cortona que, exortada por seu confessor a tranquilizar-se e não chorar mais porque Deus já lhe havia perdoado os pecados, respondeu com mais copioso pranto: "Ah, meu padre, e como poderei deixar de chorar, se os meus pecados afligiram meu Jesus durante toda a sua vida?".

Oh! pudesse eu morrer de dor, ó meu Jesus, todas as vezes que me recordo de vos haver causado tantas amarguras nos dias de minha vida! Ai de mim, quantas noites eu dormi privado da vossa graça. Quantas vezes me perdoastes e eu tornei a voltar-vos as costas? Meu caro Senhor, arrependo-me sobre todas as coisas de vos ter ofendido e vos amo de todo o meu coração, amo-vos com toda a minha alma. Ah, não permitais que eu ainda viva separado de vós.

Meu dulcíssimo Jesus, não permitais que eu me separe de vós. Meu Jesus, ouvistes-me: não permitais que eu me separe de vós. Fazei que eu antes morra que traia-vos novamente. Ó Mãe da perseverança, Maria, impetrai-me a santa perseverança.

13. "Tendo amado os seus que estavam no mundo, amou-os até o fim" (Jo 13,1). O amor dos amigos cresce na ocasião da morte, pois que estão para separar-se das pessoas amadas e por isso procuram mais do que nunca testemunhar-lhes o seu afeto e demonstrar-lhes o amor que lhes consagram. Jesus durante sua vida inteira testemunhou-nos o seu afeto, mas nas vésperas de sua morte quer dar-nos as mais convincentes provas de seu amor. E que prova mais evidente nos poderia dar este amante Senhor, que dando-nos o seu sangue e a sua vida em prol de cada um de nós? E não satisfeito por sacrificar-nos seu próprio corpo na cruz, ainda quis deixá-lo em alimento, a fim de que cada um que o recebesse se unisse inteiramente com ele e assim de sua parte crescesse no amor. Ó bondade infinita, ó amor infinito, ó meu amado Jesus, enchei meu coração de vosso santo amor, para que eu me esqueça do mundo e de mim mesmo, para não pensar senão em vos amar e agradar. Eu vos consagro o meu corpo, a minha alma, a minha vontade e a minha liberdade. No passado procurei minhas satisfações com desgosto vosso; arrependendo-me sumamente, meu amor crucificado, e de agora em diante não quero buscar outra coisa senão vós: meu Deus e meu tudo. Quero só a vós e nada mais. Ah, se eu pudesse consumir-me todo por vós como vós vos consumistes todo por mim, meu único bem, meu único amor. Eu vos amo e me entrego inteiramente à vossa santa vontade. Fazei que eu vos ame e depois fazei de mim o que vos aprouver.

14. "Minha alma está triste até à morte" (Mt 26,38). Eis as palavras que saíram do coração magoado de Jesus Cristo no jardim de Getsêmani, antes de ele morrer. Mas onde nascia essa tristeza tão grande que bastava para dar-lhe a morte? Talvez na visão dos tormentos que devia sofrer? Não, porque esses tormentos já os viu desde a sua encarnação, viu-os e aceitou-os de livre e própria vontade: "Foi oferecido porque ele mesmo o quis" (Is 53,7). A sua tristeza foi motivada pela vista dos pecados que os homens iriam cometer depois de sua morte. "E nessa hora viu todas as culpas particulares de cada um de nós", diz S. Bernardino de Sena.

Não foi, ó meu Jesus, a vista dos açoites, dos espinhos e da cruz que tanto vos afligiu no jardim das oliveiras; foi a vista de meus pecados, cada um dos quais vos oprimiu de tal modo o coração com dor e tristeza, que vos fez suar sangue e entrar em agonia. Eis aí a recompensa com que paguei o amor que me mostrastes morrendo por mim. Oh! fazei-me sentir parte dessa dor que sofrestes no horto pelas minhas culpas, para que essa dor me conserve na tristeza durante minha vida inteira. Ah, meu doce Redentor, pudesse eu consolar-vos tanto com minha dor e com o meu amor quanto eu vos afligi. Arrependo-me, meu amor, de todo o meu coração, de vos haver posposto a todas as minhas miseráveis satisfações. Arrependo-me e vos amo sobre todas as coisas. Percebo que vós, apesar de ofendido por mim, ainda me pedis o meu amor e quereis que eu vos ame de todo o coração. "Amarás o Senhor teu Deus de todo o teu coração e de toda a tua alma" (Mt 22,37). Sim, meu Deus, eu vos amo de todo o coração, eu vos amo com toda a minha alma, dai-me o amor que desejais de mim. Se pelo passado busquei a mim mesmo, agora não quero buscar senão a vós. E vendo que me amastes mais do que aos outros, quero também amar-vos mais do que os outros. Atraí-me sempre mais, ó meu Jesus, ao vosso amor com o odor de vossos perfumes, que são os amorosos atrativos de vossa graça. Dai-me, em suma, força para corresponder a um afeto tão grande de um Deus, demonstrado a um verme ingrato e traidor. Maria, Mãe de misericórdia, ajudai-me com as vossas súplicas.

15. "Aprisionaram a Jesus e o ligaram" (Jo 18,12). Um Deus preso e acorrentado. Que deveriam dizer os anjos, vendo seu Rei passar pelas ruas de Jerusalém com as mãos ligadas e ao meio de soldados! E que deveríamos dizer nós, vendo nosso Deus que se deixa, por nosso amor, prender como malfeitor, para ser apresentado aos juízes que o condenarão à morte? "Que tendes vós com as cadeias?", pergunta S. Bernardo. Que relação pode haver entre vós e as cadeias dos malfeitores, ó meu Jesus, majestade e bondade infinita? Elas nos pertencem a nós, pecadores e réus do inferno, não a vós, que sois inocente e santo dos santos. E S. Bernardo, contemplando Jesus declarado réu de morte, continua: "Que fizestes, inocentíssimo Jesus, para que assim vos condenem?". Ó meu caro Salvador, sois a inocência mesma; por que delito sereis condenado? Ah, eu vo-lo direi: o delito que cometestes foi o amor excessivo que consagrastes aos homens: o vosso pecado é o vosso amor. Beijo essas cordas que vos prendem, ó meu amado Jesus: elas me livram das cadeias que eu mereci. Mísero que sou, quantas vezes renunciei à vossa amizade e me fiz escravo de Lúcifer, desonrando-vos, ó majestade infinita. Arrependo-me sobre todas as coisas de vos haver injuriado assim tão gravemente. Ah, meu Deus, prendei aos vossos pés esta minha vontade com os dóceis laços de vosso amor, para que ela nada mais queira senão o que vos agrada. Fazei que eu tome o vosso querer pelo guia único de minha vida inteira. Fazei que eu não tenha outro cuidado senão o de vos agradar, pois que vos empenhastes tanto por meu bem. Eu vos amo, meu sumo bem, eu vos amo, único objeto de meus afetos. Reconheço que só vós me amastes em verdade e só a vós quero amar. Renuncio a tudo, vós só me bastais.

16. "Ele foi ferido por causa das nossas iniquidades e quebrantado por causa dos nossos crimes" (Is 53,5). Bastaria uma só bofetada suportada por este Homem-Deus, para satisfazer pelos pecados de todo o mundo. Com isso, porém, não se contentou Jesus Cristo: ele quis ser ferido e quebrantado por nossas perversidades, isto é, ferido e dilacerado da cabeça aos pés, de modo que não ficou uma parte sã no seu corpo sacratíssimo. E assim o mesmo profeta o viu todo chagado como um leproso: "E nós o julgamos como um leproso e ferido por Deus e humilhado" (Is 53,4).

Ó chagas do meu atormentado Jesus, vós sois os penhores do amor que este meu Redentor me consagra. Vós, com muitos delicados convites, me obrigais a amá-lo por tantos tormentos que ele quis sofrer por meu amor. Ó meu querido Jesus, quando me entregarei todo a vós, que vos destes todo a mim? Eu vos amo, meu sumo bem. Amo-vos, ó Deus amante de minha alma. Ó Deus de amor, dai-me amor. Fazei que com o amor compense as amarguras que vos causei no passado. Fazei que eu arranque de meu coração tudo o que não tende ao vosso amor, compense as amarguras que vos causei no passado. Fazei que eu arranque de meu coração tudo o que não tende ao vosso amor. Pai Eterno, olhai para a face de vosso Cristo, olhai para as chagas de vosso Filho, que vos imploram misericórdia para mim e, por elas, perdoai-me os ultrajes que vos fiz: apossai-vos por completo de meu coração, para que eu não ame, não busque, não suspire senão por vós. Digo-vos com S. Inácio: "Dai-me unicamente o vosso amor com a vossa graça e serei bastante rico". Eis tudo o que vos peço, ó Deus de minha alma, dai-me o vosso amor juntamente com a vossa graça e nada mais desejo. Ó Mãe de Deus, Maria, intercedei por mim.

17. "Salve, rei dos judeus!". Assim saudavam por escárnio ao nosso Redentor os soldados romanos. Depois de o terem tratado como rei impostor e coroado de espinho, ajoelhavam-se diante dele, saudando-o como rei dos judeus e em seguida, levantando-se com gritos e risos, davam-lhe bofetadas e escarravam-lhe no rosto. É o que nos contam S. Mateus (27,29) e S. João (19,3).

Ó Jesus meu, essa cruel coroa que vos cinge a cabeça, esse vil caniço que tendes na mão, essa veste de púrpura dilacerada que vos serve de ludíbrio, declaram suficientemente que sois rei, mas rei de amor. Os judeus não vos querem reconhecer por seu rei e dizem a Pilatos: "Não temos outro rei além de César" (Jo 19,15). Meu amado Redentor, se os outros não vos querem por seu rei, eu vos aceito e quero que sejais o único rei de minha alma. Consagro-me a vós por completo, disponde de mim como vos aprouver. Para conseguir isto, sofrestes tantos desprezos, dores e até a morte, para conquistar os nossos corações e neles reinar com vosso amor. "Por isso Cristo morreu... para dominar sobre os vivos e os mortos" (Rm 14,9). Apossai-vos, pois, de todo o meu coração, ó meu rei querido, e aí reinai e dominai para sempre. No passado, rejeitei-vos como meu senhor, para servir às minhas paixões; agora eu quero ser todo vosso e a vós só servir. Ah, prendei-me a vós com vosso amor e fazei-me lembrar sempre da morte cruel que por mim sofrestes. Ah, meu rei, meu Deus, meu amor, meu tudo, que mais desejo senão vós, Deus de meu coração e minha herança por toda a eternidade? Ó Deus de meu coração, eu vos amo, vós sois a minha herança, vós sois meu único bem.

18. "E levando a cruz às costas, saiu para aquele lugar que se chama Calvário" (Jo 19,17). Eis o Salvador do mundo já em caminho com a cruz às costas para morrer condenado por amor dos homens. O cordeiro divino, sem se queixar, deixa-se conduzir ao sacrifício da cruz pela nossa salvação. Levanta-te, minha alma, acompanha e segue o teu Jesus, que vai sofrer a morte por teu amor, para pagar por teus pecados. Dizei-me, ó meu Jesus e meu Deus, que pretendeis dos homens, dando vossa vida por amor deles? S. Bernardo responde: "Quando Deus ama, nada mais quer do que ser amado". Quisestes, pois, ó meu Redentor, por esse preço conquistar o nosso amor. E haverá homens que creiam em vós e não vos amem? Consola-me o pensamento de que vós sois o amor de todos os santos, o amor de Maria, o amor de vosso Pai. Mas, ó meu Deus, quantos há que não querem vos conhecer e quantos que vos conhecem não querem vos amar. Ó amor infinito, fazei-vos conhecer e fazei-vos amar. Oh! pudesse eu com meu sangue e com a minha morte fazer-vos amor de todos. Mas, ai de mim que passei tantos anos no mundo e apesar de vos conhecer não vos amei. Vós, porém, com tanta delicadeza me atraístes para vosso amor. Infeliz do tempo em que perdi a vossa graça: a dor que agora sinto, o desejo que experimento de ser todo vosso e em especial a morte que sofrestes por mim dão-me uma firme confiança, ó meu amor, de que já me haveis perdoado e de que presentemente me amais. Ó meu Jesus, pudesse eu morrer por vós como morrestes por mim. Ainda que não houvesse castigo para quem não vos ama, não quereria deixar de amar-vos e fazer todo o possível para vos contentar. Vós, que me inspirastes este bom desejo, dai-me a força de o pôr em prática. Meu amor, minha esperança, não me abandoneis; fazei que eu corresponda na vida que me resta ao amor particular que me consagrais. Vós quereis que eu seja vosso e eu quero ser todo vosso. Eu vos amo, meu Deus, meu tesouro, meu tudo. Eu quero viver e morrer, repetindo sempre: eu vos amo, eu vos amo, eu vos amo.

19. "E como um cordeiro diante do tosquiador, se calará e não abrirá sua boca" (Is 53,7). Era esse o texto que estava lendo o eunuco da rainha Candace, sem compreender de quem se falava, quando S. Filipe, inspirado pelo Senhor, subiu ao coche em que ele se achava e explicou-lhe que isso se referia ao nosso Redentor Jesus Cristo (At 8,32). Jesus foi denominado cordeiro, porque, à semelhança do cordeiro, foi primeiramente dilacerado no pretório de Pilatos e em seguida conduzido à morte. Assim João Batista exclamou: "Eis o Cordeiro de Deus, eis o que tira os pecados do mundo". Ele é o Cordeiro que padece e que morre como vítima na cruz pelos pecados dos homens. "Verdadeiramente ele tomou sobre si as nossas fraquezas e carregou as nossas dores" (Is 53,4). Infelizes aqueles que não tiverem amado a Jesus Cristo durante a sua vida. No dia do juízo, a vista deste cordeiro irado os fará dizer aos montes: "Montes, caí sobre nós e escondei-nos da face daquele que está assentado sobre o trono e da ira do cordeiro" (Ap 6,6).

Ó meu divino Cordeiro, se até agora não vos amei, quero de agora em diante amar-vos sempre. Eu estava cego, mas agora que me iluminastes e me fizestes conhecer o grande mal que fiz, voltando-vos as costas, e o amor infinito que mereceis por vossa bondade e pelo amor que me mostrastes, arrependo-me de todo o coração de vos haver ofendido e vos amo sobre todas as coisas. Ó chagas, ó sangue de meu Redentor, vós, que haveis abrasado em amor tantas almas, inflamai também a minha alma. Ó meu Jesus, fazei que eu sempre me recorde de vossa Paixão e das penas e ignomínias que nela sofrestes por mim, a fim de que eu desprenda meus afetos dos bens terrenos e os ponha todos em vós, único e infinito bem. Eu vos amo, Cordeiro de Deus, sacrificado e morto sobre a cruz por amor de mim. Vós não recusastes sofrer por mim e eu não recuso padecer por vós quanto quiserdes. Não quero queixar-me mais das cruzes que me enviardes. Eu deveria há tantos anos estar no inferno, como posso, pois, lamentar-me? Dai-me a graça de amar-vos e fazei de mim o que vos aprouver. "Quem me há de separar da caridade de Cristo?". Ah, meu Jesus, só o pecado pode separar-me do vosso amor, por isso não permitais que eu peque novamente: dai-me antes a morte; peço-vos por vossa Paixão. E a vós suplico, ó Maria, que me livreis da morte do pecado por vossas dores.

20. "Meu Deus, meu Deus, por que me abandonastes?" (Mt 27,46). Ó Deus, quem não se compadecerá do Filho de Deus que está morrendo sobre a cruz? Ele é atormentado exteriormente no seu corpo por inúmeras chagas e interiormente está tão aflito e triste que procura alívio a seus tormentos junto de seu eterno Pai. Este, porém, para satisfazer a justiça divina, abandona-o e deixa-o morrer em desolação e privado de todo o conforto.

Oh! morte desolada de meu amado Redentor, vós sois minha esperança. Ó meu Jesus abandonado, vossos merecimentos dão-me a esperança de não viver abandonado e separado de vós para sempre no inferno. Não pretendo viver em consolações nesta terra, abraço todas as penas e desolações de quem mereceu os tormentos eternos, ofendendo-vos. Basta-me o amar-vos e viver na vossa graça. Peço-vos unicamente que não permitais que me veja ainda uma só vez privado de vosso amor. Ainda que todos me abandonem, não me abandoneis vós, condenando-me a esta suma desgraça. Eu vos amo, meu Jesus, que morrestes abandonado por mim; eu vos amo, meu único bem, minha única esperança, meu único amor.

21. "Eles o crucificaram e com ele dois outros, um de um lado e o outro de outro, ficando Jesus no meio" (Jo 19,18). A esposa sagrada chama o Verbo encarnado "todo desejável é o meu dileto" (Ct 5,16). Em qualquer estado de sua vida em que Jesus se nos apresente, sempre aparece todo desejável e todo amável, quer o contemplemos como um menino na gruta, quer como um operário na oficina de S. José, quer como um solitário em oração no deserto, quer como um pregador banhado em suor percorrendo a Judeia. Em nenhum passo, porém, se nos mostra mais amável que pregado na cruz, onde morre trucidado pelo amor imenso que nos dedica. S. Francisco de Sales dizia: "O monte Calvário é o monte dos que amam; o amor que não nasce da Paixão do Salvador é fraco". Desgraçada é a morte sem o amor do Redentor. Acostumem-nos, pois, a considerar este homem de dores pregado no lenho de opróbrios como nosso Deus, que aí está sofrendo e morrendo exclusivamente por nosso amor.

Ó meu Jesus, se todos os homens se detivessem a contemplar-vos na cruz com fé viva, crendo que sois em verdade o seu Deus e morrestes por sua salvação, como poderiam viver longe de vós e privados de vosso amor? E eu, como pude dar-vos tantos desgostos, sabendo tudo isso? Os outros, se vos ofenderam, pecaram nas trevas; eu, porém, vos ofendi na luz. Mas essas mãos transpassadas, esse lado aberto, esse sangue, essas chagas que vejo em vós, fazem-me esperar o perdão e a vossa graça. Arrependo-me, ó meu amor, de vos ter desprezado por algum tempo. Agora, porém, amo-vos de todo o meu coração e não há coisa que mais me atormente do que a lembrança de vos haver desprezado. Esta dor que sinto é sinal de que já me perdoastes. Ó coração inflamado de Jesus, inflamai meu pobre coração. Ó meu Jesus, que morrestes consumido de dor por mim, fazei que eu morra consumido da dor de vos ter ofendido e do amor que vós mereceis. Eu me sacrifico todo a vós que vos sacrificastes todo por mim. Ó Mãe das dores, fazei-me fiel no amor a Jesus Cristo.

22. "E inclinando a cabeça, entregou o seu espírito" (Jo 19,30). Eis, ó meu Redentor, a que ponto vos levou o amor que tendes aos homens, a morrer de dores numa cruz, submergido num mar de penas e ignomínias, como já o previra Davi: "Cheguei ao alto mar e a tempestade me submergiu" (Sl 68,3). S. Francisco de Sales escreve: "Consideremos este divino Salvador estendido na cruz, sobre um altar honorífico, no qual morre de amor pelos homens. Ah, por que não nos lançamos em espírito sobre essa cruz para morrer com ele, que quis morrer por amor de nós?". Eu o prenderei, devemos dizer, e não o abandonarei jamais; morrerei com ele e me abrasarei nas chamas de seu amor. Um só e o mesmo fogo consumirá esse divino Criador e a sua miserável criatura. O meu Jesus é todo meu e eu sou todo dele. Eu viverei e morrerei sobre seu peito; nem a morte nem a vida me separarão mais de meu Jesus.

Sim, meu caro Redentor, eu me abraço com a vossa cruz, beijo os vossos pés transpassados, enternecido e confuso, vendo o afeto com que morrestes por mim. Recebei-me e ligai-me a vossos pés, para que não me separe mais de vós e de agora em diante só convosco me entretenha, a vós comunique todos os meus pensamentos, em vós concentre todos os meus afetos, de tal maneira que não busque outra coisa senão amar-vos e agradar-vos, suspirando sempre por sair deste vale de perigos e chegar a amar-vos face a face com todas as minhas forças no vosso reino, que é o reino do eterno amor. Fazei, entretanto, que eu viva sempre no arrependimento das ofensas que vos fiz e ardendo em amor por vós, que por amor de mim destes a vida. Eu vos amo, Jesus, morto por mim, eu vos amo, ó amor infinito, eu vos amo, ó bondade infinita. Ó Mãe do belo amor, Maria, rogai a Jesus por mim.

23. "Ele foi sacrificado porque ele mesmo o quis" (Is 53,7). O Verbo encarnado, no instante de sua conceição, viu diante de si todas as almas que ele deveria remir. Foste também tu, minha alma, apresentada então como ré de todos os pecados que haverias de cometer, e Jesus Cristo aceitou todas as penas que por ti deveria suportar na vida e na morte. Dessa maneira, obteve-te o perdão e todas as graças que haverias de receber de Deus, as luzes, os convites de seu amor, os auxílios para venceres as tentações, as consolações espirituais, as lágrimas, as doces emoções na consideração do amor que te consagrou e os sentimentos de dor ao te recordares das ofensas que lhe fizeste.

Ó meu Jesus, desde, pois, o começo de vossa vida vos sobrecarregastes de todos os meus pecados e vos oferecestes a satisfazer por eles com vossas dores. Com vossa morte me livrastes da morte eterna. "Vós, porém, livrastes a minha alma, para ela não perecer; lançastes para trás de vossas costas todos os meus pecados" (Is 38,17). Vós, meu amor, em vez de castigos pelas injúrias que vos irroguei, me cumulastes de favores e misericórdias, a fim de conquistardes um dia o meu coração. Meu Jesus, esse dia já chegou, eu vos amo com toda a minha alma. E se eu não vos amar, quem vos há de amar? É este, ó meu Jesus, o primeiro pecado que haveis de perdoar-me: o de ter vivido tantos anos no mundo e não vos ter amado. Para o futuro quero fazer o quanto posso para vos agradar. Vossa graça desperta em mim um grande desejo de viver só para vós e desprender-me de todas as coisas criadas. Sinto igualmente um grande desgosto das contrariedades que vos causei. Este desejo e este desgosto são dons vossos, ó meu Jesus. Continuai, pois, ó meu amor, a proteger-me para que eu continue fiel a vosso amor, pois conheceis a minha fraqueza. Fazei-me todo vosso, como vos fizestes todo meu. Eu vos amo, meu único bem, meu único tesouro, meu tudo. Ó meu Jesus, eu vos amo, eu vos amo, eu vos amo. Ó Mãe de Deus, ajudai-me.

24. "Deus, enviando seu Filho na semelhança da carne do pecado, também por causa do pecado condenou o pecado da carne" (Rm 8,3). Deus, pois, enviou seu Filho para remir-nos, revestido da carne humana semelhante à carne pecadora dos outros homens. "Cristo nos remiu da maldição da lei, tornando-se por nosso amor maldito, porque está escrito: maldito todo aquele que é suspenso no lenho" (Gl 3,3). Assim, Jesus Cristo quer aparecer ao mundo como réu amaldiçoado, pendente da cruz, para nos livrar da maldição eterna. Ó Padre Eterno, por amor deste Filho que vos é tão caro, tende piedade de mim. E vós, Jesus, meu Redentor, que com a vossa morte me livrastes da escravidão do pecado com que nasci e dos pecados que cometi depois do batismo, transformai as cadeias que me faziam escravo de Lúcifer em cadeias de ouro que me liguem a vós pelo santo amor. Demonstrai em mim a eficácia de vossa graça e merecimentos, transformando-me de pecador em santo.

Eu deveria há muitos anos arder no inferno, mas espero arder em vosso amor e ser todo vosso por vossa infinita misericórdia e para glória de vossa morte. Não quero que meu coração ame outra coisa além de vós. "A nós venha o vosso reino". Reinai, ó meu Jesus, reinai sobre minha alma inteira. Fazei que ela obedeça tão somente a vós, só a vós busque e só por vós suspire. Retirai-vos de meu coração, afetos terrenos, e vinde vós, chamas do amor divino, e possuí-me todo e consumi-me em amor por aquele Deus de amor que quis morrer consumido por mim. Eu vos amo, ó meu Jesus, eu vos amo, ó amabilidade infinita e meu verdadeiro amigo. Jamais alguém me amou mais do que a vós e por isso todo a vós me dou e me consagro, meu tesouro, meu tudo.

25. "Ele nos amou e nos lavou de nossos pecados em seu sangue" (Ap 1,5). Assim, ó meu Jesus, para salvar a minha alma, quisestes preparar-lhe um banho com vosso próprio sangue e lavá-la das manchas de seus pecados. Se, pois, nossas almas foram compradas com o vosso sangue ("fostes comprados por um grande preço" — 1Cor 6,20) é sinal de que vós muito as amais e por isso deixai-me rezar: "Pedimos, pois, que socorrais aos vossos servos que remistes com vosso sangue precioso". É certo que com meus pecados tentei separar-me de vós e de livre vontade vos quis perder, mas recordai-vos, ó Jesus, que me comprastes com vosso sangue: não se perca por minha causa este sangue derramado com tanta dor e com tanto amor.

Eu com os meus pecados vos expulsei de minha alma, ó meu Deus, e mereci a vossa ira; vós, porém, dissestes que estais pronto a vos esquecer das culpas de um pecador que se arrepende: "Se alguém fizer penitência... não me recordarei de todas as suas iniquidades" (Ez 18,22). Além disso, afirmastes que amais aquele que vos ama: "Eu amo os que me amam" (Pr 8,17). Esquecei-vos, portanto, ó meu Jesus, de todos os desgostos que vos causei e amai-me; pois eu agora vos amo mais do que a mim mesmo e me arrependo sobre todas as coisas de vos haver ofendido. Eia, pois, meu amado Salvador, por amor daquele sangue que derramastes por meu amor, não me odieis e amai-me. Não me contento se só me perdoardes o castigo que mereci; eu quero amar e ser amado por vós. Ó Deus todo amor, todo bondade, uni-me e ligai-me todo a vós e não permitais que de vós jamais me separe, para nunca mais me tornar merecedor de vosso ódio. Não, meu Jesus, meu amor, não o permitais: quero ser todo vosso e quero que vós sejais todo meu.

26. "Ele se humilhou a si mesmo, fazendo-se obediente até à morte da cruz" (Fl 2,8). Terão feito os santos mártires uma ação muito grande dando a vida por Deus, quando se considera que ele se humilhou até a morrer na cruz por amor deles? Para se retribuir condignamente a morte de um Deus, não é suficiente o sacrifício das vidas de todos os homens, mas seria necessário que um outro Deus morresse por seu amor. Deixai-me, pois, dizer-vos, meu amado Jesus, com vosso servo S. Francisco de Assis: "Morrerei, Senhor, por amor de vosso amor, que vos dignastes morrer por amor de meu amor".

É verdade, meu Redentor, que no passado eu infelizmente renunciei ao vosso amor por minhas indignas satisfações; agora, porém, iluminado e mudado por vossas graça, estou pronto a dar a vida mil vezes por vosso amor. Oh! antes tivesse eu morrido e não vos tivesse ofendido! Oh! tivesse eu vos amado sempre! Agradeço-vos o tempo que me dais para amar-vos nesta vida, possibilitando-me o amar-vos depois para todo o sempre, na eternidade. Recordai-me sempre, ó meu Jesus, a morte ignominiosa que sofrestes por mim, para que eu não me esqueça mais de amar-vos à vista do amor que me consagrastes. Eu vos amo, bondade infinita, eu vos amo, meu sumo bem, a vós todo me dou e vós, por aquele amor que vos obrigou a morrer por mim, aceitai-me e fazei que antes eu morra e seja destruído do que deixe de vos amar. Digo-vos, com S. Francisco de Sales: "Ó amor eterno, minha alma vos procura e vos escolhe para sempre". Vinde, Espírito Santo, e inflamai os nossos corações com vosso amor. Ou amar, ou morrer. Morrer a todo outro amor para viver só para o amor de Jesus.

27. "A caridade de Cristo nos impele" (2Cor 5,14). Muito ternas e cheias de unção são as palavras que escreve S. Francisco de Sales sobre este texto no seu livro do amor de Deus: "Ouvi, Teótimo, nenhuma coisa constrange e solicita o coração do homem como o amor. Se alguém se sente amado por quem quer que seja, vê-se obrigado a amá-lo; quando, porém, um rústico é amado por um grande senhor, fica-lhe ainda mais obrigado, e quando o é por um monarca, torna-se maior a sua obrigação". Sabendo, pois, que Jesus, verdadeiro Deus, nos amou até sofrer por nós a morte, e morte da cruz, não é isto sentir os nossos corações como num torniquete que os comprime e os força, a transbordar amor com uma violência que é tanto mais forte quanto mais amável?

Ó meu Jesus, desde que quereis ser amado por mim, fazei que me lembre sempre do amor que me mostrastes e das penas que sofrestes para patentear-me esse amor. Fazei que a sua recordação não se afaste mais de minha mente e da mente de todos os homens, pois não é possível crer que vós padecestes para nos obrigar a vos amar e não amar-vos. No passado foi esse estado de minha vida tão desregrada e celerada, por não ter considerado, ó meu Jesus, o afeto que tínheis por mim. Eu conhecia, entretanto, o grande desgosto que vos causava com os meus pecados e, não obstante isso, os cometi e repeti. Todas as vezes que disso me recordo desejaria morrer de dor e não teria coragem de pedir-vos perdão se não soubesse que morrestes para me perdoar. Vós me suportastes para que, à vista do mal que vos fiz e da morte que sofrestes por mim, eu sinta maior dor e amor para convosco. Eu me arrependo, meu caro Redentor, de todo o meu coração, de vos haver ofendido e vos amo com toda a minha alma. Depois de tantos sinais de vosso amor e de tanta misericórdia usada para comigo, prometo-vos que não quero mais amar outra coisa fora de vós e quero amar-vos com todas as minhas forças. Vós sois, ó meu Jesus, o meu amor, o meu tudo. Vós sois o meu amor, porque em vós pus todos os meus afetos. Vós sois o meu tudo, porque não quero outra coisa senão vós. Fazei, portanto, que eu sempre vos chame na vida e na morte por toda a eternidade, meu Deus, meu amor, meu tudo.

28. "A caridade de Cristo nos impele" (2Cor 5,14). Consideremos mais uma vez a força destas palavras. O Apóstolo quer dizer que não é tanto o que Jesus Cristo sofreu por nós na sua Paixão que nos deve obrigar a amá-lo, quanto o amor que ele nos demonstrou, querendo padecer tanto por nós. Este amor levava nosso Salvador a dizer durante sua vida que se sentia morrer de desejo de ver chegar logo a hora de sua morte, para fazer-nos conhecer o imenso amor que nos dedicava: "Eu devo ser batizado com um batismo e em que ansiedade me sinto eu até que ele se cumpra" (Lc 12,50). E esse amor ainda o fez exclamar na última noite de sua vida: "Eu desejei ardentemente comer esta páscoa convosco" (Lc 22,15).

Tão grande, pois, ó meu Jesus, foi o desejo que tínheis de ser amado por nós, que durante toda a vossa vida não desejastes outra coisa senão padecer e morrer por nós, para nos obrigar a amar-vos ao menos em agradecimento de tão grande amor. Vós tanto anelais o nosso amor e nós tão pouco desejamos o vosso! Infeliz de mim, no passado fui tão louco que não só não desejei o vosso amor, mas provoquei mesmo a vossa ira, perdendo-vos o respeito. Meu caro Redentor, reconheço o mal que fiz e o detesto sobre todas as coisas e me arrependo de todo o meu coração.

Agora só desejo o vosso amor mais do que todos os bens do mundo. Sumo e único tesouro meu, eu vos amo sobre todas as coisas, vos amo mais do que a mim mesmo, vos amo com toda a minha alma e nada mais desejo senão amar-vos e ser amado por vós. Esquecei-vos, ó meu Jesus, das ofensas que vos fiz e amai-me muito para que eu também muito vos possa amar. Vós sois o meu amor, vós sois a minha esperança. Já sabeis como eu sou fraco, ajudai-me, Jesus, meu amor, ajudai-me, Jesus, minha esperança. Socorrei-me também vós com as vossas súplicas, ó grande Mãe de Deus, Maria.

29. "Ninguém tem mais amor que o daquele que dá a própria vida por seus amigos" (Jo 15,13). E que mais podia fazer o teu Deus, ó minha alma, do que dar a vida para fazer-se amar de ti? Dar a vida é o maior sinal de afeto que um homem pode dar a um outro seu amigo. Que afeto, porém, não foi aquele de nosso Criador, querendo morrer por nós, suas criaturas? É o que nos faz considerar S. João, quando escreve: "Nisso conhecemos a caridade de Deus, porque ele deu sua alma por nós" (Jo 3,16). Se a fé não nos ensinasse que um Deus quis morrer para nos provar o seu amor, quem jamais o creria?

Ah, meu Jesus, eu creio que vós morrestes por mim e por isso me confesso digno de mil infernos, por ter pago com injúrias e ingratidões o amor que me mostrastes, dando a vossa vida por mim. Agradeço a vossa misericórdia, que prometeu perdoar àquele que se arrepende. Confiado, pois, nessa doce promessa, espero de vós o perdão e entretanto me arrependo de todo o meu coração de haver tantas vezes desprezado o vosso amor. Mas visto que o vosso amor não me abandonou ainda, vencido por vosso amor, consagro-me inteiramente a vós. Vós, meu Jesus, consumistes a vossa vida morrendo de dores numa cruz. Que vos posso oferecer em agradecimento, eu, miserável criatura? Consagro-vos a minha vida, abraçando todos os sofrimentos que me vierem de vossas mãos, tanto na vida como na morte. Enternecido e confundido com tão grande misericórdia usada para comigo, abraço com a vossa cruz os vossos pés e assim quero viver e morrer. Ó meu Redentor, pelo amor com que me amastes, morrendo por mim, não permitais que eu me separe jamais de vós. Fazei que eu viva sempre e morra abraçado convosco. Meu Jesus, meu Jesus, eu o repito, fazei que eu viva sempre e morra abraçado convosco.

30. "Eu, quando for exaltado da terra, atrairei tudo a mim" (Jo 12,32). Vós dissestes, meu Salvador, que uma vez na cruz, atrairíeis a vós todos os corações. Como então o meu coração viveu por tantos anos longe de vós? Ah, a culpa não é vossa. Quantas vezes não me chamastes ao vosso amor e eu me fiz surdo? Quantas vezes me perdoastes e advertistes amorosamente com os remorsos da consciência a não mais vos ofender e eu tornei a ofender-vos? Ah, meu Jesus, não me envieis ao inferno, porque lá maldirei para sempre todas essas graças que me concedestes, pois essas graças todas, as luzes que me destes, os convites feitos, a paciência com que me suportastes, o sangue derramado para salvar-me serão o tormento mais cruel de todo o inferno. Sinto, porém, que novamente me chamais e me dizeis com tanto amor, como se eu nunca vos tivesse ofendido: "Amarás o Senhor teu Deus de todo o teu coração". Vós me mandais que eu vos ame e eu vos amo de todo o meu coração. Mas se não mo mandásseis, ó meu Jesus, poderia eu viver sem vos amar, depois de tantas provas de vosso afeto? Sim, eu vos amo, meu sumo bem, eu vos amo de todo o meu coração. Amo-vos porque o mandais, amo-vos porque sois digno de amor infinito; amo-vos, e não desejo nada mais senão amar-vos e nenhuma coisa temo senão ver-me separado de vós e viver sem vosso amor. Ó meu amor crucificado, não permitais que eu cesse jamais de vos amar. Recordai-me sempre a morte que por mim sofrestes. Recordai-me as finezas que me tendes demonstrado e fazei que a sua lembrança me inflame sempre mais a amar-vos e a consumir-me por vós, que vos consumistes como vítima de amor por mim sobre a cruz.

31. "O que não poupou nem sequer seu próprio Filho, mas entregou--o por nós todos, como não nos terá dado com ele todas as coisas?" (Rm 8,32). Oh! quantas chamas de amor não deveriam acender em nossos corações essas palavras: entregou-o por todos nós. A justiça divina, ofendida por nossos pecados, devia ser satisfeita, e que faz Deus? Para nos perdoar, quer que seu Filho seja condenado à morte e pague o castigo que tínhamos merecido: não poupou seu próprio Filho. Ó Deus, se o Padre Eterno estivesse sujeito à dor, que dor não teria sentido ao condenar à morte seu Filho predileto e inocente pelos pecados de seus escravos! Figuremo-nos o Padre com seu Filho morto nos braços, a exclamar: "Eu o feri por causa dos crimes de meu povo" (Is 53,8). Tinha, pois, razão S. Francisco de Paula de exclamar em êxtase de amor, ao considerar a morte de Jesus Cristo: "Ó caridade, ó caridade, ó caridade!". Ao demais, quanta confiança não vos devem inspirar as palavras que seguem:

como não vos terá dado com ele todas as coisas? Como posso eu temer, ó meu Deus, que não me dareis o perdão, a perseverança, o vosso amor, o paraíso e todas as graças que posso esperar de vós, depois de me haverdes dado o objeto que vos é mais caro, a saber o vosso próprio Filho? Já compreendo o que devo fazer para obter de vós todos os bens: é pedir-vos pelo amor de Jesus Cristo. Isto é o que me ensinou o mesmo Jesus: "Em verdade, em verdade eu vos digo, se pedirdes alguma coisa a meu Pai em meu nome, ele vo-la dará" (Jo 16,23).

Meu sumo e eterno Deus, eu até o presente desprezei a vossa majestade e bondade infinita, mas agora eu vos amo sobre todas as coisas e porque eu vos amo, me arrependo de todo o coração de vos haver ofendido e proponho aceitar antes a morte e todos os sofrimentos do que vos tornar a ofender. Perdoai-me e concedei-me as graças que, confiado nas promessas de Jesus Cristo, agora vos peço. Em nome de Jesus Cristo vos peço a santa perseverança até à morte; dai-me um perfeito e puro amor para convosco; dai-me uma total conformidade com a vossa santa vontade; dai-me, finalmente, o paraíso. Tudo isso eu espero e vos peço pelos merecimentos de Jesus Cristo. Eu não mereço nada: mereço apenas castigos e não graças; vós porém, nada negais a quem vos suplica pelo amor de Jesus Cristo. Ah, meu bom Deus, vejo que me quereis todo a vós e eu quero ser todo vosso e não quero temer que os meus pecados me impeçam ser todo vosso: Jesus Cristo já satisfez por eles, e vós, em consideração ao amor de Jesus, estais pronto a conceder-me tudo o que eu desejo. Ele é o meu desejo e o meu pedido. Meu Deus, ouvi-me: eu quero amar-vos, eu quero amar-vos muito e ser todo vosso. Maria santíssima, auxiliai-me.

32. "Nós, porém, pregamos Jesus crucificado, que é um escândalo para os judeus e uma loucura para os gentios" (1Cor 1,25). Segundo nos atesta S. Paulo, os gentios, ouvindo pregar que o Filho de Deus tinha sido crucificado pela salvação dos homens, tinham isso em conta de loucura. Quem poderá crer nessa loucura, diziam, que um Deus tenha querido morrer por amor de suas criaturas? Até S. Maria Madalena de Pazzi, extasiada de amor, exclamava, fora de si: "Não sabeis, caras irmãs, que o meu Jesus não é senão amor? Que ele é louco de amor? Digo que sois louco de amor, ó meu Jesus, e sempre o direi".

Ah, meu Redentor, se eu possuísse os corações de todos os homens e com esses corações vos amasse quanto mereceis! Ó Deus de amor, por que é que nesta terra, na qual derramastes todo o vosso sangue e destes a vida por amor dos homens, tão poucos homens ardem em amor por vós? Vós viestes para acender nos nossos corações o fogo desse amor e nada mais desejais do que vê-lo aceso: "Eu vim trazer fogo à terra e que desejo eu, senão que ele se acenda?" (Lc 12,49). Suplico-vos, pois, com a Santa Igreja, para mim e para todos os homens que vivem: acendei neles o fogo de vosso amor. Acendei, acendei! Meu Deus todo bondade, fazei-vos conhecer todo amor, fazei-vos amar por todos. Eu não me acanho de assim rogar, eu, que no passado desprezei mais que os outros o vosso amor. Agora, iluminado com a vossa graça e ferido por tantas setas de amor que me dirigistes de vosso coração inflamado e abrasado de amor por minha alma, não quero mais ser ingrato como fui até aqui; quero amar-vos com todas as minhas forças, quero arder em vosso amor e vós mo haveis de conceder. Não pretendo consolações e ternuras no vosso amor, não as mereço, nem vo-las peço, basta-me que eu vos ame. Amo-vos, meu sumo bem, amo-vos, meu Deus, meu tudo: "Meu Deus e meu tudo".

33. "Nele pôs as iniquidades de nós todos... e o Senhor quis quebrantá-la na sua enfermidade" (Is 53,6-10). Eis aqui até onde chegou o amor de Deus para com os homens. O Eterno Padre carregou sobre os ombros de seu próprio Filho todos os nossos pecados e quis que o Filho pagasse com todo o rigor o castigo que merecíamos, fazendo-o morrer sobre um lenho infame, consumido de dores. Tem, pois, o apóstolo razão, falando de tal amor, de chamá-lo excessivo, querendo Deus que nós recebêssemos a vida por meio da morte de seu Filho querido: "Por causa da excessiva caridade com que nos amou, quando estávamos mortos pelos pecados, nos *convivificou* em Cristo" (Ef 2,4-5).

Muito, pois, me tendes amado, ó meu Deus, e muito ingrato me tenho mostrado, ofendendo-vos e voltando-vos tantas vezes as contas. Ó eterno Pai, olhai naquela cruz vosso Filho unigênito, dilacerado e morto por mim, e por seu amor perdoai-me e arrebatai o meu coração ao vosso amor. "Senhor, vós não desprezareis um coração contrito e humilhado". Vós não sabeis desprezar um coração que se humilha e se arrepende pelo amor de Jesus morto por nossa salvação. Reconheço que mereço mil infernos, mas me arrependo de todo o meu coração de vos ter ofendido, ó sumo bem. Não me repilais, mas tende piedade de mim. Não me contento, porém, com o simples perdão: quero que me concedais um grande amor para convosco, que compense todas as ofensas que vos tenho feito. Eu vos amo, bondade infinita, eu vos amo, ó Deus de amor. Pouco seria se eu morresse e me consumisse por vós. Quereria amar-vos quanto o mereceis. Mas vós sabeis que eu nada posso, fazei-me vós mesmo grato ao grande afeto que me tendes, eu vo-lo peço pelo amor de Jesus, vosso Filho. Fazei que em vida eu supere tudo para vos agradar e na morte esteja todo unido à vossa vontade, para chegar e amar-vos face a face com um amor perfeito e eterno no paraíso.

34. "Eu sou o bom Pastor: o bom pastor dá a sua alma por suas ovelhas" (Jo 10,11). Que dizeis, meu Jesus? Que pastor quer dar a vida por suas ovelhas? Só vós, porque sois um Deus de infinito amor, pudestes dizer: "E eu dou a vida por minhas ovelhas". Só vós pudestes demonstrar no mundo esse excesso de amor, que, sendo nosso Deus e nosso supremo Senhor, quisestes morrer por nós. Desse excesso falavam Moisés e Elias no monte Tabor: "Falavam do excesso que realizaria em Jerusalém" (Lc 9,31). Também S. João nos exorta a amar um Deus que foi o primeiro a amar-nos: "Amemos, pois, a ele, porque Deus nos amou primeiro" (1Jo 4,19). É como se dissesse: se não quisermos amar este Deus por sua infinita bondade, amemo-lo ao menos pelo amor que nos demonstrou, querendo sofrer por nós as penas que nos eram devidas.

Recordai-vos, pois, meu caro Jesus, que eu sou uma daquelas vossas ovelhas pelas quais destes a vida. Olhai-me com um daqueles olhares piedosos com que um dia do alto da cruz me olhastes, morrendo por mim: olhai-me, mudai-me e salvai-me. Vós afirmastes ser o pastor amoroso que, encontrando a ovelha perdida, a toma com alegria e a coloca sobre os ombros e chama os amigos para se alegrarem com ele: "Congratulai-vos comigo, porque encontrei a ovelha que havia perdido" (Lc 15,6). Eis, eu sou a ovelha perdida, buscai-me e carregai-me: "Errei como uma ovelha que se perde; buscai o vosso servo" (Sl 118,176).

Se por minha culpa ainda não me encontrastes, prendei-me agora, carregai-me e ligai-me a vós, para que não tresmalhe mais. O laço deve ser o vosso amor, se não me ligardes com esse doce laço, me perderei de novo. Ah, não fostes vós que deixastes de ligar-me com vosso santo amor, mas fui eu, ingrato, que andei fugindo sempre de vós. Peço-vos, porém, por aquela infinita misericórdia que vos fez descer à terra em busca de mim, ligai-me, mas ligai-me com laço duplo de amor, para que não me percais jamais e eu nunca mais vos perca. Meu amado Redentor, não quero separar-me mais de vós. Renuncio a todo bem e gosto deste mundo e me prontifico a padecer todas as penas, toda a espécie de morte, para que viva sempre e morra ligado a vós. Amo-vos, meu amabilíssimo Jesus, eu vos amo, meu bom pastor, morto por vossa ovelha perdida; ficai sabendo que esta ovelha agora vos ama mais do que a si mesma e não deseja outra coisa que amar-vos e consumir-se por vosso amor. Tende compaixão dela, amai-a e não permitais que se separe jamais de vós.

35. "Eu mesmo ponho a minha vida... Ninguém a toma de mim, porém eu de mim mesmo a entrego" (Jo 10,17-18). Eis, pois, que o Verbo encarnado, arrastado unicamente pelo amor que sente por nós, aceita a morte na cruz, para restituir ao homem a vida que perdera. Eis que um Deus, diz S. Tomás, faz pelo homem o que mais não poderia fazer se o homem fosse o deus dele (para assim falar) e como se Deus, privado do homem, não pudesse ser feliz. Nós pecamos, e pecando merecemos as penas eternas. E que faz Jesus? Toma sobre si a obrigação de satisfazer e pagar por nós com seus sofrimentos e sua morte: "Em verdade tomou sobre si as nossas fraquezas e ele mesmo carregou com as nossas dores" (Is 53,4).

Ah, meu Jesus, pois que fui a causa de tantas amarguras e tormentos que sofrestes durante a vida na terra, peço-vos que me façais participar da dor que sentistes dos meus pecados e confiar na vossa Paixão. Que seria de mim, se vos não houvésseis dignado satisfazer por mim? Ó majestade infinita, arrependo-me de todo o coração de vos ter ultrajado, mas espero de vós compaixão, ó bondade infinita. Aplicai à minha alma, ó Salvador do mundo, o fruto da vossa morte, e de rebelde e ingrato que hei sido, tornai-me vosso filho tão amoroso que não ame senão a vós e nada mais tema senão causar-vos desgosto. Que aquele amor imenso que vos fez morrer por mim, também faça morrer em mim todos os afetos terrenos. Ó meu Jesus, tomai o meu corpo, para que ele só me sirva para vos obedecer, tomai o meu coração para que ele só um desejo tenha, o de vos agradar; tomai a minha vontade, para que ela não queira senão o que vós quereis. Eu vos abraço e aperto ao meu coração, meu Redentor; não vos dedigneis de vos unir a mim. Eu vos amo, ó Deus de amor, eu vos amo, meu único bem. E quem terá coração capaz de vos abandonar, depois de me haverdes feito conhecer quanto me tendes amado e quanta misericórdia usastes comigo, mudando os castigos que me eram devidos em graças e finezas? Ó Virgem santa, alcançai-me a graça de me mostrar grato a vosso Filho.

36. "Destruindo o quirógrafo do decreto que existia contra nós, ele o pôs de lado, pregando-o na cruz" (Cl 2,14). Já estava escrita contra nós a sentença que nos condenava à morte eterna como rebeldes contra a divina majestade. E que fez Jesus Cristo? Com seu sangue apagou a escritura da condenação e para livrar-nos de todo o temor afixou-a à sua cruz, na qual morreu para satisfazer por nós a justiça divina. Considera, minha alma, a obrigação que contraíste para com este teu Redentor e ouve o que te diz o Espírito Santo: "Não te esqueças da graça que te fez teu fiador" (Eclo 29,20). Quando, pois, te recordares de teus pecados, olha para a cruz e confia: olha para aquele lenho sagrado, tinto com o sangue do Cordeiro de Deus, sacrificado por teu amor, e espera e ama o Deus que tanto te amou.

Sim, meu Jesus, eu tudo espero da bondade infinita que sois vós. É próprio de vossa natureza divina pagar o mal com o bem a quem, tendo-se emendado de suas culpas, se arrepende de as haver cometido e vos ama. Sim, meu amado Redentor, o que me dói acima de todos os males é haver desprezado a vossa bondade. Ferido por vosso amor, eu vos amo e desejo comprazer-vos em tudo que for de vosso agrado. Miserável que sou! Quando eu estava em pecado, era escravo do demônio e ele era meu senhor. Agora, espero estar na vossa graça, sede vós só, meu Jesus, meu único Senhor e meu único amor. Tomai posse de mim, possuí-me inteiramente, pois eu quero ser só vosso e todo vosso. Não, eu não quero mais esquecer-me dos tormentos que sofrestes por mim, para inflamar-me cada vez mais e crescer no vosso amor. Eu vos amo, meu amabilíssimo Redentor, eu vos amo, ó Verbo encarnado, meu tesouro, meu tudo, eu vos amo, eu vos amo.

37. "Se alguém pecar, temos um advogado junto do Pai, Jesus Cristo, o justo, e ele é a propiciação pelos nossos pecados" (1Jo 2,1-2). Oh! quanta confiança não inspiram estas palavras aos pecadores arrependidos! Jesus Cristo, no céu, está fazendo o ofício de advogado deles e lhes obtendo com segurança o perdão. Quando um pecador escapa de suas cadeias, o demônio o tenta desconfiar do perdão.

S. Paulo, porém, o anima, dizendo: "Quem é que nos condenará? Jesus Cristo, que morreu... e que também intercede por nós" (Rm 8,34). O Apóstolo quer dizer: se nós detestarmos os pecados cometidos, por que havemos de temer? Quem é que nos há de condenar? Jesus Cristo, o mesmo que morreu para não nos condenar e presentemente está no céu e nos defende. E continua a dizer: "Quem, pois, nos separará da caridade de Cristo?", como se dissesse: depois de termos sido perdoados por Jesus Cristo e recebidos na sua graça, quem terá mais coragem para voltar-lhe as costas e separar-se de seu amor?

Não, ó meu Jesus, não quero mais viver separado de vós e privado de vosso amor. Deploro aqueles dias infelizes que vivi sem a vossa graça.

Espero que já me tenhais perdoado, pois eu vos amo e vós me amais. Vós, porém, me amais com um amor imenso e eu vos amo tão pouco: dai-me mais amor. Ó bondade infinita, eu me arrependo sobre todas as coisas de vos haver assim maltratado no passado; agora, porém, amo-vos sobre todas as coisas, amo-vos mais do que a mim mesmo e me comprazo mais, ó meu Deus, em saber que sois infinitamente feliz do que com toda a minha felicidade própria, porque amo mais a vós, que mereceis um amor infinito, do que a mim, que só mereço o inferno. Jesus, eu não quero outra coisa de vós senão vós mesmo.

38. "Vinde a mim vós todos que trabalhais e estais sobrecarregados, que eu vos aliviarei" (Mt 11,28). Ouçamos a Jesus Cristo, que da cruz na qual está pregado e do altar no qual permanece sacramentado, nos chama a nós, pobres e aflitos pecadores, para nos consolar e enriquecer com suas graças. Oh! que dois grandes mistérios de esperança e de amor são para nós a Paixão de Jesus e o sacramento da Eucaristia; mistérios que seriam inaceitáveis se a fé não nos desse certeza. Um Deus querer derramar todo o seu sangue até à última gota (o que significa a palavra: será derramado – Mt 26,28) e por quê? Para pagar pelos nossos pecados. E querer ainda dar em alimento às nossas almas esse mesmo corpo que fora sacrificado na cruz para nossa salvação. Estes grandes mistérios deveriam enternecer os corações mais duros e abrandar os pecadores mais desprezados. Diz em suma o Apóstolo que "fomos enriquecidos em todas as coisas nele... de modo que nada nos falta em graça alguma" (1Cor 1,5-7). Basta que invoquemos este Deus, para que use de misericórdia conosco, que ele encherá de graças cada um que lhe peça, como nos assegura o mesmo Apóstolo: "Ele é rico para com todos que o invocam" (Rm 10,12).

Logo, meu divino Salvador, se eu tenho motivo de desesperar do perdão das ofensas e traições que vos fiz, tenho muito mais motivo de confiar na vossa bondade. Meu Pai, eu vos abandonei qual filho ingrato, agora eu me volto para vossos pés, contrito e enternecido por tanta misericórdia usada para comigo, e humilhado vos digo: "Pai, eu não sou digno de ser chamado vosso filho". Vós dissestes que há festa no paraíso quando um pecador se converte (Lc 15,7). Eis que eu abandono tudo e me volto para vós, meu Pai crucificado; eu me arrependo de todo o meu coração de vos haver perdido o respeito, voltando-vos as costas. Recebei-me novamente na vossa graça e inflamai-me no vosso santo amor, para que nunca mais vos abandone. Vós dissestes: "Eu vim para que tenham a vida e a tenham em abundância" (Jo 10,10). Por isso, eu não só espero de vós a graça que eu já possuía antes de vos ofender, mas uma abundância de graça que me transforme todo em fogo para vos amar. Oh! pudesse eu amar-vos, ó meu Deus, quanto mereceis! Eu vos amo sobre todas as coisas, eu vos amo mais do que a mim mesmo, eu vos amo com todo o meu coração e desejo o céu para amar-vos eternamente: "Pois que tenho eu no céu e fora de ti, que desejei eu sobre a terra? Deus, para sempre" (Sl 72,25-26). Ah, Deus de meu coração, tomai e conservai a posse de todo o meu coração e arrancai dele todo o afeto que não for para vós. Vós sois o único tesouro, meu único amor. Eu só quero a vós e nada mais. Ó Maria, minha esperança, atraí-me todo a Deus com as vossas súplicas. Amém.

III
REFLEXÕES SOBRE A PAIXÃO DE JESUS CRISTO, EXPOSTAS COM A SIMPLICIDADE COM QUE A DESCREVEM OS SANTOS EVANGELISTAS

AVISO AO LEITOR

Eu te prometi, benévolo leitor, no meu livro das *Glórias de Maria*, um outro livro sobre o *Amor a Jesus Cristo*. Em razão de minhas enfermidades, meu diretor não me permitiu escrevê-lo. Foi-me apenas concedida a licença de publicar estas sucintas reflexões sobre a Paixão, nas quais, contudo, eu compendiei o que de mais belo tinha encontrado sobre essa matéria: excetuando algumas coisas referentes à encarnação e nascimento do Senhor, que eu pretendo, se me for permitido, publicar num livrinho para a novena de Natal. Espero, não obstante, que esta minha obrinha te agrade, especialmente por teres debaixo dos olhos, relatados com ordem, os passos da Sagrada Escritura a respeito do amor que Jesus Cristo nos demonstrou na sua morte, pois não há coisa que possa mover mais um cristão ao amor divino do que a própria palavra de Deus, que possuímos nas Santas Escrituras.

Amemos, pois, bastante a Jesus Cristo, em quem encontramos o nosso Salvador, o nosso Deus e todo o nosso bem. Peço-te, pois, que todos os dias medites um pouco sobre a sua Paixão, na qual encontrarás todos os motivos de esperar a vida eterna e de amar a Deus, no que consiste toda a nossa salvação. Todos os santos se mostraram enamorados de Jesus Cristo e de sua Paixão e por este meio único se santificaram. O Pe. Baltasar Álvarez, como se lê na sua vida, diz que ninguém julgue ter feito alguma coisa, se não tiver chegado a possuir Jesus crucificado sempre no coração, e por isso sua oração consistia em pôr-se ao pé do crucifixo e, meditando em três coisas: na pobreza, no desprezo e nas dores do crucificado, aprender a lição que Jesus lhe dava da cruz. Também tu podes esperar santificar-te, se de modo semelhante perseverares na consideração do que Jesus fez e padeceu por ti. Suplica-lhe sempre que te conceda o seu amor. Pede-o sempre igualmente à tua senhora, a Maria, que se chama a Mãe do belo amor. E quando lhes implorares este grande dom, implora-o também para mim, que tive em vista fazer de ti um santo com este meu pequeno trabalho. De minha parte prometo fazer o mesmo por ti, para que um dia possamos no paraíso nos abraçar em santa caridade e nos dar por amantes deste amabilíssimo Senhor e, aí, como companheiros escolhidos para todo o sempre, amar face a face e eternamente nosso Salvador e amor, Jesus. Amém.

INTRODUÇÃO

Diz S. Agostinho não haver coisa mais útil para conseguir a salvação eterna do que pensar todos os dias nos tormentos que Jesus sofreu por nosso amor (*Ad Frat. in er. serm.* 32). E já Orígenes tinha escrito que o pecado não poderia certamente imperar na alma que meditasse continuamente na morte de seu Salvador (*Lib. 6 in Rm* 6). Além disso, revelou o Senhor a um santo anacoreta não haver exercício mais apropriado para acender num coração o amor divino, do que meditar na Paixão de nosso Redentor. Por essa razão dizia o Pe. Baltasar Álvarez que a ignorância dos tesouros que possuímos em Jesus, na sua Paixão, era a ruína dos cristãos, e por isso repetia a seus penitentes que não pensassem ter feito coisa alguma se não tivessem ainda conseguido ter sempre fixo no seu coração a Jesus crucificado. As chagas de Jesus, dizia S. Boaventura (*Stim. div. am.* p. I, c. 1), ferem os corações mais duros e inflamam as almas mais frias. Ora, como adverte sabiamente um douto escritor (Pe. Croiset, *Exerc. Mart.* t. 3), não há coisa melhor para nos descobrir os tesouros recônditos na Paixão de Jesus Cristo, do que a simples narração dessa mesma Paixão. Basta para inflamar uma alma fiel no amor divino a narração feita pelos santos evangelhos e considerar com olhos cristãos tudo o que o Salvador sofreu nos principais teatros de sua Paixão, isto é, no horto das Oliveiras, na cidade de Jerusalém e no monte Calvário. São belas e boas as muitas considerações feitas e escritas por autores piedosos sobre a Paixão de Jesus; mas certamente faz maior impressão a um cristão uma só palavra das sagradas Escrituras do que cem ou mil considerações e revelações escritas ou feitas a algumas pessoas devotas, pois as criaturas nos afiançam que tudo o que elas nos referem é certo e tem uma certeza de fé divina. Para tal fim quis, em benefício e para consolação das almas que amam a Jesus Cristo, pôr em ordem e referir simplesmente (ajuntando apenas algumas breves reflexões e afetos) o que nos dizem da Paixão de Jesus os sagrados evangelistas, os quais nos oferecem matéria de meditação para cem e até mil anos, capaz de inflamar ao mesmo tempo os nossos corações em amor para com nosso amantíssimo Redentor.

Ó Deus, como é possível que uma alma, que tem fé e considera as dores e ignomínias que Jesus Cristo sofreu por nós, não arda de amor por ele e não tome firmes resoluções de fazer-se santa para não ser ingrata para com um Deus tão amoroso? É preciso fé; do contrário, se a fé não nos desse certeza, quem poderia aceitar o que um Deus fez em verdade por nós: "Ele se aniquilou a si mesmo, tomando a forma de escravo" (Fl 2,7)? Quem poderia crer que Jesus é o mesmo ser supremo que é adorado no céu, vendo-o nascer num estábulo? Quem o vê fugindo para o Egito, para livrar-se das mãos de Herodes, crerá que ele é onipotente? Quem o vê a agonizar de tristeza, no horto, o julgará felicíssimo? Vê-lo preso a uma coluna, pendente de um patíbulo e crê-lo Senhor do universo?

Que espanto ver um rei que se fizesse verme, que se arrastasse pelo chão, que habitasse numa cova de barro e daí desse leis, criasse ministros e governasse o reino. Ó santa fé, revelai o que é Jesus Cristo, quem é esse homem que parece tão vil como todos os outros homens: "O Verbo se fez carne" (Jo 1,14). S. João nos atesta que ele é Verbo eterno, é o Unigênito de Deus. E qual foi a vida que passou na terra esse Homem-Deus? Ei-la, referida por Isaías: "Nós o vimos... desprezado e como o último dos homens, como o varão das dores" (Is 53,2-3). Ele quis ser o homem das dores e não houve um instante em que ele estivesse livre de dores. Foi o homem das dores e o homem dos desprezos. Desprezado e como o último dos homens, sim porque Jesus foi o mais desprezado e maltratado, como se fosse o último e o mais vil de todos os homens. Um Deus preso por esbirros como um malfeitor! Um Deus flagelado como um escravo! Um Deus tratado como rei da burla! Um Deus morre pendente num lenho infame!! Que impressões não devem causar estes prodígios em quem tem fé? E que desejo não deverão infundir de padecer por Jesus Cristo? Dizia S. Francisco de Sales: "As chamas do Redentor são outras tantas bocas que nos ensinam como devemos padecer por ele. Esta é a ciência dos santos, sofrer constantemente por Jesus, e assim tornaram-se depressa santos. E como não nos abrasaremos em amor, à vista das chagas que se encontram no seio do Redentor? Que ventura podermos ser abrasados pelo mesmo fogo em que se abrasa o nosso Deus, e que alegria de sermos unidos a Deus pelas cadeias de amor".

Mas, por que então tantos fiéis contemplam Jesus Cristo na cruz com olhos indiferentes? Assistem até na semana santa à comemoração de sua morte, mas sem nenhum sentimento de ternura ou gratidão, como se isso se tratasse de uma coisa irreal ou que nada tivesse conosco. Talvez não saibam ou não creiam no que dizem os evangelhos da Paixão de Jesus Cristo? Respondo e digo que muito bem o sabem e creem, mas não refletem nisso. Pois quem o crê e nisso pensa não poderá deixar de se abrasar no amor de um Deus que tanto padeceu e morreu por seu amor. "A caridade de Cristo nos impele" (2 Cor 5,14), escreve o apóstolo. Quer dizer que na Paixão do Senhor não devemos considerar tanto as dores e os desprezos que ele padeceu quanto o amor com que os suportou, pois se Jesus quis sofrer tanto, não foi unicamente para salvar-nos, já que para isso bastava uma simples oração sua, mas para nos patentear o amor que nos consagra e assim ganhar os nossos corações. E de fato, se uma alma pensa neste amor de Jesus Cristo, não poderá deixar de amá-lo: "A caridade de Cristo nos impele", ela se sentirá presa e obrigada quase por força a dedicar-lhe todo o seu afeto. Por esta razão Jesus Cristo morreu por nós todos, para que não vivamos mais para nós, mas exclusivamente para esse amantíssimo Redentor, que por nós sacrificou sua vida divina.

Oh! felizes de vós, almas amantes, diz Isaías, que meditais continuamente na Paixão de Jesus: "Tirareis com alegria águas das fontes do Salvador" (Is 12,3). Vós tirareis águas perenes de amor e confiança dessas fontes felizes que são as chagas de vosso Salvador. E como poderá duvidar ainda da divina misericórdia qualquer pecador, por enorme que seja, se ele se arrepende de suas culpas, à vista de Jesus crucificado, sabendo que o Padre Eterno carregou sobre esse seu Filho dileto todos os nossos pecados, para que ele satisfizesse por nós? "O Senhor carregou sobre ele a iniquidade de todos nós" (Is 53,6). Como poderemos temer, ajunta S. Paulo, que Deus nos negue alguma graça depois de haver-nos dado seu próprio Filho? "O qual não poupou nem ainda seu próprio Filho, mas entregou-o por nós todos, como não nos deu também com ele todas as coisas?" (Rm 8,32).

CAPÍTULO 1
JESUS ENTRA EM JERUSALÉM

"Eis que teu rei vem a ti cheio de mansidão, montado sobre uma jumenta e um jumentinho, filho da que tem jugo" (Mt 21,5). Nosso Redentor, avizinhando-se o tempo de sua Paixão, parte de Betânia para entrar em Jerusalém. Que humildade de Jesus Cristo em querer entrar nessa cidade sentado sobre um jumento, sendo ele o rei do céu. Ó Jerusalém, contempla o teu rei, como ele vem humilde e manso. Não temas que ele venha para reinar sobre ti e apossar-se de tuas riquezas; não, ele vem todo amor e cheio de compaixão para salvar-te e trazer-te a vida com sua morte. Entretanto, o povo, que já o venerava por causa de seus milagres e especialmente por causa da ressurreição de Lázaro, vem ao seu encontro. Uns estendem suas vestes sobre o caminho em que devia passar, outros espalham folhagens de árvores para o honorificar. Quem diria então que esse Senhor, recebido com tantas honras, dentro de poucos dias teria de aparecer aí mesmo como réu condenado à morte com uma cruz às costas?

Meu caro Jesus, quisestes, pois, fazer essa entrada solene para que vossa Paixão e morte fosse tanto mais ignominiosa quanto maior fora a honra recebida. Os louvores, que agora vos dá essa ingrata cidade, em poucos dias serão transformados em injúrias e maldições. Agora vos dizem: "Hosana ao Filho de Davi, bendito aquele que vem em nome do Senhor" (Mt 21,9). E depois levantarão a voz, dizendo: tira-o, tira-o, crucifica-o. Agora despojam-se de suas próprias vestes, e depois vos despojarão das vossas para vos flagelar e crucificar. Agora cortam as palmas para as colocar debaixo dos vossos pés e depois cortarão ramos de espinhos para com eles vos atravessarem a cabeça. Agora vos bendizem e louvam e depois vos encherão de contumélias e blasfêmias. Ao menos tu, minha alma, dize-lhe com amor e gratidão: bendito o que vem em nome do Senhor. Meu amado Redentor, sede sempre bendito, já que viestes salvar-me: se não tivésseis vindo, estaríamos todos perdidos.

"E tendo-se aproximado e vendo a cidade, chorou sobre ela" (Lc 19,14). Jesus, ao se aproximar da infeliz cidade, a contemplou e chorou, pensando na sua ingratidão e ruína. Ah, meu Senhor, vós, chorando então sobre a ingratidão de Jerusalém, choráveis também sobre a minha ingratidão e a ruína de minha alma. Meu amado Redentor, vós chorais vendo o dano que eu mesmo me causei, expulsando-vos de minha alma e obrigando-vos a condenar-me ao inferno depois de haverdes morrido para me salvar. Oh! deixai que eu chore, pois é a mim que compete o chorar ao considerar o mal que vos causei, ofendendo-vos e separando-me de vós, que tanto me amastes. Eterno Pai, por aquelas lágrimas que vosso Filho derramou sobre mim, dai-me a dor de meus pecados. E vós, ó amoroso e terno Coração de meu Jesus, tende piedade de mim, pois eu detesto acima de todos os males os desgostos que vos dei e estou resolvido a nada mais amar afora vós.

Jesus Cristo, tendo entrado em Jerusalém e se ocupado o dia inteiro com a pregação e cura dos enfermos, pela tarde não encontrou ninguém que o convidasse a repousar em sua casa; viu-se por isso obrigado a voltar novamente a Betânia. Meu amado Senhor, se os outros vos expulsam, eu não quero expelir-vos. Houve, é verdade, um tempo desgraçado em que eu vos expulsei de minha alma: agora, porém, estimo mais estar unido a vós do que possuir todos os reinos do mundo. Ah, meu Deus, o que poderá jamais separar-me do vosso amor?

CAPÍTULO 2
O CONSELHO DOS JUÍZES E A TRAIÇÃO DE JUDAS

"Reuniram-se os pontífices e os fariseus em conselho e diziam: que faremos nós? Porque este homem faz muitos milagres" (Jo 11,47). Eis como no mesmo tempo em que Jesus se empenhava em conceder graças e fazer milagres em benefício dos homens, as primeiras personagens da cidade se reúnem para maquinar a morte do autor da vida. Eis o que diz o ímpio pontífice Caifás: "Considerai que vos convém que um homem morra pelo povo e desta forma a nação toda não pereça" (Jo 11,50). E desde esse dia, ajunta o mesmo apóstolo S. João, os malvados pensaram em encontrar um modo de fazê-lo morrer. Ah, judeus, não temais, pois este vosso Redentor não vos fugirá, não, ele veio expressamente à terra a fim de morrer e por meio de sua morte vos libertar e a todos os homens da morte eterna.

Mas eis que Judas se apresenta aos pontífices e diz-lhes: "Que me quereis dar e eu vo-lo entregarei?" (Mt 26,15). Que alegria sentiram então os judeus em consequência do ódio que tinham a Jesus, vendo que um de seus próprios discípulos queria traí-lo e entregá-lo nas suas mãos! Consideremos, a propósito, o júbilo que sente o inferno, por assim dizer, quando uma alma, que por anos serviu a Jesus Cristo, o trai por qualquer mísero bem ou vil satisfação.

Mas, ó Judas, se queres vender o teu Deus, exige pelos menos o preço que ele merece. Ele é um bem infinito e por isso é digno de um preço infinito. Deus do céu, tu fechas o negócio por apenas trinta dinheiros! Ó minha infeliz alma, deixa a Judas, e volve a ti teu pensamento.

Diz-me, por que preço vendeste tantas vezes ao demônio a graça de Deus? Ah, meu Jesus, envergonho-me de comparecer em vossa presença, pensando nas injúrias que vos fiz. Quantas vezes vos voltei as costas e vos pospus a um capricho, a um desejo, a um momentâneo e vil prazer? Já sabia que com tal pecado perdia vossa amizade e voluntariamente a quis trocar por nada. Oh! tivesse eu morrido antes de ter-vos assim ultrajado! Ó meu Jesus, arrependo-me de todo o coração e desejaria morrer de dor.

Consideremos, entretanto, a benignidade de Jesus, que sabendo muito bem o contrato feito por Judas, contudo, vendo-o, não o repele de si, não o olha com maus olhos, antes o admite na sua companhia e até à sua mesa e o adverte da sua traição, para que entre em si, e, vendo-o obstinado, chega até a ajoelhar-se diante dele e a lavar-lhe os pés para enternecê-lo. Ah, meu Jesus, vejo que o mesmo fizestes comigo. Eu vos desprezei e vos traí e vós não me repelistes, mas me olhastes com amor e me admitistes também à vossa mesa na santa comunhão. Meu caro Salvador, se vos tivesse eu sempre amado! Já agora não posso mais separar-me de vossos pés e renunciar ao vosso amor.

CAPÍTULO 3
A ÚLTIMA CEIA DE JESUS CRISTO COM SEUS DISCÍPULOS

"Sabendo Jesus que era chegada a sua hora para passar deste mundo ao Pai, tendo amado os seus amou-os até o fim" (Jo 13,1). Sabendo Jesus que estava perto de sua morte, devendo abandonar este mundo, tendo até então amado demais os homens, quis então dar-lhes as últimas e maiores provas de seu amor. Sentado à mesa e todo inflamado em caridade, volta-se para seus discípulos e diz-lhes: "Desejei ardentemente comer esta páscoa convosco" (Lc 22,15). Meus discípulos (e o mesmo dizia a cada um de nós), sabei que não desejei outra coisa durante minha vida inteira senão comer convosco esta última ceia, pois após ela terei de sacrificar minha vida por vossa salvação.

Desejais então tanto, ó meu Jesus, dar a vida por nós, vossas miseráveis criaturas? Ah, esse vosso desejo inflama os nossos corações a desejar padecer e morrer por vosso amor, desde que por nosso amor quisestes sofrer tanto e morrer. Ó amado Redentor, fazei-nos compreender o que quereis de nós, que só desejamos comprazer-vos em tudo. Suspiramos por dar-vos prazer, para ao menos em parte corresponder ao grande amor que nos tendes. Aumentai sempre em nós esta bela chama, que nos faça esquecer o mundo e nós mesmos, para que doravante não pensemos senão em contentar o vosso amoroso coração. Põe-se à mesa o cordeiro pascal, figura de nosso Salvador. Assim como o cordeiro era comido todo naquela ceia, assim também no dia seguinte o mundo iria ver sobre o altar da cruz, devorado pelas dores, o cordeiro Jesus Cristo.

"Tendo-se um discípulo reclinado sobre o peito de Jesus" (Jo 13,25). Ó feliz S. João, percebestes então a ternura que alimenta no seu coração este amante Redentor para com as almas que o amam. Ah, meu doce Senhor, quantas vezes me favorecestes com tal graça, sim, também eu conheci a ternura do amor que me tendes, quando me consolastes com inspirações celestes e doçuras espirituais e apesar de tudo isso não me conservei fiel a vós. Ah, não me deixes mais viver assim tão ingrato para convosco. Eu quero ser todo vosso, aceitai-me e socorrei-me.

"Levantou-se da mesa, depôs suas vestes e tomando uma toalha cingiu-se com ela. Em seguida deitou água numa bacia e começou a lavar os pés dos discípulos e a enxugá-los com a toalha com que estava cingido" (Jo 13,4-5). Minha alma, contempla o teu Jesus, como se levanta da mesa e pratica esse ato de humildade. O rei do universo, pois, o Unigênito de Deus se rebaixa a lavar os pés de suas criaturas. Ó Anjos, que dizeis? Seria já um grande favor se Jesus lhes permitisse lavar com suas lágrimas seus pés divinos, como o fez com Madalena. Mas não, ele quis lançar-se aos pés de seus servos para deixar-nos no fim de sua vida este grande exemplo de humildade e sinal do grande amor que consagrava aos homens. E nós, Senhor, continuaremos a ser sempre tão soberbos que não podemos suportar uma palavra de desprezo, uma pequenina desatenção sem nos ressentirmos subitamente, sem que nos venha o pensamento de vingança, quando pelos nossos pecados merecíamos ser calcados pelo demônio no inferno. Ah, meu Jesus, o vosso exemplo nos tornou muito amáveis as humilhações e os desprezos. Eu vos prometo de hoje em diante querer sofrer por vosso amor qualquer injúria ou afronta que me for dirigida.

CAPÍTULO 4
DA INSTITUIÇÃO DO SANTÍSSIMO SACRAMENTO

"Enquanto estavam ceando, tomou Jesus o pão, benzeu-o e partiu-o e deu-o a seus discípulos, dizendo: 'Recebei e comei: isto é o meu corpo'" (Mt 26,26). Depois do lava-pés, ato de tão grande humildade, cuja prática Jesus recomendou aos discípulos, retomou as suas vestes e sentando-se novamente à mesa quer então dar aos homens a última prova da ternura que nutria por eles: e esta foi a instituição do Santíssimo Sacramento do altar. Para tal fim, toma um pão, consagra-o e, distribuindo-o a seus discípulos, disse-lhes: tomai e comei, isto é o meu corpo. Recomendou-lhes, em seguida, que todas as vezes que comungassem se recordassem de sua morte por amor deles (1Cor 11,26). Jesus procedeu então como um príncipe que amasse muito sua esposa e estivesse para morrer: escolhe entre suas joias a mais bela, e chamando a esposa, diz-lhe: vou em breve morrer, minha esposa; para que não te esqueças de mim, deixo-te esta joia em recordação: quando a olhares, recorda-te de mim e do amor que te dediquei. São Pedro de Alcântara escreve em suas meditações: "Nenhuma língua é suficiente para declarar a grandeza do amor que Jesus consagra a cada alma e por isso, querendo este esposo partir deste mundo, para que sua ausência não a fizesse esquecer-se dele, deixou-lhe em recordação este Santíssimo Sacramento, no qual ele permanece em pessoa, para que não houvesse entre os dois outro penhor para avivar-lhe a memória do que ele mesmo". Aprendamos daqui quanto agrada a Jesus a recordação de sua missão: instituiu propositalmente o sacramento do altar, para que nos recordemos continuamente do amor imenso que nos demonstrou na sua morte.

Ó meu Jesus, ó Deus enamorado das almas, até onde vos arrastou o amor que tendes aos homens? Até vos fazerdes seu alimento! Dizei-me o que mais podeis fazer para obrigá-los a vos amar? Vós vos dais todo a nós na santa comunhão, sem nada vos reservar; é, pois, justo que nos demos também a vós sem reserva. Procurem os outros o que quiserem: riquezas, honras e o mundo; eu quero ser todo vosso, não quero amar coisa alguma afora de vós, meu Deus. Vós dissestes que quem se alimentar de vós, viverá só por vós: "Aquele que me comer, viverá também por mim" (Jo 6,58). Visto que tantas vezes me admitistes a alimentar-me de vossa carne, fazei-me morrer a mim mesmo, para que eu viva só para vós, só para vos servir e dar-vos prazer. Ó meu Jesus, eu quero colocar em vós todos os meus afetos, ajudai-me a vos ser fiel.

S. Paulo nota o tempo em que Jesus instituiu este grande sacramento e diz: "Jesus, na noite em que ia ser traído, tomou o pão e disse: tomai e comei, isto é o meu corpo" (1Cor 11,23). Ó Deus, naquela mesma noite em que os homens se preparavam para dar a morte a Jesus, o amante Redentor nos preparava este pão de vida e de amor para nos unir todos a si, como ele o declarou: "Quem come a minha carne permanece em mim e eu nele" (Jo 6,57). Ó amor de minha alma, digno de um infinito amor, vós não podeis dar-me maiores provas para me fazer compreender o afeto e a ternura que me consagrais. Pois bem, atraí-me todo a vós: se eu não sei dar-vos meu coração inteiro, arrancai-mo vós mesmo. Ah, meu Jesus, quando serei todo vosso, como vós vos fazeis todo meu, quando vos receberei nesse sacramento de amor? Iluminai-me e descobri-me sempre mais as vossas belas qualidades, que vos fazem tão merecedor de afetos, para que eu me abrase sempre mais em amor por vós e me esforce em comprazer-vos. Eu vos amo, meu sumo bem, minha alegria, meu amor, meu tudo.

CAPÍTULO 5
AGONIA DE JESUS NO HORTO DAS OLIVEIRAS

"E tendo dito o hino, saíram para o monte das Oliveiras... Então Jesus foi com eles a uma granja chamada Getsêmani" (Mt 26,30). Tendo feito a ação de graças depois da ceia, Jesus deixa o cenáculo com seus discípulos, entra no horto de Getsêmani e se põe a orar; mal, porém, começa a orar assaltam-no ao mesmo tempo um grande temor, um grande tédio e uma grande tristeza, diz S. Marcos (14,33). E S. Mateus ajunta: "Começou a entristecer-se e ficar angustiado". Oprimido por essa tristeza, nosso Redentor diz que sua alma está aflita até a morte (Mc 14,34). Passou-lhe então diante dos olhos toda a cena funesta dos tormentos e dos opróbrios que lhe estavam preparados. Esses tormentos o oprimiram durante sua Paixão cada um por sua vez, sucessivamente, mas aqui no horto todos juntos e ao mesmo tempo o afligiram, as bofetadas, os escarros, os flagelos, os espinhos, os cravos e os vitupérios que teria de sofrer depois. Jesus os abraça todos juntos, mas, aceitando-os, sua natureza treme, agoniza e ora: "Estando em agonia, orava com mais instância" (Lc 22,43). Mas, ó meu Jesus, quem vos obriga a sofrer tantas penas? É o amor que tenho aos homens, responde Jesus. Oh! como o céu terá pasmado vendo a fortaleza tornar-se fraca, a alegria do paraíso se entristecer. Um Deus aflito! E por quê? Para salvar os homens, suas criaturas. Naquele horto se consumou o primeiro sacrifício: Jesus foi a vítima, o amor foi o sacerdote e o ardor de seu afeto para com os homens foi o fogo bem-aventurado que consumia o sacrifício.

"Meu Pai, se for possível, passe de mim este cálice" (Mt 26,39). Assim suplica Jesus. Ele, porém, assim suplica não tanto para ver-se livre como para nos fazer compreender a pena que sofre e aceita por nosso amor. Suplica também assim para nos ensinar que nas tribulações podemos pedir a Deus que nos livre delas, mas, ao mesmo tempo, devemos em tudo nos confortar com sua divina vontade e dizer como ele: "Contudo não se faça o que eu quero, mas como vós quereis" (Mt 26,39). Sim, meu Senhor, eu abraço por vosso amor todas as cruzes que quiserdes enviar-me. Vós inocentemente tanto sofrestes por meu amor e eu, pecador, depois de haver merecido tantas vezes o inferno, recusarei sofrer para vos comprazer e alcançar de vós o perdão e a vossa graça? Não seja feita a minha vontade, mas a vossa.

"Prostrou-se em terra" (Mc 14,35). Jesus naquela oração prostrou-se com a face na terra, porque, vendo-se coberto com a veste sórdida de todos os nossos pecados, se envergonhara de levantar o rosto para o céu. Meu caro Redentor, não teria coragem de pedir-vos perdão de tantas injúrias que vos fiz, se os vossos sofrimentos e méritos não me dessem confiança. Padre Eterno, olhai para a face de vosso Cristo; não olheis as minhas iniquidades, olhai esse vosso Filho querido, que treme, que agoniza, que sua sangue para obter-me de vós o perdão. "E seu suor se fez como gotas de sangue correndo sobre a terra" (Lc 22,44). Contemplai-o e tende piedade de mim. Mas, ó meu Jesus, nesse jardim não existem carnífices que vos flagelem, nem espinhos, nem cravos: e que vos faz derramar tanto sangue? Ah, eu compreendo, não foi tanto a previsão dos sofrimentos iminentes que então vos afligiu, pois já vos havíeis oferecido para sofrer essas penas: foi oferecido porque ele mesmo o quis (Is 53,7), mas foi a vista de meus pecados: eles foram a prensa cruel que espremeu o sangue de vossas sagradas veias. Não foram tão cruéis os carrascos, não foram tão atrozes os flagelos, os espinhos, a cruz, como o foram os meus pecados, ó meu doce Salvador, que tanto vos afligiram no horto.

Achando-vos num estado de grande aflição, eu ainda me prestei a atormentar-vos e muito com o peso de minhas culpas. Se eu tivesse pecado menos, vós teríeis padecido menos. Eis aí a paga que eu vos dei por vosso amor, que quis morrer por mim, ajuntando penas às vossas penas. Meu amado Senhor, eu me arrependo de vos haver ofendido; pesa-me isso, mas esta minha dor é muito pequena. Desejaria uma dor que me tirasse a vida. Eia, pois, por aquela agonia tão amarga que sofrestes no horto, fazei-me participar da aversão que tivestes dos meus pecados.

E se então eu vos afligi com as minhas ingratidões, fazei que agora eu vos ame de todo o meu coração, eu vos ame mais do que a mim mesmo e por vosso amor renuncie a todos os prazeres e bens da terra. Vós só sois e sereis sempre o meu único bem, meu único amor.

CAPÍTULO 6
JESUS É PRESO E AMARRADO

"Levantai-vos, vamos: eis que já está perto quem me há de trair" (Mc 14,42). Sabendo o Redentor que Judas juntamente com os judeus e soldados que o vinham prender já estavam perto, levanta-se ainda banhado no suor da morte, e com o rosto pálido mas com o coração tão inflamado em amor, vai ao seu encontro para entregar-se em suas mãos, e, vendo-os reunidos, pergunta-lhes: "A quem buscais?". Imagina, minha alma, que Jesus te pergunta do mesmo modo: dize-me, a quem buscas? Ah, meu Senhor, a quem eu procuro senão a vós, que viestes do céu à terra em busca de mim, para que me não perdesse?

"Prenderam a Jesus e o ligaram" (Jo 18,13). Ó céus, um Deus amarrado! Que diríamos, se víssemos um rei preso e acorrentado por seus criados? E que devemos dizer então, vendo um Deus entregue às mãos da gentalha? Ó cordas felizes, vós que ligastes o meu Redentor, prendei-me também a ele, mas prendei-me de tal modo que eu não possa separar-me mais de seu amor; prendei o meu coração à sua vontade santíssima, para que de agora em diante não queira nada mais senão o que ele quer.

Contempla, minha alma, como uns lhe põe as mãos, outros o ligam, estes o injuriam, aqueles o batem, e o Cordeiro inocente se deixa atar e esbofetear à vontade deles. Não procura fugir de suas mãos, não pede auxílio, não se queixa de tantas injúrias, não pergunta por que o maltratam assim. Eis realizada a profecia de Isaías: "Foi oferecido porque ele o quis e não abriu sua boca, como uma ovelha será conduzido ao matadouro" (Is 53,7). Não fala e não se lamenta, porque ele mesmo já se oferecera à justiça para satisfazer e morrer por nós e assim deixou-se conduzir à morte qual ovelha, sem abrir a boca.

Olha como, preso e circundado por aquele populacho, é arrastado do horto e conduzido às pressas aos pontífices na cidade. E onde estão seus discípulos? Que fazem? Se, não podendo livrá-lo das mãos de seus inimigos, ao menos o acompanhassem para defender sua inocência diante dos juízes, ou então para consolá-lo com sua presença! Mas não. O evangelho diz: "Então seus discípulos, abandonando-o, fugiram todos" (Mc 14,50). Que dor não sentiu então Jesus, vendo-se abandonado e deixado até por aqueles que lhe eram caros! Jesus viu então todas as almas que, mais favorecidas por ele, deveriam depois abandoná-lo e voltar-lhe ingratamente as costas. Ah, meu Senhor, minha alma foi uma dessas infelizes que, depois de tantas graças, luzes e convites recebidos de vós, esqueceram-se ingratamente de vós e vos abandonaram. Recebei-me, por piedade, agora que arrependido e contrito a vós me volto para não vos deixar mais, ó tesouro, ó vida, ó amor de minha alma.

CAPÍTULO 7
JESUS É APRESENTADO AOS PONTÍFICES E POR ELES CONDENADO À MORTE

"Eles, apoderando-se de Jesus, o conduziram a Caifás, príncipe dos sacerdotes, onde os escribas e anciãos se haviam congregado" (Mt 26,57). Amarrado como um malfeitor, entra em Jerusalém nosso Salvador, onde poucos dias antes entrara aclamado com tantas honras e louvores. Atravessa ele de noite a estrada, entre lanternas e tochas, e tão grande era o rumor e o tumulto, que fazia crer que se conduzia preso algum famoso malfeitor. Chegam-se pessoas à janela e perguntam quem é o prisioneiro. E a resposta é: Jesus Nazareno, que se descobriu ser um sedutor, um impostor e falso profeta, merecedor da morte. Quais foram então os sentimentos de desprezo e desdém de todo o povo, vendo Jesus Cristo, que ele acolhera como o Messias, aprisionando por ordem dos juízes como impostor. Oh! como se transformou em ódio a veneração de cada um que se arrependia de o haver homenageado, envergonhando-se de ter tomado pelo Messias a um malfeitor.

Eis como o Redentor é apresentado quase em triunfo a Caifás, que sem dormir o espera, e, vendo-o na sua presença, só e abandonado de todos os seus, sumamente se alegra. Contempla, minha alma, teu doce Salvador, como se mostra todo humilde e manso diante daquele soberbo pontífice, estando amarrado como um criminoso e com os olhos baixos. Contempla aquela bela face, que no meio de tantos desprezos e injúrias não perdeu sua natural serenidade e doçura. Ah, meu Jesus, agora que vos vejo cercado, não de anjos que vos louvam, mas dessa plebe vil que vos odeia e despreza, que farei? Continuarei talvez a desprezar-vos como foi no passado? Ah, não. Na vida que me resta quero estimar-vos e amar--vos como mereceis e vos prometo não amar ninguém fora de vós. Vós sereis meu único amor, meu bem, meu tudo. Meu Deus e meu tudo.

O ímpio pontífice interroga Jesus sobre seus discípulos e sobre sua doutrina, para descobrir um motivo para condená-lo. Jesus humildemente lhe responde: "Eu lhe falei publicamente ao mundo... Pergunta àqueles que ouviram o que eu lhes disse: ei-los aí, eles sabem o que eu ensinei" (Jo 18,20-21). Eu não falei em segredo, falei em público: os que estão ao redor de mim podem atestar o que eu disse: aduz por testemunhas seus próprios inimigos. Mas, depois de uma resposta tão acertada e tão mansa, se precipita do meio daquela chusma um algoz mais insolente, que, tratando-o como um temerário, lhe dá uma forte bofetada, dizendo: "É assim que respondes ao pontífice?" (Jo 18,22). Ó Deus, então uma resposta tão humilde e modesta merecia uma afronta tão grande? O indigno pontífice o vê, mas em vez de repreender aquele carrasco, cala-se e com seu silêncio bem aprova o que ele fizera. Jesus, diante de tal injúria, para isentar-se da culpa de falta de respeito ao pontífice, diz: "Se falei mal, dá testemunho do mal, mas se falei bem, por que me bates?" (Jo 18,23). Ah, meu amável Redentor, vós sofreis tudo para pagar as afrontas que eu fiz à divina majestade com os meus pecados. Ah, perdoai-me, pelo merecimento desses mesmos ultrajes que por mim sofrestes. "Procuravam um falso testemunho contra Jesus, para o condenarem à morte: mas não achavam" (Mt 26,59). Buscam um testemunho para condenar a Jesus e, não o encontrando, o pontífice busca novamente nas palavras de nosso Salvador um motivo para declará-lo réu e por isso diz-lhe: "Eu te conjuro por Deus vivo que nos digas se tu és o Cristo, Filho de Deus" (Mt 26,63). O Senhor, vendo-se instado em nome de Deus, confessa a verdade e responde: "Eu o sou, e vereis o Filho do homem sentado à destra do poder de Deus e vindo sobre as nuvens do céu" (Mc 14,62). Eu o sou, e um dia me vereis, não assim desprezível como agora vos pareço, mas num trono de majestade, sentado como juiz de todos os homens, sobre as nuvens do céu. Ao ouvir isso, o pontífice, em vez de lançar-se com o rosto em terra para adorar seu Deus e seu juiz, rasga suas vestes e exclama: "Blasfemou, que necessidade temos ainda de testemunhas? Eis aí, acabais de ouvir a blasfêmia! Que vos parece?" (Mt 26,65-66). Responderam todos os sacerdotes que sem dúvida alguma era digno de morte: "E eles em resposta disseram: é réu de morte" (Mt 26,66). Ah, meu Jesus, a mesma sentença proferiu vosso eterno Pai, quando vos oferecestes para pagar por nossos pecados: desde que meu Filho quer satisfazer pelos homens, é réu de morte e deve morrer.

Então lhe cuspiram no rosto e lhe deram bofetadas, outros lhe descarregaram as mãos na face, dizendo: adivinha-nos, ó Cristo, quem foi que te bateu?" (Mt 26,67-68). Puseram-se todos a maltratá-lo como a um malfeitor já condenado à morte e digno de todos os vitupérios: este lhe escarra no rosto, aquele lhe dá punhadas, mais um outro lhe dá bofetadas e, cobrindo-lhe o rosto com um pano, como acrescenta S. Marcos (13,65), o escarnecem como falso profeta e dizem-lhe: "Pois que és profeta, adivinha lá quem agora te bate". S. Jerônimo escreve que foram tantos os ludíbrios e as irrisões a que sujeitaram o Senhor naquela noite, que somente no dia de juízo serão todos eles conhecidos.

Portanto, ó meu Jesus, não repousastes naquela noite, mas fostes o objeto da mofa e meus traços daquela gentalha. Ó homens, como podeis contemplar um Deus tão humilhado e ser soberbos? Como podeis ver vosso Redentor padecer tanto por vós e não amá-lo? Ó Deus, como é possível que aquele que crê e considera as dores e ignomínias (mesmo só as narradas nos santos evangelhos) sofridas por Jesus por nosso amor, possa viver sem se abrasar em amor por um Deus tão benigno e tão amoroso para conosco?

Aumenta a dor de Jesus o pecado de Pedro, que o renega e jura não haver conhecido. Vai, minha alma, vai àquele cárcere em busca de teu Senhor, tão aflito, escarnecido e abandonado e agradece-lhe e consola-o com teu arrependimento, já que tu durante tanto tempo também o desprezaste e renegaste. Dize-lhe que desejarias morrer de dor, pensando que no passado tanto amarguraste o seu doce coração, que tanto te amou. Dize-lhe que agora o amas e nada mais desejas senão sofrer e morrer por seu amor. Ah, meu Jesus, recordai-me dos desgostos que vos dei e olhai-me com um olhar amoroso como olhastes para Pedro, depois de vos haver renegado; o que fez que ele nunca mais deixasse de chorar o seu pecado até o fim de sua vida.

Ó grande Filho de Deus, ó amor infinito, que padeceis por aqueles mesmos homens que vos odeiam e maltratam. Vós sois a glória do paraíso, muita honra teríeis feito aos homens se os admitísseis somente a beijar-vos os pés. Mas, ó Deus, quem vos arrastou a essa determinação tão ignominiosa de vos tornar o joguete da gente mais vil do mundo? Dizei-me, ó meu Jesus, que posso eu fazer para compensar-vos a honra que esses vos roubam com seus opróbrios? Sinto que me respondeis: suporta os desprezos por amor de mim, como eu os suportei por ti. Sim, meu Redentor, quero obedecer-vos. Meu Jesus, desprezado por amor de mim, eu só quero e desejo ser desprezado por amor de vós, quanto vos aprouver.

CAPÍTULO 8
JESUS É CONDUZIDO A PILATOS E DEPOIS A HERODES, SENDO-LHE BARRABÁS PREFERIDO

"Chegada a manhã, entraram em conselho contra Jesus para entregá-lo à morte, e preso o conduziram e entregaram ao governador Pôncio Pilatos" (Mt 27,1-2). Pilatos, depois de muita interrogações, feitas ora aos judeus ora ao Salvador, conhece que Jesus era inocente e que as acusações eram unicamente calúnias. Por isso, sai fora e diz aos judeus que não encontra motivo para condenar aquele homem (Jo 18,38). Vendo, porém, os judeus tão empenhados em dar a morte e ouvindo que Jesus era da Galileia, para sair-se do embaraço, remeteu-o a Herodes (Lc 23,7). Herodes sentiu uma grande alegria por ter diante de si a Jesus Cristo, esperando presenciar algum dos muitos prodígios feitos pelo Senhor, como lhe haviam relatado. Pôs-se, pois, a crivá-lo de perguntas. Jesus, porém, se cala e nada responde, repreendendo assim a vã curiosidade daquele temerário (Lc 23,9). Pobre da alma à qual o Senhor não fala mais. Meu Jesus, era isso que eu merecia, depois de me haverdes chamado tantas vezes ao vosso amor com tantas vozes piedosas e eu não vos ter dado ouvido. Mereceria, sim, que não me falásseis mais e me abandonásseis: não o façais, porém, meu caro Redentor; tende piedade de mim e falai-me: "Falai, Senhor, porque vosso servo vos escuta". Dizei-me, Senhor, o que quereis de mim, que eu quero obedecer-vos em tudo e contentar-vos.

Mas, vendo Herodes que Jesus não lhe respondia, desprezou-o e, tratando-o de louco, mandou que o revestissem com uma veste branca e o ludibriou, no que foi acompanhado por sua corte inteira, e assim vilipendiado e escarnecido o reenviou a Pilatos. "Herodes, porém, com os da sua guarda, desprezou-o e fez escárnio dele, e, mandando vesti-lo com uma túnica branca, o reenviou a Pilatos" (Lc 23,11). Jesus é então levado pelas ruas de Jerusalém, revestido com aquela veste de escárnio. Ó meu Jesus, desprezado, ainda faltava esta injúria: ser tratado como louco! Ó cristãos, contemplai como o mundo trata a Sabedoria eterna! Bem-aventurado aquele que se preza de ser tratado como louco pelo mundo e não quer saber de nada mais senão de Jesus crucificado, amando os sofrimentos e desprezos e dizendo com S. Paulo: "Porque não entendi eu saber entre vós coisa alguma senão a Jesus Cristo e este crucificado" (1Cor 2,2).

O povo hebreu tinha o direito de pedir ao governador romano a libertação de um réu na festa da páscoa. Por isso Pilatos propõe-lhe Jesus e Barrabás, dizendo: "A quem quereis que eu solte, a Barrabás ou a Jesus?" (Mt 27,21). Pilatos esperava certamente que o povo preferisse Jesus a Barrabás, homem celerado, homicida e ladrão público, odiado por todos. Mas o povo, instigado pelos chefes da sinagoga, pede, de repente, sem nenhuma deliberação, a Barrabás. "E eles disseram: Barrabás". Pilatos, surpreendido e ao mesmo tempo indignado, vendo preferido um tão grande celerado a um inocente, diz: "Que hei então de fazer de Jesus? Todos responderam: seja crucificado. E Pilatos: mas que mal fez ele? E eles gritavam ainda mais: seja crucificado" (Mt 27,23). Ah, Senhor, assim procedi eu quando pequei: eu me propunha então que coisa era preferível, ou renunciar a vós ou àquele vil prazer. E eu respondia: quero o prazer e não me incomodo de perder a Deus. Assim disse eu então, meu Senhor. Agora, porém, digo que prefiro a vossa graça a todos os prazeres e tesouros do mundo. Ó bem infinito, ó Jesus, eu vos amo acima de todos os bens: só a vós quero e nada mais.

Assim como foram propostos ao povo Jesus e Barrabás, do mesmo modo foi proposto ao Eterno Padre quem ele queria livre, seu filho ou o pecador. O eterno Pai responde: morra meu Filho e salve-se o pecador. É o que atesta o Apóstolo: "Não poupou seu próprio Filho, mas o entregou por todos nós" (Rm 8,32). Sim, a tal ponto, diz o próprio Salvador, amou Deus o mundo que para salvá-lo entregou aos tormentos e à morte seu Filho unigênito (Jo 3,16). Por isso exclama a Igreja: "Ó admirável condescendência de vossa piedade! Ó inapreciável predileção de vossa caridade! Para remirdes o escravo, entregastes o Filho!" (Hino *Exultet*).

Ó santa fé de um homem que crê essas coisas, como poderá deixar de ser todo fogo para amar um Deus que ama tanto as criaturas? Oh! tivesse eu sempre diante dos olhos esta imensa caridade de Deus.

CAPÍTULO 9
JESUS É FLAGELADO NUMA COLUNA

"Pilatos então tomou Jesus e mandou açoitá-lo" (Jo 19,1). Vendo Pilatos que os dois meios empregados para não condenar aquele inocente, isto é, remetê-lo a Herodes e apresentá-lo junto com Barrabás, não tinham dado resultado, escolhe um outro meio, o de castigá-lo e depois mandá--lo embora. Convoca, pois, os judeus e diz-lhes: "Apresentastes-me este homem... e interrogando-o diante de vós não achei nele culpa alguma, nem tão pouco Herodes... Portanto, depois de castigado, o soltarei" (Lc 23,14-17). Vós me apresentastes este homem como delinquente; eu, porém, não encontro nele crime algum, nem Herodes o descobriu. Contudo, para contentar-vos, eu o farei castigar e depois o porei em liberdade. Ó Deus, que injustiça! Ele o declara inocente e ainda assim lhe destina o castigo. Ó meu Jesus, vós sois inocente, mas não eu, e desde que quereis satisfazer por mim a justiça divina, não é injustiça mas é mesmo justo que sejais punido. Mas qual é o castigo a quem condenas esse inocente, ó Pilatos? A ser flagelado! Destinas, pois, a um inocente uma pena tão cruel e vergonhosa? Mas assim esse fez. "Pilatos se apoderou de Jesus e o mandou flagelar" (Jo 19,1). Contempla agora, minha alma, como depois dessa tão injusta sentença os carrascos se lançam com fúria sobre o manso Cordeiro e o conduzem aos gritos e alegria ao pretório e o amarram à coluna. E que faz Jesus? Ele, todo humilde e submisso, aceita por nossos pecados aquele tormento tão doloroso e ignominioso. Eis como já se armam com os azorragues e, dado o sinal, levantam o braço e começam a flagelar de todos os lados aquele corpo sacrossanto. Ó carrascos, vós vos enganastes, não é ele o réu, sou eu quem merece esses golpes.

Aquele corpo virginal aparece ao princípio todo lívido e em seguida começa a jorrar sangue de todas as partes. E tendo os carnífices dilacerado todo o seu corpo, continuam impiedosamente a golpear as feridas e ajuntar dores a dores. "E sobre a dor das minhas chagas acrescentaram novas chagas" (Sl 68,27). Ó minha alma, serás tu também do número daqueles que com olhos indiferentes contemplam a Deus flagelado? Considera, sim, as dores, mas ainda mais o amor com que este teu doce Senhor padece esse grande tormento por ti. Certamente Jesus pensava em ti na sua flagelação. Ó Deus, se ele não tivesse sofrido mais que um golpe por amor de ti, deverias arder em amor por ele, dizendo: um Deus se compraz em ser flagelado por meu amor! Ele, porém, chega, por teus pecados, a se deixar dilacerar todas as carnes, como já o predissera Isaías: "Ele, porém, foi vulnerado por causa de nossas iniquidades" (Is 53,5). Além disso, segundo o mesmo profeta, o mais belo de todos os homens já não tem mais beleza. "Não existe nele beleza nem formosura: nós o vimos e ele não tinha mais aparência" (Is 53,2). Os flagelos o deformaram tanto que se não o conhece mais. "O seu rosto se achava como encoberto e parecia desprezível e por isso nenhum caso fizemos dele" (Is 53,3). Ficou reduzido a um estado miserável, que parecia um leproso coberto de chagas dos pés até à cabeça: "Nós o reputamos como um leproso e ferido por Deus e humilhado" (Is 53,4). E por que isso? Porque nosso amante Redentor quis sofrer aquelas penas que nos eram devidas: "Verdadeiramente ele foi o que tomou sobre si as nossas fraquezas e ele mesmo carregou com as nossas dores" (Is 53,4). Seja para sempre louvada a vossa bondade, ó meu Jesus, que quisestes ser tão atormentado para livrar-me dos tormentos eternos. Oh! pobre e infeliz do que não vos ama, ó Deus de amor.

Mas, enquanto os carrascos o flagelam tão cruelmente, que faz nosso amável Salvador? Ele não fala, não se lamenta, não suspira; mas com toda a paciência oferece tudo a Deus para torná-lo misericordioso em nosso favor: "Como Cordeiro mudo ante o que o tosquia, assim não abriu ele a sua boca" (At 8,32). Ah, meu Jesus, inocente cordeiro, esses bárbaros não vos cortam a lã, mas a pele e as carnes. Mas esse é o batismo de sangue que durante vossa vida tanto haveis desejado: "Tenho de ser batizado com um batismo e em que ansiedade me sinto eu até que ele se cumpra" (Lc 12,50). Levanta-te, minha alma, e lava-te naquele sangue precioso em que está toda banhada aquela terra afortunada. E como poderei eu, meu doce Salvador, duvidar do vosso amor, vendo-vos todo chagado e dilacerado por mim? Sei que cada uma de vossas chagas é um testemunho certíssimo do afeto que me tendes. Sinto que cada uma de vossas feridas me pede amor. Bastaria uma só gota de vosso sangue para me salvar, mas vós quisestes dá-lo todo, sem reserva, para que eu sem reserva me dê todo a vós. Sim, meu Jesus, eu me dou todo a vós sem reserva, aceitai-me e ajudai-me a vos ser sempre fiel.

CAPÍTULO 10
JESUS É COROADO DE ESPINHOS E TRATADO COMO REI DE TEATRO

Então os soldados do governador, conduzindo Jesus para o pretório, reuniram em torno dele toda a corte. E, despindo-o, cingiram-lhe um manto carmesim e, tecendo uma coroa de espinhos, lha puseram sobre a cabeça e na sua mão direita uma cana" (Mt 27,27-29). Continuemos a considerar os bárbaros tormentos que os soldados fizeram nosso amabilíssimo Senhor sofrer. Reunindo toda a corte, colocam-lhe sobre os ombros uma clâmide purpúrea (era um manto velho que os soldados usavam por cima das armas) como manto real, nas mãos uma cana figurando o cetro e na cabeça um feixe de espinhos, parodiando a coroa, mas que, como um capacete, lhe cingia toda a cabeça. E já que os espinhos com a só colocação não entravam na cabeça já tão atormentada pelos golpes dos azorragues, servem-se da cana e, cuspindo-lhe ao mesmo tempo no rosto, cravam-lhe na cabeça com toda a força a tão cruel coroa: "E cuspindo-lhe tomavam a cana e lhe batiam na cabeça" (Mt 27,30).

Ó espinhos, ó criaturas ingratas, que fazeis? Assim atormentais o vosso Criador? Por que, porém, invectivar os espinhos? Ó pensamentos iníquos dos homens, fostes vós que atravessastes a cabeça de meu Redentor. Sim, meu Jesus, nós com nossos consentimentos perversos tecemos a vossa coroa de espinhos. Agora eu os detesto e os odeio mais do que a morte ou outro mal qualquer. E a vós me volto novamente, humilhado, ó espinhos, consagrados pelo sangue do Filho de Deus, transpassai a minha alma e fazei-a sentir sempre a dor de ter ofendido um Deus tão bom.

E vós, Jesus, meu amor, que tanto padeceis para me desprender das criaturas e de mim mesmo, fazei que eu possa dizer em verdade que não sou mais meu, mas só de vós e todo vosso. Ó meu Salvador afligido, ó Rei do mundo, a que vos vejo reduzido? A representar o papel de rei de teatro e dor: a ser o ludíbrio de toda a Jerusalém! O sangue ocorre a flux da cabeça transpassada do Senhor, sobre sua face e seu peito. Ó meu Jesus, eu admiro a crueldade dessa gente que não se satisfaz com vos ter esfolado dos pés até à cabeça, e agora vos atormenta com novos ultrajes e desprezos; admiro, porém, mais a vossa mansidão e o vosso amor, que tudo sofre e aceita por nós com tanta paciência. "Que injuriado não injuriava, recebendo maus tratos não fazia sequer ameaças, porém se entregava àquele que o julgava injustamente" (1Pd 2,23). Devia realizar-se a predição do profeta de que nosso Salvador devia ser saciado de dores e ignomínias: "Oferecerá a face ao que o ferir, fartar-se-á de opróbrios" (Lm 3,30).

Mas vós, soldados, não estais ainda satisfeitos? "E dobrando o joelho diante dele, motejavam dele dizendo: eu te saúdo, rei dos judeus, e davam-lhe bofetadas" (Jo 19,3). Depois de tê-lo atormentado dessa forma e vestido como rei de teatro, ajoelhavam diante dele e o escarneciam dizendo: "Nós te saudamos, ó rei dos judeus", e levantando-se com risos e escárnios, davam-lhe bofetadas. Ó Deus! A cabeça sagrada de Jesus já estava toda dolorida pelas feridas feitas pelos espinhos e por isso qualquer movimento lhe causava dores mortais e toda bofetada ou pancada lhe causava um sofrimento horrendo. Ao menos tu, minha alma, reconhece-o como supremo Senhor de tudo, como ele é em verdade, e agradece-lhe e ama-o como verdadeiro rei de dor e de amor, pois é para esse fim que ele padece e sofre por ti.

CAPÍTULO 11
PILATOS MOSTRA JESUS AO POVO, DIZENDO: *ECCE HOMO*!

"Pilatos saiu para fora e disse-lhes: *Ecce homo*" (Jo 19,5). Tendo sido Jesus novamente conduzido a Pilatos, depois de sua flagelação e coroação de espinhos, este, mirando-o e observando como estava dilacerado e desfigurado, persuadiu-se de que o povo se moveria à compaixão só de vê-lo. Por isso saiu para fora no terraço, levando consigo nosso aflito Salvador, e disse: "Ecce Homo", como se dissesse: judeus, contentai-vos com o que já padeceu este pobre inocente, eis o homem que temíeis fazer-se vosso rei, ei-lo, contemplai a que estado está reduzido. Que temor podeis ainda ter agora que se acha num estado que não pode mais viver? Deixai-o morrer em sua casa, desde que pouco lhe resta de vida. "E Jesus saiu, tendo uma coroa de espinhos e uma veste purpúrea" (Jo 19,15). Olha também, minha alma, para aquele terraço e vê teu Senhor amarrado e conduzido por um carrasco: vê como está meio nu, ainda que coberto de chagas e de sangue, com as carnes dilaceradas, com aquele pedaço de púrpura que lhe serve unicamente de ludíbrio e com aquela horrenda coroa que o atormenta sem cessar. Contempla a que foi reduzido teu pastor para te encontrar a ti, ovelha desgarrada. Ah, meu Jesus, sob quantos aspectos os homens vos fazem aparecer, mas todos são de dor e vitupério. Ah, doce Redentor, vós causais compaixão até às feras, só entre os homens não encontrais piedade. Pois eis aqui o que responde essa gente: "Ao verem-no, os pontífices e ministros clamavam dizendo: crucifica-o, crucifica-o" (Jo 19,6). Mas que dirão eles no dia do juízo final, quando vos virem glorioso, sentado como juiz num trono de luz? Ó meu Jesus, também eu durante muito tempo exclamei: crucifica-o, crucifica-o, quando com os meus pecados vos ofendi. Agora, porém, me arrependo de todo o meu coração e vos amo acima de todos os bens, ó Deus de minha alma. Perdoai-me pelos merecimentos de vossa Paixão e fazei que naquele dia eu vos veja aplacado e não irritado contra mim.

Do terraço, Pilatos mostra Jesus aos judeus e diz: "Ecce Homo". Ao mesmo tempo o Padre Eterno, do alto do céu, nos convida a contemplar Jesus Cristo naquele estado e diz também: "Ecce Homo". Ó homens, este homem que vedes tão ferido e vilipendiado é meu Filho bem amado, que por vosso amor, e para pagar por vossos pecados, sofre dessa maneira. Contemplai-o, agradecei-lhe e amai-o. Meu Deus e meu Pai, vós me dizeis que eu devo contemplar o vosso Filho; eu, porém, vos peço que vós o contempleis por mim; contemplai-o e por amor desse vosso Filho tende piedade de mim.

Vendo os judeus que Pilatos, apesar de seus clamores, procurava dar liberdade a Jesus (Jo 19,12), pensaram em obrigá-lo a condenar o Salvador, afirmando que, se não o fizesse, seria declarado inimigo de César: "Os judeus, porém, clamavam dizendo: se soltares a este, não és amigo de César: todo o que se faz rei contradiz a César" (Jo 19,12). E de fato acertaram, porque Pilatos, temendo perder as boas graças de César, toma consigo a Jesus Cristo, assenta-se para dar a sentença e condená-lo: "Pilatos, tendo ouvido estas palavras, trouxe Jesus para fora e assentou-se no seu tribunal" (Jo 19,13). Atormentado, entretanto, pelos remorsos de sua consciência, sabendo que ia condenar um inocente, volta-se novamente para os judeus: "E disse-lhes: eis o vosso rei". Pois então hei de condenar o vosso rei? "Eles, porém, clamavam: tira-o, tira-o, crucifica-o" (Jo 1,14 e 15). Replicaram os judeus mais enfurecidos que na primeira vez: depressa, Pilatos, que nosso rei, que rei, que rei esse? Tira-o, tira-o, retira-o de nossos olhos e faze-o morrer crucificado. Ah, meu Senhor, Verbo encarnado, viestes do céu à terra para conversar com os homens e para salvá-los e estes não podem mais nem sequer ver-vos entre eles e tanto se esforçam para dar-vos a morte e não mais vos ver. Pilatos ainda lhes resiste e replica: "Hei então de crucificar vosso rei? Os pontífices responderam: não temos outro rei senão César" (Jo 19,15). Ah, meu adorável Jesus, eles não querem reconhecer-vos por seu Senhor e afirmam não ter outro rei senão César. Eu vos confesso por meu rei e Deus e protesto que não quero outro rei para meu coração senão vós, meu Redentor. Infeliz de mim, houve um tempo em que me deixei também dominar por minhas paixões e vos expulsei de minha alma, meu rei divino. Agora quero que só vós reineis nela, ordenai e ela vos obedecerá. Dir-vos-ei com S.Teresa: "Ó amante Jesus, que me amais acima do que eu posso compreender, fazei que minha alma vos sirva mais segundo o vosso gosto que o dela. Morra, pois, o meu eu e em mim viva um outro que não eu. Ele viva e me dê vida. Ele reine e eu seja escravo, não querendo minha alma outra liberdade". Oh, feliz a alma que pode dizer em verdade: meu Jesus, vós sois o meu único rei, meu único bem, meu único amor.

CAPÍTULO 12
JESUS É CONDENADO POR PILATOS

"Então ele lho entregou para que fosse crucificado" (Jo 19,16). Pilatos, depois de tantas vezes ter declarado a inocência de Jesus, e então novamente lavando suas mãos e protestando que era inocente do sangue daquele justo, sendo os judeus responsáveis por sua morte: "Mandado vir água, lavou as mãos à vista do povo, dizendo: eu sou inocente do sangue deste justo: vós lá vos avenhais" (Mt 27,24), assim mesmo dá a sentença e o condena à morte. Ó injustiça jamais vista no mundo! O juiz condena o acusado ao mesmo tempo que o declara inocente. S. Lucas escreve que Pilatos entregou Jesus nas mãos dos judeus para que fizessem com ele o que desejavam: "Entregou Jesus à sua vontade" (Lc 23,25). De fato, é o que acontece quando se condena um inocente: ele é abandonado nas mãos de seus inimigos, para que o façam morrer, e morrer da maneira que for do gosto deles. Infelizes judeus, vós dissestes: "Seu sangue caia sobre nós e nossos Filhos" (Mt 27,25), e assim chamastes sobre vós o castigo e este já vos alcançou: vossa nação já sofre e sofrerá o castigo desse sangue inocente até o fim do mundo.

A injusta sentença de morte é lida diante do condenado. O Senhor a ouve e inteiramente resignado ao justo decreto de seu eterno Pai, que o condena à morte da cruz, não pelos delitos que lhe imputavam falsamente os judeus, mas por nossas culpas verdadeiras, pelas quais se oferecera a satisfazer com sua morte. Pilatos diz na terra: morra Jesus, e o Padre Eterno o confirma no céu, dizendo: morra meu Filho. E o Filho diz também: eis-me aqui; eu obedeço, aceito a morte e a morte da cruz.

"Ele se humilhou, fazendo-se obediente até à morte e a morte de cruz" (Fl 2,8). Meu amado Redentor, aceitastes a morte que me era devida e com vossa morte me obtivestes a vida. Eu vos agradeço, meu amor, e espero poder louvar no céu as vossas misericórdias para sempre: "Cantarei eternamente as misericórdias do Senhor". Visto que vós, inocente, aceitastes a morte da cruz, eu, pecador, aceito-a com todas as penas que a devem acompanhar e desde já a ofereço a vosso eterno Pai, unindo-a à vossa santa morte. Pelos merecimentos de vossa morte tão dolorosa, concedei-me, ó meu Jesus, a sorte de morrer em vossa graça e ardendo em vosso santo amor.

CAPÍTULO 13
JESUS LEVA A CRUZ AO CALVÁRIO

Publicada a sentença, o povo infeliz explode num grito de júbilo e diz: alegremo-nos, alegremo-nos. Jesus já foi condenado; não se perca tempo, apreste-se a cruz e que morra hoje mesmo, pois que amanhã é páscoa. E imediatamente o tomam, tiram-lhe aquele farrapo de púrpura, restituem-lhe suas vestes, para que fosse reconhecido pelo povo, segundo S. Ambrósio, por aquele impostor (como o chamavam) que dias antes tinha sido acolhido como o Messias: "Tiraram-lhe a clâmide e o revestiram com suas vestes e o conduziram para ser crucificado" (Mt 27,31). Em seguida tomam duas traves grosseiras, e formam com elas às pressas uma cruz e, com insolência, mandam-lhe que a ponha sobre os ombros e a carregue até o lugar do suplício. Ó Deus, que barbaridade, sobrecarregar com um tal peso um homem tão atormentado e desprovido de forças!

Jesus abraça a cruz com amor: "E, levando sua cruz às costas, saiu para aquele lugar que se chama Calvário" (Jo 19,17). A justiça sai com os condenados e entre esses vai também nosso Salvador, carregando o altar em que deve sacrificar a sua vida. Muito bem considera um piedoso autor que na Paixão de Jesus Cristo foi tudo maravilhoso e excessivo como Moisés e Elias o afirmaram no Tabor: "E falavam de seu excesso, que iria realizar em Jerusalém" (Lc 9,31). Quem poderia jamais crer que a vista de Jesus, reduzido a uma só chaga da cabeça aos pés, irritasse ainda mais o furor dos judeus e o desejo de vê-lo crucificado? Que tirano obrigou jamais o próprio réu a levar sobre seus ombros o instrumento de seu tormento, vendo-o exausto e consumido já de dores? É horror considerar a multidão de tormentos e ludíbrios que fizeram Jesus sofrer no pequeno espaço de sua prisão até sua morte, sucedendo uns aos outros, sem intervalo, prisão, bofetadas, escarros, zombarias, flagelos, espinhos, cravos, agonia e morte. Todos se uniram, hebreus e gentios, sacerdotes e populares, para tornarem Jesus Cristo o homem dos desprezos e das dores, como havia predito o profeta Isaías. O juiz declara o Salvador inocente, mas uma tal declaração só serve para acarretar-lhe maiores sofrimentos e vitupérios, pois se logo no princípio tivesse Pilatos condenado Jesus à morte, não lhe teriam preferido Barrabás, nem teria sido tratado como louco, nem flagelado tão cruelmente, nem coroado de espinhos.

Mas voltemos a considerar o espetáculo admirável do Filho de Deus, que vai morrer por aqueles mesmos homens que o conduzem à morte. Eis realizada a profecia de Jeremias: "E eu sou semelhante ao manso cordeiro, que é levado para ser vitimado" (Jr 11,19). Ó cidade ingrata, assim expeles de ti com tão grande desprezo o teu Redentor, depois de receberes dele tantas graças? Ó Deus, é isso o que faz também uma alma que, depois de favorecida por Deus com tantos favores, ingrata, o expulsa pelo pecado.

A vista de Jesus nessa caminhada para o Calvário causava tal compaixão, que as mulheres, ao vê-lo, se punham a chorar e lamentar de tanta crueldade: "Seguia-o uma grande multidão de povo e de mulheres, que choravam e o lamentavam" (Lc 23,27). O Redentor, porém, voltando-se para elas, diz-lhes: "Não choreis sobre mim, mas sobre vossos filhos. Porque se assim fazem com o lenho verde, que farão com o seco?" (Lc 23,31). Com isso queria dar a entender o grande castigo que merecem os nossos pecados, pois se ele, inocente e Filho de Deus, era assim tratado por se ter oferecido a satisfazer por nós, como deveriam ser tratados os homens por seus próprios pecados?

Contempla-o também tu, minha alma, vê como está todo dilacerado, coroado de espinhos, onerado com aquele pesado lenho e acompanhado por gente que lhe é contrária e que o segue injuriando-o e maldizendo-o. Ó Deus, seu corpo sagrado está todo retalhado, de tal maneira que a qualquer movimento que faz se renova a dor de todas as suas chagas. A cruz já agora o atormenta, pois ela comprime seus ombros chagados e vai encravando cada vez mais os espinhos daquela bárbara coroa! Que dores a cada passo! Jesus, porém, não a abandona. Sim, não a deixa porque por meio da cruz ele quer reinar nos corações dos homens. Como predisse

Isaías: "E foi posto o principado sobre o seu ombro" (Is 9,6). Ah, meu Jesus, com que sentimentos de amor para comigo vós caminháveis para o Calvário, onde devíeis consumar o grande sacrifício da vossa vida!

Minha alma, abraça também a tua cruz por amor de Jesus, que por teu amor padece tanto. Nota como ele vai adiante com sua cruz e te convida a segui-lo com a tua: "Quem quiser vir após mim, tome sua cruz e siga-me" (Mt 16,24). Sim, meu Jesus, não quero deixar-vos, quero seguir-vos até à morte. Vós, porém, pelos merecimentos de vossa subida tão dolorosa ao Calvário, dai-me a força de levar com paciência as cruzes que me enviardes. Oh! vós tornastes muito amáveis as dores e desprezos, abraçando-os com tanto amor por nós.

"Encontraram um homem de Cirene, chamado Simão; obrigaram-no a carregar a cruz de Jesus" (Mt 27,32). "E puseram-lhe a cruz para que a carregasse atrás de Jesus" (Lc 23,26). Foi isso talvez motivado pela compaixão, desvencilhar Jesus da cruz e fazê-la carregar pelo cirineu? Não, foi só iniquidade e ódio. Vendo os judeus que o Senhor quase exalava sua alma a cada passo que dava, temeram que antes de chegar ao Calvário expirasse no caminho, e porque eles o queriam ver morto, mas morto crucificado, para que sua memória ficasse para sempre denegrida, obrigaram o cirineu a carregar-lhe a cruz. Era essa sua intenção, pois, para eles, morrer crucificado era o mesmo que morrer amaldiçoado por todos: "Amaldiçoado é o que pende da cruz" (Dt 21,23), dizia sua lei. Por isso, quando buscavam a morte de Jesus, não só pediam a Pilatos que o fizesse morrer, mas sempre instavam, gritando: crucifica-o, seja crucificado! Para que seu nome ficasse desprestigiado na terra e nem sequer fosse mais lembrado, conforme a profecia de Jeremias; "Exterminemo-lo da terra dos viventes e não haja mais memória de seu nome" (Jr 11,19). E foi essa a razão por que lhe tiravam a cruz dos ombros, para que chegasse vivo ao Calvário e assim tivessem o gosto de vê-lo morrer crucificado. Ah, meu Jesus desprezado, vós sois a minha esperança e todo o meu amor.

CAPÍTULO 14
JESUS É CRUCIFICADO

Apenas chegou Jesus ao Calvário, consumido de dores e desfalecido, dão-lhe a beber vinho misturado com fel, o que se costumava dar aos condenados à cruz para mitigar-lhes um pouco o sentimento de dor. Jesus, que queria morrer sem alívio, apenas o provou, mas não bebeu: "E deram-lhe a beber vinho misturado com fel e, tendo ele experimentado, não quis bebê-lo" (Mt 27,34). Forma-se um círculo em torno de Jesus, os soldados tiram-lhe as vestes, que, estando pegadas a seu corpo todo chagado e retalhado, ao serem arrancadas, levam consigo muitos pedaços de carne, atirando-o em seguida sobre a cruz. Jesus estende suas sagradas mãos e oferece ao eterno Pai o grande sacrifício de si mesmo e suplica-lhe que o aceite por nossa salvação.

Eis que já tomam com fúria os pregos e os martelos e, transpassando as mãos e os pés de nosso Salvador, pregam-no na cruz. O som das marteladas ressoa por todo aquele monte e se faz ouvir também por Maria, que, acompanhando o Filho, já havia também chegado. Ó mãos sagradas, que com vosso contato sarastes tantos enfermos, por que vos atravessam nessa cruz? Ó pés sacrossantos, que tanto vos cansastes, correndo atrás de nós, ovelhas desgarradas, por que vos encravam com tantas dores? No corpo humano, apenas se atinge um nervo, é tão aguda a dor, que isso ocasiona desmaios e espasmos mortais. Qual, pois, terá sido o tormento de Jesus, ao lhe serem traspassadas com cravos as mãos e os pés, lugares cheios de ossos e nervos? Ó meu doce Salvador, quanto vos custou a minha salvação e o desejo de conquistar o amor de um verme miserável! E eu, ingrato, tantas vezes vos neguei o meu amor e voltei-vos as costas!

A um dado momento, levantam a cruz com o crucificado e fazem-na cair com violência no buraco cavado na rocha. É firmada com pedras e madeira e Jesus nela pregado fica suspenso entre dois ladrões, para aí findar a vida. "E o crucificaram e com ele dois outros, um de cada lado, e no meio Jesus" (Jo 19,18). Isaías já o havia predito: "Ele foi posto no número dos malfeitores" (Is 53,12). Na cruz estava afixada uma inscrição que dizia: "Jesus Nazareno, rei dos judeus". Queriam os sacerdotes que se mudasse tal inscrição; Pilatos, porém, não quis mudá-la, porque Deus queria que todos soubessem que os hebreus deram a morte a seu verdadeiro rei e Messias por tanto tempo esperado e desejado por eles mesmos.

Jesus na cruz: eis a prova do amor de um Deus. Eis a última aparição que o Verbo encarnado faz nesta terra. A primeira foi num estábulo e esta última é numa cruz: tanto uma como a outra demonstram o amor e a caridade imensa que ele tem pelos homens. São Francisco de Paula, meditando um dia no amor de Jesus Cristo em sua morte, extasiado e levado acima da terra, exclamou três vezes em alta voz: "Ó Deus caridade! Ó Deus caridade! Ó Deus caridade!". Com isso o Senhor queria ensinar-nos por meio do santo que nós nunca seremos capazes de compreender o amor infinito que nos demonstrou esse Deus, querendo sofrer tanto e morrer por nós. Minha alma, chega-te humilhada e enternecida àquela cruz, beija ao mesmo tempo este altar em que morre o teu amável Senhor. Coloca-te debaixo de seus pés e faze que escorra sobre ti seu sangue divino e suplica ao eterno Pai, mas em sentido diferente do que fizeram os judeus: "Seu sangue caia sobre nós" (Mt 27,25). Senhor, que esse sangue escorra sobre nós e nos lave de nossos pecados: este sangue não vos pede vingança, como pedia o sangue de Abel, mas vos pede perdão e misericórdia para nós. É o que o vosso Apóstolo me anima a esperar, quando diz: "Vós, porém, vos aproximastes do Mediador do Novo Testamento, Jesus, e da aspersão do sangue que fala melhor que o de Abel" (Hb 12,24).

Ó Deus, quanto padece na cruz nosso Salvador moribundo! Cada membro está sofrendo e um não pode socorrer o outro, estando os pés e as mãos presos pelos cravos. A cada instante ele sofre dores mortais e assim pode-se dizer que naquelas três horas de agonia sofreu Jesus tantas mortes quantos os momentos que esteve pendente da cruz. Sobre esse leito não teve o Senhor um só momento de alívio ou repouso. Ora se apoiava sobre os pés, ora sobre as mãos, mas onde se apoiava crescia a dor. Aquele corpo sagrado estava suspenso sobre suas próprias chagas, pois as mãos e os pés cravados deviam sustentar o peso de todo o corpo.

Ó meu caro Redentor, se eu vos contemplo exteriormente, não vejo senão chagas e sangue; se observo vosso interior, vejo vosso coração todo aflito e desconsolado. Leio sobre essa cruz que vós sois rei, mas que insígnias tendes de realeza? Não vejo outro trono a não ser esse lenho de opróbrio; não vejo outra púrpura a não ser vossa carne ensanguentada e dilacerada; não vejo outra coroa além desse feixe de espinhos que tanto vos atormenta. Ah, sim, tudo vos proclama rei, não de honra, mas de amor: essa cruz, esse sangue, esses cravos e essa coroa são incontestavelmente insígnias de amor. Assim, Jesus na sua cruz não procura tanto a nossa compaixão, como o nosso afeto. E se pede compaixão, pede-a unicamente para que ela nos induza a amá-lo. Ele merece já por sua bondade todo o nosso amor, mas agora procura ser amado ao menos por compaixão. Ah, meu Jesus, tivestes muita razão de afirmar, antes da vossa Paixão, que uma vez levantado na cruz, havíeis de atrair para vós todos os corações. "Quando eu for exaltado atrairei tudo para mim" (Jo 12,32). Oh! quantas setas de fogo enviais aos nossos corações desse trono de amor! Oh! quantas almas felizes atraístes a vós dessa cruz, livrando-as das fauces do inferno. Permiti-me, pois, dizer-vos: com razão, Senhor, vos colocaram no meio de dois ladrões, pois vós com vosso amor haveis roubado a Lúcifer tantas almas que por justiça lhe pertenciam por causa de seus pecados. E eu espero ser uma destas. Ó chagas de meu Jesus, ó belas fornalhas de amor, recebei-me no meio de vós, para me abrasar, não já no fogo do inferno por mim merecido, mas nas santas chagas de amor daquele Deus que por mim quis morrer consumido de tormentos.

Os carrascos, depois de haverem crucificado a Jesus, dividem entre si as suas vestes, segundo a profecia de Davi: "Repartiram entre si os meus vestidos e lançaram sorte sobre a minha túnica" (Sl 21,19) e, assentando-se todos, esperam por sua morte. Minha alma, assenta-te aos pés daquela cruz e debaixo de sua sombra de salvação repousa durante tua vida inteira, a fim de que possas dizer com a esposa sagrada: "Assentei-me à sombra daquele que eu tanto havia desejado" (Ct 2,3). Oh! que repouso encantador é o que encontram as almas amantes de Deus junto a Jesus crucificado, no meio dos tumultos do mundo, das tentações do inferno e dos temores dos juízos divinos!

Estando Jesus em agonia, com os membros doloridos e com o coração desolado e triste, procurava quem o consolasse. Mas, ó meu Redentor, não se encontra alguém que vos console? Se ao menos houvesse alguém que se compadecesse de vós e com lágrimas acompanhasse vossa agonia tão atroz! Mas, ó tristeza, vejo que uns vos injuriam, outros vos encarnecem, outros ainda blasfemam contra vós. Estes dizem: "Se és o Filho de Deus, desce da cruz" (Mt 27,40). Aqueles: "Ó tu, que destróis o templo de Deus... salva-te a ti mesmo" (Mc 15,29-30). E outros: "Salvou a outros e não pode salvar-se a si mesmo" (Mt 27,42). Senhor, que condenado se viu jamais tão coberto de injúrias e opróbrios no momento de sua morte no patíbulo infame?

CAPÍTULO 15
PALAVRAS DE JESUS NA CRUZ

Jesus, porém, que faz, que diz, vendo-se o objeto de tantos ultrajes? Suplica por aqueles que assim o maltratam: "Pai, perdoai-lhes, pois não sabem o que fazem" (Lc 23,34). Jesus orou então também por nós, pecadores. Por isso, voltados para o Padre Eterno, digamos com confiança: ó Pai, ouvi a voz deste Filho querido que vos suplica que vos perdoeis. Um tal perdão é sem dúvida grande misericórdia com relação a nós, que não o merecíamos, mas com relação a Jesus Cristo, que nos satisfez superabundantemente por nossos pecados, é justiça. Vós estais obrigado por seus merecimentos a perdoar e a receber na vossa graça quem se arrepende das ofensas que vos fez. Eu me arrependo, ó meu Pai, de todo o meu coração, de vos haver ofendido e em nome desse vosso Filho vos peço o perdão. Perdoai-me e recebei-me na vossa graça.

"Senhor, lembrai-vos de mim quando entrardes no vosso reino" (Lc 23,42). Assim foi que se dirigiu o bom ladrão a Jesus agonizante, que lhe respondeu: "Em verdade eu te afirmo, que hoje estarás comigo no paraíso" (Lc 23,43). Assim se cumpriu o que Deus já havia dito por Ezequiel, que, quando um pecador se arrepende de suas culpas, Deus lhe perdoa e se esquece das ofensas que lhe foram feitas: "Se, porém, o ímpio fizer penitência... não me recordarei mais de todas as suas iniquidades" (Ez 18,21). Ó caridade imensa, ó bondade infinita de meu Deus, quem deixará de vos amar? Sim, meu Jesus, esquecei-vos das injúrias que vos fiz e lembrai-vos da morte tão cruel que por mim sofrestes e por ela dai-me o vosso reino na outra vida e na presente fazei reinar em mim o vosso santo amor. Unicamente o vosso amor domine no meu coração e seja ele o meu único Senhor, meu único desejo, meu único amor. Feliz ladrão, que mereceste ser o companheiro paciente da morte de Jesus! Feliz de mim, ó meu Jesus, se tiver a sorte de morrer amando-vos e unindo a minha morte à vossa santa morte.

"Estava, porém, ao pé da cruz de Jesus, sua Mãe" (Jo 19,25). Considera, minha alma, ao pé da cruz, Maria, sua Mãe, traspassada de dores e com os olhos fixos no amado e inocente Filho, contemplando as crudelíssimas dores externas e internas no meio das quais ele morre. Ela está toda resignada e em paz, oferecendo ao eterno Pai a morte do Filho por nossa salvação. Mas muito a afligem a compaixão e o amor. Ó Deus, quem não se compadeceria de uma mãe que se encontrasse junto ao patíbulo do Filho que lhe está morrendo diante dos olhos? E, então, se considerarmos quem seja essa Mãe e quem esse Filho! Maria amava esse Filho imensamente mais do que todas as mães amam a seus filhos. Ela amava Jesus por ser ao mesmo tempo seu Filho e seu Deus: Filho sumamente amável, incomparavelmente belo e santo, Filho que lhe fora sempre respeitoso e obediente, Filho que tanto a amara e que desde a eternidade a escolhera por mãe. E essa Mãe foi quem teve de ver morrer de dores um tal Filho, diante de seus olhos, naquele lenho infame, sem poder procurar-lhe o menor alívio e até aumentando com sua presença o seu tormento, pois a via padecer assim por seu amor. Ó Maria, pelas dores que sofrestes na morte de Jesus, tende piedade de mim e recomendai-me a vosso Filho. Ouvi como ele, na pessoa de S. João, me recomenda a vós: "Mulher, eis aí teu filho" (Jo 19,26).

"E perto da hora nona, clamou Jesus em alta voz, dizendo: meu Deus, meu Deus, por que me desamparastes?" (Mt 27,46). Jesus agonizando na cruz, com o corpo estarrecido de dor e o espírito inundado de aflição (pois que aquela tristeza que o assaltou no horto o acompanhou até o último suspiro de sua vida), procura alguém que o console, mas não encontra ninguém, como já o predissera Davi: "Esperei alguém que me consolasse e não o encontrei" (Sl 68,21). Olha para sua Mãe e esta não o consola, antes mais o aflige com sua presença. Olha em redor e vê que todos se mostram como seus inimigos. Vendo-se assim privado de todo o conforto, volta-se para seu eterno Pai a pedir-lhe alívio. Vendo-o, porém, o Pai coberto com todos os pecados dos homens, por quem ele estava na cruz a satisfazer sua justiça divina, também o abandona a uma morte de pura dor. E foi então que Jesus gritou, para exprimir a veemência de sua pena, dizendo: meu Deus, por que até vós me abandonais? A morte de Jesus foi, pois, a morte mais atroz que a de todos os mártires, pois que foi uma morte inteiramente desolada e privada de todo o alívio.

Mas, ó meu Jesus, se vos oferecestes espontaneamente a uma morte tão dura, por que então vos lamentais? Ah, eu vos compreendo, vós vos lamentais para nos fazer compreender a pena excessiva com que morreis e nos dar ao mesmo tempo ânimo para confiar e nos resignarmos no tempo em que nos virmos desolados e privados da assistência sensível da graça divina.

Meu doce Redentor, esse vosso abandono me faz esperar que Deus não me abandonará, apesar de tê-lo traído tantas vezes. Ó meu Jesus, como pude viver tanto tempo esquecido de vós? Agradeço-vos por vos não terdes esquecido de mim. Suplico-vos que me façais recordar sempre da morte cruel que sofrestes por meu amor, para que eu não me esqueça mais de vós e do amor que me consagrastes. Sabendo, entretanto, o Salvador que seu sacrifício já estava consumado, disse que tinha sede e os soldados puseram-lhe nos lábios uma esponja embebida em vinagre: "Em seguida, sabendo Jesus que tudo estava consumado, para se cumprir ainda a Escritura, disse: tenho sede... Eles lhe chegaram à boca uma esponja ensopada em vinagre" (Jo 19,28). A Escritura que devia cumprir-se era a profecia de Davi: "E na minha sede me propinaram vinagre" (Sl 68,22). Mas, Senhor, vós vos queixais de tantas dores que vos arrebatam a vida, e vos lamentais da sede? Ah, a sede de Jesus era diferente da que passamos. A sede que ele tem é o desejo de ser amado pelas almas pelas quais morre. Logo, ó Jesus meu, vós tendes sede de mim, verme miserável, e eu não terei sede de vós, bem infinito? Ah, sim, eu vos quero, eu vos amo e desejo agradar-vos em tudo. Ajudai-me, Senhor, a expelir de meu coração todos os desejos terrenos e fazei que em mim reine o único desejo de agradar-vos e fazer a vossa vontade. Ó santa vontade de Deus, vós que sois a bela fonte que saciais as almas imortais, saciai-me também a sede, o fito de todos os meus pensamentos e de todos os meus afetos.

CAPÍTULO 16
MORTE DE JESUS

Avizinha-se, porém, o fim da vida de nosso amável Redentor. Minha alma, contempla esses olhos que se obscurecem, essa bela face que empalidece, esse coração que palpita lentamente, esse sagrado corpo que vai se tornando presa de morte.

"Tendo, Jesus experimentado o vinagre, disse: tudo está consumado". (Jo 19,30). Estando Jesus para expirar, pôs diante de todos os sofrimentos de sua vida, pobreza, suores, penas e injúrias suportadas e, oferecendo tudo novamente a seu terno Pai, disse: tudo está cumprido, tudo está realizado. Realizou-se tudo o que fora predito de mim pelos profetas e está consumado inteiramente o sacrifício que Deus espera para perdoar o mundo, e a justiça divina já está plenamente satisfeita. Tudo está consumado, disse Jesus voltado para seu Pai; tudo está consumado, disse ao mesmo tempo, voltado para nós, como se afirmasse: ó homens, acabei de fazer tudo que eu podia fazer para salvar-vos e conquistar o vosso amor; fiz o que me competia, fazei agora o que vos compete: amai-me e não desdenheis amar um Deus que chegou a morrer por vós. Ah, meu Salvador, pudesse também eu dizer no momento de minha morte, ao menos no referente à vida que me resta: tudo está consumado; Senhor, eu cumpri com a vossa vontade, eu vos obedeci em tudo. Dai-me força, meu Jesus, pois eu espero e proponho realizar tudo com o vosso auxílio.

"E clamando com voz forte, Jesus disse: Pai, nas tuas mãos encomendo o meu espírito" (Lc 23,46). Foi essa a última palavra que Jesus disse na cruz. Vendo que sua alma estava prestes a separar-se de seu corpo dilacerado, disse todo resignado na vontade divina e com confiança de Filho: "Pai, eu vos recomendo o meu espírito", como se dissesse: "Meu Pai, eu não tenho vontade própria, não quero nem viver nem morrer; se vos apraz que eu continue a padecer nesta cruz, eis-me aqui, estou pronto; nas vossas mãos entrego o meu espírito, fazei de mim o que vos aprouver". Oh! se assim disséssemos também, quando estamos sobre a cruz, e nos deixássemos guiar em tudo pelo beneplácito do Senhor! É este, segundo S. Francisco de Sales, aquele abandono em Deus que constitui toda a nossa perfeição. É isso o que devemos fazer, principalmente no momento da morte, mas, para fazê-lo bem, então, é preciso fazê-lo continuamente durante toda a vida. Sim, meu Jesus, nas vossas mãos entrego a minha vida e a minha morte; abandono-me inteiramente a vós e desde já vos recomendo no fim de minha vida a minha alma: acolhei-a nas vossa santas chagas como vosso Pai acolheu vosso espírito quando morrestes na cruz.

Mas eis que Jesus expira. Vinde, anjos do céu, vinde assistir à morte de vosso Deus. E vós, ó Mãe das dores, Maria, chegai-vos mais à cruz, levantai os olhos para vosso Filho e olhai-o mais atentamente, pois está prestes a expirar. Eis que o Redentor já chama a morte e lhe dá licença para se apoderar dele: "Vem, ó morte", diz-lhe, "depressa, faze o teu dever, tira-me a vida e salva as minhas ovelhas". A terra treme, abrem-se os sepulcros, rasga-se o véu do templo. Pela violência das dores faltam já as forças ao Senhor, falta-lhe o calor natural, falta-lhe a respiração com o corpo largado abaixo, a cabeça sobre o peito, abre a boca e expira. "E tendo inclinado a cabeça, entregou seu espírito" (Jo 19,30).

Sai, ó bela alma de meu Salvador, sai e vem abrir-nos o paraíso até agora fechado para nós; vai apresentar-te à majestade divina e impetrar-nos o perdão e a salvação. O povo alvoroçado em volta de Jesus, por causa do grande brado com que havia proferido as últimas palavras, contempla-o com atenção, em silêncio, vê-o expirar e, observando que não faz mais movimento, exclama: morreu, morreu. Assim ouve Maria todos falarem e ela também diz: morreu meu Filho! Morreu! Ó Deus, quem morreu? O autor da vida, o Unigênito de Deus, o Senhor do mundo. Ó morte, que causastes a admiração do céu e da natureza. Um Deus morrer por suas criaturas! Ó caridade infinita! Um Deus sacrificar-se todo, seus prazeres, sua honra, seu sangue, sua vida, por quem? Por criaturas ingratas, e morrer num mar de dores e de desprezos para pagar as nossas culpas.

Minha alma, levanta os olhos e contempla esse homem crucificado. Contempla esse cordeiro divino já sacrificado nesse altar de dores, reflete que ele é o Filho bem amado do Padre Eterno e que ele morreu pelo amor que te consagrava. Vê como tem os braços estendidos para acolher-te, a cabeça inclinada para dar-te o beijo de paz, o peito aberto para receber-te. Que dizes? Não merece ser amado um Deus tão bom e tão amoroso? Ouve o que te diz o teu Senhor de sua cruz: "Filho, vê se há no mundo quem te haja amado mais do que eu, teu Deus". Ah, meu Deus e meu Redentor, morrestes, pois, e suportastes a mais infame e dolorosa das mortes. E por quê? Para conquistar o meu amor. Como, porém, poderá o amor de uma criatura compensar o amor de seu Criador morto por ela? Ó meu adorado Jesus, ó amor de minha alma, como poderei amar outra coisa, depois de vos saber morto de dores nessa cruz, para pagar pelos meus pecados e salvar-me? Como poderei ver-vos morto e pendente desse lenho e não vos amar com todas as minhas forças? Poderei pensar que minhas culpas vos reduziram a esse estado e não chorar sempre com suma dor as ofensas cometidas contra vós?

Ó Deus, se o mais vil dos homens tivesse padecido por mim o que sofreu Jesus Cristo, se eu visse um homem dilacerado pelos açoites, pregado a uma cruz e feito o ludíbrio do povo para me salvar a vida, poderia recordar-me disso sem me enternecer? E se me apresentassem seu retrato, morrendo na cruz, poderia eu olhá-lo com indiferença e deixar de exclamar: oh! este infeliz morreu assim atormentado por meu amor; se não me tivesse amado, não teria padecido a morte. Oh! quantos cristãos possuem um belo crucifixo no seu quarto, mas unicamente como um belo ornamento: louvam a obra e a expressão da dor, mas seu coração nada ou pouco sente, como se não fosse a imagem do Verbo encarnado, mas de um estranho e desconhecido.

Ah, meu Jesus, não permitais que eu seja um desses. Recordai-vos que prometestes atrair a vós todos os corações, quando fôsseis suspenso na cruz. Eis o meu coração, que, enternecido com a vossa morte, não quer resistir mais aos vossos convites; atraí-o, pois, todo inteiro ao vosso amor. Vós morrestes por mim e eu não quero viver senão para vós. Ó dores de Jesus, ó ignomínias de Jesus, ó morte de Jesus, ó amor de Jesus, fixai-vos em meu coração e aí permaneça sempre a vossa doce memória, para ferir-me continuamente e inflamar-me de amor.

Ó Padre Eterno, vede Jesus morto por mim e, pelos merecimentos desse Filho, usai de misericórdia comigo. Minha alma, não percas a confiança por causa dos delitos cometidos contra Deus: esse Pai é o mesmo que o deu ao mundo para nossa salvação; e esse Filho é o mesmíssimo que voluntariamente se ofereceu a pagar por nossos pecados. Ah, meu Jesus, desde que vós não vos perdoastes para perdoar a mim, olhai-me com aquele mesmo afeto com que me olhastes uma vez quando agonizáveis na cruz. Olhai-me e iluminai-me, perdoai-me especialmente as ingratidões que vos mostrei no passado, pensando tão pouco na vossa Paixão e no amor que nela me mostrastes. Agradeço-vos a luz que me concedeis, fazendo-me conhecer, por meio de vossas chagas e membros lacerados, como por meio de outros tantos degraus, o terno afeto que me tendes.

Infeliz de mim se, depois dessa luz, eu deixasse de amar-vos ou amasse outra coisa afora vós. "Morra eu por amor de vosso amor, que por amor de meu amor vos dignastes morrer", vos direi com S. Francisco de Assis. Ó coração aberto de meu Redentor, ó morada bem-aventurada das almas amantes, não vos dedigneis de receber também a minha alma. Ó Maria, ó Mãe das dores, recomendai-me a vosso Filho, que tendes morto entre vossos braços. Contemplai suas carnes dilaceradas, contemplai seu sangue divino derramado por mim e concluí daí quanto lhe é agradável que vós lhe recomendeis a minha salvação. A minha salvação é amá-lo e vós deveis alcançar-me este amor, mas um grande amor, um amor eterno.

S. Francisco de Sales, falando daquele dito de S. Paulo — "A caridade de Cristo nos impele" —, diz: "Sendo do nosso conhecimento que Jesus, verdadeiro Deus, nos amou até sofrer por nós a morte da cruz, não é isso ter os nossos corações sob uma prensa e sentir comprimi-los com violência para espremer deles o amor com força tanto maior, quanto ela é mais amável?". O monte Calvário, segundo ele, é o monte dos amantes. E ajunta: "Ah, por que não nos lançamos sobre Jesus crucificado, para morrer na cruz com ele, que quis morrer por amor de nós? Eu o prenderei, devemos dizer, e não o abandonarei jamais; morreria com ele e me abrasarei nas chamas de seu amor. Um só fogo consumirá esse divino Criador e a sua miserável criatura. O meu Jesus se dá todo a mim e eu me dou todo a ele. Eu viverei e morrerei sobre seu peito; nem a morte nem a vida me separarão jamais dele. Ó amor eterno, minha alma vos busca e vos elege eternamente. Vinde, Espírito Santo, e inflamai os nossos corações com o vosso amor. Ou amar ou morrer. Morrer a todo outro amor para viver do de Jesus. Ó Salvador de nossas almas, fazei que cantemos eternamente: 'Viva Jesus. Eu amo Jesus. Viva Jesus, que eu amo. Amo Jesus, que vive nos séculos dos séculos'".

Concluamos, dizendo: ó Cordeiro divino, que vos sacrificastes por nossa salvação! Ó vítima de amor, que fostes consumida de dores sobre a cruz! Oh! soubesse eu amar-vos como vós o mereceis. Oh! pudesse eu morrer por vós, como vós morrestes por mim! Eu, com os meus pecados, vos causei sofrimentos durante toda a vossa vida; fazei que eu vos agrade no resto de minha vida, vivendo só para vós, meu amor, meu tudo. Ó Maria, minha Mãe, vós sois a minha esperança; obtende-me a graça de amar a Jesus.

IV
REFLEXÕES SOBRE A PAIXÃO DE JESUS CRISTO
EXPOSTAS ÀS ALMAS DEVOTAS

CAPÍTULO 1
REFLEXÕES GERAIS SOBRE A PAIXÃO DE JESUS

Meu livro

1. Quanto agrada a Jesus Cristo que nós nos lembremos continuamente de sua Paixão e da morte ignominiosa que por nós sofreu, muito bem se deduz de haver ele instituído o Santíssimo Sacramento do altar com o fito de conservar sempre viva em nós a memória do amor que nos patenteou, sacrificando-se na cruz por nossa salvação. Já sabemos que na noite anterior à sua morte ele instituiu este sacramento de amor e, depois de ter dado seu corpo aos discípulos, disse-lhes — e na pessoa deles a nós todos — que ao receberem a santa comunhão se recordassem do quanto ele por nós padeceu: "Todas as vezes que comerdes deste pão e beberdes deste cálice, anunciareis a morte do Senhor" (1Cor 11,26). Por isso a santa Igreja, na missa, depois da consagração, ordena ao celebrante que diga em nome de Jesus Cristo: "Todas as vezes que fizerdes isto, fazei-o em memória de mim". E S. Tomás escreve: "Para que permanecesse sempre viva entre nós a memória de tão grande benefício, deixou seu corpo para ser tomado como alimento" (*Op.* 57). E continua o santo a dizer que por meio de um tal sacramento se conserva a memória do amor imenso que Jesus Cristo nos demonstrou na sua Paixão.

2. Se alguém padecesse por seu amigo injúrias e ferimentos e soubesse que o amigo, quando se falava sobre tal acontecimento nem sequer nisso queria pensar e até costumava dizer: falemos de outra coisa — que dor não sentiria vendo o desconhecimento de um tal ingrato? Ao contrário, quanto se consolaria se soubesse que o amigo reconhece dever-lhe uma eterna obrigação e que disso sempre se recorda e se lhe refere sempre com ternura e lágrimas? Por isso é que todos os santos, sabendo a satisfação que causa a Jesus Cristo quem se recorda continuamente de sua Paixão, estão quase sempre ocupados em meditar as dores e os desprezos que sofreu o amantíssimo Redentor em toda a sua vida e particularmente na sua morte. S. Agostinho escreve que as almas não podem se ocupar com coisa mais salutar que meditar cotidianamente na Paixão do Senhor. Deus revelou a um santo anacoreta que não há exercício mais próprio para inflamar os corações com o amor divino do que o meditar na morte de Jesus Cristo. E a S. Gertrudes foi revelado, segundo Blósio, que todo aquele que contempla com devoção o crucifixo é tantas vezes olhado amorosamente por Jesus quantas ele o contempla. Ajunta Blósio que o meditar ou ler qualquer coisa sobre a Paixão traz-nos maior bem que qualquer outro exercício de piedade. Por isso escreveu S. Boaventura: "A Paixão amável que diviniza quem a medita" (*Stim. div. amor.* p. 1. c. 1). E falando das chagas do crucifixo, diz que são chagas que ferem os mais duros corações e inflamam no amor divino as almas mais geladas.

3. Narra-se na vida do Beato Bernardo de Corleone, capuchinho, que desejando seus confrades instruí-lo na leitura, foi aconselhar-se com seu crucifixo e o Senhor lhe respondeu: "Que ler, que livros! Teu livro quero ser eu crucificado, no qual lerás o amor que te consagro". Jesus crucificado era igualmente o livro predileto de S. Filipe Benício. Ao morrer, o santo pediu que lhe dessem seu livro. Os assistentes não sabiam a que livro se referia; Frei Ubaldo, porém, trouxe-lhe a imagem do crucificado e então exclamou o santo: "Este é o meu livro", e beijando as sagradas chagas entregou a Deus sua bendita alma. Nas minhas obras espirituais escrevi repetidas vezes sobre a Paixão de Jesus Cristo: julgo, contudo, não ser inútil às almas piedosas ajuntar aqui muitas outras coisas e reflexões, que li em diversos livros ou que me vieram ao espírito. Eu quis aqui escrevê-las para proveito dos outros, mas ainda mais para meu próprio proveito, pois, ao escrever este livrinho, acho-me perto da morte, na idade de 77 anos, e por isso quis reproduzir estas considerações para aparelhar-me para o dia das contas. E de fato eu faço minhas pobres meditações sobre esse assunto, lendo muito a miúdo qualquer trecho, para, quando chegar a hora extrema de minha vida, achar-me acostumado a ter diante dos olhos Jesus crucificado, que é toda a minha esperança: dessa forma conto ter, então, a sorte de entregar minha alma nas suas mãos. Entremos, pois, nas tais reflexões.

O Salvador

1. Adão peca e se rebela contra Deus e sendo ele o primeiro homem, pai de todos os homens, perdeu-se com todo o gênero humano. A injúria foi feita a Deus, motivo por que nem Adão nem os outros homens, com todos os sacrifícios, mesmo oferecendo sua própria vida, poderiam dar uma digna satisfação à Majestade divina; para aplacá-la plenamente era necessário que uma pessoa divina satisfizesse a justiça divina. E eis que o Filho de Deus, movido à compaixão pelos homens, arrastado pelos extremos de sua misericórdia, se oferece a revestir-se da carne humana e a morrer pelos homens, para assim dar a Deus uma completa satisfação por todos os seus pecados e obter-lhes a graça divina que perderam.

Desce, pois, o amoroso Redentor a esta terra e fazendo-se homem quer curar os danos que o pecado causara ao homem. Portanto, quer, não só com seus ensinamentos, mas também com os exemplos de sua santa vida, induzir os homens a observar os preceitos divinos e por essa maneira conseguir a vida eterna. Para esse fim Jesus Cristo renunciou a todas as honras, às delícias e riquezas de que podia gozar neste mundo e que lhe eram devidas como Senhor do mundo, e escolhe uma vida humilde, pobre e atribulada até morrer de dor sobre uma cruz. Foi um grande erro dos judeus pensar que o Messias deveria vir à terra para triunfar de todos os seus inimigos com o poder das armas e, depois de os ter debelado e adquirido o domínio do mundo inteiro, deveria tornar opulentos e gloriosos os seus sequazes. Mas se o Messias fosse qual os judeus o desejavam, príncipe soberano e honrado de todos os homens como senhor de todo o mundo, não seria o Redentor prometido por Deus e predito pelos profetas. É o que ele mesmo declara quando responde a Pilatos: "O meu reino não é deste mundo" (Jo 18,36). Por esse motivo repreende S. Fulgêncio a Herodes por ter tão grande temor de ser privado do seu reino pelo Salvador, quando ele não viera para vencer o rei pela guerra, mas a conquistá-lo com sua morte (*Serm.* 5 de *Epiph.*).

2. Dois foram os erros dos judeus a respeito do Redentor esperado: o primeiro foi que, quando os profetas falavam dos bens espirituais e eternos, eles o interpretavam dos bens terrenos e temporais. "E a fé reinará nos teus tempos; a sabedoria e a ciência serão as riquezas da salvação; o temor do Senhor é o teu tesouro" (Is 33,6). Eis os bens prometidos pelo Redentor, a fé, a ciência das virtudes, o santo temor, eis as riquezas da prometida salvação. Além disso, promete que dará remédio aos penitentes, perdão aos pecadores e liberdade aos cativos dos demônios: "Enviou-me para evangelizar os mansos, para curar os contritos de coração e pregar remissão aos cativos e soltura aos encarcerados" (Is 61,1).

O outro erro dos judeus foi que pretenderam entender da primeira vinda do Salvador o que fora predito pelos profetas da segunda vinda, para julgar o mundo no fim dos séculos. Assim, escreve Davi do futuro Messias que ele deverá vencer os príncipes da terra e abater a soberba de muitos e com a força da espada subjugar toda a terra (Sl 109,6). E o profeta Jeremias escreve: "A espada do Senhor devorará a terra de um extremo a outro" (Lm 12,12). Isso, porém, entende-se da segunda vinda, quando vier como juiz a condenar os malvados. Falando, porém, da primeira vinda, na qual deveria consumar a obra da redenção, muito claramente predisseram os profetas que o Redentor levaria neste mundo uma vida pobre e desprezada. Eis o que escreve o profeta Zacarias, falando da vida abjeta de Jesus Cristo: "Eis que o teu rei virá a ti, justo e salvador; ele é pobre e vem montado sobre uma jumenta e sobre o potrinho da jumenta" (Zc 9,9). Esta profecia realizou-se plenamente quando Jesus entrou em Jerusalém, assentado sobre um jumento, sendo recebido com todas as honras, como o Messias desejado, segundo o testemunho de S. João (Jo 12,14). Também sabemos que ele foi pobre desde o seu nascimento, tendo vindo a este mundo em Belém, lugar desprezado, e numa manjedoura: "E tu, Belém Efrata, tu és pequenina entre os milhares de Judá, mas de ti é que há de sair aquele que há de reinar em Israel e cuja geração é desde o princípio, desde os dias da eternidade" (Mq 5,2). E essa profecia foi assinalada por S. Mateus (2,6) e S. João (7,42). Além disso escreve o profeta Oséias: "Do Egito chamarei o meu Filho" (11,1), o que se realizou quando Jesus Cristo, como menino, foi levado para o Egito, onde permaneceu sete anos como estranho no meio de gente bárbara, dos parentes e dos amigos, devendo viver necessariamente muito pobremente. Continuou, depois de voltar à Judeia, a levar uma vida pobre. Ele mesmo predisse pela boca de Davi que pobre deveria ser durante toda a sua vida e atribulado pelas fadigas: "Eu sou pobre e vivo em trabalhos desde a minha mocidade" (Sl 87,16).

A expiação

1. Deus não podia ver plenamente satisfeita a sua justiça com os sacrifícios oferecidos pelos homens, mesmo sacrificando-lhe suas vidas e, por isso, dispôs que seu próprio Filho tomasse um corpo humano e fosse a digna vítima que o reconciliasse com os homens e lhes obtivesse a salvação. "Não quiseste hóstia nem oblação, mas tu me formaste um corpo" (Hb 10,5). E o Filho unigênito se ofereceu voluntariamente a sacrificar-se por nós e desceu à terra para completar o sacrifício com sua morte e assim realizar a redenção do homem: "Eis, aqui venho para fazer, ó Deus, a tua vontade, como está escrito de mim no princípio do livro" (Hb 10,7).

Pergunta o Senhor, referindo-se ao pecador: "Que importará que eu vos fira de novo?" (Is 1,5). Isso dizia Deus, para nos dar a entender que, por mais que punisse os seus ofensores, suas penas não seriam suficientes para reparar a sua honra ultrajada, e por isso enviou seu próprio Filho a satisfazer pelos pecados dos homens, visto que ele podia dar uma digna reparação à justiça divina. Depois declarou por Isaías, falando de Jesus feito vítima para expiar nossas culpas: "Eu o feri por causa dos crimes de meu povo" (53,8), e não se contentou com uma pequena satisfação, mas quis vê-lo abatido pelos tormentos: "E o Senhor quis quebrantá-lo na sua enfermidade" (Is 53,10). Ó meu Jesus, ó vítima de amor, consumida de dores na cruz para pagar os meus pecados, desejaria morrer de dor, pensando quantas vezes vos tenho desprezado depois de tanto me haverdes amado. Não permitais que eu continue a viver tão ingrato a tão grande bondade. Atraí-me todo a vós: fazei-o pelos merecimentos desse sangue que derramastes por mim!

Quando o Verbo divino se ofereceu para remir os homens, de duas maneiras se podia fazer essa redenção: uma por meio do gozo e da glória, outra das penas e dos vitupérios. Ele, porém, que com sua vinda não só pretendia livrar o homem da morte eterna, mas também ganhar a si o amor de todos os corações humanos, repeliu o caminho do gozo e da glória e escolheu o das penas e dos vitupérios (Hb 10,34). A fim, portanto, de satisfazer por nós a justiça divina e juntamente para inflamar-nos com seu santo amor, quis qual criminoso sobrecarregar-se de todas as nossas culpas e, morrendo sobre uma cruz, obter-nos a graça e a vida feliz. É justamente o que exprime Isaías quando afirma: "Verdadeiramente ele foi o que tomou sobre si as nossas fraquezas e ele mesmo carregou com as nossas dores" (Is 53,4).

2. Disso encontram-se duas figuras claras no Antigo Testamento: a primeira era a cerimônia usada todos os anos do bode emissário sobre o qual o sumo pontífice entendia impor todos os pecados do povo, e por isso todos, cumulando-o de maldições, o enxotavam para a floresta para servir aí de objeto à ira divina (Lv 16,5). Esse bode figurava nosso Reden-

tor, que quis espontaneamente sobrecarregar-se com todas as maldições a nós devidas por nossos pecados (Gl 3,13), feito por nós maldição, para nos obter as bênçãos divinas. E assim escreve o Apóstolo em outro lugar: "Aquele que desconhecia o pecado, fê-lo por nós, para que nós fôssemos feitos justiça de Deus nele" (2Cor 5,21). Como explicam S. Ambrósio e S. Anselmo, aquele que era a mesma inocência, fê-lo pecado; revestiu-se com as vestes do pecador e quis tomar sobre si as penas devidas a nós pecadores, para nos obter o perdão e nos tornar justos aos olhos de Deus.

A segunda figura do sacrifício que Jesus Cristo ofereceu por nós a seu eterno Pai na cruz foi a "serpente de bronze" suspensa em um poste, que curava os hebreus mordidos pela serpente de fogo, quando para ela olhavam (Nm 21,8). Assim escreve S. João: "Como Moisés suspendeu a serpente no deserto, assim importa que seja levantado o Filho do homem, para que todo o que crê nele não pereça, mas tenha a vida eterna" (Jo 3,14).

À luz das profecias

1. É preciso refletir que no segundo capítulo da "Sabedoria" está predita a morte ignominiosa de Jesus Cristo. Ainda que as palavras desse capítulo possam se referir à morte de qualquer homem justo, contudo, afirma Tertuliano, S. Cipriano, S. Jerônimo e muitos outros Santos Padres, que de modo especial quadram à morte de Cristo: aí se diz no versículo 18: "Se realmente é o verdadeiro filho de Deus, ele o amparará e o livrará das mãos dos contrários". Essas palavras correspondem perfeitamente ao que diziam os judeus, quando Jesus estava na cruz: "Confiou em Deus: livre-o agora, se o ama; pois disse que era filho de Deus" (Mt 27,43). Continua o sábio a dizer: "Façamos-lhe perguntas por meio de ultrajes e tormentos... e provemos a sua paciência. Condenemo-lo à morte mais infame" (Sb 2,19-20). Os judeus escolheram para Jesus Cristo a morte da cruz, que era a mais ignominiosa, para que seu nome ficasse para sempre aviltado e não fosse mais relembrado, segundo um outro testemunho de Jeremias: "Ponhamos madeira no seu pão e exterminemo-lo da terra dos viventes e não haja mais memória de seu nome" (Jr 11,19). Ora, como podem dizer hoje em dia os judeus ser falso que Jesus fosse o Messias prometido, por ter sido arrebatado deste mundo por uma morte torpíssima, quando seus mesmos profetas haviam predito que ele deveria ter uma morte tão vil?

2. Jesus aceitou, porém, semelhante morte porque morria para pagar os nossos pecados: também por esse motivo quis qual pecador ser circuncidado, ser resgatado quando foi apresentado ao templo, receber o batismo de penitência de S. João. Na sua Paixão finalmente quis ser pregado na cruz para pagar por nossos licenciosas liberdades, com a sua nudez reparar a nossa avareza, com os opróbrios a nossa soberba, com a sujeição aos carnífices a nossa ambição de dominar, com os espinhos os nossos maus pensamentos, com o fel a nossa intemperança e com as dores do corpo os nossos prazeres sensuais. Deveríamos por isso continuamente agradecer com lágrimas de ternura ao eterno Pai por ter entregue seu Filho inocente à morte para livrar-nos da morte eterna. "O qual não poupou seu próprio Filho, mas entregou-o por todos nós: como não nos deu também com ele todas as coisas?" (Rm 8,32). Assim fala S. Paulo e o próprio Jesus diz, segundo S. João (3,16): "Assim Deus amou o mundo que lhe deu seu Filho unigênito". Daí exclamar a Santa Igreja no sábado santo: "Ó admirável dignação de vossa piedade para conosco! Ó inestimável excesso de vossa caridade! Para resgatar o escravo, entregastes o vosso Filho". Ó misericórdia infinita, ó amor infinito de nosso Deus, ó santa fé! Quem isto crê e confessa, como poderá viver sem arder em santo amor para com esse Deus tão amante e tão amável?

Ó Deus eterno, não olheis para mim, carregado de pecados, olhai para vosso Filho inocente, pregado numa cruz, e que vos oferece tantas dores e suporta tantos ludíbrios para que tenhais piedade de mim. Ó Deus amabilíssimo e meu verdadeiro amigo, por amor, pois, desse Filho que vos é tão caro, tende piedade de mim. A piedade que desejo é que me concedais o vosso santo amor. Ah, atraí-me inteiramente a vós do meio do lodo de minhas torpezas. Consumi, ó fogo devorador, tudo o que vedes de impuro na minha alma e a impede de ser toda vossa.

Nosso fiador
1. Agradeçamos ao Pai e agradeçamos igualmente ao Filho que quis tomar a nossa carne e juntamente os nossos pecados para dar a Deus com sua Paixão e morte uma digna satisfação. Diz o Apóstolo que Jesus Cristo se fez nosso fiador, obrigando-se a pagar as nossas dívidas (Hb 7,22). Como mediador entre Deus e os homens, estabeleceu um pacto com Deus por meio do qual se obrigou a satisfazer por nós a divina justiça e em compensação prometeu-nos da parte de Deus a vida eterna. Já com muita antecedência o Eclesiástico nos advertia que não nos

esquecêssemos do benefício deste divino fiador, que, para obter a salvação, quis sacrificar a sua vida (Eclo 29,20). E para mais nos assegurar do perdão, diz S. Paulo, foi que Jesus Cristo apagou com seu sangue o decreto de nossa condenação, que continha a sentença da morte eterna contra nós, e a afixou à cruz, na qual, morrendo, satisfez por nós a justiça divina (Cl 2,14). Ah, meu Jesus, por aquele amor que vos obrigou a dar a vida e o sangue no Calvário por mim, fazei-me morrer a todos os afetos deste mundo, fazei que eu me esqueça de tudo para não pensar senão em vos amar e dar-vos gosto. Ó meu Deus, digno de infinito amor, vós me amastes sem reserva e eu quero também amar-vos sem reserva. Eu vos amo, meu sumo Bem, eu vos amo, meu amor, meu tudo.

2. Em suma, tudo o que nós podemos ter de bens, de salvação, de esperança, tudo possuímos em Jesus Cristo e nos seus merecimentos, como disse S. Pedro: "E não há em outro nenhuma salvação, nem foi dado aos homens um outro nome debaixo dos céus em que nós devemos ser salvos" (At 4,12). Assim, para nós não há esperança de salvação senão nos merecimentos de Jesus Cristo. Donde S. Tomás, com todos os teólogos, conclui que depois da promulgação do Evangelho nós devemos crer explicitamente, por necessidade não só de preceito, como também de meio, que somente por meio de nosso Redentor nos é possível a salvação.

Todo o fundamento de nossa salvação está, portanto, na redenção humana do Verbo divino, operado na terra. É preciso, pois, refletir que ainda que as ações de Jesus Cristo feitas no mundo, sendo ações de uma pessoa divina, eram de um valor infinito, de maneira que a mínima delas bastava para satisfazer a justiça divina por todos os pecados dos homens, contudo só a morte de Jesus foi o grande sacrifício com o qual se completou a nossa redenção, motivo pelo qual às Sagradas Escrituras se atribui a redenção do homem, principalmente à morte por ele sofrida na cruz: "Humilhou-se a si mesmo, feito obediente até à morte e morte de cruz" (Fl 2,8). Razão por que escreve o Apóstolo que, quando tomamos a sagrada Eucaristia, nos devemos recordar da morte do Senhor: "Todas as vezes que comerdes deste pão e beberdes deste vinho, anunciareis a morte do Senhor, até que ele venha" (1Cor 11,26). Por que é que diz da morte e não da encarnação, do nascimento, da ressurreição? Porque foi esse tormento, o mais doloroso de Jesus Cristo, que completou a redenção. Por isso dizia S. Paulo: "Não julgueis que eu sabia alguma coisa entre vós, senão a Jesus Cristo e este crucificado" (1Cor 2,2). Muito bem sabia o apóstolo que Jesus Cristo nascera numa gruta, que habitara por trinta anos uma oficina, que ressuscitara e subira aos céus. Por que então escreve que não sabia outra coisa senão Jesus crucificado? Porque a morte sofrida por Jesus na cruz era o que mais o movia a amá-lo e o induzia a prestar obediência a Deus, a exercer a caridade para com o próximo, a paciência nas adversidades, virtudes praticadas e ensinadas particularmente por Jesus Cristo na cátedra da cruz. S. Tomás escreve: "Em qualquer tentação encontra-se na cruz o auxílio; aí a obediência para com Deus, aí a caridade para com o próximo, aí a paciência nas adversidades, donde assevera Agostinho: 'A cruz não foi só o patíbulo do mártir, como também a cátedra do mestre'" (*in* c. 12 *ad Heb.*).

À sombra da cruz

1. Almas devotas, procuremos ao menos imitar a esposa dos Cânticos, que dizia: "Eu assentei-me à sombra daquele que tanto desejei" (Ct 2,3). Oh! que doce repouso as almas que amam a Deus encontram nos tumultos deste mundo e nas tentações do inferno e mesmo nos temores dos juízos de Deus, contemplando a sós em silêncio o nosso amado Redentor agonizando na cruz, gotejando seu sangue divino de todos os seus membros já feridos e rasgados pelos açoites, pelos espinhos e pelos cravos. Oh! como a vista de Jesus crucificado afugenta de nossas mentes todos os desejos de honras mundanas, das riquezas da terra e dos prazeres dos sentidos! Daquela cruz emana uma vibração celeste, que docemente nos desprende dos objetos terrenos e acende em nós um santo desejo de sofrer e morrer por amor daquele que quis sofrer tanto e morrer por amor de nós.

Ó Deus, se Jesus Cristo não fosse o que ele é, filho de Deus e verdadeiro Deus nosso criador e supremo senhor, mas um simples homem, quem não sentiria compaixão vendo um jovem de nobre linhagem, inocente e santo, morrer à força de tormentos sobre um madeiro infame, para pagar, não os seus delitos, mas os de seus mesmos inimigos e assim libertá-los da morte em perspectiva? E como é possível que não ganhe os afetos de todos os corações um Deus que morre num mar de desprezos e de dores por amor de suas criaturas? Como poderão essas criaturas amar outra coisa fora de Deus? Como pensar em outra coisa que em ser gratos para com esse tão amante benfeitor? "Oh! se conhecesses o mistério da cruz!", disse S. André ao tirano que queria induzi-lo a renegar a Jesus Cristo, por ter Jesus se deixado crucificar como malfeitor. Oh! se entendesses, tirano, o amor que Jesus Cristo te mostrou querendo morrer na cruz para satisfazer por teus pecados e obter-te uma felicidade eterna, certamente não te empenharias em persuadir-me a renegá-lo; pelo contrário, tu mesmo abandonarias tudo o que possuis e esperas nesta terra para comprazeres e contentares um Deus que tanto te amou. Assim já procederam tantos santos e tantos mártires que abandonaram tudo por Jesus Cristo. Que vergonha para nós, quantas tenras virgenzinhas renunciaram a casamentos principescos, riquezas reais e todas as delícias terrenas e voluntariamente sacrificaram sua vida para testemunhar qualquer gratidão pelo amor que lhes demonstrou este Deus crucificado.

2. Como explicar então que a muitos cristãos a Paixão de Cristo faz tão pouca impressão? Isso provém do pouco que consideram nos padecimentos sofridos por Jesus Cristo por nosso amor. Ah, meu Redentor, também eu estive no número desses ingratos. Vós sacrificastes vossa vida sobre uma cruz, para que não me perdesse, e eu tantas vezes quis perder-vos, ó bem infinito, perdendo a vossa graça! Ora, o demônio, com a recordação de meus pecados, pretenderia tornar-me dificílima a salvação, mas a vista de vós crucificado, meu Jesus, me assegura que não me repelireis de vossa face se eu me arrepender de vos haver ofendido e quiser vos amar. Oh! sim, eu me arrependo e quero amar-vos com todo o meu coração. Detesto aqueles malditos prazeres que me fizeram perder a vossa graça. Amo-vos, ó amabilidade infinita, e quero amar-vos sempre, e a recordação de meus pecados servirá para me inflamar ainda mais no vosso amor, que viestes em busca de mim quando eu de vós fugia. Não, não quero mais separar-me de vós, nem deixar mais de vos amar, ó meu Jesus. Maria, refúgio dos pecadores, vós que tanto participastes das dores de vosso Filho na sua morte, suplicai-lhe que me perdoe e me conceda a graça de o amar.

CAPÍTULO 2
REFLEXÕES PARTICULARES SOBRE OS PADECIMENTOS DE JESUS CRISTO NA SUA MORTE

O homem das dores

1. Vamos considerar as penas particulares que Jesus Cristo sofreu na sua Paixão e que já há muitos séculos foram preditas pelos profetas, especialmente por Isaías no capítulo 53. Este profeta, como dizem S. Ireneu, S. Justino, S. Cipriano, e outros, falou tão claramente dos sofrimentos de nosso Redentor, que parece ser um outro evangelista. S. Agostinho afirma que as palavras de Isaías, referentes à Paixão de Jesus Cristo, requerem mais as nossas reflexões e lágrimas que explicações dos sagrados intérpretes. Hugo Grotius escreve que os próprios judeus antigos não puderam negar que Isaías falava do Messias prometido por Deus (*De ver. relig. Cti.* l.5, § 19). Alguns quiseram aplicar os passos de Isaías a outros personagens nomeados nas Escrituras, fora de Jesus Cristo. Mas diz Grotius: "Quem poderá nomear um dos reis ou dos profetas a quem quadrem essas coisas? Seguramente ninguém". Assim escreve esse autor, apesar de ele mesmo ter várias vezes tentado aplicar a outras pessoas as profecias que falavam do Messias.

Isaías escreve: "Quem deu crédito ao que nos ouviu? E a quem foi revelado o braço do Senhor?" (53,1). Isso se realizou exatamente, como diz S. João, quando os judeus, não obstante terem visto tantos milagres operados por Jesus Cristo, que bem o mostravam como o Messias enviado por Deus, não quiseram crer nele (Jo 12,37-38). "Quem dará crédito a quanto foi por nós ouvido?", perguntava Isaías, e quem reconheceu o braço, isto é, o poder do Senhor? Com essas palavras predisse Isaías a obstinação dos judeus em não querer crer em Jesus Cristo como o seu Redentor. Figurava-se-lhes que o Messias deveria circundar-se neste mundo de uma grande pompa, vivendo entre homens de sua grandeza e poder, triunfando de todos os seus inimigos, enchendo de riquezas e honras o povo judeu. Mas a coisa era outra. O profeta ajunta as palavras acima referidas: "Subirá como arbusto diante dele e como raiz que sai de uma terra sequiosa" (Is 52,2). Julgavam os judeus que o Salvador deveria aparecer qual soberbo cedro do Líbano. Isaías, porém, predisse que se faria ver como um arbusto humilde ou como uma raiz que nasce de uma terra árida, privada de toda a beleza e esplendor: "Não tem beleza nem formosura!".

2. Continua então Isaías a descrever a Paixão de Jesus Cristo: "E nós o vimos e não tinha aparência e nós o desejamos" (Is 53,2). Tendo-o contemplado, desejamos reconhecê-lo, mas não o pudemos, porque nada mais divisamos que um homem de dores: "Um objeto de desprezo e o último dos homens, um homem de dores... por isso nenhum caso fizemos dele" (Is 53,3). Adão, pelo orgulho de não querer obedecer ao preceito divino, trouxe a ruína para todos os homens. O Redentor, com sua humildade, quis curar uma tal desgraça, contentando-se com ser tratado como o último e mais abjeto dos homens, reduzido a extrema baixeza. Isso faz S. Bernardo exclamar: "Ó baixíssimo e altíssimo! Ó humilde e sublime! Ó opróbrio dos homens e glória dos anjos! Ninguém mais sublime que ele, ninguém mais humilde" (*Serm.* 37). Se, pois, o Senhor mais alto que todos, ajunta o santo, se tornou o mais baixo, nenhum de nós deve ambicionar ser anteposto aos demais e temer ser preferido por alguém. Eu, porém, ó meu Jesus, tenho medo de ser posposto a alguém, e desejaria ser preferido a todos. Senhor, dai-me humildade.

Vós, meu Jesus, com tanto amor abraçais os desprezos, para ensinar-me a ser humilde e amar a vida oculta e abjeta, e eu quero ser estimado por todos e fazer figura em tudo. Ah, meu Jesus, dai-me o vosso amor, que ele me tornará semelhante a vós. Não me deixeis viver mais ingrato ao amor que me dedicais. Vós sois o todo poderoso, tornai-me humilde, tornai-me santo, tornai-me todo vosso.

"O varão de dores", denominou-o ainda Isaías. A Jesus crucificado muito bem se aplica o texto de Jeremias: "Grande como o mar é a tua dor" (Lm 2,13). Como no mar deságuam todas as águas dos rios, assim em Jesus Cristo se reuniram para atormentá-lo todas as dores dos enfermos, todas as penitências dos anacoretas e todas as contusões e vilipêndios suportados pelos mártires. Ele foi cumulado de dores na alma e no corpo. "E todas as tuas ondas fizeste vir sobre mim" (Sl 87,8). Meu Pai, dizia nosso Redentor pela boca de Davi, dirigistes sobre mim todas as ondas de vosso desprezo e na morte afirmava que expirava submerso num mar de dores e de ignomínias: "Cheguei ao alto mar, e a tempestade me submergiu" (Sl 68,3). Escreve o Apóstolo que Deus, mandando seu Filho pagar com seu sangue as penas devidas às nossas culpas, queria com isso demonstrar quão grande era a sua justiça. "Jesus Cristo, a quem Deus propôs para ser vítima de propiciação pela fé em seu sangue, a fim de manifestar a sua justiça" (Rm 3,25). Notai, para manifestação de sua justiça!

Em forma de escravo

1. Para fazer ideia do quanto padeceu Jesus Cristo durante sua vida e especialmente na sua morte, é preciso considerar o que disse o mesmo Apóstolo na carta aos Romanos: "Deus, enviando seu Filho em carne semelhante à do pecado, condenou o pecado na carne por causa do mesmo pecado" (Rm 8,3). Jesus Cristo, enviado pelo Pai a remir o homem, revestido da carne infecta do pecado de Adão, apesar de não ter contraído a mancha do pecado, contudo tomou sobre si as misérias contraídas pela natureza humana em castigo do pecado, e se ofereceu ao Padre Eterno a satisfazer com suas penas a justiça divina por todas as culpas dos homens: "Foi oferecido porque ele mesmo quis" e o Pai "carregou sobre ele a iniquidade de todos nós", como escreve Isaías (53,7 e 6). Eis, pois, Jesus carregado com todas as blasfêmias, com todos os sacrilégios, torpezas, furtos, crueldades, com todas as malvadezas que cometeram e cometerão ainda todos os homens. E ei-lo em suma feito o objeto de todas as maldições divinas aos homens por seus crimes. "Cristo nos remiu da maldição da lei, fazendo-se por nós maldito" (Gl 3,13). As dores que Jesus sofreu, tanto internas como externas, sobrepujaram imensamente todas as possíveis nesta vida (III q. 46 a. 6).

Quanto à dor externa do corpo, basta saber que Jesus recebeu do Pai um corpo adaptado especialmente para sofrer. "Preparastes-me um corpo" (Hb 10,5). Nota S. Tomás que Nosso Senhor padeceu no tato, pois lhe foram rasgadas as carnes; no gosto, com fel e vinagre; no ouvido, com as blasfêmias e zombarias que lhe dirigiam; na vista, vendo sua mãe assisti-lo na morte. Padeceu também em todos os seus membros: a cabeça foi atormentada com os espinhos, as mãos e os pés com os cravos, a face com as bofetadas e escarros, todo o seu corpo com os açoites, na maneira já indicada por Isaías, isto é, que o Redentor na sua Paixão ia se tornar semelhante a um leproso, que não possui um membro são, causando horror a quem o vê, por ser uma só chaga da cabeça aos pés. Basta dizer que Pilatos julgou poder livrar Jesus da morte, apresentando-o ao povo depois de flagelado, e por isso o conduziu à varanda, dizendo: "Eis aqui o homem". S. Isidoro diz que os homens, quando a dor é intensa e persistente, perdem a sensação da dor pela agudeza da própria dor. Mas isso não se deu com Jesus: as últimas dores foram igualmente mais atrozes como as primeiras e os primeiros golpes da flagelação foram tão dolorosos quanto os últimos, porque a Paixão de nosso Redentor não foi obra dos homens, mas da justiça de Deus, que quis castigar o Filho com todo o rigor que mereciam os pecados dos homens.

E assim, meu Jesus, com a vossa Paixão quisestes relevar-me a pena que por meus pecados me era devida. Por isso, se eu vos tivesse ofendido menos, menos teríeis de padecer na vossa morte. E eu, cônscio disso, poderei viver para o futuro sem vos amar e sem chorar as ofensas que vos fiz? Meu Jesus, arrependo-me de vos haver desprezado e amo-vos sobre todas as coisas. Logo, não me desprezeis: permiti que vos ame, pois não quero mais amar senão a vós. Muitíssimo ingrato seria eu se, depois de tantas misericórdias usadas para comigo, amasse no futuro outro objeto além de vós.

2. Eis como Isaías anunciou tudo de antemão: "E nós o reputamos como um leproso, ferido por Deus e humilhado. Mas ele foi ferido pelas nossas iniquidades, foi quebrantado pelos nossos crimes: o castigo que nos devia trazer a paz caiu sobre ele e nós fomos curados por suas contusões. Todos nós andamos desgarrados, como ovelhas, cada um se extravia por seu caminho; e o Senhor carregou sobre ele a iniquidade de todos nós" (Is 53,4-6). Jesus, cheio de caridade, de boa vontade, se ofereceu, sem réplica, a executar a vontade do Padre, que queria vê-lo dilacerado pelos carnífices a seu bel-prazer: "Foi oferecido porque ele mesmo o quis e não abriu sua boca... e, como um cordeiro diante do que o tosquia, não abriu sua boca" (Is 53,7). Como um cordeiro que se deixa tosar sem se lamentar, assim nosso amoroso Salvador em sua Paixão deixou-se tosar, isto é, arrancar-lhe a pele sem abrir a boca. Que obrigação tinha ele de satisfazer por nossos pecados? Nenhuma, e contudo quis sobrecarregar-se deles para livrar-nos da condenação eterna. Cada um de nós, pois,

tem obrigação de ser-lhe grato e dizer-lhe: "Vós, porém, livrastes a minha alma para que ela não perecesse; lançastes para trás de vossas costas todos os meus pecados" (Is 38,17).

E assim, fazendo-se Jesus voluntariamente fiador de todas as nossas dívidas, por sua bondade, quis sacrificar tudo por nós, até dar a vida entre as dores da cruz, como ele mesmo o atesta em S. João: "Eu ponho minha vida... ninguém a tira de mim, mas eu de mim mesmo a ponho" (Jo 10,17).

Rei dos mártires

1. S. Ambrósio, falando da Paixão de nosso Senhor, escreve que Jesus, nas dores que por nós sofreu, "teve êmulos; nunca, porém, imitadores" (*in* Lc 22). Procuraram os santos imitar Jesus Cristo nos sofrimentos, para se tornarem semelhantes a ele, mas qual deles chegou a igualá-lo nos seus tormentos? Ele certamente padeceu por nós mais do que todos os penitentes, todos os anacoretas e todos os mártires, pois Deus o encarregou de satisfazer por todos os pecados dos homens ao rigor de sua divina justiça: "E o Senhor pôs sobre ele a iniquidade de todos nós" (Is 53,2). S. Pedro diz que Jesus "carregou com os nossos pecados em seu corpo sobre o madeiro" (1Pd 2,24) e S. Tomás escreve que Jesus Cristo ao remir-nos não só teve em vista a virtude e o mérito infinito que possuíam as suas dores, mas quis também sofrer uma dor que bastasse para satisfazer plenamente e com rigor por todos os pecados do gênero humano (III q. 46, a. 6). E S. Boaventura: "Quis sofrer tanta dor como se tivesse feito todos os pecados"! O próprio Deus soube agravar as penas de Jesus de modo que elas fossem proporcionadas ao inteiro pagamento de todas as nossas dívidas, com o que combina o dito de Isaías: "E o Senhor quis triturá-lo na sua enfermidade" (Is 53,10).

"Pelo que se lê na vida dos santos mártires, parece que alguns deles sofreram dores mais acerbas que Jesus Cristo. Mas S. Boaventura diz que as dores de mártir algum poderão ser comparadas em vivacidade às do nosso Salvador, que foram as maiores possíveis na vida presente" (De *pass. Cti.*). O mesmo é confirmado por S. Tomás. "As dores de Cristo foram as maiores possíveis na vida presente" (III q. 46, a. 6). E S. Lourenço Justiniano diz que Nosso Senhor em cada tormento que sofreu, em razão da acerbidade da dor, experimentou todos os suplícios dos mártires (*De agon. Cti.*). Tudo isso já o predissera em poucas palavras o Rei Davi, quando, falando da pessoa de Cristo, dizia: "Sobre mim se desfechou o teu furor... Sobre mim passaram as tuas iras (Sl 87,8-17). Assim toda a ira divina concebida contra os nossos pecados foi descarregada sobre a pessoa de Jesus Cristo, tornando-se claro o que dele diz o Apóstolo: "Fez-se por nós maldito" (Gl 3,13).

2. Até agora temos falado senão unicamente das dores externas de Jesus Cristo. Mas quem poderá explanar as suas dores internas, que sobrepujaram mil vezes as externas? Essas penas internas foram tão acerbas, que no horto de Getsêmani o fizeram suar sangue de todo o seu corpo e afirmar que bastavam para dar-lhe a morte: "Triste está a minha alma até à morte" (Mt 26,38). E se essa tristeza era suficiente para matá-lo, por que não morre? Porque ele mesmo impede a morte, responde S. Tomás, querendo conservar a vida para poder sacrificá-la pouco depois do patíbulo da cruz. Essa tristeza do horto afligiu tão dolorosamente a Jesus Cristo, porque ele a suportou durante sua vida inteira, visto que desde que começou a viver teve sempre diante dos olhos os motivos de sua dor interna. Entre esses motivos, o mais doloroso foi-lhe ver a ingratidão dos homens ao amor que lhes testemunhava na sua Paixão.

Apesar de aparecer no horto um anjo a confortá-lo, segundo S. Lucas (22,43), contudo esse conforto em vez de aliviar-lhe a pena mais a acerbou. "O conforto não diminuiu, mas aumentou a dor", diz o Venerável Beda. O anjo o confortou a padecer com mais ânimo pela salvação do homem, representando-lhe a grandeza do fruto de sua Paixão, mas não lhe diminuiu a grandeza da dor. Imediatamente depois da aparição do anjo, escreve o evangelista, Jesus entrou em agonia e suou sangue em abundância, chegando a molhar a terra (Lc 22,43 e 44).

S. Boaventura afirma que a dor de Jesus chegou ao auge, de maneira que o aflito Senhor ao ver as penas que devia sofrer no fim de sua vida ficou tão espavorido que suplicou a seu Pai que o livrasse desse tormento: "Meu Pai, se for possível, passe de mim este cálice" (Mt 26,39). Isso ele o diz não para se ver livre de tal pena, já que ele se oferecera a sofrê-la espontaneamente: "Foi oferecido porque ele mesmo o quis", mas para nos fazer compreender a angústia que sentia, submetendo-se a essa morte tão dolorosa para os sentidos. Seguindo, porém, a razão, ele, tanto para secundar a vontade do Pai, como para obter-nos a salvação que tanto desejava, ajuntou imediatamente: "Contudo não se faça como eu quero, mas como vós o quereis". E continuou a rezar assim e a resignar-se: "E rezou pela terceira vez, repetindo as mesmas palavras" (Mt 26,39 e 44).

A vítima

1. Mas sigamos as predições de Isaías. Ele predisse as bofetadas, as punhadas, os escarros e outros maus tratos que Jesus sofreu na noite que precedeu a sua morte, por meio dos carrascos que o conservaram preso no palácio de Caifás para conduzi-lo na manhã seguinte a Pilatos, a fim de o condenar à morte de cruz: "Eu entreguei o meu corpo aos que me feriam e as minhas faces aos que me arrancavam cabelos da barba; não virei o meu rosto dos que me afrontavam e cuspiam em mim" (Is 50,6). Esses maus tratos foram descritos por S. Marcos, que ajunta que esses algozes, tratando Jesus de falso profeta, escarneceram-no, cobrindo-lhe a face com um pano, dando-lhe punhadas e bofetadas e o importunavam a que profetizasse quem lhe havia batido (Mc 14,65).

Continuando, Isaías fala da morte de Jesus: "Será levado à morte como uma ovelha ao matadouro" (53,7). Lê-se nos Atos dos Apóstolos (8,32) que o eunuco da Rainha Candace, lendo esse passo, perguntou a S. Filipe de quem se entendiam essas palavras e o santo explicou-lhe todo o mistério da redenção, operado por Jesus Cristo. O eunuco então por Deus iluminado quis ser batizado imediatamente. Isaías prediz em seguida o grande fruto que recolheria o mundo da morte do Salvador, devendo ela produzir espiritualmente muitos santos: "Se tiver dado sua alma pelo pecado, verá a sua descendência perdurável... com sua ciência, aquele mesmo justo, meu servo, justificará a muitos" (53,10 e 11).

2. Davi também predisse outras circunstâncias mais particulares da Paixão de Jesus, especialmente no salmo 21. Aí, afirmou que deveria ter as mãos e os pés atravessados por cravos, podendo-se contar todos os seus ossos (21,18 e 19). Predisse que antes de ser crucificado lhe arrancariam as vestes, que seriam distribuídas entre os carnífices: isso quanto às vestes exteriores, porque a interior, que era inconsútil, deveria ser posta em sorte (v. 19). Essa profecia foi relatada por S. Mateus (27, 35) e S. João (19,23). O que escreve S. Mateus das blasfêmias e zombarias dos judeus contra Jesus pregado na cruz: "E os que passavam por ali o blasfemavam, movendo suas cabeças e dizendo: ah, tu que destróis o templo de Deus e em três dias o reedificas! Salva-te a ti mesmo; se és o Filho de Deus, desce da cruz!". Do mesmo modo também os príncipes dos sacerdotes, escarnecendo com os escribas e anciãos, diziam: salvou a outros e a si mesmo não se pode salvar; se é o rei de Israel, desça agora da cruz e nós creremos nele. Confiou em Deus, livre-o agora se o ama, pois disse: "Que sou o Filho de Deus" (Mt 27,39 a 43), já Davi havia predito com estas palavras: "Todos os que me viam escarneciam de mim, falavam com os lábios e meneavam com a cabeça. Esperou no Senhor, livre-o, salve-o se é que o ama" (Sl 21,8-9).

Abandonado por todos

1. Predisse ainda Davi o grande tormento que Jesus deveria sofrer na cruz, vendo-se abandonado de todos e até de seus discípulos, afora S. João e a Santíssima Virgem. Esta mãe amorosa, com sua presença, não diminuía a pena do Filho, mas antes a aumentava, em razão da compaixão que sentia Jesus, vendo-a tão aflita, por causa de sua morte. E assim é que o pobre Senhor nas angústias de sua morte não teve quem o consolasse, o que já fora profetizado por Davi: "Esperei que alguém se entristecesse comigo e ninguém apareceu e esperei que alguém me consolasse e não o achei" (Sl 68,21). Mas a maior pena de nosso atribulado Redentor foi a de ver-se abandonado até por seu eterno Pai, exclamando então, como já previra Davi: "Deus, olhai para mim! Por que me abandonastes? Os clamores de meus pecados são causa de estar longe de mim a salvação" (Sl 21,2). Como se dissesse: meu Pai, os pecados dos homens (que chamo meus, porque deles me encarreguei) me impedem de me libertar destas dores, que me dão cabo da vida, e vós, meu Deus, por que me abandonais no meio de tantas aflições? A estas palavras de Davi correspondem as de S. Mateus, narrando o que disse Jesus pouco antes de sua morte: "*Eli, Eli, lamma sabacthani?*", Deus meu, Deus meu, por que me abandonastes? (Mt 27,46).

2. De tudo isso bem se deduz quão injustamente se recusaram os judeus a reconhecer Jesus Cristo como seu Messias e Salvador, por ter ele padecido uma morte tão ignominiosa. Eles, porém, não se dão conta de que se Jesus Cristo, em vez de morrer como réu na cruz, tivesse tido uma morte honrosa e gloriosa aos olhos dos homens, não seria mais o Messias prometido por Deus e predito pelos profetas, os quais muitos séculos antes haviam anunciado que nosso Redentor deveria morrer saciado de dores. "Oferecerá a face ao que o ferir e será saciado de opróbrios" (Lm 3,30). Todas essas humilhações e todos esses sofrimentos de Jesus Cristo, já preditos pelos profetas, não chegaram nem sequer ao conhecido de seus discípulos senão depois de sua ressurreição e ascensão ao céu. "Não tiveram conhecimento destas coisas anteriormente seus discípulos, mas quando Jesus foi glorificado recordaram-se de que essas coisas foram escritas a respeito dele e assim lhe fizeram" (Jo 12,16).

Copiosa redenção

1. Em suma, com a Paixão de Jesus Cristo, suportada com tantas dores e ignomínias, se realizou o que escreveu Davi: "A justiça e a paz se deram o ósculo" (Sl 84,11), pois, pelos merecimentos de Jesus Cristo, os homens obtiveram a paz com Deus e em razão da morte do Redentor a justiça divina ficou satisfeita superabundantemente. Diz-se superabundantemente, porque, para remir-nos, não era necessário que Jesus sofresse tantos tormentos e tantos opróbrios, mas bastava uma só gota de seu sangue, uma simples súplica sua para salvar o mundo inteiro. Ele, porém, para aumentar a nossa confiança e para mais nos inflamar em seu amor, quis que nossa redenção não fosse simplesmente suficiente, mas superabundante, como predisse Davi: "Espere Israel no Senhor, porque no Senhor está a misericórdia e nele se encontra copiosa Redenção" (Sl 129,6).

A mesma coisa exprimira Jó quando, falando da pessoa de Cristo, disse: "Oxalá pesassem numa balança os meus pecados, pelos quais mereci a ira e a calamidade que padeço: ver-se-ia que esta era mais pesada que a areia do mar" (Jó 6,2). Também aqui Jesus por boca de Jó chamou pecados seus e nossos pecados, já que se obrigara a satisfazer por nós, para fazer nossa a sua justiça (*st. Ag.* s. 21). Por isso a glosa assim comenta o citado texto de Jó: "Na balança da justiça divina a Paixão de Cristo pesa mais que os pecados da natureza humana". S. Lourenço Justiniano por essa razão encoraja todo pecador realmente arrependido a esperar com certeza o perdão pelos merecimentos de Jesus Cristo, dizendo-lhe: "Mede teus delitos com as aflições que Cristo padeceu". As vidas de todos os homens não seriam suficientes para satisfazer por um só pecado, mas os tormentos de Jesus Cristo pagaram por todos os nossos delitos. "Ele é a propiciação pelos nossos pecados" (1Jo 2,2). Isso significa: pecador, não meças tuas culpas com tua contrição, desde que todas as tuas obras não podem obter-te o perdão; mede-as antes com os sofrimentos de Jesus Cristo e deles espera o perdão, pois teu Redentor pagou abundantemente por ti.

2. Ó Salvador do mundo, nas vossas carnes dilaceradas pelos flagelos, nos espinhos, nos cravos, reconheço o amor que me tendes e a minha ingratidão, cumulando-vos de injúrias depois de tanto amor: vosso sangue, porém, é minha esperança, pois, com o preço desse sangue, me livrastes do inferno tantas vezes por mim merecido. Ó Deus, que seria de mim por toda a eternidade, se não tivésseis pensado em salvar-me por meio de vossa morte? Miserável que sou, eu sabia que, perdendo a vossa graça, me condenava a mim mesmo a viver para sempre no desespero e longe de vós no inferno, e assim mesmo ousei muitas vezes voltar-vos as costas. Torno, porém, a repetir: vosso sangue é minha esperança. Oh! tivesse antes morrido e não vos tivesse ofendido. Ó bondade infinita, mereceria ficar cego e vós me iluminastes com nova luz; mereceria ficar mais endurecido e vós me comovestes e compungistes. Agora detesto mais do que a morte os desprezos que vos fiz e sinto um grande desejo de vos amar. Estas graças que de vós recebi asseguram-me que já me perdoastes e que me quereis salvar. Ah, meu Jesus, e quem poderá deixar de amar-vos no futuro e amar alguma coisa fora de vós? Eu vos amo, ó meu Jesus, e em vós confio, aumentai em mim esta confiança e este amor, para que de hoje em diante me esqueça de tudo e não pense senão em amar-vos e dar-vos prazer. Ó Maria, Mãe de Deus, obtende-me que seja fiel a vosso Filho, e a meu Redentor.

CAPÍTULO 3
REFLEXÕES SOBRE A FLAGELAÇÃO, A COROAÇÃO DE ESPINHOS E CRUCIFIXÃO DE JESUS CRISTO

Sobre a flagelação

1. Escreve S. Paulo a respeito de Jesus Cristo: "Aniquilou-se a si mesmo, tomando a forma de escravo" (Fl 2,7). S. Bernardo acrescenta o seguinte a esse texto: "Não só tomou a forma de escravo, para viver sujeito, mas a de mau escravo para ser açoitado". É certo que a flagelação foi o tormento mais cruel que abreviou a vida de nosso Redentor, porque a grande efusão de sangue, já por ele predita, quando disse: "Este é o meu sangue do Novo Testamento, que será derramado por muitos" (Mt 26,2), foi a causa principal de sua morte. É verdade que esse sangue foi derramado primeiramente no horto, na coroação de espinhos, na crucifixão, em maior abundância, porém, na flagelação. Ela foi para Jesus Cristo sumamente vergonhosa e oprobriosa, pois era o castigo reservado aos escravos, como se deduz do *L. Servorum f. f. de Poenis*. Os tiranos, depois de haver condenado à morte os santos mártires, mandavam que fossem antes flagelados e depois trucidados. Nosso Senhor, porém, foi flagelado antes de ser condenado à morte. Ele mesmo havia anunciado a seus discípulos de modo particular essa flagelação: "Será entregue aos gentios, escarnecido e açoitado" (Lc 18,32), querendo significar-lhe as grandes dores que lhe traria esse tormento.

2. Foi revelado a S. Brígida que um dos algozes mandou que Jesus se despojasse por si mesmo de suas vestes; ele obedeceu e abraçou em seguida a coluna à qual foi amarrado e então flagelado tão cruelmente que seu corpo ficou todo dilacerado. Diz a revelação que os açoites não só feriam como também rasgavam suas carnes sacrossantas (Revel. 1.4 c. 70). E foi de tal maneira dilacerado, que se viam no peito as costelas descobertas. Quadra com isso o que escreve S. Jerônimo: "Os açoites retalharam o sacratíssimo corpo de Deus" (*in* Mt) e S. Pedro Damião, afirmando que os algozes tanto se fatigaram na flagelação que chegaram a perder as forças. Tudo isso há havia predito Isaías, quando dizia: "Ele foi quebrantado por nossos crimes" (53,5). Quebrantado significa o mesmo que moído, pisado. Ó meu Jesus, sou eu um dos vossos mais cruéis carrascos, que vos flagelei com os meus pecados; tende, porém, piedade de mim. Ó meu amável Salvador, é muito pouco um coração para vos amar. Não quero viver mais para mim mesmo, mas viver só para vós, meu amor, meu tudo. Digo-vos, pois, com S. Catarina de Gênova: "Ó amor, ó amor, não mais pecados". Basta quanto vos ofendi; espero agora ser vosso e com vossa graça quero ser sempre vosso por toda a eternidade.

Sobre a coroação de espinhos

1. A Santíssima Virgem revelou a S. Brígida que a coroa de espinhos cingia toda a sagrada cabeça de seu Filho até o meio da fronte e que os espinhos foram enterrados com tanta violência que o sangue escorria em torrentes pela face, de modo que o rosto de Jesus parecia todo coberto de sangue (*Revel*. c. 70). Escreve Orígenes que essa coroa de espinhos não foi retirada da cabeça do Senhor senão depois de haver ele expirado na cruz. Sendo a veste interior de Jesus não costurada, mas tecida por inteiro, não foi dividida entre soldados, como as outras vestes exteriores, mas posta a sorte, segundo S. João (19,20 e 24). Ora, devendo tirar-se essa veste pela cabeça ao ser Jesus dela despojado, segundo a opinião de vários autores, foi-lhe tirada a coroa e novamente reposta antes de ser cravado na cruz.

2. Está escrito no Gênesis: "Amaldiçoada será a terra na tua obra... ela te produzirá espinhos e abrolhos" (Gn 3,17-18). Esta maldição foi fulminada por Deus contra Adão e contra toda a sua descendência. Sob a expressão terra entende-se aí não somente a terra material, mas também a carne humana que, infeccionada pelo pecado de Adão, não gera senão espinhos de culpas. Para remediar justamente esta infecção, diz Tertuliano (*Lb. cont. Hebr.*), era necessário que Jesus Cristo oferecesse a Deus em sacrifício esse grande tormento da coroação de espinhos. Esse tormento de espinhos, além de ser extremamente doloroso, foi acompanhado de bofetadas, de escarros e dos sarcasmos dos soldados, como escrevem S. Mateus e S. João. "E tecendo uma coroa de espinhos, puseram-lha sobre a cabeça e uma cana em sua direita e ajoelhando-se perante ele o escarneciam dizendo: ave, rei dos judeus, e cuspindo-lhe no rosto tomavam-lhe a cana e batiam-lhe na sua cabeça" (Mt 27,29 e 30). E o envolveram com uma veste purpúrea e chegando-se a ele diziam-lhe: "Ave, rei dos judeus, e davam-lhe bofetadas" (Jo 19,2). Ah, meu Jesus, quantos espinhos eu ajuntei a essa coroa com meus pensamentos a que dei consentimento! Desejaria morrer de dor; perdoai-me pelos méritos daquelas dores que suportastes justamente para me perdoardes. Ah, meu Senhor tão dilacerado e vilipendiado, vós vos sobrecarregais com tantas dores e desprezos para mover-me e compadecer-me de vós e para que vos ame ao menos por compaixão e não vos cause mais desgosto: basta, meu Jesus, não insistais em padecer mais: já estou persuadido do amor que me tendes e eu vos amo com toda a minha alma. Vejo, porém, que para vós não é bastante, não estais saciado de penas, o que se dará só depois de vos ver morto de dores na cruz. Ó bondade, ó caridade infinita, infeliz o coração que vos não ama.

Sobre a crucifixão

1. A cruz começou a atormentar a Jesus Cristo antes mesmo de ser nela pregado, já que depois da condenação de Pilatos teve de levar até ao Calvário a cruz em que devia morrer e ele, sem oposição, tomou-a sobre seus ombros. "E levando sua cruz às costas, saiu para aquele lugar que se chama Calvário" (Jo 19,17). Falando desse acontecimento, escreve S. Agostinho: "Se se atender à crueldade, que usou com Jesus Cristo, fazendo-o carregar pessoalmente seu patíbulo, foi isso um grande opróbrio; mas se olharmos para o amor com que Jesus Cristo abraçou a cruz, foi um grande mistério" (*In Jo. trat.* 117). Levando a cruz, quis o nosso capitão desfraldar a bandeira sob a qual deveriam arrolar-se e militar os seus sequazes nesta terra, para assim se tornarem depois seus companheiros no reino dos céus.

S. Basílio, falando deste passo de Isaías: "Nasceu-nos um menino e foi-nos dado um filho e sobre seus ombros foi posto o principado" (Is 9,6), diz que os tiranos da terra agravam seus súditos com encargos injustos, para aumentar o seu poder: Jesus Cristo, pelo contrário, quer aliviar-nos o peso da cruz e levá-la morrendo nela para obter-nos a salvação. É também certo que os reis da terra colocam seu poder na força das armas e no acervo de riquezas. Jesus Cristo, porém, fundou seu principado no ludíbrio da cruz, humilhando-se e padecendo, e de boa vontade se sujeitou a levá-la nessa viagem dolorosa para, com seu exemplo, dar-nos coragem de abraçar com resignação a sua cruz e assim segui-lo. Fala a todos os seus discípulos: "Se alguém quer vir após mim, abnegue-se a si mesmo, tome sua cruz e siga-me" (Mt 16,24).

2. Cabe notar aqui as belas expressões com que S. João Crisóstomo saúda a cruz. Ele a chama: "Esperança dos desprezados". Que esperança de salvar-se teriam os pecadores, se não fosse a cruz em que Jesus Cristo morreu para remi-los? "Guia dos navegantes". A humilhação que nos vem da cruz (isto é, da tribulação) é a causa de obtermos nesta vida, como num mar cheio de perigos, a graça de observar a lei divina e, se a transgredimos, a de nos emendar, segundo afirma o Profeta: "Para mim foi bom que me humilhaste, para que eu aprenda as tuas justificações" (Sl 118,17). "Conselheira dos justos". Os justos tiram da adversidade motivo e razão para unirem-se mais com Deus. "Alívio dos atribulados". Donde tiram os aflitos maior lenitivo senão do aspecto da cruz, na qual morreu, cheio de dores por seu amor, seu Redentor e seu Deus? "Glória dos mártires". Foi esta a glória dos santos mártires, poder unir suas penas e morte às que Jesus Cristo suportou na cruz, como diz S. Paulo: "Para mim, não há outra glória do que a cruz de Nosso Senhor Jesus Cristo" (Gl 6,14). "Médico dos doentes". Oh! que grande remédio é a cruz para muitos que estão enfermos de espírito! As tribulações os esclarece e os desprendem do mundo. "Fonte para os que têm sede". A cruz, isto é, sofrer por Jesus Cristo, é o desejo dos santos. S. Teresa dizia: "Ou padecer ou morrer", e S. Maria Madalena de Pazzi ia adiante e dizia: "Padecer e não morrer, como se recusasse morrer e ir gozar no céu para ficar nesta terra a padecer".

Afinal, falando em geral dos justos e dos pecadores, a cada um toca a sua cruz. Os justos, apesar de gozarem da paz de consciência, têm as suas vicissitudes: ora são consolados pelas visitas de Deus, ora afligidos pelas contrariedades e enfermidades corporais e em especial pelas desolações, pelas trevas e tédio de espírito, pelos escrúpulos, pelas tentações, pelos temores da própria salvação. Muito mais pesada, porém, é a cruz dos pecadores, os remorsos de consciência que os atormentam, os temores dos castigos eternos que de quando em quando se apoderam deles, e as angústias que sofrem nas adversidades. Os santos nas contrariedades se resignam com a vontade divina e sofrem em paz. Mas como poderá resignar-se o pecador com a vontade de Deus, se ele vive em sua inimizade? As penas dos inimigos de Deus são só penas sem nenhum conforto. Por isso dizia S. Teresa que quem ama a Deus abraça a cruz e com isso não a sente, mas quem não ama a Deus arrasta à força a cruz e assim não pode deixar de sentir-lhe o peso.

Chegamos à crucifixão

1. Foi revelado a S. Brígida que, quando o Salvador se viu estendido na cruz, colocou por si mesmo a mão direita no lugar em que devia ser cravada (Revel. 1. 7, c. 15). Em seguida cravaram-lhe a outra mão e depois os sagrados pés e deixou-se Jesus Cristo morrer nesse leito de dor. Diz S. Agostinho que o suplício da cruz era um tormento acerbíssimo, porque na cruz, "se protraía a morte para que a dor não tivesse logo termo" (*In Jo. trat.* 36). Ó Deus, que assombro havia de causar ao céu ver o Filho do Eterno Padre crucificado entre dois ladrões. Já Isaías o havia profetizado: "E ele foi posto no número dos malfeitores" (Is 53,12). S. João Crisóstomo, considerando Jesus na cruz, exclama cheio de admiração e amor: "Vejo-o como médio no céu entre o Pai e o Espírito Santo; vejo-o no monte Tabor entre dois santos, Moisés e Elias, e como pois vê-lo crucificado no Calvário entre dois ladrões?". Mas assim devia ser, porque, segundo o decreto divino, ele devia morrer para satisfazer com sua morte os pecados dos homens e salvá-los, conforme o predissera Isaías: "E foi reputado como malfeitor e carregou com os pecados de muitos" (53,12).

Pergunta o mesmo profeta: "Quem é este que vem de Edom, de Bosra, com as vestes tintas? Este formoso em seu traje que caminha na multidão de sua fortaleza?" (Is 63,1). Quem é este homem tão belo e forte que vem de Edom com as vestes tintas de sangue? Edom significa a cor vermelha, algum tanto escura como se depreende do Gênesis (25,30). E lhe responde: "Eu sou o que falo a justiça e que combato para salvar" (Is 63,1). Quem assim responde, como explicam os intérpretes, é Jesus Cristo, que diz: "Eu sou o Messias prometido, que vim para salvar os homens, triunfando de seus inimigos".

2. Em seguida vem de novo a mesma interrogação: "Por que é vermelha a tua veste e as tuas roupas como as dos que pisam num lagar?" (Is 63,2); e responde-se: "Eu sozinho calquei o lagar e das gentes não há um só homem comigo" (63,3). Tertuliano, S. Cipriano e S.Agostinho tomam o lagar pela Paixão de Jesus Cristo, na qual as suas vestes (i. é, suas carnes sacrossantas) ficaram ensanguentadas, como escreve S. João: "E estava vestido com uma veste tingida de sangue e seu nome é Verbo de Deus" (Ap 19,13). S. Gregório, explicando esta palavra "Eu sozinho calquei o lagar", escreve: "O lagar em que foi pisado e calcou ao mesmo tempo" (*Hom.* 13 *in Eseq.*). Diz calcou, porque Jesus Cristo com sua Paixão venceu os demônios, diz-se foi pisado, porque na Paixão seu corpo foi esmagado e pisado como se faz com as uvas no lagar, conforme um outro testemunho de Isaías, que diz: "E o Senhor quis esmagá-lo em sua enfermidade" (Is 53,10).

Sem beleza nem forma

1. E eis que o Senhor, que era o mais formoso dos homens (Sl 44,3), aparece no Calvário tão disforme pelos tormentos que causa horror a quem o vê. Essa deformidade, porém, o faz aparecer mais belo ainda aos olhos das almas que o amam, já que aquelas chagas, aquelas pisaduras, aquelas carnes diladeradas são provas e sinais do amor que ele nos tem, como delicadamente cantou Petrucci: "Por nós como réu e flagelado apareceis e aspecto tão disforme e feio ofereceis; tanto mais belo, porém, e doce, vos aclamam os corações amantes que por vós clamam". Ajunta S. Agostinho: "Ele pendia disforme, na cruz, mas a sua deformidade constituía a nossa beleza" (*Serm.* 22 *de verb. Ap.*). Sim, porque aquela deformidade de Jesus crucificado foi a causa da beleza de nossas almas que, até então disformes, lavadas no seu precioso sangue, tornaram-se graciosas e belas, segundo o que escreve S. João: "Esses que estão revestidos de estolas brancas, quem são e donde vieram? São os que vieram de uma grande tribulação e lavaram as suas vestes e as embranqueceram no sangue do Cordeiro" (Ap 7,13). Todos os santos como filhos de Adão (exceto a Santíssima Virgem) estiveram por algum tempo recobertos com uma veste sórdida, mas lavados com o sangue do Cordeiro tornaram-se cândidos e agradáveis a Deus.

2. Ó meu Jesus, vós dissestes que, quando exaltado na cruz, haveríeis de atrair tudo a vós (Jo 12,32 e 33). Vós, realmente, nunca deixastes de conquistar o afeto de todos os corações: e já muitíssimas almas felizes, vendo-vos crucificado e morto por seu amor, abandonaram tudo, posses, dignidades, pátria e parentes, chegando até a abraçar os tormentos e a morte, para se entregarem inteiramente a vós. Infelizes daqueles que resistem à vossa graça, que lhes obtivestes com tantas fadigas e dores. Ó

Deus, será esse seu maior tormento no inferno, pensar que tiveram um Deus que para ganhar seu amor deu sua vida por eles na cruz e que eles quiseram perder-se de livre vontade e que não haverá mais remédio para eles por toda a eternidade.

Ah, meu Redentor, eu já mereci cair nessa desgraça pelas ofensas que vos fiz. Quantas vezes eu resisti à vossa graça que procurava atrair-me a vós e para seguir as minhas inclinações desprezei o vosso amor e voltei-vos as costas. Oh! tivesse morrido antes de ofender-vos. Oh! se sempre vos tivesse amado! Agradeço-vos, meu amor, que me suportastes com tanta paciência e que em vez de abandonar-me, como eu merecia, duplicastes os convites e me cumulastes de luzes e impulsos amorosos. "Eternamente cantarei as misericórdias do Senhor". Não deixeis, meu Salvador e minha esperança, de continuar a atrair-me e a cumular-me de vossas graças, para que no céu eu possa vos amar com mais fervor, pensando em tantas misericórdias de que fui objeto depois de tantos desgostos que vos causei: tudo espero daquele sangue precioso que derramastes por mim e daquela morte tão dolorosa que por mim sofrestes. Ó Santíssima Virgem Maria, protegei-me e rogai a Jesus por mim.

Jesus na cruz

1. Jesus na cruz foi um espetáculo que encheu de admiração o céu e a terra: ver um Deus onipotente, senhor de tudo, morrer num patíbulo infame, condenado como um celerado entre dois malfeitores. Foi esse um espetáculo da justiça, vendo o Padre Eterno, que para satisfazer a sua justiça pune os pecados dos homens na pessoa de seu Filho unigênito, que lhe era tão caro como sua própria pessoa. Foi um espetáculo principalmente de amor ver um Deus que oferece e dá a vida para remir da morte os escravos e seus inimigos. Esse espetáculo foi e será sempre o objeto mais caro da contemplação dos santos, pelo qual desprezaram e se despojaram de todos os bens e prazeres da terra e abraçaram com afã e alegria as penas e a morte, para mostrar de algum modo sua gratidão a um Deus que morreu por seu amor.

Confortados com a vista de Jesus desprezado na cruz, os santos amaram os desprezos mais do que os mundanos prezam todas as honras do mundo. Vendo Jesus morrer nu na cruz, procuraram abandonar todos os bens da terra. Vendo-o todo coberto de chagas sobre a cruz, escorrendo sangue de todos os seus membros, abominaram todos os prazeres sensuais e procuraram o mais possível crucificar a sua carne para acompanhar com suas dores as dores do crucifixo. Vendo a obediência e a uniformidade da vontade de Jesus com a de seu Pai, esforçaram-se por vencer todos os apetites que não eram conformes à vontade divina e muitos, ainda que ocupados em obras de piedade, sabendo que o privar-se da própria vontade é o sacrifício mais grato ao coração de Deus, procuraram entrar em determinada Ordem Religiosa, para levar uma vida de obediência e submeter a vontade própria à dos outros. Vendo a paciência de Jesus Cristo em querer sofrer tantas penas e opróbrios por nosso amor, aceitaram em paz e com alegria as injúrias, as enfermidades, as perseguições e os tormentos dos tiranos. Vendo, finalmente, o amor que Jesus Cristo lhes demonstrou, sacrificando por nós sua vida sobre a cruz, sacrificaram a Jesus tudo quanto possuíam, bens, prazeres, honras e vida.

2. Como é então possível que tantos outros cristãos, ainda que saibam pela fé que Jesus Cristo morreu por seu amor, em vez de dedicar-se a seu serviço e amor, se empenhem em ofendê-lo e desprezá-lo por prazeres breves e miseráveis? Donde nasce tão grande ingratidão? Provém do esquecimento da Paixão e morte de Jesus Cristo. Mas, ó Deus, qual será o seu remorso e vergonha no dia do juízo, quando o Senhor lhes lançar em face quanto fez e padeceu por eles? Não deixemos nós de ter sempre diante dos olhos, almas piedosas, a Jesus crucificado que morre entre tantas dores e ignomínias por nosso amor. Todos os santos receberam da Paixão de Jesus Cristo aquelas chamas de caridade, que os levaram a despojar-se de todos os bens deste mundo e até de si mesmos, para se entregar exclusivamente ao amor e serviço desse divino Salvador, que, enamorado dos homens, não podia fazer mais do que fez para ser amado por eles. A cruz, isto é, a Paixão de Jesus Cristo, é que obterá a vitória sobre todas as nossas paixões e sobre todas as tentações que nos suscitará o inferno para nos separar de Deus. A cruz é o caminho, a escada para subir ao céu. Bem-aventurado quem a abraçar em vida e não a deixar senão na morte. Quem morre abraçando a cruz tem um penhor seguro da vida eterna, a qual já foi prometida a todos os que com ela seguem a Jesus crucificado.

Meu Jesus crucificado, vós, para vos fazer amar dos homens, nada poupastes, chegando até a dar a vossa vida com uma morte tão dolorosa. Como então esses homens que amam seus parentes, seus amigos e até os animais, dos quais recebem qualquer sinal de afeição, são tão ingratos convosco, que por bens miseráveis e vãos desprezam a vossa graça e o vosso amor? Ah, infeliz de mim, eu sou um desses ingratos, que por uma ninharia renunciei à vossa amizade e vos dei as costas. Mereceria ser lançado de vossa face, como eu vos expulsei da minha. Mas eu percebo que continuais a pedir-me o meu amor. "Amarás o Senhor teu Deus". Sim, meu Jesus, desde que desejais que eu vos ame e me ofereceis o perdão, eu renuncio a todas as criaturas e de hoje em diante não quero amar senão a vós só, meu Criador e meu Redentor. Vós sereis o único amor de minha alma. Ó Maria, Mãe de Deus, e refúgio dos pecadores, rogai por mim, obtende-me a graça de amar a Deus e nada mais vos suplico.

CAPÍTULO 4
REFLEXÕES SOBRE OS INSULTOS FEITOS A JESUS CRISTO, ENQUANTO ELE PENDIA NA CRUZ

Por tua causa sofro impropérios

1. A soberba, como dissemos, foi a causa do pecado de Adão e, por conseguinte, a ruína do gênero humano; por isso veio Jesus Cristo e quis reparar esse desastre com sua humildade, não desdenhando abraçar a confusão de todos os opróbrios que lhe prepararam seus inimigos, como já predissera Davi: "Porque por vossa causa suportei o opróbrio e a vergonha cobriu a minha face" (Sl 68,8). A vida inteira de vosso Redentor foi cheia de confusão e desprezos que recebeu dos homens, e ele não recusou suportá-los até à morte, a fim de nos livrar da confusão eterna: "Tendo-lhe sido oferecido o gozo, sofreu a cruz, desprezando a ignomínia" (Hb 12,2).

Ó Deus, quem não choraria de ternura e não amaria a Jesus Cristo se cada um considerasse quanto ele sofreu naquelas três horas que esteve suspenso e agonizando na cruz? Todos os seus membros estavam feridos e doloridos, sem que um pudesse socorrer o outro. Nosso aflitivo Senhor nesse leito de dor não podia mover-se, estando com as mãos e pés cravados: todas as suas carnes sacrossantas cheias de feridas, sendo as das mãos e pés as mais dolorosas, visto que deviam sustentar todo o corpo. No ponto em que ele se apoiava naquele patíbulo, ou fosse sobre as mãos ou sobre os pés, aí aumentava a dor. Bem se poderia dizer que Jesus naquelas três horas de agonia sofreu tantas mortes quantos foram os momentos que ele esteve na cruz. Ó Cordeiro inocente, que tanto sofrestes por mim, tende compaixão de mim: "Cordeiro de Deus, que tirais os pecados do mundo, tende compaixão de mim".

2. E essas penas externas de seu corpo eram as menos acerbas: muito maiores foram as penas internas da alma. Sua alma bendita estava toda desolada, privada de toda a gota de consolação ou alívio sensível: tudo nela era tédio, tristeza e aflição. Isso exprimiu-o com estas palavras: "Meu Deus, meu Deus, por que me abandonais?". E quase submerso neste mar de dores internas e externas, quer terminar sua vida nosso amável Salvador, como já tinha predito pela boca de Davi: "Cheguei ao alto mar e a tempestade me submergiu" (Sl 68,3).

Eis que na mesma ocasião em que agonizava sobre a cruz e se avizinhava a morte, todos os que então o circundavam, sacerdotes, escribas, anciãos e soldados, se esforçavam por afligi-lo ainda mais com impropérios e derrisões. S. Mateus escreve: "E os que iam passando blasfemavam dele, movendo suas cabeças" (Mt 27,39). Davi já o predissera, quando se referia à pessoa de Cristo: "Todos os que me viam zombavam de mim, falavam com os lábios e moviam suas cabeças" (Sl 21,8). Aqueles que passavam diante dele exclamavam: "Olá, tu que destróis o templo de Deus e em três dias o reedificas, salva-te a ti mesmo; se és o Filho de Deus, desce da cruz" (Mt 27,40). Diziam: tu te gloriaste de destruir o templo e de novamente reerguê-lo em três dias. Jesus, porém, não havia dito que podia destruir o templo material e reconstitui-lo em três dias, mas "Destruí este templo e em três dias recompô-lo-ei" (Jo 2,19). Com estas palavras quis ainda frisar o seu poder, nos propriamente falou em alegoria (como escreve Eutímio e outros), predizendo que os judeus, matando-o, separariam sua alma de seu corpo, mas ele dentro de três dias ressuscitaria.

Escarnecido em seu poder

1. "Salva-te a ti mesmo". Homens ingratos! Se este grande Filho de Deus, fazendo-se homem, quisesse salvar-se a si mesmo, não teria escolhido espontaneamente a morte. "Se és o Filho de Deus, desce da cruz". Mas se Jesus descesse da cruz e não completasse a nossa redenção com a sua morte, não poderíamos mais nos livrar da morte eterna. "Não quis descer", diz S. Ambrósio (*Lib.* 10 *in* Lc), "para não descer em seu favor, mas para morrer por mim". Escreve Teofilacto que eles assim falavam por instigação do demônio, que procurava impedir a salvação que Jesus nos devia alcançar por meio da cruz (*in* cap. 15 Mc). E ajunta que nosso

Senhor não teria subido à cruz se quisesse de lá descer sem consumar a nossa redenção. Diz igualmente S. João Crisóstomo que os judeus assim falavam para que ele morresse como um impostor na presença de todos, apontando-o como incapaz de livrar-se da cruz depois de haver afirmado ser o filho de Deus (*in* Mt 27,42).

Nota ainda o mesmo S. Crisóstomo que muito erradamente diziam os judeus: "Se és o filho de Deus, desce da cruz". Pois se Jesus tivesse descido da cruz antes de morrer, não seria o Filho de Deus prometido, que com sua morte nos deveria salvar. "Porque o Filho de Deus não desce da cruz, pois ele veio justamente para ser crucificado por nós" (*in* Mt 27). O mesmo escreve S. Atanásio dizendo que nosso Redentor queria ser reconhecido como verdadeiro Filho de Deus, não descendo da cruz, antes nela permanecendo até à morte (*Serm. de pass. Domini*). Pois que isso já estava predito pelos profetas, que nosso Redentor deveria morrer crucificado, segundo o testemunho de S. Paulo: "Cristo nos remiu da maldição da lei, tornando-se maldito por nós, porque está escrito: amaldiçoado todo aquele que é pendurado no lenho" (Gl 3,13).

2. S. Mateus continua a referir os outros impropérios que os judeus dirigiam a Jesus: "Salvou os outros e não pode salvar-se a si mesmo" (Mt 27,52). Tratavam-no assim de impostor a respeito dos milagres por ele operados, restituindo a vida a muitos mortos, e de incapaz de salvar a sua própria vida. Mas responde-lhes S. Leão que então não era o tempo conveniente para o Salvador ostentar o seu poder divino e que ele não devia descurar a redenção humana para impedir as suas blasfêmias (*Serm. de pass.* 27 c. 2). S. Gregório aduz um outro motivo por que Jesus não quis descer da cruz. "Se descesse então da cruz, não nos teria dado o exemplo da paciência" (Hom. 21 in Evang.). Muito bem poderia Jesus Cristo libertar-se da cruz e de tantos impropérios, mas não era o tempo oportuno de demonstrar o seu poder, mas de ensinar-nos a paciência nos trabalhos para obedecer à vontade de Deus e por isso não quis Jesus livrar-se da morte, antes de cumprir a decisão de seu Pai e para não privar-nos desse grande exemplo de paciência. "Porque ensinava a paciência, diferia a ostentação do poder" (*S. Agost. Trat. 37 in Jo.*). A paciência que praticou Jesus Cristo na cruz, suportando a confusão de tantos impropérios que os judeus lhe fizeram, alcançou-nos a graça de sofrer com paciência e paz as humilhações do mundo. S. Paulo, falando da ida de Jesus Cristo ao Calvário carregado da cruz, exorta-nos a acompanhá-lo, dizendo: "Saiamos, pois, ao seu encontro

fora dos arraiais, levando sobre nós o seu opróbrio" (Hb 13,13). Os santos, quando injuriados, não pensavam em vingar-se nem se perturbavam, antes sentiam-se consolados vendo-se desprezados como Jesus Cristo. Não nos envergonhemos, portanto, de abraçar por amor de Jesus Cristo os desprezos que nos forem feitos, desde que Jesus tantos sofreu por nosso amor. Meu Redentor, não procedi assim no passado, mas no futuro quero sofrer tudo por vosso amor: dai-me força para cumpri-lo.

Escarnecido em sua confiança

1. Os judeus, não satisfeitos com as injúrias e blasfêmias proferidas contra Jesus Cristo, se revoltam também contra Deus Padre, dizendo: "Confiou em Deus, que ele o livre, se o preza, porque disse ele que era o Filho de Deus" (Mt 27,43). Esta exclamação sacrílega dos judeus já fora predita por Davi, quando fala em nome de Cristo: "Todos os que me viram, escarneceram de mim; falaram com os lábios e abanaram suas cabeças: esperou no Senhor, que ele o livre e que o salve se o tem em apreço" (Sl 21,8). Ora, os que assim falavam foram chamados por Davi, no mesmo salmo, touros, cães e leões: "Feito touros me cercaram. Porque muitos cães me obsediaram. Salvai-me das fauces do leão" (Sl 21,13). Assim, dizendo os judeus "que o livre se o estima", declararam ser eles os touros, cães e os leões preditos por Davi. Estas mesmas blasfêmias, que haveriam um dia de pronunciar contra o Salvador e contra Deus, foram também preditas pelo sábio: "Ele assegura que tem a ciência de Deus e se chama a si Filho de Deus e se gloria de ter a Deus por Pai... Se é verdadeiro Filho de Deus, ele o amparará e o livrará das mãos dos contrários. Façamos-lhe perguntas por meio de ultrajes e tormentos, para que saibamos o seu acatamento e provemos a sua capacidade: condenemo-lo a uma morte torpíssima" (Sb 2,13-20).

Os príncipes dos sacerdotes estavam cheios de inveja e ódio de Jesus Cristo e por isso o injuriavam. Mas ao mesmo tempo não estavam isentos do temor de qualquer grande castigo, não podendo mais negar os milagres feitos pelo Senhor. Assim, todos os sacerdotes e príncipes da sinagoga estava inquietos e temerosos, querendo por isso assistir pessoalmente à sua morte, para, dessa maneira, se libertarem do temor que os atormentava. Vendo-o, pois, já pregado na cruz e que seu Pai não o livrara dela, lançavam-lhe em rosto, com a maior audácia, a sua fraqueza e a presunção de se ter dado por Filho de Deus. Diziam: pois que confia em Deus, a quem chama seu Pai, porque então Deus não o livra, se o ama como filho? Enganam-se, porém, grosseiramente, os malvados, pois Deus amava a Jesus Cristo e o amava como filho e justamente o amava porque estava sacrificando sua vida na cruz pela salvação dos homens, em obediência a seu Pai. E isso mesmo dizia o próprio Jesus: "Eu dou minha vida por minhas ovelhas... por isso me ama o Pai, porque eu entrego minha vida por elas" (Jo 10,15 e 17). O Pai já o havia destinado para vítima daquele grande sacrifício, que devia trazer-lhe uma glória infinita, sendo o sacrificado homem e Deus, e ocasionar a salvação de todos os homens... Mas se o Pai tivesse livrado Jesus da morte, o sacrifício teria ficado incompleto e dessa forma o Pai ficaria privado daquela glória e os homens, consequentemente, da salvação.

2. Escreve Tertuliano que todos os opróbrios feitos a Jesus Cristo foram um remédio secreto contra a nossa soberba. Essas injúrias, que eram injustas e indignas dele, eram necessárias à nossa salvação e não dedignadas por um Deus que quis padecer tanto para salvar o homem (*Lib. 2 cont. Mc c. 7*). Envergonhemo-nos, pois, nós que nos gloriamos de ser discípulos de Jesus Cristo, de suportar com impaciência os desprezos que recebemos dos homens, desde que um Deus feito homem os sofre com tanta paciência por nossa salvação. E não nos envergonhemos de imitar a Jesus Cristo, perdoando a quem nos ofende, ainda mais que ele afirma que no dia do juízo se envergonhará daqueles que, durante a vida, dele se envergonharam: "Quem se envergonhar de mim e de minhas palavras, desse se envergonhará o Filho do homem quando vier em sua majestade" (Lc 9,26). Ó meu Jesus, como posso eu queixar-me de qualquer afronta que recebo, eu que tantas vezes mereci ser calcado pelos demônios do inferno. Ah, pelo merecimento de tantos desprezos que sofrestes na vossa Paixão, dai-me a graça de sofrer com paciência todos os desprezos que me forem feitos, por vosso amor, que por meu amor tanto suportastes. Eu vos amo sobre todas as coisas e desejo padecer por vós, que tanto padecestes por mim. Tudo espero de vós, que me resgatastes com vosso sangue. E também espero na vossa intercessão, ó minha Mãe Maria.

CAPÍTULO 5
REFLEXÕES SOBRE AS SETE PALAVRAS DE JESUS NA CRUZ

PRIMEIRA PALAVRA:
"Pai, perdoai-lhes, porque não sabem o que fazem"
(Lc 23,34).

1. Ó ternura do amor de Jesus Cristo para com os homens! Diz S. Agostinho que o Salvador, na mesma hora em que recebia injúrias de seus inimigos, procurava-lhes o perdão: não atendia tanto às injúrias que deles recebia e à morte a que o condenavam, como ao amor que o obrigava a morrer por eles. Mas, dirá alguém, por que foi que Jesus pediu ao Pai que lhes perdoasse, quando ele mesmo poderia perdoar-lhes as injúrias? Responde S. Bernardo que ele rogou ao Pai, "não porque não pudesse pessoalmente perdoar-lhes, mas para nos ensinar a orar pelos que nos perseguem". Em outro lugar diz o santo abade: "Coisa admirável! Ele exclama: perdoai-lhes, e os judeus: crucifica-o" (*Serm. de pass. fer.* IV). Arnoldo Carnotense ajunta: "Enquanto Jesus se esforçava por salvar os judeus, estes trabalhavam em se condenar, mas junto de Deus podia mais a caridade do Filho, que a cegueira daquele povo ingrato" (*Serm. de 7 verb.*). E S. Cipriano escreve: "Pelo sangue de Jesus Cristo foram vivificados até aqueles que derramaram o sangue de Cristo" (*Lib. de bono pt.*). Jesus Cristo, ao morrer, teve um desejo tão grande de salvar a todos, que não deixou de fazer participantes de seu sangue mesmo seus próprios inimigos, que lhe extraíam o sangue à força de tormentos. "Olha para teu Deus pregado na cruz", diz S. Agostinho, "escuta como ele ora por seus inimigos, e depois nega o perdão ao irmão que te ofende".

2. Escreve S. Leão que foi em virtude dessa oração de Jesus que depois se converteram tantos milhares de judeus com a prédica de S. Pedro, como se lê nos Atos dos Apóstolos (*Serm.* 11). Mesmo então, escreve S. Jerônimo, não quis Deus que ficasse sem efeito a súplica de Jesus Cristo e por isso operou naquela mesma hora que muitos judeus abraçassem a fé (*Ep. ad Elv.* q. 8). Mas por que não se converteram todos? Responde-se que a súplica de Jesus foi condicional, isto é, que aqueles, pelos quais pedia, não fossem do número dos tais aos quais foi dito: vós resistis ao Espírito Santo.

Também nós pecadores fomos então incluídos naquela palavra de Jesus Cristo e por isso nós todos podemos dizer a Deus: ó Padre Eterno, ouvi a voz desse amado Filho que vos pede perdão por nós. É verdade que não mereceremos tal perdão, mas Jesus o mereceu, satisfazendo com sua morte superabundantemente por nossos pecados. Não, meu Deus, eu não quero ficar obstinado como os judeus; arrependo-me, ó meu Pai, de todo o meu coração, de vos haver desprezado e, pelos merecimentos de Jesus Cristo, vos peço perdão. E vós, meu Jesus, já sabeis que sou um pobre doente, quase desenganado por meus pecados, mas descestes de propósito do céu à terra para curar os enfermos e salvar os perdidos, que se arrependem de vos ter ofendido. De vós disse Isaías: "Veio para salvar o que havia perecido" (Is 61,1) e S. Mateus afirma a mesma coisa: "O Filho do homem veio para salvar o que estava perdido" (18,11).

SEGUNDA PALAVRA:

"Em verdade eu te digo: Hoje estarás comigo no paraíso"
(Lc 23,43).

1. Escreve o mesmo S. Lucas que dos ladrões crucificados com Jesus Cristo um permaneceu obstinado e o outro se converteu. Este, vendo que seu pérfido companheiro blasfemava contra o Senhor, dizendo: "Se tu és o Cristo, salva-te a ti mesmo e a nós" (Lc 23,39), volta-se contra ele e repreende-o: "Nós somos justamente punidos, pois recebemos o que merecemos: esse, porém, não fez nenhum mal" (Lc 23,41). E voltando-se para Jesus disse-lhe: "Senhor, lembra-te de mim quando entrares no

teu reino". Com estas palavras reconhecia-o por seu verdadeiro Senhor e como rei do céu. Jesus promete-lhe então o paraíso para o mesmo dia: "Em verdade eu te digo que hoje estarás comigo no paraíso". Escreve um douto autor que com essa palavra o Senhor nesse mesmo dia, imediatamente depois de sua morte, se lhe mostrou sem véu, fazendo-o imensamente feliz, embora não lhe conferisse todas as delícias do céu antes de entrar nele.

Arnoldo Carnotense, no seu Tratado das 7 palavras, considera todas as virtudes que o bom ladrão S. Dimas praticou na sua morte: "Ele crê, se arrepende, confessa, prega, ama, confia e ora". Praticou a fé, dizendo: "Quando chegares no teu reino", crendo que Jesus Cristo depois de sua morte havia de entrar vitorioso no reino de sua glória. "Teve por certo que havia de reinar quem ele via morrer", diz S. Gregório. Exerceu a penitência, confessando seus pecados: "Nós padecemos justamente, pois recebemos o que merecemos". Diz S. Agostinho: "Não ousou dizer: lembra-te de mim, senão depois da confissão de sua iniquidade e de depor o fardo de suas iniquidades" (*Serm.* 130 de *templ.*). E S. Atanásio: "Ó bem-aventurado ladrão, que roubaste o céu com essa confissão". Outras belas virtudes praticou então esse santo penitente: a pregação, anunciando a inocência de Jesus: "Este, porém, nenhum mal praticou". Exerceu o amor para com Deus, aceitando a morte com resignação em castigo de seus pecados: "Recebemos o que merecemos". S. Cipriano, S. Jerônimo, S. Agostinho não duvidam por isso de chamá-lo mártir, porque os algozes, ao quebrarem-lhe as pernas, o fizeram com maior atrocidade, por ter louvado a inocência de Jesus, aceitando esse sofrimento por amor de seu Senhor.

2. Notemos neste passo a bondade de Deus, que concede sempre mais do que se lhe pede, como diz S. Ambrósio: "O Senhor sempre concede mais do que se lhe pede; o ladrão pedia que se recordasse dele e Jesus lhe respondeu: hoje estarás comigo no Paraíso". E S. João Crisóstomo escreve: "Não encontrarás nenhum homem que tenha merecido tal promessa antes do bom ladrão" (*Hom. de cruc. et latr.*). Realizou-se o que Deus disse por Ezequiel que, quando o pecador se arrepende deveras de suas culpas, ele o perdoa de tal modo, como se esquecesse todas as ofensas que lhe foram feitas (Ez 21,22). E Isaías nos faz saber que Deus é tão inclinado ao nosso bem que, quando o imploramos, ele nos atende imediatamente (Is 30,19). E S. Agostinho diz que Deus está sempre pronto para abraçar os pecadores penitentes (Mn c. 23).

A cruz do mau ladrão, suportada com impaciência, aumentou sua desgraça no inferno; pelo contrário, a cruz do bom ladrão, levada com paciência, tornou-se uma escada para o céu. Ó feliz ladrão, que tiveste a sorte de unir a tua morte com a morte de teu Salvador. Ó meu Jesus, eu vos sacrifico doravante a minha vida e vos suplico a graça de poder unir na hora de minha morte o sacrifício de minha vida com aquele que ofereceste a Deus na cruz. Por ele espero morrer na vossa graça e amando-vos com puro amor despojado de todo o afeto terreno para continuar a amar-vos com todas as minhas forças por toda a eternidade.

TERCEIRA PALAVRA:
"Mulher, eis aí teu filho. Eis aí tua mãe"
(Jo 19,26 e 27).

1. Lê-se em S. Marcos que no Calvário estavam muitas mulheres fazendo companhia a Jesus crucificado, mas de longe: "Estavam presentes, porém, muitas mulheres que olhavam de longe, entre as quais se achava Maria Madalena" (Mc 15,40). Assim, julgava-se que entre essas mulheres se encontrava também a divina Mãe. S. João, porém, afirma que a Santíssima Virgem não estava longe, mas perto da cruz, juntamente com Maria Cléofas e Maria Madalena (Jo 19,25). Eutímio procura resolver esta dificuldade, dizendo que a Santíssima Virgem, vendo que seu Filho estava prestes a expirar, aproximou-se mais que as outras mulheres da cruz, vencendo o temor dos soldados que a circundavam e sofrendo com paciência todos os insultos e injúrias que lhe dirigiam os mesmos soldados que guardavam os condenados. O mesmo afirma um douto autor que escreveu a vida de Jesus Cristo: ali estavam os amigos que o observavam de longe. Mas a Santíssima Virgem, Madalena e uma outra Maria estavam junto da cruz com João. Vendo então Jesus sua Mãe e S. João, disse-lhes: "Mulher, eis aí teu filho". Escreve Guerrico, abade: "Realmente mãe que não abandonava o filho nem no terror da morte". Fogem as mães à vista de seus filhos agonizantes: o amor não lhes permite assistir a tal espetáculo, tendo de vê-los morrer sem os poder socorrer. A Santíssima Virgem, porém, quanto mais o Filho se avizinhava da morte, mais se aproximava da cruz.

2. Estava, pois, a aflita Mãe junto à cruz, e, assim como o Filho sacrificava a vida, sacrificava ela a sua dor pela salvação dos homens,

participando com suma resignação de todas as penas e opróbrios que o Filho sofria ao expirar. Diz um autor que desabonam a constância de Maria os que a representam desfalecida aos pés da cruz: ela foi a mulher forte que não desmaia, não chora, como escreve S. Ambrósio: "Leio que estava em pé e não leio que chorava" (*in* cap. 23 Lc). A dor, que a Santíssima Virgem suportou na Paixão do Filho, superou a todas as dores que pode padecer um coração humano. A dor, porém, de Maria não foi uma dor estéril, como a das outras mães vendo os sofrimentos de seus filhos; foi, pelo contrário, uma dor frutuosa: pelos merecimentos dessa dor e por sua caridade, diz S. Agostinho, assim como é ela mãe natural de nosso chefe Jesus Cristo, tornou-se então mãe espiritual dos fiéis membros de Jesus, cooperando com sua caridade para nosso nascimento e para fazer-nos filhos da Igreja (*Lib. de sanc. virgin.* c. 6).

Escreve S. Bernardo que no monte Calvário estes dois grandes mártires, Jesus e Maria, se calavam: a grande dor que os oprimia tirava-lhes a faculdade de falar (De Mar.). A Mãe contemplava o Filho agonizante na cruz, e o Filho, a Mãe agonizante ao pé da cruz, toda extenuada pela compaixão que sentia por suas penas.

Eis aí teu filho

1. Estavam, pois, Maria e João mais próximos da cruz do que as outras mulheres, de maneira que no meio daquele grande tumulto podiam ouvir mais facilmente a voz e distinguir os olhares de Jesus Cristo. Escreve S. João: "Tendo, pois, Jesus visto sua mãe e o discípulo que amava, disse à sua mãe: "Mulher, eis aí teu filho" (Jo 19,26). Mas se Maria e João estavam em companhia das outras mulheres, por que se diz que Jesus viu a Mãe e o discípulo, como se não enxergasse as outras mulheres? Responde S. Crisóstomo (*Serm.* 78) que o amor faz que se veja com mais clareza os objetos que mais estimam. E S. Ambrósio escreve igualmente: "É natural que vejamos antes dos outros os que mais amamos" (*De Jo. patr.* c. 10). Revelou a mesma Virgem Santíssima a S. Brígida que Jesus para ver sua Mãe que estava junto à cruz teve de comprimir as pálpebras para afastar de seus olhos o sangue que lhe impedia a vista (*Rev.* 1. 4, c. 70).

2. Então disse Jesus: "Mulher, eis aí teu filho", acenando com os olhos a S. João, que estava ao lado. Por que, porém, a chama mulher e não mãe? Chamou-a mulher, porque, estando já próximo da morte, falou-lhe

despedindo-se dela como se lhe dissesse: mulher, dentro em pouco estarei morto, e não terás mais outro filho na terra: deixo-te João, que te servirá e amará como filho. Com isto deu a entender que José já era morto, porque se ele ainda vivesse não o teria separado de sua esposa. Toda a antiguidade atesta que S. João foi sempre virgem e foi justamente por essa prerrogativa que ele foi dado a Maria por filho e distinguido com a honra de ocupar o lugar de Jesus Cristo. Por isso canta a santa Igreja: "Ele entregou a este que era virgem sua virgem-mãe". E desde o momento em que morreu o Senhor, como está escrito, S. João acolheu Maria em sua casa e a assistiu e serviu durante toda a sua vida como a sua própria mãe (Jo 19,27). Quis Jesus Cristo que este seu discípulo predileto fosse testemunha ocular de sua morte, para poder depois atestar mais decididamente em seu Evangelho e dizer: "Quem o viu é que dá o testemunho" (Jo 19,35), e em sua epístola: "O que vimos com os nossos olhos... e testificamos e anunciamos a vós" (1Jo 1,2). Foi por isso que o Senhor, enquanto os outros discípulos o abandonaram, deu a S. João a força de o acompanhar até à morte no meio de tantos inimigos.

Eis aí tua mãe

1. Mas voltemos à Santíssima Virgem e examinemos a razão mais intrínseca por que Jesus chamou Maria mulher e não de mãe. Queria com isso significar que ela era a grande mulher predita no Gênesis, que deveria esmagar a cabeça da serpente. "Porei inimizade entre ti e a mulher e a tua descendência e a sua: ela te esmagará a cabeça e debalde tentarás contra o seu calcanhar" (Gn 3,15). Ninguém duvida que essa mulher fosse a Santíssima Virgem Maria, a qual por meio de seu Filho, ou então o Filho por meio dela, que o deu à luz, devia esmagar a cabeça de Lúcifer. Maria devia realmente ser inimiga da serpente, já que Lúcifer foi soberbo, ingrato e desobediente, enquanto que ela foi humilde, grata e obediente. Diz-se: "Ela esmagará a tua cabeça" porque Maria por meio do Filho abateu a soberba de Lúcifer, o qual insidiou o calcanhar de Jesus Cristo (entende-se por calcanhar sua santa humildade, que era a parte mais vizinha da terra); este, porém, com sua morte teve a glória de vencê-lo e privá-lo do império que tinha obtido sobre o gênero humano por causa do pecado.

Disse Deus à serpente: "Porei inimizade entre a tua descendência e a dela". Isto significa que, depois da ruína do homem, ocasionada pelo pecado, apesar da obra da redenção, haveria de existir no mundo duas descendências: pela descendência de Satanás se entende a família dos pecadores, seus filhos, por ele corrompidos; pela descendência de Maria, compreende-se a família santa que é composta de todos os justos com seu chefe Jesus Cristo. Maria é designada mãe tanto da cabeça como de seus membros, que são os fiéis. Escreve o Apóstolo: "Todos vós sois um em Jesus Cristo; se, porém, sois de Cristo, então sois filhos de Abraão" (Gl 3,28 e 29). Jesus e os fiéis formam um só corpo, já que a cabeça não se separa de seus membros e estes são todos filhos espirituais de Maria, caso tenhamos o mesmo espírito de seu filho natural que foi Jesus. Assim também S. João não foi chamado João, mas o discípulo a quem amava o Senhor. – "Em seguida disse ao discípulo: Eis aí a tua mãe", para que entendêssemos que Maria Santíssima é a mãe de todo bom cristão, que é amado por Jesus Cristo e em que vive Jesus com seu espírito. É o que quer dizer Orígenes, quando escreve: "E Jesus disse à sua Mãe: eis aí teu filho. Isso é o mesmo como se dissesse: eis aqui o teu Jesus, que deste à luz: mas quem é perfeito não vive mais propriamente, porém Cristo vive nele" (*Orig. in* Jo c. 6).

Escreve o Cartusiano que na Paixão de Jesus Cristo os peitos de Maria se encheram de sangue que corria das chagas de Jesus, para que ela depois nos alimentasse a nós seus filhos. E ajunta que esta divina Mãe, com suas preces e merecimentos, adquiridos particularmente na morte de Jesus Cristo, nos obteve a participação nos méritos da Paixão do Redentor (L. 2 *de laud. mar.* c. 23).

Ó Mãe dolorosa, vós já sabeis que eu mereci o inferno: não há outra esperança de salvação para mim senão a comunicação dos merecimentos da morte de Jesus Cristo. Esta graça vós haveis de me impetrar e espero obtê-la pelo amor daquele Filho que vós vistes diante de vossos olhos inclinar a cabeça e expirar no monte Calvário. Ó rainha dos mártires, ó advogada dos pecadores, socorrei-me sempre e especialmente no momento da minha morte. Ah, parece-me ver os demônios que se esforçarão na minha agonia por fazer-me desesperar à vista de meus pecados. Ah, não me abandoneis então quando virdes minha alma tão combatida: ajudai--me com vossas súplicas, obtende-me a confiança e a santa perseverança. E como então, sem poder falar e talvez perdidos os sentidos, não poderei invocar o vosso nome e o de vosso Filho, eu os invoco agora e digo: Jesus e Maria, recomendo-vos a minha alma.

QUARTA PALAVRA:

"Eli, Eli, lamma sabacthani?", isto é, Deus meu, Deus meu, por que me abandonastes?
(Mt 27,46).

1. Antes destas palavras escreve S. Mateus: "E pela hora nona clamou Jesus com grande voz, dizendo: Eli...". Por que Jesus pronunciou estas palavras com voz tão forte? Eutímio diz que ele assim procedeu para demonstrar o seu poder divino, pois, estando próximo a expirar, ainda podia dar um brado tão grande, coisa que os agonizantes não podem fazer devido à grande fraqueza em que então se acham. Além disso, ele deu um tão forte brado para nos fazer compreender o grande sofrimento com que morria. Alguém poderia crer que, sendo Jesus homem e Deus, tivesse com o poder de sua divindade impedido os tormentos de causar-lhe dor. Por isso, para tirar-nos tal suspeita, quis manifestar com aquelas palavras que a sua morte foi a mais amarga jamais suportada por homem algum. Os mártires nos seus tormentos eram consolados pelas divinas doçuras: ele, o rei dos mártires, queria morrer privado de todo o conforto, satisfazendo a todo o rigor da justiça divina por todos os pecados dos homens. Foi esse o motivo, segundo Silveira, por que Jesus chamou a seu Pai Deus, e não Pai, pois que então, réu que era, devia tratá-lo como juiz e não como filho a pai.

Escreve S. Leão que esse brado de Jesus não foi queixa, mas ensino (*Serm.* 17 *de pas.* c. 13). Ensino, porque com aquele brado queria dar-nos a entender quão grande é a malícia do pecado, que quase obrigava Deus a abandonar às penas, sem alívio, seu dileto Filho, somente por ter ele tomado sobre si a obrigação de satisfazer por nossos delitos. Jesus não foi então abandonado pela divindade, nem privado da glória que fora comunicada à sua bendita alma desde o primeiro instante de sua criação; foi, porém, privado de todo consolo sensível, com o qual costuma Deus confortar seus fiéis servos nos seus padecimentos e foi deixado em trevas, temores e amarguras, penas essas por nós merecidas. Esse abandono da presença sensível de Deus experimentou Jesus também no horto de Getsêmani: mas o que sofreu pregado na cruz foi maior e mais amargo.

2. Eterno Pai, mas que desgosto vos deu esse inocente e obedientíssimo Filho, para o punirdes com uma morte tão amarga? Contemplai--o como nesse madeiro está com a cabeça atormentada pelos espinhos,

suspenso em três ganchos de ferro e apoiando-se sobre suas próprias chagas; todos o abandonaram, até os seus discípulos; todos o escarnecem nesse patíbulo e contra ele blasfemam; por que vós, que tanto o amais, também o abandonastes? Cumpre saber que Jesus estava sobrecarregado de todos os pecados do mundo inteiro e por isso, ainda que pessoalmente fosse o mais santo de todos os homens, tendo de satisfazer por todos os pecados deles, era tido pelo pior pecador do mundo e como tal fez-se réu de todos e ofereceu-se para pagar por todos. E porque nós merecíamos ser abandonados eternamente no inferno, no desespero eterno, quis ele ser abandonado ou entregue a uma morte privada de todo o alívio, para assim livrar-nos da morte eterna.

Por que me abandonastes?

1. Calvino, no seu comentário sobre S. João, disse uma blasfêmia, afirmando que Jesus Cristo, para reconciliar o Pai com os homens, devia experimentar todo o ódio que Deus tem contra o pecado e sentir todas as penas dos condenados e em especial a do desespero. Blasfêmia! Como poderia satisfazer pelos nossos pecados com um pecado ainda maior, qual o do desespero? E como conciliar esse desespero de que sonha Calvino, com estas palavras que Jesus pronunciou depois: "Pai, em vossas mãos entrego o meu espírito"? (Lc 23,46). A verdade é, segundo a explicação de S. Jerônimo e S. Crisóstomo e outros, que nosso Salvador lança essa exclamação de dor para nos patentear, não o seu desespero, mas o tormento que sofria tendo uma morte privada de todo o alívio. Em Jesus, se houvesse desespero, só poderia originar-se de ver-se ele odiado por Deus. Como, porém, Deus haveria de odiar um tal filho, que, para obedecer à sua vontade, se oferecera a satisfazer pelas culpas dos homens? Essa obediência foi que levou o Pai a olhar para ele e conceder-lhe a salvação do gênero humano, segundo o testemunho do apóstolo: "O qual nos dias de sua mortalidade, oferecendo, com um grande brado e com lágrimas, preces e rogos ao que o podia salvar da morte, foi atendido pela sua reverência" (Hb 5,7).

Este abandono de Jesus Cristo foi a pena mais dolorosa de toda a sua Paixão, pois sabemos que ele sofreu dores acerbíssimas sem se lamentar, só se queixando desta e até com um grande brado, com muitas lágrimas e preces, como diz S. Paulo. Mas todos esses seus gritos e lágrimas tiveram por fim nos fazer compreender que pena horrenda é uma alma culpada ser abandonada por Deus e privada para sempre do seu amor conforme a ameaça divina: "Eu os expulsarei de minha casa, e não os tornarei a amar" (Os 9,15), e também quanto devia ele padecer para nos obter a divina misericórdia. Diz, além disso, S. Agostinho que, se Jesus Cristo se perturbou à vista de sua morte, ele o fez para consolação de seus servos, para que se estes, à vista da sua, se perturbarem, não se tenham em conta de réprobos e não se entreguem ao desespero (*Lb. Pronost.*).

2. Agradeçamos, entretanto, a bondade de nosso Salvador por ter querido tomar sobre si as penas por nós merecidas e assim livrar-nos da morte eterna, e procuremos de hoje em diante ser gratos a este nosso libertador, arrancando do coração todo afeto que não for para ele. E quando nos virmos desolados e privados da presença sensível da divindade, unamos a nossa desolação àquela que sofreu Jesus na sua morte. Ele de quando em vez se esconde aos olhos das almas que lhe são mais caras, mas não se afasta do coração e as assiste com sua graça interior. Não se dá por ofendido se em tal abandono lhe dizemos o que ele disse no horto a seu eterno Pai: "Meu Pai, se for possível, afastai de mim este cálice" (Mt 26,39). É preciso ajuntar, porém, como ele: "Contudo, não se faça como eu quero, mas como vós". E se a desolação continua, é preciso continuar a repetir o mesmo ato de conformidade, como ele o fez durante aquelas três horas que passou no horto: "E orou pela terceira vez, repetindo as mesmas palavras". Diz S. Francisco de Sales que Jesus é tão amável quando se deixa ver como quando se esconde. De resto, a quem mereceu o inferno e vê-se fora dele, não resta outra coisa que dizer: "Bendirei ao Senhor em todo o tempo". Senhor, eu não mereço consolação, fazei por vossa graça que eu vos ame e fico satisfeito com viver assim desolado, porque isso vos agrada. Ah, se os condenados pudessem no meio de seus tormentos se conformar assim com o vosso querer, o inferno não lhes seria mais inferno.

"Mas vós, Senhor, não afasteis de mim o vosso socorro: aplicai-vos a me defender" (Sl 21,20). Ah, meu Jesus, pelos merecimentos de vossa morte desolada, não me priveis do vosso auxílio nesse grande combate que terei de travar com o inferno na hora de minha morte. Nesse tempo todas as pessoas da terra já terão me abandonado e não me poderão auxiliar; não me abandoneis vós que por mim morrestes e sois o único que então me podeis socorrer. Fazei-o pelo merecimento daquele tormento que sofrestes no vosso abandono e pelo qual nos merecestes não ser abandonados por vossa graça, como merecíamos por nossas culpas.

QUINTA PALAVRA:

"Sabendo, porém, Jesus que tudo estava consumado, disse, para que se cumprisse a escritura: 'Tenho sede'"
(Jo 19,28).

1. A escritura que aí se designa era o dito de Davi: "E deram-me na minha comida fel e na minha sede me propinaram vinagre"(Sl 68,22). Grande foi a sede corporal que Jesus sofreu na cruz, já pelo sangue derramado no horto, já no pretório pela flagelação e coroação de espinhos, e mais ainda na mesma cruz onde de suas mãos e pés cravados escorriam rios de sangue como quatro fontes naturais. Sua sede espiritual foi, porém, muito maior, isto é, o desejo ardente que tinha de salvar todos os homens e de sofrer ainda mais por nós, como diz Blósio, em prova de seu amor (*Mar. sp.* p. 3 c. 18). S. Lourenço Justiniano escreve: "Esta sede nasce da fonte do amor" (*De agon.* c. 19).

2. Ah, meu Jesus, vós tanto desejastes padecer por mim e a mim tanto custa padecer, que me torno impaciente comigo mesmo a cada padecimento e me torno insuportável aos outros. Ó meu Jesus, pelos merecimentos de vossa paciência, tornai-me paciente e resignado nas enfermidades e adversidades que me sobrevierem e fazei-me, antes de morrer, semelhante a vós.

SEXTA PALAVRA:

"Está consumado". S. João escreve: "Tendo Jesus tomado o vinagre, disse: "Tudo está consumado"
(Jo 19,30).

1. Nesse momento, Jesus, antes de expirar, pôs diante dos olhos todos os sacrifícios da antiga lei (todos eles figuras do sacrifício da cruz), todas as súplicas dos antigos padres, todas as profecias realizadas na sua vida e na sua morte, todos os opróbrios e ludíbrios preditos que ele devia suportar, e vendo que tudo se havia realizado, disse: "Tudo está consumado".

S. Paulo se anima a correr generosa e pacientemente ao combate que temos de travar nesta vida com os nossos inimigos para obter a salvação: "Corramos pela paciência ao combate que nos está proposto, pondo os olhos no autor e consumador da fé, Jesus, o qual, havendo-lhe sido proposto o gozo, sofreu a cruz" (Hb 12,1 e 2). O Apóstolo exorta-nos a resistir com paciência às tentações até o fim, a exemplo de Jesus Cristo, que não quis descer da cruz antes de morrer. S. Agostinho escreve: "O que te ensinou pendente da cruz, não querendo dela descer, senão que fosses forte em teu Deus?" (*in* Ps. 70). Jesus quis consumar o seu sacrifício com a morte, para nos persuadir de que Deus não recompensa com a glória senão aqueles que perseveram no bem até o fim, como o faz sentir por S. Mateus: "Quem perseverar até o fim será salvo" (Mt 10,22). Quando, pois, ou seja por motivo de nossas paixões ou das tentações do demônio ou das perseguições dos homens, nos sentirmos molestados e levados a perder a paciência e a ofender a Deus, olhemos para Jesus crucificado que derrama todo o seu sangue por nossa salvação e pensemos que nós ainda não derramamos uma só gota por seu amor. É o que diz S. Paulo: "Pois ainda não tendes resistido até ao sangue combatendo contra o pecado" (Hb 12,4).

Quando, pois, se oferecer a ocasião de ter de ceder em qualquer ponto de honra, de se abster de qualquer ressentimento, de se privar de qualquer satisfação, de qualquer curiosidade ou coisa semelhante, envergonhemo-nos de o negar a Jesus Cristo. Ele não teve reservas para conosco, deu-nos sua vida, todo o seu sangue e por isso envergonhemo-nos de ter reservas para com ele. Resistamos com todas as veras aos nossos inimigos, mas esperemos a vitória sempre e unicamente dos merecimentos de Jesus: por meio deles e deles somente, os santos, e em especial os mártires, superaram os tormentos e a morte. "Mas em todas essas coisas saímos vencedores por aquele que nos amou" (Rm 8,37). Quando o demônio nos trouxer à mente qualquer obstáculo que nos pareça dificílimo à nossa fraqueza superar, volvamos os olhos a Jesus crucificado e, confiados no seu auxílio e merecimentos, digamos com o Apóstolo: "Tudo posso naquele que me conforta" (Fl 4,13). Eu por mim nada posso, mas com o auxílio de Jesus eu posso tudo.

2. Animemo-nos, entretanto, a sofrer as tribulações da vida presente pela vista das penas de Jesus crucificado. Considera, diz o Senhor do alto daquela cruz, considera a multidão das dores e dos desprezos que eu padeço por ti sobre este patíbulo: meu corpo está suspenso por três cravos, e não descanso senão sobre minhas próprias chagas: o povo que me circunda não faz outra coisa senão blasfemar contra mim e afligir-me, e o meu espírito está ainda mais atormentado que meu corpo.

Tudo padeço por teu amor: vê o afeto que te consagro e ama-me e não te recuses a padecer alguma coisa por mim, que por ti levei uma vida tão aflita e agora a termino com uma morte tão amarga.

Ah, meu Jesus, vós me pusestes no mundo para servir-vos e amar-vos, concedestes-me tantas luzes e graças para vos ser fiel, mas eu, ingrato, quantas vezes, para não me privar de minhas satisfações, preferi perder a vossa graça, voltando-vos as costas. Ah, por aquela morte tão desolada que quisestes sofrer por mim, dai-me força para vos permanecer grato no resto de minha vida, propondo-me de ora em diante expulsar do meu coração todo o afeto que não for por vós, meu Deus, meu amor e meu tudo. Minha Mãe Maria, socorrei-me para que eu seja fiel a vosso Filho que tanto me amou.

SÉTIMA PALAVRA:
"Dando um grande brado, disse Jesus:
Pai, em vossas mãos eu vos encomendo o meu espírito"
(Lc 23,46).

1. Escreve Eutíquio que Jesus proferiu estas palavras com grande voz, para dar a entender que ele era verdadeiramente o Filho de Deus, chamando a Deus seu Pai. S. Jerônimo escreve que ele deu este grande brado para demonstrar que não morria por necessidade, mas por própria vontade, emitindo um brado tão forte no momento mesmo em que estava para expirar. Isso combina com o que disse Jesus em vida, que ele de livre vontade sacrificava sua vida por nós, suas ovelhas, e não pela vontade ou malícia de seus inimigos. "Eu ponho minha alma por minhas ovelhas... ninguém ma pode tirar, eu mesmo a entrego de livre querer" (Jo 10,15).

S. Atanásio ajunta que Jesus, recomendando-se ao Pai, recomendou-lhe justamente todos os fiéis que por seu intermédio deveriam receber a salvação, já que a cabeça com seus membros constituem um só corpo. E o santo conclui que Jesus então tinha em mente repetir o pedido feito antes: "Pai santo, conserva-os em teu nome, para que sejam um como nós" (Jo 17,11), e termina: "Pai, os que me destes quero que onde eu estiver estejam comigo" (Jo 17,24).

Isto leva S. Paulo a dizer: "Sei em quem eu pus minha fé e estou certo de que ele é poderoso para guardar o meu depósito para aquele dia" (2Tm 1,12). Assim escrevia o Apóstolo quando se achava no cárcere padecendo por Jesus Cristo, e cujas mãos confiava o depósito de seus sofrimentos e de todas as suas esperanças, sabendo quanto ele é grato e fiel àqueles que padecem por seu amor. Davi punha toda a sua esperança no futuro Redentor, dizendo: "Em vossas mãos, Senhor, entrego o meu espírito; pois vós me remistes, Senhor Deus da verdade" (Sl 39,6). Quanto mais nós devemos confiar em Jesus Cristo, que já realizou a nossa redenção? Digamos-lhe, pois, com grande confiança: "Vós me remistes, Senhor, por isso em vossas mãos encomendo o meu espírito".

2. "Pai, em vossas mãos eu entrego o meu espírito". Grande esforço trazem estas palavras aos moribundos contra as tentações do inferno e temores dos pecados cometidos. Não quero, ó Jesus, meu Redentor, esperar a hora da morte para recomendar-vos a minha alma; a vós a entrego agora; não permitais que ela se separe outra vez de vós. Vejo que minha vida passada não me serviu senão para vos desonrar; não permitais que eu continue a desgostar-vos nos dias que me restam de vida. Ó Cordeiro de Deus, sacrificado na cruz e morto por mim como vítima de amor e consumido de dores, fazei pelos méritos de vossa morte que eu vos ame com todo o coração e seja todo vosso no resto de minha vida. E quando chegar o fim de meus dias, fazei que eu morra abrasado em vosso amor. Vós morrestes por amor de mim; eu quero morrer por amor de vós. "Nas vossas mãos, Senhor, eu entrego o meu espírito. Vós me remistes, Senhor Deus da verdade". Vós derramastes todo o vosso sangue, destes a vida para me salvar, não permitais que por minha culpa tudo isso fique perdido para mim. Meu Jesus, eu vos amo e espero amar-vos eternamente por vossos merecimentos. "Em vós, Senhor, eu esperei, não serei confundido eternamente". Ó Maria, Mãe de Deus, confio nas vossas súplicas: pedi que eu viva e morra fiel ao vosso Filho. Digo-vos com S. Boaventura: "Em vós, senhora, eu esperei, não serei confundido eternamente".

REFLEXÕES SOBRE A MORTE DE JESUS CRISTO E A NOSSA

A morte de Jesus é nossa vida

1. Escreve S. João que nosso Redentor, antes de expirar, inclinou a cabeça: "E tendo inclinado a cabeça, entregou seu espírito" (Jo 19,30). Inclinou a cabeça para significar que aceitava a morte, com plena

submissão, das mãos de seu Pai, a quem prestava humilde obediência. "Humilhou-se a si mesmo, fazendo-se obediente até à morte, e morte de cruz" (Fl 2,8). Jesus, estando na cruz com os pés e as mãos nela cravados, não tinha liberdade de mover outra parte do corpo além da cabeça. Diz S. Atanásio que a morte não ousava tirar a vida ao autor da vida e por isso foi preciso que ele mesmo, inclinando a cabeça (única parte que podia mover), chamasse a morte para que viesse tirar-lhe a vida (*Qu 6 Antioc.*). Referindo-se a isso, diz S. Ambrósio que S. Mateus, falando da morte de Jesus, escreve: "Jesus, porém, clamando outra vez com grande voz, entregou o espírito" (Mt 27,50), para significar que Jesus não morreu por necessidade ou por violência dos carrascos, mas porque o quis espontaneamente, para salvar o homem da morte eterna a que ele estava condenado.

2. Isso já tinha sido predito pelo profeta Oséias: "Eu os livrarei das mãos da morte, eu os resgatarei da morte. Ó morte, eu serei a tua morte; ó inferno, eu serei a tua mordedura" (Os 13,14). Os santos padres S. Jerônimo, S. Agostinho, S. Gregório e o próprio S. Paulo, como veremos brevemente, aplicam este texto literalmente a Jesus Cristo, que com sua morte nos livrou das mãos da morte, isto é, o inferno, onde se sofre uma morte eterna. No texto hebraico, como notam os intérpretes, em vez da palavra morte, está a palavra "sheol", que significa inferno. Como se explica que Jesus Cristo foi a morte da morte? "Serei tua morte, ó morte!". Porque nosso Salvador com sua morte veio destruir a morte a nós devida pelo pecado. Por isso escreve o Apóstolo: "Tragada foi a morte pela vitória. Onde está, ó morte, a tua vitória? Onde está, ó morte, o teu aguilhão? O aguilhão da morte é o pecado" (1Cor 15,54). O Cordeiro divino Jesus, com sua morte, destruiu o pecado, que era a causa da nossa morte, e esta foi a vitória de Jesus, pois que ele, morrendo, tirou do mundo o pecado e, consequentemente, nos livrou da morte eterna a que estava sujeito até então todo o gênero humano. A isso corresponde aquele outro texto do Apóstolo: "Para que pela morte destruísse aquele que tinha o império da morte, isto é, o demônio" (Hb 2,14). Jesus destruiu o demônio, isto é, destruiu o poder do demônio, o qual em razão do pecado tinha o império da morte, a saber, tinha o poder de dar a morte temporal e eterna a todos os filhos de Adão, contaminados pelo pecado. E esta foi a vitória da cruz, na qual morrendo Jesus, que é o autor da vida, com a sua morte recuperou-nos a vida. Por isso canta a Igreja: "A vida suportou a morte e pela morte produziu a vida". Isso tudo foi obra do amor divino, que

como sacerdote sacrificou ao eterno Pai a vida de seu Filho unigênito pela salvação dos homens. E assim canta igualmente a Igreja: "O amor, qual sacerdote, imola os membros do corpo sacrossanto". S. Francisco de Sales exclamou: "Consideremos este divino Salvador estendido sobre a cruz, como sobre seu altar de amor, onde vai morrer por amor de nós. Ah, por que não nos lançamos também em espírito sobre a cruz, para morrer com ele, que quis morrer por amor de nós?". Sim, meu doce Redentor, eu abraço a vossa cruz e a ela abraçado quero viver e morrer, beijando sempre com amor vossos pés chagados e transpassados por mim.

Olhai para a face de vosso Cristo

1. Mas, antes passar adiante, detenhamo-nos a contemplar o nosso Redentor já morto sobre a cruz. Digamos primeiro a seu divino Pai: "Padre Eterno, olhai para a face do vosso Cristo", vede que é o vosso único Filho, que, para cumprir com o vosso desejo de salvar o homem perdido, veio à terra, tomou a natureza humana e com ela todas as nossas misérias, exceto o pecado. Ele, enfim, se fez homem e quis passar toda a sua vida entre os homens como o mais pobre, o mais desprezado, o mais atribulado de todos, e chegou a morrer, como vedes, depois de os homens lhe haverem rasgado as carnes, ferido a cabeça com os espinhos e atravessado seus pés e mãos com os cravos na cruz. Nesse madeiro ele expira cheio de dores, desprezado como o homem mais vil do mundo, escarnecido como falso profeta, blasfemado como impostor sacrílego, por haver dito que era vosso filho; tratado e condenado a morrer como criminoso e dos mais celerados. Vós mesmo lhe tornastes a morte tão dura e desolada, privando-o de todo o alívio. Dizei-nos que delito cometeu contra vós esse vosso Filho tão querido, para merecer um castigo tão horrendo? Vós conheceis a sua inocência, a sua santidade; por que o tratais assim? Escuto a vossa resposta: "Por causa dos crimes de meu povo eu o feri". Sim, ele não o merecia, nem podia merecer castigo algum sendo a inocência e santidade mesma. O castigo vos era devido por vossas culpas, pelas quais merecestes a morte eterna, e eu, para não vos ver a vós, minhas amadas criaturas, condenadas eternamente, para nos livrar de tão grande desgraça, entreguei este meu Filho a uma vida tão atribulada e a uma sorte tão acerba. Pensai, ó homens, até que ponto eu vos amei. "Assim Deus amou o mundo, que lhe deu seu Filho unigênito" (1Jo 4,9).

2. Permiti que eu agora me volte para vós, Jesus, meu Redentor. Eu vos vejo sobre essa cruz, pálido e abandonado, sem fala e sem respiração,

porque já não tendes mais vida; sem sangue, porque já o derramastes todo, como havíeis predito antes de vossa morte: "Este é o sangue do Novo Testamento, que será derramado por vós" (Mc 14,24). Não tendes mais vida, porque a destes para que minha alma vivesse, porque o derramastes para lavar os meus pecados. Mas por que perdeis a vida e dais todo o vosso sangue por nós, míseros pecadores? S. Paulo dá-nos o porquê: "Ele nos amou e entregou-se a si mesmo por nós" (Ef 5,2).

Assim este divino sacerdote, que foi ao mesmo tempo sacerdote e vítima, sacrificando a sua vida pela salvação dos homens que amava, completou o grande sacrifício da cruz e concluiu a obra da redenção do gênero humano. Jesus Cristo, com sua morte, tirou o horror à nossa morte: até então ela era unicamente o suplício dos rebeldes, mas, pela graça e méritos de nosso Salvador, tornou-se um sacrifício tão caro a Deus, que, se o unimos ao da morte de Jesus, nos fazemos dignos de gozar da mesma glória que goza Deus e de ouvir um dia como esperamos: "Entra no gozo de teu Senhor".

Ó morte, onde está o teu aguilhão?
1. Se até então era a morte um objeto de dor e de terror, Jesus, morrendo, transformou-a em um trânsito do perigo de uma ruína eterna para a segurança de uma felicidade eterna e das misérias desta vida às delícias imensas do paraíso. Diz S. Agostinho que os amantes do crucifixo vivem com paciência e morrem com alegria. E, como a experiência nos mostra, as pessoas que durante a vida foram mais atribuladas pelas perseguições, pelas tentações, pelos escrúpulos ou outros acontecimentos desagradáveis, são na morte as mais consoladas pelo crucifixo, vencendo com grande paz todos os temores e angústias da morte. E se algumas vezes aconteceu que alguns santos, como se lê em suas vidas, morreram com grande pavor da morte, o Senhor o permitiu para maior merecimento deles, pois o sacrifício, quanto mais penoso e duro, tanto mais grato a Deus e mais proveitoso para a vida eterna.

Oh! como era acerba a morte dos antigos fiéis antes da morte de Jesus Cristo! Não havendo o Salvador ainda aparecido, suspirava-se por sua vinda e esperava-se por ele segundo a sua promessa, mas ignorava-se o quando, e o demônio tinha um grande poder sobre a terra, estando o céu fechado para os homens. Depois da morte do Redentor, porém, o inferno foi vencido, a graça divina foi conferida às almas, Deus se reconciliou com os homens inocentes que expiaram suas culpas pela penitência. E se alguns, conquanto mortos em graça, não entram imediatamente no céu, isso é devido a seus defeitos ainda não inteiramente expiados: de resto, a morte nada mais faz que romper com seus laços para que livres possam unir-se perfeitamente com Deus, do qual vivem como que separados nesta terra de exílio. Procuremos, pois, almas cristãs, enquanto neste exílio, olhar a morte, não como uma desgraça, mas como o fim de nossa peregrinação tão cheia de angústias e perigos e como princípio de nossa felicidade eterna, a qual esperamos alcançar um dia pelos merecimentos de Jesus Cristo. E com este pensamento do céu desprendamo-nos quanto possível dos objetos terrenos, que podem fazer-nos perder o céu e condenar-nos às penas eternas. Ofereçamo-nos a Deus, protestando querer morrer quando lhe aprouver, aceitando a morte da maneira e no tempo que para nós destinou, suplicando-lhe continuamente que, pelos merecimentos da morte de Jesus Cristo, nos faça sair desta vida na sua graça.

2. Meu Jesus e meu Salvador, que para me obterdes uma boa morte escolhestes para vós uma tão penosa e desolada, eu me abandono inteiramente nos braços de vossa misericórdia. Há mais anos que deveria estar no inferno, pelas ofensas que vos fiz, separado para sempre de vós; vós, em vez de castigar-me, como eu merecia, me chamastes à penitência, e espero que a esta hora já me tenhais perdoado, mas, se ainda não me perdoastes por minha culpa, perdoai-me agora que, cheio de dor, me chego a vossos pés, pedindo misericórdia: desejaria, meu Jesus, morrer de dores pensando nas injúrias que vos fiz. "O sangue do inocente lava as culpas do penitente". Perdoai-me e dai-me a graça de amar-vos com todas as forças até à morte e, quando chegar o fim de minha vida, fazei-me morrer abrasado em amor por vós, para continuar a amar-vos eternamente. Desde já uno a minha morte à vossa santa morte, pela qual espero salvar-me. "Em vós, Senhor, eu esperei; não serei confundido eternamente". Ó grande Mãe de Deus, vós sereis, depois de Jesus, a minha esperança. "Em vós, Senhora, eu esperei, não serei confundido eternamente".

CAPÍTULO 6
REFLEXÕES SOBRE OS PRODÍGIOS HAVIDOS NA MORTE DE JESUS CRISTO

As trevas

1. Conta-se que S. Dionísio Areopagita, estando em Heliópolis, no Egito, exclamou na hora da morte de Jesus: "Ou o autor da natureza, Deus, está sofrendo ou então é a máquina do mundo que se desfaz" (*Corn. a Lápide in* Mt c. 27 v. 45). Miguel Sincelo e Suida escrevem ter o santo dito: "O Deus desconhecido padece em seu corpo e por isso o universo se cobre de trevas". Eusébio escreve que, segundo Plutarco, na ilha de Praxas se ouviu uma voz que dizia: "Morreu o grande *Pan*" e em seguida o grito de muitos que choravam. Eusébio interpretou a palavra *Pan* por Lúcifer, que pela morte de Cristo ficou como que morto, vendo-se despojado do império que tinha sobre os homens. Barradas, porém, a entende pela pessoa de Cristo, visto que em grego a palavra *Pan* significa o todo, que é o próprio Jesus Cristo, Filho de Deus e Deus verdadeiro: o todo, isto é, a plenitude de todos os bens.

O que sabemos do Evangelho é que no dia da morte do Salvador, à hora sexta, até à nona, a terra cobriu-se de trevas (Mt 27,45). E no momento em que Jesus expirou, partiu-se pelo meio o véu do templo e sobreveio um terremoto universal que fendeu muitos rochedos (Mt 27,51).

Falando das trevas, nota S. Jerônimo que essa escuridão foi predita pelo profeta Amós nos seguintes termos: "E naquele dia acontecerá isto, diz o Senhor Deus: o sol se porá ao meio-dia e farei cobrir a terra de trevas no dia da luz" (Am 8,9). O mesmo S. Jerônimo comentou este texto, dizendo que então pareceu ter o sol retirado a sua luz para que os ímpios não se utilizassem dela. O sol retraiu os seus raios, não ousando contemplar o Senhor pendente da cruz, ajunta o santo. Mais acertadamente, porém, escreve S. Leão que nessa ocasião todas as criaturas demonstraram a seu modo a sua dor na morte de seu comum Criador (Serm. de pass.). É o mesmo o pensamento de Tertuliano, que, falando em particular das trevas, diz que o universo com aquela escuridão queria celebrar como que as exéquias de nosso Redentor (*De jejun*. c. 3).

2. S. Atanásio, S. Crisóstomo, S. Tomás notam que essa escuridão foi prodigiosa, já que naquele dia não podia haver eclipse pela interposição da lua entre a terra e o sol, visto ser possível um eclipse no novilúnio e não no plenilúnio, como era aquele dia, segundo os astrônomos. Além disso, sendo o sol muito maior que a lua, não podia esta tapar por completo a luz do sol, pois, segundo o Evangelho, as trevas se estenderam sobre o universo inteiro. E mesmo que fosse possível a lua encobrir a luz do sol, sabemos que o curso da lua é muito rápido, de maneira que a escuridão só duraria alguns minutos. Ora, o Evangelho afirma que a escuridão durou três horas, da sexta à nona hora. Este prodígio das trevas apresenta Tertuliano na sua apologia (c. 21) aos gentios, dizendo-lhes que em seus próprios arquivos estava consignado esse acontecimento do ofuscamento do sol. Eusébio, em confirmação disso, refere na sua Crônica 1.2, as palavras do gentio Flegonte, que escreve o seguinte: "No quarto ano da 202.ª Olimpíada deu-se a ofuscação do sol, a maior de todas até então conhecidas, e fez-se noite na sexta hora do dia, podendo-se então ver as estrelas no firmamento".

Fim do Antigo Testamento

1. Diz ainda o Evangelho de S. Mateus: "Eis que o véu do templo se rasgou de alto a baixo em duas partes" (Mt 27,51). O Apóstolo escreve que havia uma cortina tanto no tabernáculo como no templo, onde estava o santo dos santos com a arca do testamento, que continha o maná, a vara de Aarão, as tábuas da lei, e esta parte era o propiciatório. No primeiro tabernáculo, que estava diante do Santo dos santos, oculto pelo primeiro véu ou cortina, entravam somente os sacerdotes para os seus sacrifícios. O sacerdote que aí sacrificava, mergulhando o dedo no sangue da vítima oferecida, com ele aspergia sete vezes a cortina. No segundo tabernáculo do Santo dos santos, que estava sempre fechado e oculto com o segundo véu, entrava somente o sumo sacerdote e uma só vez no ano, levando o sangue da vítima, que oferecia por si mesmo. Tudo era mistério: o santuário sempre fechado significava a exclusão dos homens da graça divina, que não receberiam mais senão por meio do grande sacrifício que Jesus Cristo deveria um dia oferecer pessoalmente, já figurado por todos os sacrifícios antigos e por isso chamado por S. Paulo pontífice dos bens futuros. Este, por um tabernáculo mais perfeito, a saber, seu corpo sacrossanto, deveria entrar no Santo dos santos da presença divina, como mediador entre Deus e os homens, oferecendo o sangue não já dos touros e bodes, mas o seu próprio sangue, com o qual deveria consumar a obra da redenção humana e assim abrir-nos o ingresso no céu.

2. Ouçamos, porém, as próprias palavras do Apóstolo: "Mas Cristo, estando já presente, pontífice dos bens vindouros, por outro mais perfeito e excelente tabernáculo, não feito por mão de homem, isto é, não desta criação, nem pelo sangue de bodes ou de bezerros, mas pelo seu próprio sangue, entrou uma vez no santuário, havendo achado uma redenção eterna" (Hb 9,11). Aí se diz: pontífice dos bens vindouros, para distinção dos pontífices de Aarão, que impetravam bens presentes e terrenos. Jesus Cristo havia de obter-nos bens futuros que são os celestes e eternos. Diz-se: por outro mais perfeito e excelente tabernáculo, que foi a santa humanidade do Salvador, tabernáculo do Verbo divino; não feito por mão de homem, porque o corpo de Jesus não foi formado por obra do homem, mas do Espírito Santo. Diz-se: nem pelo sangue de bodes ou de bezerros, mas por seu próprio sangue, porque o sangue de bodes e dos touros obtinha somente a purificação da carne, enquanto que o sangue de Jesus obtém a purificação da alma com a remissão dos pecados. Diz-se: entrou uma vez no santuário, havendo achado uma redenção eterna. Esta palavra "achou" significa que tal redenção não podia ser por nós nem pretendida nem esperada antes das promessas divinas, sendo unicamente um invento da bondade de Deus. Diz-se: eterna, porque o sumo sacerdote dos hebreus só uma vez no ano entrava no santuário; Jesus Cristo, consumando uma só vez o sacrifício com sua morte, mereceu-nos uma redenção eterna, que será suficiente para sempre para expiar todos os nossos pecados, conforme escreve o mesmo Apóstolo: "Com uma só oferenda fez perfeitos para sempre os que tem santificado" (Hb 10,14).

Novo Testamento

1. E o Apóstolo ajunta: "E por isso é o mediador do Novo Testamento" (Hb 9,15). Moisés foi o mediador do Antigo Testamento, isto é, da

antiga aliança, a qual não tinha o poder de obter aos homens a reconciliação com Deus e a salvação, pois, como explica S. Paulo em outro lugar, "a antiga lei nenhuma coisa levou à perfeição" (Hb 7,19). Jesus Cristo, porém, na nova aliança, satisfazendo plenamente a justiça divina pelos pecados dos homens, obteve-lhes o perdão por seus merecimentos, assim como a graça divina. Os judeus achavam ser uma ofensa pensar que o Messias, por uma morte tão vergonhosa, haveria de operar a redenção dos homens, afirmando ser declaração da lei que o Messias não devia morrer, antes viver sempre: "Ouvimos da lei que o Cristo permanece para sempre" (Jo 12,34). Erravam, porém, porque a morte foi o meio pelo qual Jesus se tornou mediador e Salvador dos homens, pois que, pela morte de Jesus, foi feita a promessa da herança eterna aos que são a ela predestinados. "E por isso é mediador de um Novo Testamento, para que, intervindo a morte para expiação daquelas prevaricações que havia debaixo do primeiro testamento, recebam a promessa de herança eterna os que têm sido chamados" (Hb 9,15). S. Paulo, por essa razão, nos anima a colocar todas as nossas esperanças nos merecimentos da morte de Jesus Cristo: "Portanto, irmãos, tende confiança de entrar no santuário pelo sangue de Cristo, seguindo este caminho novo e de vida que nos consagrou primeiro pelo véu, isto é, pela sua carne" (Hb 10,19-20). Nós temos um forte motivo de esperar a vida eterna pelo sangue de Jesus, que nos abriu caminho para o paraíso. Chama-se novo porque não fora trilhado por nenhum outro, mas Jesus, trilhando-o, no-lo abriu por meio de sua carne sacrificada na cruz, da qual o véu foi figura. S. Crisóstomo escreve que, assim como pela ruptura do véu, na Paixão do Senhor, ficou aberto o Santo dos santos, do mesmo modo a carne de Jesus dilacerada na Paixão abriu-nos o céu que nos estava fechado. E assim exorta-nos o mesmo Apóstolo a nos aproximarmos com confiança do trono da graça para receber misericórdia divina: "Cheguemo-nos, pois, confiadamente ao trono da graça, a fim de alcançar misericórdia e de achar graça em tempo oportuno" (Hb 4,16). Este trono de graça é justamente Jesus Cristo, em quem, se recorrermos nós, míseros pecadores, no meio de tantos perigos de perdição em que nos achamos, encontraremos aquela misericórdia que não merecíamos.

2. Voltemos ao texto citado de S. Mateus: "Jesus, porém, dando novamente um grande brado, entregou o seu espírito e eis que o véu do templo se rasgou de alto a baixo em duas partes". Ora, essa ruptura completa de alto a baixo, havida no momento da morte de Jesus e conhecida

de todos os sacerdotes e do povo, não podia se ter dado sem um prodígio sobrenatural, já que o véu não poderia rasgar-se de alto a baixo apenas pelo terremoto. Isso aconteceu para significar que Deus não queria mais esse santuário fechado ordenado pela lei, mas que doravante ele mesmo queria ser santuário aberto a todos, por meio de Jesus Cristo. Escreve S. Leão (*Serm.* 10 *depas. c.* 5) que o Senhor, com tal ruptura, demonstrou claramente que tinha findado o antigo sacerdócio e começava o sacerdócio eterno de Jesus Cristo e que estavam abolidos os sacrifícios antigos e estabelecida uma nova lei, conforme o dito de S. Paulo: "Pois, mudado, que seja o sacerdócio, é necessário que se faça também mudança da lei" (Hb 7,12). Com isso ficamos cientificados de que Jesus Cristo é o fundador tanto da primeira como da segunda lei e que na lei antiga, o sacerdócio, os antigos sacrifícios não tinham em vista senão o sacrifício da cruz, que devia operar a redenção humana. Assim, tudo o que era escuro e misterioso na primeira lei, nos sacrifícios, nas festas e nas promessas, tornou-se claro na morte de Jesus. Em suma, diz Eutímio que o véu rasgado significava ter sido destruído o muro que separava o céu da terra, e que estava aberta e desimpedida para os homens a estrada para o céu (*in.* Mat. c. 67).

Terremoto e ressurreição dos mortos

1. Continua o Evangelho: "E a terra tremeu e as pedras se partiram" (Mt 27,51). É tradição que na morte de Jesus Cristo houve um grande terremoto universal que abalou todo o globo mundial segundo Blósio (*Lib.* 7 c. 4). Dídimo escreve que a terra foi sacudida até ao seu centro (*Fragom. in Job* c. 9). Orígenes e Eusébio (*Chron.* 1. 2) citam Flegonte, segundo o qual no ano 33 de Cristo houve um grande terremoto que causou grandes ruínas nos edifícios de Nicéia na Bitínia. Plínio, que viveu no tempo de Tibério, em cujo reinado morreu Jesus, e Suetônio atestam que na Ásia por essa ocasião foram destruídas 12 cidades por um grande terremoto (*Lib.* 3 c. 84 — *In Tib.* c. 48). Veem nisso os eruditos o cumprimento da profecia de Ageu: "Ainda falta um pouco e eu comoverei o céu e a terra, o mar e todo o universo" (2,7). S. Paulino escreve que Jesus, mesmo pregado na cruz, para demonstrar quem ele era, aterrou o mundo universo (*De ob.* Celsi).

Adricômio atesta que até hoje se veem os sinais desse terremoto no monte Calvário, no lado esquerdo, havendo ali uma fenda de largura de um corpo humano e tão profunda que se não pode atingir o fundo

(*Descriptio Jerusal.* n. 252). Barônio narra (An. 34 n. 107) que em muitos outros lugares fenderam-se os montes por esse terremoto. No promontório de Gaeta vê-se ainda hoje um rochedo do qual se diz que, na morte do Senhor, ele se abriu pelo meio de cima até em baixo e aparece claramente que a abertura foi prodigiosa, pois é tão grande que o mar a atravessa pelo meio e o que falta de um lado vê-se elevar-se perfeitamente correspondente no outro. A mesma coisa diz a tradição a respeito do monte Colombo, perto de Rieti, do Monte Serrat, na Espanha, e de diversos outros montes abertos na Sardenha em redor da cidade de Gagliari. Mais admirável, porém, é o que se vê no monte Alverne, na Toscana, onde S. Francisco recebeu os sagrados estigmas, no qual se encontram enormes blocos de pedra amontados uns sobre os outros. Diz-se que um anjo revelou a S. Francisco que foi aquele um dos montes que ruíram na morte de Jesus Cristo, como traz Wadding em seus Anais (*An. Min. an.* 1215 n .15). S. Ambrósio escreve: "Ó peitos dos judeus mais duros que os rochedos, rompem-se as pedras, mas esses corações permanecem duros" (*Lib.* 10 *in* Lc).

2. S. Mateus continua a descrever os prodígios ocorridos na morte de Cristo e diz: "E os monumentos se abriram e muitos corpos de santos, que tinham falecido, ressurgiram e, saindo de suas sepulturas depois de sua ressurreição, vieram à cidade santa e apareceram a muitos" (Mt 27,52). S. Ambrósio pergunta: "A abertura das sepulturas que outra coisa significa senão a ressurreição dos mortos, quebradas as portas da morte?" (*Liv.* 10 *in* Lc). S. Jerônimo, S. Beda , o venerável, e S. Tomás afirmam que apesar de se abrirem os sepulcros na morte de Jesus, contudo os mortos não ressurgiram senão depois da ressurreição do Senhor, e isto segundo o dito Apóstolo (Cl 1,18): "Ele é o princípio e o primogênito dentre os mortos, de maneira que tem a primazia em todas as coisas". "Não era de fato conveniente que outro homem ressuscitasse antes dele, que tinha triunfado da morte".

Conversão do centurião

1. Diz-se em S. Mateus que muitos santos ressurgiram e, saindo dos sepulcros, apareceram a muitos. Esses ressuscitados foram os justos que tinham crido e esperado em Jesus Cristo. Deus quis assim glorificá-los em prêmio de sua fé e confiança no futuro Messias, segundo a profecia de Zacarias, na qual ele diz, referindo-se ao Messias futuro: "Tu também, pelo sangue de teu testamento, fizeste sair os teus presos do lago em que

não há água" (Zc 9,11). Isto é: tu então, ó Messias, pelo merecimento de teu sangue, desceste ao cárcere e libertaste os santos encarcerados naquele lago subterrâneo (o limbo dos padres, onde não existia a água da alegria) e os reconduziste à glória eterna.

S. Mateus continua que o centurião e os outros soldados, seus comandados, que foram os ministros da morte do Senhor, não obstante terem os judeus provado obstinadamente a morte injusta a que foi condenado, profundamente comovidos com os prodígios das trevas e do terremoto, o reconheceram por verdadeiro filho de Deus: "O centurião, porém, e os que com ele guardavam Jesus, vendo o terremoto e as coisas que se davam, ficaram aterrorizados e disseram: "Verdadeiramente este era o Filho de Deus" (Mt 27,54). Estes soldados foram as primícias felizes dos gentios que abraçaram a fé de Jesus Cristo depois de sua morte, pois, por meio de seus merecimentos, tiveram a sorte de conhecer seus pecados e de esperar o perdão.

S. Lucas conta que todos os que se achavam presentes na morte de Jesus e viram os prodígios narrados voltaram batendo no peito em sinal de seu arrependimento de haverem cooperado ou ao menos aplaudido a condenação do Salvador (Lc 23,48). E por isso, como vemos dos Atos dos Apóstolos, também muitos judeus, sentindo-se compungidos com a prédica de S. Pedro, perguntaram-lhe que deviam fazer para salvar-se. O número daqueles a quem respondeu S. Pedro que fizessem penitência e se batizassem chegou a três mil (At 2,41).

2. Vieram depois os soldados e quebraram as pernas dos dois ladrões. Chegando-se, porém, a Jesus e vendo que estava morto, abstiveram-se de fazer-lhe o mesmo, mas um deles com a lança abriu-lhe o peito, do qual saiu imediatamente sangue e água (Jo 19,34). S. Cipriano escreve que a lança atingiu diretamente o coração de Jesus Cristo. O mesmo foi revelado a S. Brígida (*Rv* 1. 2, c. 21) e isso se deduz de ter saído juntamente com o sangue também água do lado do Senhor, pois a lança, para atingir o coração de Cristo, teve primeiro de romper o pericárdio, que envolve o coração todo. S. Agostinho nota (*Serm.* 120 *in* Jo.) que S. João escreveu "abriu", porque então se abriu no coração do Senhor a porta da vida, da qual brotaram os Sacramentos, que dão entrada à vida eterna. Por isso é que se diz que o sangue e água saídos do lado de Jesus Cristo foram a figura dos Sacramentos, pois a água é o símbolo do batismo, o primeiro dos Sacramentos, e o sangue se encontra na Eucaristia, o maior dos Sacramentos. S. Bernardo diz que Jesus com essa chaga visível queria

patentear a chaga invisível do amor, de que seu coração estava ferido por nós: "Por isso foi vulnerado para que, pela chaga visível, enxerguemos a chaga invisível do amor: a chaga carnal, portanto, demonstra a chaga espiritual". E conclui: "Quem, pois, deixará de amar esse coração tão chagado?" (*Serm.* 3 de *pass.*). S. Agostinho, falando da Eucaristia, diz que o Santo Sacrifício da missa não é hoje menos eficaz perante Deus que o sangue e água saídos então do lado ferido de Jesus Cristo (*in* Ps 85).

Pobre até na sepultura, mas ressurge gloriosamente

1. Terminemos este capítulo com algumas reflexões sobre a sepultura de Jesus Cristo. Jesus veio ao mundo não só para remir-nos como também para ensinar-nos, com seu exemplo, todas as virtudes e de modo especial a humildade e a santa pobreza, companheira inseparável da humildade. Por isso quis nascer pobre numa gruta, viver pobre numa oficina por trinta anos, e finalmente morrer pobre e nu sobre uma cruz, vendo com seus próprios olhos como os soldados sorteavam suas vestes antes de expirar. Depois de morto teve que receber de outros, por esmola, um lençol para ser sepultado. Consolem-se, pois, os pobres, vendo Jesus Cristo, rei do céu e da terra, viver e morrer como pobre, para nos enriquecer com seus merecimentos e seus bens, como dizia o Apóstolo: "Porque por vós ele se fez pobre, sendo rico, para que por sua pobreza vos tornásseis ricos" (2Cor 8,9). Tendo isso em vista, os santos, para se assemelharem a Jesus, desprezaram todas as riquezas e honras do mundo, para um dia gozarem com Jesus Cristo das riquezas e honras celestes preparadas por Deus para aqueles que o amam. Falando desses bens, escreve o Apóstolo: "O olho não viu, o ouvido não ouviu, nem chegou jamais ao coração do homem o que Deus preparou para aqueles que o amam" (1Cor 2,9).

2. Jesus Cristo ressurge, pois, com a glória de possuir, não só como Deus, mas também como homem, todo o poder no céu e na terra, sendo todos os anjos e todos os homens seus súditos. Alegremo-nos, portanto, vendo assim glorificado o nosso Salvador, o nosso Pai e o melhor amigo que possuímos. Alegremo-nos por nós mesmos, pois a ressurreição de Jesus Cristo é para nós um penhor seguro de nossa própria ressurreição e da glória que esperamos possuir um dia lá no céu tanto no corpo como na alma. Essa esperança dava força aos santos mártires para sofrer com alegria todos os males desta terra e os mais cruéis tormentos dos tiranos. Mas é preciso persuadirmo-nos de que não gozará com Jesus Cristo quem não quiser sofrer também com Jesus Cristo e nem obterá a coroa quem não combater como deve: "E quem combate na liga não é coroado se não combater legitimamente" (2Tm 2,5). Persuadamo-nos igualmente do que diz o mesmo apóstolo, que todos os sofrimentos desta vida são muito breves e leves em comparação dos bens imensos e eternos que esperamos gozar no paraíso (2Cor 4,7). Procuremos, pois, estar sempre na graça de Deus e suplicar-lhe continuamente a perseverança na sua graça; doutra maneira, sem a oração e oração perseverante, não obteremos essa perseverança e, sem a perseverança, não alcançaremos a salvação.

Ó doce, ó amável Jesus, como pudestes amar tanto os homens, que, para lhes testemunhardes o vosso amor, não recusastes morrer desonrado e coberto de opróbrios sobre um lenho infame? Ó Deus, como é possível que tão poucos homens vos amem de coração? Ah, meu caro Redentor, eu quero ser do número desses poucos. Miserável que fui pelo passado, esquecendo-me do vosso amor e trocando a vossa graça por míseros deleites. Conheço o mal que fiz e dele me arrependo de todo o coração; desejaria morrer de dor. Agora, meu amado Redentor, eu vos amo mais do que a mim mesmo e estou pronto a morrer mil vezes antes do que a perder vossa amizade. Agradeço-vos a luz que me concedeis. Meu Jesus, minha esperança, não me deixeis entregue a mim mesmo, continuai a auxiliar-me até à morte.

Ó Maria, Mãe de Deus, rogai a Jesus por mim.

CAPÍTULO 7
DO AMOR QUE JESUS CRISTO NOS DEMONSTROU NA SUA PAIXÃO

Assim Deus amou o mundo

1. S. Francisco de Sales chama o monte Calvário o monte dos amantes e diz que o amor que nasce da Paixão é fraco, dando com isso a entender que a Paixão de Jesus Cristo é o incentivo mais forte para nos mover e inflamar a amar o nosso Salvador. Para que possamos compreender em parte (pois totalmente é impossível) o grande amor que Deus nos demonstrou na Paixão de Jesus Cristo, basta lançar um olhar ao que dizem as Sagradas Escrituras. Escolherei só alguns textos mais importantes que falam deste amor. E que ninguém ache fastidioso repetir eu esses textos que falam da Paixão, tendo-os já citado muitas vezes em outras obras minhas. Também certos escritores de obras perniciosas, que tratam de obscenidades, repetem sempre suas pilhérias impudicas para despertar mais fortemente a concupiscência de seus incautos leitores. E a mim não me será então permitido repetir aqueles trechos das Sagradas Escrituras, que são mais aptos para inflamar os ânimos no amor divino?

Falando deste amor, diz o próprio Jesus: "Assim Deus amou o mundo que lhe deu seu Filho unigênito" (Jo 3,61). A palavra assim significa muito: ela nos faz compreender que, tendo-nos dado o seu Filho unigênito, nos demonstrou um tal amor que nós nem sequer podemos compreendê-lo. Por causa do pecado todos nós estávamos mortos, tendo perdido a vida da graça. O Padre Eterno, porém, para dar a conhecer ao mundo a sua bondade e nos fazer compreender quanto nos amava, quis enviar à terra seu Filho, para que ele com sua morte nos restituísse a vida. "Nisto é que se manifestou a caridade de Deus para conosco, que Deus enviou seu Filho unigênito ao mundo para que nós vivamos por ele" (1Jo 4,9). Para nos perdoar a nós, Deus não quis perdoar a seu próprio Filho, desejando que ele assumisse o peso de satisfazer a justiça divina por todas as nossas culpas. "O qual não poupou seu próprio Filho, mas entregou-o por todos nós" (Rm 8,32). Diz-se entregou-o, como se o depositasse nas mãos dos algozes, que o encheram de ignomínias e dores, até fazê-lo morrer de dor em um patíbulo ignominioso. Primeiramente o sobrecarregou com todos os nossos pecados: "E o Senhor pôs sobre ele a iniquidade de nós todos" (Is 53,6), e depois quis vê-lo consumido de opróbrios e das mais acerbas aflições tanto internas como externas: "Eu o feri por causa dos crimes de meu povo. E o Senhor quis quebrantá-lo na sua fraqueza" (Is 53,8-10).

2. S. Paulo, considerando este amor de Deus, chega a dizer: "Por causa de excessiva caridade com que nos amou, quando estávamos mortos pelos pecados, ele nos deu a vida em Cristo" (Ef 2,4-5). Ele diz por causa da excessiva caridade com que nos amou. Como? Em Deus poderá haver excesso? Sim, fala dessa maneira para que compreendamos que Deus fez pelo homem tais coisas, que, se a fé não o atestasse, não se poderia crê-lo. Por isso exclama a S. Igreja, cheia de admiração: "Ó admirável condescendência de vossa compaixão para conosco! Ó inestimável predileção de vossa caridade! Para remirdes o servo, entregastes o Filho". Note-se esta expressão da Igreja: predileção da caridade, esse amor é mais caro a Deus que todos os amores que consagra às outras criaturas. Sendo Deus a caridade mesma, o amor mesmo, como escreve S. João: "Deus é a caridade" (1Jo 4,8), ama todas as criaturas: "Pois tu amas todas as coisas que existem e não odeias alguma das que fizeste" (Sb 11,25). O amor que ele dedica ao homem parece, porém, ser-lhe caro e avantajado, pois chega a preferir o homem aos anjos, querendo morrer pelos homens e não pelos anjos que se haviam extraviado.

Ele se entregou a si mesmo

1. Falando do amor que o Filho de Deus consagra ao homem, notemos que, vendo ele, de um lado, o homem perdido pelo pecado e de outro, a justiça de Deus que exigia inteira satisfação pela ofensa recebida do homem que não estava em condições de a dar, ofereceu-se espontaneamente a satisfazer pelo homem. "Foi oferecido porque ele mesmo o quis" (Is 53,7). Como um humilde cordeiro se submete aos carnífices, permitindo-lhes que lhe dilacerem as carnes, o conduzam à morte, sem se lamentar nem abrir a boca, como já estava predito: "Será levado como uma ovelha ao matadouro, e, como um cordeiro diante do que o tosquia, emudecerá e não abrirá a boca" (Is 53,7). S. Paulo escreve que Jesus, para obedecer a seu Pai, aceitou a morte da cruz: "Fez-se obediente até à morte e morte de cruz" (Fl 2,8). Não se julgue, porém, que o Redentor de sua parte não o queria e só para obedecer ao Pai morreu crucificado: ele se ofereceu espontaneamente a essa morte e quis morrer por própria vontade pelo homem, levado pelo amor que lhe consagrava, como ele mesmo o declarou em S. João: "Eu mesmo entrego a minha alma, ninguém a tira de mim, mas eu mesmo a dou de mim mesmo" (Jo 10,18). E ajuntou que era esse o ofício de um bom pastor, dar a sua vida por suas ovelhas: "Eu sou o bom pastor, o bom pastor dá sua alma por suas ovelhas" (Jo 11,14). Por que quis morrer por suas ovelhas? Que obrigação tinha como pastor de dar sua vida por suas ovelhas? Quis morrer por causa do amor que lhes tinha e assim livrá-las do poder de Lúcifer: "Ele nos amou e se entregou por nós" (Ef 5,2).

2. Claramente afirmou nosso amante Redentor quando disse: "E eu, quando for exaltado da terra, atrairei tudo para mim" (Jo 12,32). Com essas palavras quis designar a morte que teria de sofrer sobre a cruz, como esclarece o mesmo evangelista: "Dizia isso, significando de que morte havia de morrer" (Jo 12,33). Comentando as palavras —tudo atrairei para mim— diz S. João Crisóstomo: como se tudo estivesse retido pelo tirano. Com a palavra "atrairei", quer o Senhor significar que ele, com sua morte, nos arrancou à força das mãos de Lúcifer, o qual como tirano nos conserva encadeados como escravos para nos atormentar eternamente no inferno depois da morte. Infelizes de nós, se Jesus Cristo não houvesse morrido por nós! Todos deveríamos ser condenados ao inferno. Que grande motivo para nós de amar Jesus Cristo, digo para nós, porque merecemos o inferno e ele, com sua morte e efusão de seu sangue, nos livrou dessa desgraça.

Lancemos de passagem um olhar para as penas do inferno, onde já se acham infelizes a suportá-las. Esses infelizes estão imersos num mar de fogo, no qual sofrem uma agonia ininterrupta, pois nesse fogo experimentam toda sorte de tormentos. Estão entregues às mãos dos demônios, que, cheios de furor, não fazem outra coisa que atormentá-los incessantemente. Mais do que pelo fogo e por todos os outros horrores, são atormentados pelo remorso da consciência pelos pecados cometidos durante a vida, por cuja causa foram condenados. Veem fechado para sempre todo caminho que possa conduzi-los para fora desse abismo de tormentos. Vêem-se banidos para sempre da companhia dos santos e da pátria celeste, para a qual foram criados. O que, porém, mais os aflige e constitui o seu inferno é verem-se abandonados de Deus e condenados a não poderem mais amá-lo nem dele recordar-se senão com ódio e rancor. Desse inferno nos livrou Jesus Cristo, remindo-nos não com ouro ou outros bens terrenos, como diz S. Lourenço Justiniano (*De contempt. mundi*. c. 7), mas dando-nos seu sangue e sua vida sobre a cruz. Os reis da terra enviam seus vassalos à morte, na guerra, para conservar a sua própria vida. Jesus, pelo contrário, quis morrer por nós, criaturas suas, para nos obter a salvação.

Amor sem medida

1. Ei-lo então apresentado a Pilatos como um malfeitor pelos escribas e sacerdotes, para que ele o julgasse e condenasse à morte da cruz, como de fato o conseguiram. "Oh! maravilha", exclama S. Agostinho, "ver o juiz julgado, a justiça condenada e a vida morrer" (*Serm*. 191). E qual foi a causa de todos esses prodígios senão o amor que Jesus Cristo tinha aos homens? "Amou-os e entregou-se assim mesmo por nós" (Ef 5,2). Oh! se tivéssemos sempre diante dos olhos esse trecho de S. Paulo, certamente arrancaríamos do coração todo o afeto aos bens da terra e não pensaríamos em outra coisa senão em amar o nosso Redentor, recordando-nos que o amor o levou a derramar todo o seu sangue para preparar-nos um banho de salvação. "O qual nos amou e lavou-nos de nossos pecados no seu sangue" (Ap 1,5). Diz S. Bernardino de Sena que Jesus Cristo do alto de sua cruz viu em particular cada um de nossos pecados e ofereceu seu sangue em remissão de cada um em especial (*Serm*. 56 a. 1 c. 1). Em suma, o amor obrigou-o a aparecer nesta terra como o mais vil e humilde de todos, apesar de ser o senhor soberano. "Quem faz isto?", pergunta S. Bernardo; "O amor, que, forte, no seu afeto, não conhece dignidade" (*In Cant*. s. 64). O amor, que, para fazer-se notório ao objeto amado, faz que o amante ponha de parte sua dignidade e procure unicamente o que agrada e contenta ao amado, e assim Deus, que por ninguém pode ser vencido, deixou-se vencer pelo amor que consagrava aos homens.

É, além disso, necessário refletir que tudo o que padeceu Jesus Cristo em sua Paixão, padeceu-o por causa de um de nós em particular e por isso diz S. Paulo: "Vivo na fé do Filho de Deus, que amou e se entregou a si mesmo por mim" (Gl 2,20). O que diz o Apóstolo deve dizer também cada um de nós. Assim, escreve S. Agostinho que o homem foi remido por um preço tão grande, que parece valer tanto quanto o próprio Deus (*De dil. Deo* c. 6). E o santo acrescenta em outro lugar: "Senhor, vós me amastes, não como a vós mesmo, mas ainda mais do que a vós, pois, para livrar-me da morte, quisestes morrer por mim" (*Soliloq*. c. 13).

2. Mas, podendo Jesus Cristo salvar-nos com uma só gota de sangue, por que quis derramá-lo todo a força de tormentos até expirar de pura dor no madeiro da cruz? Responde S. Bernardo que ele quis derramá-lo todo para nos demonstrar o amor excessivo que nos tinha. Digo excessivo, pois também os santos Moisés e Elias chamaram a Paixão do Redentor um excesso de misericórdia e de amor: "E falavam de seu excesso, que havia de realizar em Jerusalém" (Lc 9,31). Falando S. Anselmo da Paixão do Senhor, diz que a misericórdia superou o delito de nossos pecados (*Cur Deus homo* 1. 2, c. 21) e isso porque o valor da morte de Jesus Cristo, sendo infinito, superou infinitamente a satisfação devida à justiça divina por nossas culpas. O Apóstolo tinha, pois, razão de dizer: "Longe esteja de mim o gloriar-me a não ser na cruz de Nosso Senhor Jesus Cristo" (Gl 6,14). E o que dizia S. Paulo pode dizer qualquer um de nós. E por isso digamos: e que maior glória poderia eu ter ou esperar no mundo, do que ver um Deus morto por amor de mim?

Ó Deus eterno, eu vos desonrei com os meus pecados, mas Jesus Cristo com sua morte satisfez por mim e restituiu-vos superabundantemente a honra que vos era devida; por amor, pois, de Jesus morto por mim, tende compaixão de mim. E vós, meu Redentor, que quisestes morrer por mim a fim de obrigar-me a amar-vos, fazei que eu vos ame. Por ter desprezado a vossa graça e o vosso amor, merecia ser condenado a não poder mais amar-vos; dai-me, porém, qualquer castigo, mas não esse. Suplico-vos que não me envieis ao inferno, já que no inferno não posso amar-vos. Fazei que eu vos ame e depois castigai-me como quiserdes. Privai-me de tudo, somente não de vós. Aceito todas as enfermidades, todas as ignomínias, todas as dores que me enviardes, contanto que eu vos ame. Conheço agora, pela luz que me dais, que sois soberanamente amável e muito me amastes; não ouso mais viver sem vos amar. No passado, amei as criaturas e voltei-vos as costas a vós, bem infinito; mas agora vos afirmo que quero amar exclusivamente a vós e nada mais. Ah, meu amado Salvador, se virdes que no futuro deixarei de vos amar, peço-vos que me façais morrer agora; prefiro ser aniquilado a ver-me separado de vós. Ó Virgem santa, Mãe de Deus, Maria, ajudai-me com vossas súplicas e obtende-me que não deixe mais de amar a Jesus morto por mim, e a vós, minha Rainha, que levastes Deus a usar de misericórdia comigo até agora.

CAPÍTULO 8
DA GRATIDÃO QUE DEVEMOS A JESUS CRISTO POR SUA PAIXÃO

O amor de Cristo nos constrange

1. Diz S. Agostinho que, tendo sido Jesus Cristo o primeiro a dar a vida por nós, obrigou-nos com isso a que demos a vida por ele (*Trac.* 46 *in* Jo). Escreve o santo: "Conheceis qual é a mesa que contém o corpo e sangue de Cristo: o que dela se utiliza, deverá também tê-la preparada". Quer dizer: quando nós vamos à mesa eucarística, para comungar, isto é, nutrir-nos do corpo e sangue de Jesus Cristo, devemos por gratidão preparar-lhe igualmente a oferta de nosso sangue e nossa vida e, se for necessário, sacrificar um e outra para sua glória. Muito belas são as palavras de S. Francisco de Sales a respeito do texto de S. Paulo: "A caridade de Cristo nos constrange" (2Cor 5,4). O amor de Jesus nos força, mas para quê? Nos força a amá-lo. Mas ouçamos o santo: "O conhecimento de que Jesus nos amou até à morte de cruz não é um conhecimento que força os nossos corações a amá-lo com uma violência tanto maior quanto mais amável ele o é? O meu Jesus se dá todo a mim e eu me dou todo a ele: eu viverei e morrerei sobre seu peito, nem a morte nem a vida dele mais me separarão".

2. S. Pedro, para que nos recordemos de ser gratos a nosso Salvador, nos faz lembrar que não fomos resgatados da escravidão do inferno com ouro ou prata, mas com o sangue precioso de Jesus Cristo, o qual se sacrificou por nós como um cordeiro inocente sobre o altar da cruz (1Pd 1,18). Grande, portanto, será o castigo dos homens ingratos, que não

correspondem a tal benefício. É verdade que Jesus veio para salvar todos os homens que estavam perdidos: "Veio o Filho do homem buscar e salvar o que se havia perdido" (Lc 19,19), mas é igualmente verdade o que afirmou o santo velho Simeão, quando Maria apresentou no templo Jesus menino: "Eis que este está posto para a ruína, a ressurreição de muitos em Israel e como sinal de contradição" (Lc 2,34). Com as palavras "para ressurreição de muitos", significou a salvação que Jesus traria a todos os crentes, que pela fé haviam de ressurgir da morte para a vida da graça. Mas com as palavras "este foi posto para ruína", predisse que muitos deviam cair em maior desgraça por sua ingratidão para com o Filho de Deus, que descera à terra para tornar-se o alvo de seus inimigos, como exprimem as palavras "como sinal de contradição", fazendo de Jesus o alvo para o qual dirigiam os judeus todas as calúnias, injúrias e maus tratos. Este sinal, pois, que é Jesus Cristo, não é só contradito pelos judeus que não o reconhecem pelo Messias, mas também pelos cristãos ingratos que pagam o seu amor com ofensas e desprezo de seus preceitos.

O Rei dos corações

1. Nosso Redentor, diz S. Paulo, chegou até a dar a vida por nós, para se tornar senhor absoluto de todos os nossos afetos, demonstrando-nos o seu amor, morrendo por nós: "Por isso Cristo morreu e ressuscitou, para dominar sobre os vivos e os mortos" (Rm 14,9). Não, nós não somos mais nossos depois de termos sido comprados pelo sangue de Jesus Cristo: "Quer vivamos, quer morramos, somos do Senhor", ajunta o Apóstolo (Rm 14,8). Logo, se não o amamos e não observamos seus preceitos dos quais o primeiro é o de amar, não somos somente ingratos, mas também injustos, e merecemos castigo duplo. A obrigação de um escravo resgatado por Jesus das mãos do demônio é dedicar-se totalmente a amá-lo e servi-lo, vivo ou morto. S. João Crisóstomo faz uma bela reflexão sobre o texto de S. Paulo, dizendo que Deus pensa mais em nós do que nós mesmos e por isso reputa como seu bem a nossa vida e como seu prejuízo a nossa morte. Assim, se morremos, não morremos só para nós, mas para Deus também. Oh! como é grande a nossa felicidade! Mesmo vivendo neste vale de lágrimas no meio de tantos inimigos e tantos perigos podemos contudo dizer: nós somos do Senhor, somos de Jesus Cristo: e sendo propriedade sua, ele terá cuidado em nos conservar na sua graça nesta vida e junto a si por todo o sempre na vida futura.

Jesus Cristo morreu, por cada um de nós, para que cada um de nós viva também para seu Redentor. "E Cristo morreu por todos, para que os que vivem já não vivam para si, mas para aquele que por eles morreu e ressuscitou" (2Cor 5,15). Quem vive para si mesmo, para si dirige todos os seus desejos, temores, dores e põe nisso a sua felicidade. Mas todos os desejos do que vive para Jesus Cristo consistem em amá-lo e dar-lhe gosto e todos os seus temores em desgostá-lo. Sua única aflição é ver Jesus desprezado e sua única alegria é vê-lo amado pelos outros. Isto é viver para Jesus e é o que pretende seguramente cada um de nós. Por esse motivo procurou ele conquistar todo o nosso amor, sofrendo tão grandes penas.

2. Talvez pretenda ele demais? Não, diz S. Gregório, é justo que pretenda tanto, depois de nos ter dado tão grandes provas de seu amor, que até parece doido de amor por nós. "Pareceu até doidice", escreve S. Gregório, "o autor da vida morrer pelos homens" (*Hom. 6 in Evang.*). Ele se dá sem reserva, inteiramente a nós; tem, pois, razão de pretender que nos demos incondicionalmente a ele e lhe consagremos todo o nosso amor. E se lhe negamos uma parte, amando outra coisa fora dele ou não por ele, tem motivo de se queixar de nós. "Ama-te menos do que o mereces, quem juntamente contigo ama outra coisa que não é por ti que ama", diz S. Agostinho (*Confess.* 1. 10, c. 29).

E que outra coisa podemos nós amar fora de Jesus senão as criaturas? Em comparação com Jesus Cristo, que são, porém, as criaturas senão vermes da terra, lodo, fumaça e vaidade? O tirano ofereceu a S. Clemente, papa, grande quantidade de dinheiro, de ouro e pedras preciosas, para que renunciasse a Jesus Cristo. O Santo deu um grande suspiro e exclamou: "Ah, meu Jesus, bem infinito, como podeis suportar ser considerado pelos homens menos que o lodo da terra?". Não foi a temeridade nem a afoiteza que levou os mártires a ir ao encontro dos cavaletes, das lâminas incandescentes e da morte a mais cruel, mas o amor de Jesus Cristo, quando o contemplavam morto na cruz por seu amor (*Serm. 62 in Cant.*). Sirva por todos o exemplo de S. Marcos e S. Marcelino, que, tendo os pés e as mãos cravados, eram insultados pelo tirano como loucos por quererem padecer um tormento tão atroz só para não renegar a Jesus Cristo. Eles, porém, responderam que jamais tinha experimentado delícias tão grandes como as que então gozavam estando transpassados por aqueles cravos. Todos os santos, para contentar a Jesus Cristo tão maltratado por nós, abraçaram com alegria a pobreza, as perseguições, os desprezos, as enfermidades, as dores e a morte. As almas esposas de Jesus crucificado não acham coisa alguma mais honrosa que trazer consigo as insígnias do crucifixo, isto é, os padecimentos.

Cristo vive em mim

1. Ouçamos o que diz S. Agostinho: "A vós não é lícito amar pouco: esteja inteiramente fixo em vossos corações aquele que por vós foi fixado na cruz" (*De san. virgin.* c. 13). A nós, que cremos firmemente num Deus que morreu na cruz por nosso amor, não é lícito amá-lo pouco: em nosso coração não se deve aninhar outro amor senão o que devemos a quem por nosso amor quis morrer pregado na cruz. Unamo-nos todos com S. Paulo e digamos: "Estou pregado com Cristo na cruz. Já não sou eu que vivo, Cristo é que vive em mim" (Gl 2,19). Comentando S. Bernardo as palavras "Já não sou eu que vivo, é Cristo que vive em mim", diz: "Estou morto para todas as outras coisas; encontram-me, porém, vivo e pronto todas aquelas que se referem a Cristo" (*Serm. 7 in Quadrag.*). Assim diz cada um que ama o crucifixo com o Apóstolo: eu deixei de viver por mim mesmo, depois que Jesus quis morrer por mim, tomando sobre si a morte que me era destinada. E por isso estou morto para todas as coisas do mundo e não percebo nem dou atenção àquelas que não são para Jesus Cristo e só me encontram vivo e aparelhado para abraçá-las, mesmo que tragam consigo suores, desprezos, dores e até a morte, as que dizem respeito a Jesus. S. Paulo podia afirmar: "Para mim o viver é Cristo" (Fl 1,21) querendo com essas breves palavras dizer: Jesus é o meu viver, ele é todo o meu pensamento, todo o meu fito, toda a minha esperança, todo o meu desejo, porque ele é todo o meu amor.

2. "Palavra de fé, porque, se morrermos com ele, com ele também viveremos; se sofrermos por ele, com ele também reinaremos; se o negarmos, ele também nos negará" (2Tm 2,11-12). Os reis da terra, depois de vencer seus inimigos, repartem com os que combateram os bens conquistados; assim procederá também Jesus Cristo no dia do juízo: repartirá os bens celestes a todos os que trabalharam e sofreram por sua glória. Diz o Apóstolo: se morrermos com ele, com ele viveremos; o morrer com Cristo implica o negar-se a si mesmo, isto é, renunciar àquelas satisfações, porque, se não as abdicarmos, chegamos a renegar a Jesus Cristo, que então no dia das contas nos renegará a nós. E é preciso saber que não só negamos a Jesus Cristo quando renegamos a fé, mas também quando nos negamos a obedecer-lhe naquilo que ele quer de nós, como

o perdoar qualquer afronta recebida do próximo por amor dele, o ceder em qualquer ponto de honra, assim dito, o romper qualquer amizade que nos põe no perigo de perder a amizade de Jesus, o desprezar o receio de ser tidos por ingratos, visto que nossa primeira gratidão deve ser para com Jesus, que deu seu sangue e sua vida por nós, coisa que criatura alguma jamais fez por nós. Ó amor divino, como podes ser assim desprezado pelos homens! Ó homens, contemplai sobre essa cruz o Filho de Deus que, qual cordeiro inocente, se sacrificou à morte para pagar os vossos pecados e desta maneira conquistar o vosso amor. Contemplai-o, contemplai-o e amai-o. Jesus meu, amabilidade infinita, não me deixeis viver mais ingrato para com tão grande bondade. Vivi no passado esquecido de vosso amor e do quanto padecestes por mim: de hoje em diante não quero pensar em mais nada senão em amar-vos. Ó chagas de Jesus, feri-me de amor. Ó sangue de Jesus, inebriai-me de amor. Ó morte de Jesus, fazei-me morrer a todo outro amor que não seja de Jesus. Eu vos amo, ó meu Jesus, sobre todas as coisas: amo-vos com toda a minha alma, amo-vos mais do que a mim mesmo. Eu vos amo e porque eu vos amo desejaria morrer de dor, pensando que no passado tantas vezes vos voltei as costas e desprezei a vossa graça. Por vossos merecimentos, ó meu Salvador crucificado, dai-me o vosso amor e fazei-me todo vosso. Ó Maria, minha esperança, fazei-me amar a Jesus Cristo e nada mais vos peço. Curados de todas as chagas da alma, é a glória dos mártires, pois sua maior glória consistia em se tornarem semelhantes a Jesus Cristo, rei dos mártires.

CAPÍTULO 9
TODAS AS NOSSAS ESPERANÇAS DEVEM SER POSTAS NOS MERECIMENTOS DE JESUS CRISTO

Só nele há salvação

1. "Não há salvação em nenhum outro" (At 4,12). S. Pedro diz que toda a nossa salvação está em Jesus Cristo, que por meio de sua cruz, na qual sacrificou por nós sua vida, nos abriu o caminho da esperança de recebermos todos os bens de Deus, se formos fiéis a seus preceitos. Ouçamos o que diz da cruz S. João Crisóstomo: "A cruz é a esperança dos cristãos, o arrimo dos coxos, a consolação dos pobres, a destruição dos soberbos, o triunfo sobre os demônios, a mestra dos jovens, o leme dos navegantes, o porto para os que estão em perigo, a conselheira dos justos, o descanso dos atribulados, o médico dos enfermos, a glória dos mártires" (*Hom. de cruc.* t. 3). A cruz, isto é, Jesus crucificado, é a esperança dos fiéis, porque, se não tivéssemos Jesus Cristo, não haveria salvação para nós, é o arrimo para os coxos, nós todos somos coxos no atual estado de corrupção e, fora da força que nos comunica a graça de Jesus Cristo, não temos outro para trilhar o caminho da salvação; é a consolação dos pobres, isto é, de nós todos, pois tudo o que temos o temos de Jesus Cristo; é a destruição dos soberbos, já que os sequazes de Jesus Cristo não podem ser soberbos vendo-o morto, qual malfeitor, na cruz; é o triunfo sobre os demônios, pois só o sinal da cruz basta para afugentá-los; é a mestra dos principiantes: que belos ensinamentos não dá a cruz àqueles que começam a palmilhar o caminho da salvação; é o lema dos navegantes: oh! como a cruz nos guia nas tempestades da vida presente; é o porto dos

que perigam: os que se acham em perigo de perder-se pelas tentações ou fortes paixões encontram um porto seguro recorrendo à cruz; é conselheira dos justos: quantos santos conselhos não dá a cruz nas tribulações da vida; é o repouso para os aflitos: que coisa poderá aliviar mais os atribulados do que contemplar a cruz em que padece um Deus por seu amor? É o médico dos enfermos, que, abraçando a cruz, ficam curados de todas as chagas da alma; é a *glória dos mártires*, pois sua maior glória consistia em se tornarem semelhantes a Jesus Cristo, rei dos mártires.

2. Em suma, todas as nossas esperanças estão postas nos merecimentos de Jesus Cristo. Dizia o Apóstolo: "Sei passar privações, sei também viver na abundância (fui instruído em tudo e por tudo), tanto estar em fartura, como suportar miséria; ter de sobra como curtir penúria. Tudo posso naquele que me conforta" (Fl 4,12-13). Assim S. Paulo, tendo aprendido do Senhor, afirmava: Eu sei como devo me portar: quando Deus me humilha, devo resignar-me ao seu querer; quando me exalta, sei render-lhe toda a honra; quando me faz passar por abundância, eu lhe sou grato; quando me faz sofrer penúria, eu o bendigo; tudo isso, porém, não faço por minha virtude, mas pelo auxílio da graça que Deus me dá: tudo posso, mas naquele que me conforta. No texto grego, em vez das palavras "naquele que me conforta", está "no Cristo que me corrobora"; quem desconfia de si e confia em Jesus é por ele munido de uma força invencível. "O Senhor torna todo-poderosos os que nele põem sua confiança", diz S. Bernardo (*Serm. 85 in Cant.*). "Uma alma que não presume de suas forças, mas é confortada por Jesus Cristo, poderá se tornar senhora de si de tal maneira que nenhum pecado a dominará. Não há força, nem fraude, nem prazer algum que possa abater quem se apoia no Verbo divino, conclui o mesmo santo.

Virtude de Cristo em nós

1. O apóstolo suplicou três vezes ao Senhor que o livrasse de um aguilhão impuro que o molestava e recebeu a resposta: "Basta-te a minha graça, pois a virtude se completa na fraqueza" (2Cor 12,9). Como se explica que a virtude se aperfeiçoa na fraqueza? S. Tomás com S. Crisóstomo explica que, quanto maior é a fraqueza e inclinação para o mal, tanto maior força Deus comunica a quem nele confia. Por isso, S. Paulo no lugar citado diz: "De boa vontade gloriar-me-ei nas minhas enfermidades, para que a virtude de Cristo habite em mim. Por isso é que me comprazo nas minhas enfermidades, nas afrontas, nas necessidades, nas

perseguições, nas angústias pelo Cristo, porque quando estou enfermo então é que estou forte" (2Cor 12,10).

"Porque a palavra da cruz é loucura para os que se perdem, mas para os que se salvam, isto é, para nós, é a força de Deus" (1Cor 1,18). S. Paulo nos adverte a não seguir os mundanos, que põem sua confiança nas riquezas ou em seus parentes e amigos do mundo e julgam loucos os santos por desprezarem esses esteios terrenos. Os homens de bem depositam toda a sua confiança no amor da cruz, isto é, de Jesus crucificado, que concede todos os bens a quem nele confia.

2. Note-se também que o poder e força do mundo são muito diversos dos de Deus: aquele se adquire por meio das riquezas e honras mundanas; este, pela humildade e tolerância. S. Agostinho diz que nossa força está no reconhecimento de nossa fraqueza e na confissão humilde de nossas misérias (*De grat. Chr.* c. 12). E S. Jerônimo diz que toda a perfeição da vida presente consiste em nos reconhecermos imperfeitos (*Ep. ad Ctesiph.*). Sim, porque, quando nós nos reconhecemos imperfeitos como o somos, então, desconfiando das nossas forças, abandonamo-nos nos braços de Deus, que protege e salva os que nele confiam. "Ele é o protetor de todos os que esperam nele" (Sl 17,31). "Vós salvais os que esperam em vós" (Sl 16,7). Davi ajunta que quem confia no Senhor torna-se firme como um monte, que não se abala com todos os esforços de seus inimigos: "Quem confia no Senhor, como o monte Sião não será abalado eternamente" (Sl 134,1). S. Agostinho nos admoesta que nos perigos de pecar, quando tentados, devemos recorrer e nos abandonar a Jesus Cristo, que não se afastará deixando-nos cair, antes nos tomará nos braços para sustentar-nos e assim remediar a nossa fraqueza (*Conf.* 1. 8 c. 11).

Jesus Cristo, tomando sobre si as fraquezas de nossa humanidade, nos mereceu uma força que supera toda a nossa fraqueza. S. Paulo diz: "Por isso que ele mesmo padeceu e foi tentado, pode auxiliar os que são tentados" (Hb 2,18). Como se explica que o Salvador, por ter sido tentado, pode nos socorrer nas nossas tentações? Explica-se por que Jesus, tendo sido atormentado pelas tentações, tornou-se mais propenso a compadecer-se de nós e auxiliar-nos quando tentados. A este corresponde aquele outro texto de S. Paulo: "Não temos um pontífice que se não possa compadecer das nossas fraquezas, mas um experimentado à nossa semelhança em tudo, com exceção do pecado" (Hb 4,15). Por isso o Apóstolo exorta-nos a que recorramos com confiança ao trono da graça que é a cruz, para recebermos do crucifixo as graças que desejamos: "Cheguemo-nos com confiança ao trono da graça, para obtermos misericórdia e encontrarmos a graça no momento oportuno" (Hb 4,16).

A fraqueza de Cristo é nossa força

1. Jesus, sujeitando-se a padecer temores, tédio e tristeza, segundo os Evangelhos, quando falam das aflições que padeceu, especialmente na véspera de sua morte no jardim de Getsêmani (Mt 26,37), nos mereceu a coragem para resistir às ameaças daqueles que querem nos perverter, a força para vencer o tédio que experimentamos na oração, nas mortificações e outros atos de piedade, e o ânimo para suportar com paciência a tristeza que nos invade nas adversidades. Sabemos também que ele no horto, à vista de tantas dores e da morte desolada que o esperavam, quis sofrer tão grande fraqueza na sua humanidade, que afirmou: "O espírito está pronto, mas a carne é fraca" (Mt 24,41). E pediu a seu divino Pai que, se fosse possível, o livrasse daquele tormento: "Pai, se for possível, que este cálice passe de mim. Todavia não seja como eu quero e sim como vós quereis" (Mt 26,39). E durante todo o tempo que se demorou no horto a rezar, repetiu sempre a mesma súplica: "Faça-se a vossa vontade... e orou uma terceira vez, repetindo as mesmas palavras" (Mt 26,44). Jesus, com aquele *fiat*, nos mereceu e obteve então a resignação em todas as coisas contrárias e alcançou aos mártires e aos confessores a força de resistir a todas as perseguições e tormentos dos tiranos: "Esta palavra (*fiat*) abrasou todos os confessores e coroou todos os mártires", escreve S. Leão (*Serm. 7 de pass.* c. 5). Da mesma forma, pela mágoa de nossos pecados, que lhe ocasionou uma tão atroz agonia no horto, Jesus nos mereceu a contrição de nossas culpas. Pelo abandono do Pai, que suportou na cruz, mereceu-nos a força de não perdermos o ânimo nas desolações e trevas de espírito. Com o inclinar a cabeça, ao expirar na cruz, para obedecer à vontade de seu Pai, mereceu-nos todas as vitórias que obtemos contra as paixões e as tentações, a paciência nos sofrimentos da vida e particularmente nas amarguras e angústias da morte.

2. Escreve S. Leão que Jesus veio se revestir de nossas enfermidades e angústias para nos comunicar sua virtude e constância (*Serm.* 3 c. 4). E S. Paulo: "E conquanto fosse o Filho de Deus, aprendeu a obediência pelas coisas que sofreu" (Hb 5,8). Isso não quer dizer que Jesus na sua Paixão tivesse aprendido a virtude da obediência, até então ignorada por ele, mas que ele aprendeu pela experiência quão dura era a morte a

que se sujeitara para obedecer a seu Pai, conforme explica S. Anselmo. Experimentou igualmente quão grande é o mérito da obediência, tendo obtido por meio dela o sumo grau de glória para si, qual o de assentar-se à direita do Pai, e para nós a salvação eterna. E conclui o Apóstolo: "E, consumado, fez-se para todos os que obedecem a causa da salvação eterna" (Hb 5,9). Disse consumado, porque, tendo perfeitamente executado a obediência, sofrendo com paciência toda a sua Paixão, fez-se, para todos que lhe obedecem no sofrer pacientemente os trabalhos da vida presente, causa da salvação eterna.

Nada poderá me separar do amor de Jesus
1. Esta paciência de Jesus Cristo animou e encorajou os santos mártires para abraçar com paciência os mais atrozes tormentos que a crueldade dos tiranos soube inventar e não somente com paciência, mas até com alegria e desejo de padecer ainda mais por amor de Jesus Cristo. Leia-se a célebre carta que S. Inácio mártir, já condenado às feras, escreveu aos Romanos antes de chegar ao lugar de seu martírio: "Permiti, filhinhos, que eu seja triturado pelos dentes das feras para que seja encontrado como frumento de meu Redentor. Eu não busco outro senão aquele que morreu por mim. Ele, que é o único objeto de meu amor, foi crucificado por mim, e o amor que eu lhe dedico faz-me desejar ser crucificado por ele". S. Leão escreve do mártir S. Lourenço que, enquanto ele estava na grelha, era menos ardente o fogo que o queimava exteriormente que aquele que o consumia interiormente. Escrevem Eusébio e Paládio que S. Potamiana, virgem de Alexandria, foi condenada a ser lançada em uma caldeira de pez fervente. A santa, a fim de mais sofrer por amor de seu esposo crucificado, pediu ao tirano que a introduzissem aos poucos na caldeira, para que a morte se tornasse mais dolorosa. E foi atendida, pois começaram a metê-la no pez pelos pés, de maneira que suportou durante três horas esse tormento, só morrendo quando o pez atingiu o seu pescoço. Eis aí a paciência e a fortaleza que receberam os mártires da Paixão de Jesus Cristo.

2. Esta coragem que o crucifixo infunde naquele que o ama fazia o apóstolo dizer: "Quem, pois, nos há de separar da caridade de Cristo? A tribulação, a angústia, a fome, a nudez, o perigo, a perseguição, a espada?" (Rm 8,35). E afirma ao mesmo tempo que esperava superar tudo na virtude e pelo amor de Jesus Cristo. "Mas em tudo isso saímos vencedores por aquele que nos amou" (8,37). O amor dos mártires para

com Jesus era invencível porque recebiam a força do invencível que os confortava nos sofrimentos. E não pensemos que os tormentos perdiam, por milagre, a propriedade de afligir, ou então que as consolações espirituais absorviam a dor dos tormentos: isso deu-se uma ou outra vez, mas ordinariamente os mártires bem sentiam as dores e muitos por fraqueza cederam às torturas; os que sofreram com constância sofreram-no exclusivamente pelo dom de Deus, que lhes subministrava um tal vigor.

Objeto primário de nossa esperança é a bem-aventurança eterna, isto é, o gozo de Deus — *fruitio Dei* — como ensina S. Tomás; todos os outros meios, pois, para se alcançar a salvação, que consiste nesse gozo de Deus, como o perdão dos pecados, a perseverança final divina, a boa morte, não devemos esperar de nossas forças nem de nossos propósitos, mas somente dos merecimentos e da graça de Jesus Cristo. Para que seja, pois, firme a nossa confiança, devemos crer com certeza infalível que a aquisição de todos esses meios de salvação depende unicamente dos merecimentos de Jesus Cristo.

§ 1. De Jesus Cristo devemos esperar o perdão de nossos pecados

Propiciação por nossos pecados

1. Falando primeiramente da remissão dos pecados, devemos saber que nosso Redentor, vindo à terra, teve por fim o perdão de nossos pecados. "O Filho do homem veio para salvar o que se havia perdido" (Mt 18,11). João Batista, mostrando aos judeus o Messias já vindo, disse-lhes: "Eis o Cordeiro de Deus, eis o que tira os pecados do mundo" (Jo 1,29). Segundo o texto grego lê-se: eis aquele cordeiro, como se S. João dissesse: eis aquele cordeiro divino predito por Isaías: "E como um cordeiro que fica mudo diante do que o tosquia" (Is 53,7) e por Jeremias: "Eu sou como um manso cordeiro que é levado para o sacrifício" (Jr 11,19). Já antes, era figurado pelo cordeiro pascal de Moisés e pelo sacrifício em que era, conforme a lei, todas as manhãs imolado um cordeiro, e por diversos outros que eram oferecidos à tarde pelos pecados. Todos esses cordeiros, porém, não podiam abolir um único pecado, só serviam para representar o sacrifício daquele cordeiro divino Jesus Cristo, que com seu sangue deveria lavar as nossas almas e livrá-las da mancha da culpa como da pena eterna por ela merecida – o que exprime a palavra

tollit – tomando sobre si a obrigação de satisfazer à divina justiça por nós, com sua morte, segundo o testemunho de Isaías: "Deus carregou sobre ele as iniquidades de todos nós" (Is 53,6). Em confirmação, diz S. Cirilo: "Um é trucidado por todos, para ganhar para Deus Padre todo o gênero humano". Jesus quis deixar-se matar para ganhar para Deus todos os homens que se haviam perdido. Quão grande é a nossa obrigação para com Jesus Cristo. Se de um réu já condenado à morte, enquanto se dirige para a forca e com o laço já no pescoço, lhe tirasse um amigo o laço e o aplicasse a si mesmo, morrendo nesse suplício para livrar o réu, quanta obrigação não teria este de amá-lo e lhe ser reconhecido? Isso foi justamente o que fez Jesus; quis morrer na cruz para nos livrar da morte eterna.

2. "Foi ele que levou os nossos pecados em seu corpo sobre o madeiro, a fim de que, mortos para os pecados, vivamos para a justiça; por cujas chagas fostes curados" (1Pd 2,24). Jesus, pois, se sobrecarregou de todos os nossos pecados e os levou sobre a cruz, para com a morte pagar nossa culpa e obter-nos o perdão e assim restituir-nos a vida perdida. "Que maior maravilha poderá haver do que uma chaga que cure as chagas de outros e a morte de um que restitui a vida a todos os homens que estavam mortos!", exclama S. Boaventura (*Stim.* p.1 c. 1). S. Paulo escreve que Jesus Cristo nos tornou agradáveis e amáveis aos olhos de Deus, de pecadores odiados e abomináveis que éramos, pelos méritos de seu sangue nos remiu os pecados e nos concedeu com superabundância as riquezas de sua graça: "Tornou-nos agradáveis em seu Filho amado, em quem temos a redenção pelo seu sangue, a remissão dos pecados segundo as riquezas de sua graça, a qual superabundou em nós" (Ef 1,6-8). E isso se deu pelo pacto de Jesus com seu eterno Pai de nos perdoar as culpas e nos readmitir na sua amizade em vista da Paixão e morte de seu Filho.

Mediador do Novo Testamento

1. Foi nesse sentido que o Apóstolo chamou Jesus Cristo mediador do Novo Testamento. Nas Sagradas Escrituras a expressão testamento se toma em dois sentidos: por pacto ou acordo feito entre duas partes que estão em discórdia e por promessa ou disposição da última vontade, pela qual o testador deixa sua herança aos herdeiros; esta disposição não se torna, porém, firme senão com a morte do testador. Do testamento como promessa se fala no § III; aqui falamos do testamento como pacto e neste sentido falou o apóstolo de Jesus Cristo: "E por isso é o mediador do Novo Testamento" (Hb 9,15). O homem por motivos do pecado era devedor à justiça divina e inimigo de Deus. Vem à terra o Filho de Deus e assume carne humana e então, sendo ele ao mesmo tempo Deus e homem, fez-se o mediador entre o homem e Deus, participando de um e de outro, e, a fim de estabelecer a paz entre ambos e obter para o homem a graça de Deus, ofereceu-se para pagar com seu sangue e com sua morte a dívida do homem. Ora, esta reconciliação já foi figurada no Antigo Testamento por todos os sacrifícios que então se ofereciam e por todos os símbolos ordenados por Deus, como o tabernáculo, o altar, o véu, o candelabro, o turíbulo e a arca na qual se guardavam a vara e as tábuas da lei: todos esses objetos eram sinais e figuras da redenção prometida, e porque essa redenção devia ser efetivada pelo sangue de Jesus, por isso Deus ordenou que os sacrifícios se fizessem com a efusão de sangue dos animais (que era a figura do sangue daquele cordeiro divino) e que todos esses símbolos mencionados fossem aspergidos com sangue. "Por isso é que nem mesmo o primeiro (testamento) foi consagrado sem sangue" (Hb 9,18).

2. Segundo S. Paulo, o primeiro testamento, isto é, a primeira aliança, pacto ou mediação que se fez na lei antiga e que figurava a mediação de Jesus na nova lei, celebrou-se com o sangue dos touros e bodes, sendo aspergidos com esse sangue o livro, o povo, o tabernáculo e todos os vasos sagrados: "Lido que foi todo o mandamento da lei a todo o povo, Moisés, tomando sangue dos bezerros e dos bodes com água e lã tinta de escarlate (a lã tinta de escarlate significava igualmente Jesus Cristo; assim como a lã por sua natureza é branca e torna-se vermelha sendo tingida de escarlate, também Jesus, o cândido por sua inocência e natureza, aparece na cruz vermelho de sangue, justiçado como malfeitor, cumprindo-se nele a palavra da esposa dos Cânticos: "O meu amado é cândido e vermelho" (Ct 5,10); e hissopo (o hissopo, planta humilde, significa a humildade de Jesus Cristo) aspergiu todo o povo e também o mesmo livro, dizendo: "Este é o sangue do testamento que Deus ordenou para vós. Aspergiu igualmente o tabernáculo e todos os vasos do culto com o sangue. E segundo a lei, quase tudo se purifica com o sangue e sem efusão de sangue não há remissão" (Hb 9,19-22). Quis o Apóstolo repetir mais vezes a palavra sangue, para que os judeus e todos os povos entendessem que sem o sangue de Jesus não há esperança de perdão para as nossas culpas. Assim, pois, como na antiga lei, pelo sangue das vítimas, se destruía a mancha externa dos pecados que os judeus cometiam contra a lei e lhes

era perdoada a pena temporal imposta pela mesma lei, da mesma forma o sangue de Jesus Cristo na nova lei nos lava da mancha interna das culpas, segundo a palavra de S. João: "Ele nos amou e nos lavou no seu sangue" (Ap 1,5) e nos livra da pena eterna do inferno.

Nosso sumo sacerdote

1. Eis a esse respeito a doutrina de S. Paulo: "Porém Cristo, vindo como pontífice dos bens futuros por um mais vasto e perfeito tabernáculo, não feito por mão de homem, isto é, não desta criação, nem como o sangue dos bodes ou de novilhos, mas com o próprio sangue, entrou no santuário uma vez, obtendo uma redenção eterna" (Hb 9,11 e 12). O pontífice entrava pelo tabernáculo no Santo dos santos e com a aspersão do sangue dos animais purificava os delinquentes da mancha externa contraída e da pena temporal. Para a remissão da culpa e para a libertação da pena eterna os hebreus tinham necessidade absoluta da contrição com fé e esperança no Messias vindouro, que deveria dar a vida para obter-lhes o perdão. Jesus Cristo, ao contrário, por meio de seu corpo (e este é o tabernáculo mais amplo e mais perfeito indicado pelo apóstolo) sacrificado sobre a cruz, entrou no Santo dos santos do céu, que nos estava fechado, e no-lo abriu por meio da redenção. Por isso S. Paulo, para nos animar a esperar o perdão de todas as nossas culpas, confiando no sangue de Jesus, continua: "Pois se o sangue dos bodes e dos touros e a aspersão da cinza da novilha santifica os maculados, para a purificação da carne, quanto mais o sangue de Cristo, que pelo Espírito Santo se ofereceu a si mesmo, sem mácula, a Deus, purificará a nossa consciência das obras mortas para servir ao Deus vivo" (Hb 9,13 e 14). Diz quanto mais o sangue de Cristo que pelo Espírito Santo se ofereceu a si mesmo sem mácula, a Deus, porque Jesus se ofereceu a si mesmo a Deus, imaculado, sem sombra de culpa; doutra forma não teria sido digno mediador, apto a reconciliar o homem pecador com Deus, nem o seu sangue teria tido a virtude de purificar a nossa consciência das obras mortas, a saber, dos pecados, obras mortas sem merecimento e obras de morte dignas das penas eternas; para servir ao Deus vivo: o fim por que Deus nos perdoa é unicamente para que empreguemos a vida que nos resta em servi-lo. E o Apóstolo conclui: "E por isso é o mediador do Novo Testamento" (Hb 9,15). Quis o nosso Redentor, pelo amor imenso que nos tinha, resgatar-nos da morte eterna com o preço de seu sangue e assim obter-nos de Deus o perdão, a graça e a felicidade eterna se formos fiéis em servi-lo

até à morte. Foi essa a mediação ou o contrato feito entre Jesus Cristo e Deus, em vigor do qual nos foi prometido o perdão e a salvação.

2. Esta promessa do perdão de nossos pecados pelos merecimentos do sangue de Jesus Cristo foi confirmada pelo próprio Jesus no dia anterior à sua morte, ao instituir o Sacramento da Eucaristia: "Este é, pois, o meu sangue do Novo Testamento que será derramado por muitos em remissão dos pecados" (Mt 26,28). Disse: será derramado, pois estava próximo o sacrifício no qual devia derramar não uma parte, mas todo o seu sangue, para satisfazer por nossos pecados e obter-nos o perdão. Quis por isso que este sacrifício fosse renovado todos os dias em cada missa que se celebra, a fim de que seu sangue intercedesse continuamente em nosso favor. Foi essa a razão por que Jesus Cristo foi chamado sacerdote segundo a ordem de Melquisedeque: "Tu és sacerdote eternamente, segundo a ordem de Melquisedeque" (Sl 109,4). Aarão ofereceu sacrifícios de animais: o sacrifício de Melquisedeque foi de pão e de vinho, figura do Sacrifício do Altar, no qual vosso Salvador, debaixo das espécies de pão e de vinho, ofereceu a Deus na última ceia seu corpo e seu sangue, que devia sacrificar no dia seguinte na sua Paixão e que continua a oferecer todos os dias pelas mãos dos sacerdotes, renovando dessa forma o sacrifício da cruz. S. Paulo explica por que Davi chamou Jesus Cristo sacerdote eterno: "Este, porém, como permanece eternamente, possui um sacerdócio sempiterno" (Hb 9,24). O sacerdócio antigo desaparecia com a morte dos sacerdotes, mas Jesus, porque é eterno, possui um sacerdócio também eterno. Como é que no céu continua ele a exercer esse seu sacerdócio? S. Paulo diz: "Por isso pode perpetuamente salvar os que por ele mesmo se chegam a Deus estando sempre vivo para interceder por nós" (Hb 7,25). O grande sacrifício da cruz, representado naquele altar, tem a virtude de salvar para sempre todos aqueles que, por meio de Jesus Cristo (se bem dispostos pela fé e boas obras) se chegam a Deus. Este sacrifício, segundo S. Ambrósio e S. Agostinho, Jesus como homem continua a oferecer a seu Pai em nosso favor, desempenhando ainda agora, como quando na terra, o ofício de nosso advogado e mediador e também de sacerdote, que consiste em rogar por nós, como exprimem as palavras: "Sempre vivo para interceder por nós".

Nosso advogado

1. São João Crisóstomo diz que as chagas de Jesus são outras tantas bocas que imploram continuamente a Deus o perdão das culpas para nós pecadores. O sangue de Jesus Cristo suplica por nós e obtém-nos a misericórdia divina, muito melhor do que implorava o sangue de Abel a vingança contra Caim. "Vós chegastes ao mediador do Novo Testamento, Jesus, e à aspersão do sangue que fala melhor do que o de Abel" (Hb 12,24). Nas revelações feitas a S. Maria Madalena de Pazzi, Nosso Senhor disse-lhe um dia: "A minha justiça foi transformada em clemência com a vingança tomada sobre as carnes inocentes de meu Filho. O sangue desse meu Filho não pede vingança como o sangue de Abel, mas somente misericórdia, e minha justiça não pode deixar de se aplacar com essa voz. Esse sangue me liga as mãos de modo que se não podem mover para tirar a vingança que antes tiravam dos pecados".

Escreve S. Agostinho que Deus nos prometeu a remissão dos pecados e a vida eterna; mas é mais o que ele fez por nós do que o que ele nos prometeu (*Ender. in Ps* 148). Dar-nos o perdão e o paraíso nada custou a Jesus Cristo; o remir-nos, porém, custou-lhe o sangue e a vida. O apóstolo S. João nos exorta a fugir do pecado, mas para que não desconfiemos do perdão das culpas cometidas, tendo firme resolução de as não repetir, nos encoraja, afirmando que temos de nos haver com Jesus, que não só morreu para nos perdoar, mas, depois de sua morte, se fez nosso advogado junto de seu divino Pai: "Meus filhinhos, eu vos escrevo estas coisas para que não pequeis; mas mesmo se alguém pecar temos um advogado junto do Pai, Jesus Cristo, o justo" (1Jo 2,1). Aos nossos pecados cabe por justiça a desgraça de Deus e a condenação eterna, mas a Paixão do Salvador exige em nosso favor a desgraça divina e a salvação eterna e isso por justiça já que o Eterno Padre, em vista de seus merecimentos, prometeu-lhe perdoar-nos e salvar-nos, caso estejamos dispostos para receber a sua divina graça e queiramos obedecer a seus preceitos, como escreve S. Paulo: "Tendo consumado, fez-se para todos os que lhe obedecem a causa da salvação eterna" (Hb 5,9). E assim Jesus Cristo, morrendo consumido de dores, obteve a salvação eterna para todos os que observam a sua lei. Somos por isso admoestados pelo apóstolo: "Corramos pela paciência para o combate que nos é proposto, olhando para o autor e consumador da fé, Jesus, que, tendo diante de si o gozo, escolheu a cruz, desprezando a ignomínia" (Hb 12,1 e 2). Vamos ou antes corramos com grande coragem, armados de paciência, a combater com os inimigos de nossa salvação, tendo sempre os olhos fixos em Jesus crucificado, que, renunciando a uma vida de gozo na terra, quis escolher uma vida de sofrimentos e uma morte cheia de dores e opróbrios e assim realizar a nossa redenção.

2. Ó sangue precioso, tu és a minha esperança. Sangue do inocente, lava as manchas do penitente. Ó meu Jesus, meus inimigos, depois de me arrastarem a vos ofender, dizem-me que não posso encontrar mais em vós a minha salvação: "Muitos dizem à minha alma: não há mais salvação para ele no seu Deus" (Sl 3,3). Mas eu, confiado no sangue que derramastes por mim, vos direi com Davi: "Vós, porém, Senhor, sois o meu protetor" (Sl 3,4). Os inimigos me aterram dizendo que depois de tantos pecados, se eu recorrer a vós, serei por vós repelido; eu, porém, leio em S. João a vossa promessa de que não repelireis ninguém que a vós se acolha: "Eu não porei fora o que vem a mim" (Jo 6,37). Recorro, pois, a vós, cheio de confiança. "Nós vos pedimos que venhais em auxílio de vossos servos que remistes com vosso sangue precioso". Vós, meu Salvador, que com tanta dor e tanto amor derramastes o vosso sangue para que fôssemos salvos, tende piedade de mim, perdoai-me e salvai-me.

§ 2. Jesus Cristo nos dá a esperança da perseverança final

Poder de Deus na fraqueza humana

1. Para alcançar a perseverança no bem, não devemos confiar nos nossos propósitos e promessas feitas a Deus; se confiarmos nas nossas forças, estamos perdidos. Devemos pôr nos merecimentos de Jesus Cristo toda a nossa esperança de nos conservar na graça de Deus. Confiando no seu auxílio, perseveraremos até à morte, ainda que sejamos combatidos por todos os inimigos da terra e do inferno. Todas as vezes que nos acharmos com ânimo abatido e assaltados pelas tentações, parecendo-nos que estamos quase perdidos, não percamos então a coragem nem nos entreguemos ao desespero: recorramos ao crucifixo e ele nos sustentará para que não caiamos. O Senhor permite que mesmo os santos encontrem muitas vezes tais tempestades e temores. S. Paulo escreve que as aflições e os temores que ele experimentou na Ásia foram tão grandes que lhe fizeram sentir tédio pela vida: "Fomos excessivamente oprimidos acima de nossas forças, a ponto de tomarmos aborrecimento à própria vida" (2Cor 1,8). Com isso o Apóstolo deu a conhecer o que ele era segundo suas próprias forças, a fim de nos ensinar que Deus às vezes nos deixa na desolação para que conheçamos a nossa miséria e desconfiemos de nós mesmos, recorrendo com humildade à sua piedade e suplicando-lhe a força de não cair: "Para que não confiemos em nós, mas em Deus que ressuscita os mortos" (2Cor 1,9).

2. E em outro lugar fala o Apóstolo ainda mais claro: "Somos cercados de dificuldades insuperáveis e a nenhuma sucumbimos... somos abatidos, mas nem por isso perecemos" (2Cor 4,8-9). Vemo-nos oprimidos pela tristeza e pelas paixões, mas não nos abandonamos ao desespero; somos como que lançados num lago, mas não submergimos, porque o Senhor com a sua graça nos dá força para resistir aos inimigos. O apóstolo nos adverte a ter sempre diante dos olhos que somos frágeis e facilmente perdemos o tesouro da graça divina e que, se a podemos conservar, isso não provém de nós, mas de Deus: "Temos, porém, esse tesouro em vasos frágeis, para que a sublimidade seja virtude de Deus e não de nós" (2Cor 4,7).

A armadura do cristão

1. Fiquemos, pois, firmemente persuadidos de que nesta vida devemos nos abster sempre de colocar nossa confiança em nossas obras. A nossa arma mais forte, com a qual sairemos sempre vitoriosos nos assaltos do inferno, é a santa oração. Esta é a armadura de Deus, da qual diz S. Paulo: "Revesti-vos da armadura de Deus, para que possais resistir às insídias do demônio" (Ef 6,11). Pois não é contra os homens de carne, mas contra os príncipes e o poder do inferno, que temos de combater: "Porque a nossa maior luta não é contra a carne e o sangue, mas contra os príncipes e as potestades" (Ef 6,12). "Por isso ficai firmes, tendo os vossos rins cingidos da verdade e vestindo a couraça da justiça, calçando os pés em preparação para o evangelho da paz, sobretudo, embraçando o escudo da fé com o qual possais extinguir todos os dardos ígneos do maligníssimo; tomai também o capacete da salvação e o gládio do espírito, que é a palavra de Deus, orando em todo tempo com toda a sorte de deprecações e súplicas" (Ef 6,14-18). Detenhamo-nos um pouco para bem compreender as sobreditas palavras: tende os vossos rins cingidos da verdade. O apóstolo alude ao cinturão militar com que os soldados se cingiam em sinal de fidelidade que juravam ao soberano. O cinturão com que se deve cingir o cristão há de ser a verdade da doutrina de Jesus Cristo, segundo a qual devem reprimir todos os movimentos desordenados e em especial os impuros, que são os mais perigosos. Revestindo a couraça da justiça. A couraça do cristão deve ser a boa vida, sem o que terá pouca força para resistir aos insultos dos inimigos. Tendo os pés calçados em preparação para o Evangelho da paz. Os sapatos militares, que o cristão deve usar, a fim de caminhar expeditamente para onde deve, em oposição ao que anda descalço e que só caminha lentamente, hão de ser o ânimo aparelhado para abraçar praticamente e insinuar aos outros com o exemplo das máximas santas do Evangelho. Embraçando o escudo da fé com o qual possais extinguir todos os dardos ígneos do malioníssimo. O escudo, pois, com que há de defender-se o soldado de Cristo contra os dardos ígneos (isto é, penetrantes como fogo) do inimigo, há de ser a fé constante, fortalecida. Tomai também o capacete da salvação e o gládio do espírito que é palavra de Deus. O capacete, como entende S. Anselmo, deve ser a esperança da salvação eterna, e finalmente a espada do espírito, isto é, a nossa espada espiritual, deve ser a palavra de Deus, pela qual ele promete repetidas vezes atender — ao que o suplica: "Pedi e vos será dado" (Mt 7,7). "Todo aquele que pedir, receberá" (Jo 11,10). "Invocai-me e eu vos atenderei" (Jo 33,3). "Invoca-me e eu te livrarei" (Sl 49,15).

2. E o Apóstolo conclui: "Orando em todo tempo com toda sorte de deprecações e súplicas pelo Espírito, e velando nisto com toda a perseverança a rogar por todos os santos" (Ef 6,18). A oração é, portanto, a arma mais forte, por meio da qual o Senhor nos dá a vitória contra as más paixões e tentações do inferno. Esta oração deve, porém, ser feita em espírito, não só com a boca, mas também com o coração. Além disso, deve ser contínua em todo tempo de nossa vida: "Orando em todo tempo", assim como são contínuas as batalhas, deve ser também contínua a nossa oração. Com toda sorte de deprecações e súplicas: se a tentação não desaparece com a primeira súplica, é preciso repeti-la uma segunda, terceira ou quarta vez e se, apesar disso, a tentação não cede, é necessário ajuntar os gemidos, as lágrimas, a importunação, a veemência, como se quiséssemos forçar a Deus a conceder-nos a graça da vitória. Isto significam as palavras com toda a instância e solicitação. Acrescenta o Apóstolo: "Por todos os santos", que significa que devemos rogar não só por nós, mas pela perseverança de todos os fiéis que estão na graça de Deus e em especial dos sacerdotes que trabalham pela conversão dos infiéis e de todos os pecadores, repetindo nas orações a súplica de Zacarias: "Iluminai aos que estão assentados nas trevas e na sombra da morte" (Lc 1,79).

Quem pouco semeia pouco colherá

1. Nos combates espirituais nos auxilia na resistência aos inimigos o preveni-los nas nossas meditações, preparando-nos a fazer toda a violência possível nesses casos que podem nos surpreender de improviso. Disso provinha que os santos podiam responder com tão grande mansidão ou mesmo calar-se e não se perturbar quando recebiam injúrias gravíssimas, ou eram perseguidos, ou tinham de suportar atrozes dores de corpo ou de alma, ou a perda de grandes bens, ou a morte de um parente muito querido. Tais vitórias não se obtêm ordinariamente sem o auxílio de uma vida muito correta, sem a frequência dos Sacramentos e sem um exercício contínuo da meditação, leitura espiritual e orações. Por isso estas vitórias dificilmente são alcançadas por aqueles que não são muito cautelosos em fugir das ocasiões perigosas ou vivem apegados à vontade ou aos prazeres do mundo e pouco praticam a mortificação dos sentidos; por aqueles, enfim, que levam uma vida mole. S. Agostinho escreve que na vida espiritual "primeiro se devem vencer as satisfações e depois as dores" (*Serm.* 135). Quer ele dizer que todo aquele que está acostumado a procurar os prazeres sensuais, dificilmente resistirá a uma grande paixão ou veemente tentação que o assalte; quem muito preza a estima do mundo, dificilmente sofrerá uma afronta grave sem perder a graça de Deus.

É verdade que da graça de Jesus Cristo e não de nós mesmos é que devemos esperar toda a força para viver sem pecado e fazer boas obras e por isso devemos empregar todo o cuidado de não nos tornarmos mais fracos do que já somos por nossa própria culpa. Certos defeitos, dos quais não fazemos conta, são a causa de nos faltar a luz divina e de o demônio ter mais poder sobre nós; por exemplo, o desejo de aparecer sábio ou nobre perante o mundo, a vaidade no trajar, a busca de certas comodidades supérfluas, o ressentimento por uma palavra ou ato de pouca atenção, a aspiração de agradar a todos, com prejuízo do proveito espiritual, a omissão das obras de piedade pelo respeito humano, pequenas desobediências aos superiores, pequenas murmurações, pequenas aversões conservadas no coração, leves mentiras, ligeiras zombarias do próximo, perda de tempo em palestras ou curiosidades inúteis, em suma todo o apego às coisas terrenas e todo ato de amor próprio desordenado pode servir ao inimigo para precipitar-nos em qualquer abismo ou pelo menos qualquer defeito deliberadamente querido nos privará da abundância do socorro divino, sem o qual cairemos em qualquer precipício.

Nós lastimamos sentir-nos tão áridos e lânguidos nas orações, nas comunhões e em todos os exercícios de piedade, mas como Deus há de fazer que gozemos de sua presença e de suas visitas amorosas, se nós somos tão escassos e desatenciosos com ele? "Quem semeia com parcimônia, também colherá escassamente" (2Cor 9,6).

2. Se nós lhe causamos tantos desgostos, como havemos de querer recolher suas celestes consolações? Se não nos desprendermos em tudo da terra, não seremos mais por inteiro de Cristo e quem sabe onde chegaremos a parar. Jesus com sua humildade nos mereceu a graça de vencer a soberba; com sua pobreza, a força de desprezar os bens terrenos; com sua paciência, a constância para vencer os desprezos e as injúrias. Assim pergunta S. Agostinho: "Que coisa poderá curar a soberba, se não for a humildade do Filho de Deus? Que coisa, a avareza, se não a pobreza de Cristo? Que coisa, a ira, se não a paciência do Salvador?". Se nós, porém, esfriamos no amor de Jesus Cristo e descuidamos de suplicar-lhe que nos socorra e até nutrimos no coração qualquer afeto terreno, dificilmente perseveraremos na boa vida. Rezemos, rezemos sempre: com a oração alcançaremos tudo.

Ó Salvador do mundo, ó minha única esperança, pelos merecimentos da vossa Paixão, livrai-me de todo afeto impuro que possa ser obstáculo ao amor que vos devo. Fazei que eu viva despido de todos os desejos mundanos, fazei que o único objeto de meus desejos sejais vós só, a que sois o sumo bem e o único bem digno de ser amado. Por vossas sacrossantas chagas, curai as minhas enfermidades e dai-me a graça de conservar longe de meu coração todo amor que não é para vós, que mereceis todo o meu amor. Jesus, meu amor, vós sois a minha esperança. Ó doces palavras, ó doce conforto! Jesus, meu amor, vós sois a minha esperança.

*§ 3. Da esperança que temos de chegar um dia,
    por Jesus Cristo, à felicidade do paraíso*

Co-herdeiros de Cristo
1. "E por isso é mediador do Novo Testamento, a fim de que, intervindo a morte... os que foram chamados receberam a herança eterna da promessa" (Hb 9,15). Aqui fala S. Paulo do Novo Testamento, não como de um pacto, mas como de uma promessa, isto é, a disposição da sua última vontade, pela qual Jesus Cristo nos constituiu herdeiros do reino

dos céus, e, porque o testamento não é válido senão depois da morte do testador, foi necessário que Jesus Cristo morresse, para que pudéssemos como seus herdeiros entrar na posse do paraíso.

Pelos méritos de Jesus Cristo, nosso mediador, recebemos no batismo a graça de ser filhos de Deus, enquanto que os hebreus, no Antigo Testamento, apesar de serem o povo eleito, não deixaram de ser escravos. "Estes são os dois testamentos, um certamente do monte Sinai, que gera para a servidão" (Gl 4,24). No monte Sinai fez-se, por intermédio de Moisés, a primeira mediação, quando Deus, por meio dele, prometeu a abundância de bens temporais se observassem a lei que lhes dera. Esta mediação, porém, diz S. Paulo, não gerava senão servos, em oposição à de Jesus Cristo, que gera filhos: "Nós, porém, irmãos, somos filhos da promissão segundo Isaac" (Gl 4,28). Se, pois, nós, cristãos, somos filhos de Deus, diz o mesmo apóstolo, somos também herdeiros: a todos os filhos cabe parte da herança paterna, a qual no nosso caso é a glória eterna no paraíso, que Jesus Cristo nos mereceu com sua morte: "Se filhos, também herdeiros; herdeiros de fato de Deus e co-herdeiros de Cristo" (Rm 8,17).

2. Acrescenta, entretanto, S. Paulo, no mesmo lugar: "Mas isto se padecermos com ele, para também com ele sermos glorificados" (Rm 8,17). É certo que nós, pela filiação divina, obtida por Jesus com sua morte, adquirimos direito ao paraíso: isso só se entende, porém, se formos fiéis na prática de boas obras e particularmente se, pela paciência, correspondermos à graça divina. Pelo que, diz o Apóstolo, para obtermos a glória eterna como Jesus a alcançou, devemos na terra padecer a exemplo do mesmo Jesus Cristo. Ele vai na frente com a cruz, como um capitão; à sombra dessa bandeira, devemos segui-lo, cada um levando sua cruz, como nos admoesta o mesmo Senhor, dizendo: "Quem quiser vir após mim abnegue-se a si mesmo, tome sua cruz e siga-me" (Mt 16,24).

S. Paulo então anima-nos a sofrer com coragem, alentados pela esperança do paraíso, recordando-nos que a glória que nos será dada na outra vida será imensamente maior que o merecimento de todos os nossos sofrimentos, suportados de boa vontade em cumprimento da vontade de Deus. "Julgo, porém, que os sofrimentos da vida presente não têm proporção alguma com a glória futura que se manifestará em nós" (Rm 8,18).

Que pobre seria tão tolo que recusasse dar todos os seus andrajos em troca de um grande reino? Não possuímos presentemente essa glória porque não estamos ainda salvos, visto não termos ainda terminado a vida na graça de Deus; mas a esperança nos merecimentos de Jesus Cristo, diz S. Paulo, é que nos trará a salvação: "Pela esperança é que fomos salvos" (Rm 8,24). Ele não deixará de nos conceder todo o auxílio de que necessitamos para nos salvar, se lhe formos fiéis e perseverantes em suplicar-lhe, segundo a promessa do mesmo Jesus Cristo, de atender todo aquele que o suplicar: "Todo o que pedir, receberá" (Jo 11,10). Mas, dirá alguém: eu não duvido que Deus se negue a ouvir-me quando suplicar-lhe, mas receio que eu não o faça como devo. Não, diz S. Paulo, não há motivo para esse receio, porque, quando rezamos, Deus mesmo ajuda a nossa insuficiência e nos faz suplicar de maneira que sejamos atendidos: "O Espírito ajuda a nossa fraqueza e pede por nós" (Rm 8,26). Pede, isto é, faz-nos pedir, explica S. Agostinho.

Semelhantes à imagem do Filho

1. Para nos aumentar a confiança, o Apóstolo ajunta: "Nós sabemos que, para os que amam a Deus, tudo concorre para o bem" (Rm 8,28). Quer com isso dar-nos a entender que não são desgraças as infâmias, as doenças, a pobreza, as perseguições, como julgam os homens, pois Deus as converterá em bens e glória dos que as suportarem com paciência. E o Apóstolo conclui: "Pois os que conheceu na sua presciência também os predestinou para se fazerem conformes à imagem de seu filho" (Rm 8,29). Com estas palavras quer persuadir-nos de que, se quisermos a salvação, devemos nos resolver a sofrer todas as coisas para não perdermos a graça divina, já que ninguém poderá ser admitido à glória dos bem-aventurados sem que, no dia de seu juízo, sua vida tenha sido encontrada conforme a de Jesus Cristo.

Mas, para que os pecadores por esse motivo não se entreguem ao desespero, em vista das culpas cometidas, S. Paulo os anima a esperar o perdão, afirmando que o Padre Eterno não quis por esse fim perdoar a seu próprio Filho, que se oferecera para satisfazer por nossos pecados, e o entregou à morte para poder perdoar-nos a nós, pecadores: "O qual não poupou a seu próprio Filho, mas o entregou por nós" (Rm 8,39). E para que seja ainda maior a esperança do perdão dos pecadores arrependidos, acrescenta: "E quem será que nos condenará? Cristo, que morreu por nós". Como se dissesse: pecadores, que detestais os pecados cometidos, por que temeis ser condenados ao inferno? Dizei-me qual será o juiz que vos há de condenar? Não é Jesus Cristo? E como podeis temer que vos condene à morte eterna esse redentor amoroso, que para vos não condenar quis condenar-se a si mesmo a morrer pregado no infame patíbulo da cruz? Isso muito bem se entende daqueles pecadores que, contritos, lavaram suas almas no sangue do cordeiro, segundo S. João: "Estes são os que lavaram suas vestes e as embranqueceram no sangue do cordeiro" (Ap 7,14).

2. Ó meu Jesus, se eu olho para os meus pecados, envergonho-me de pedir-vos o céu, depois de o ter tantas vezes renunciado por gozos efêmeros e miseráveis: vendo-vos, porém, pregado nessa cruz, não posso deixar de esperar o paraíso, sabendo que quisestes morrer nesse madeiro para pagar por seus pecados e alcançar-me esse céu que eu desprezei. Ah, meu doce Redentor, eu espero pelos merecimentos de vossa morte que já me tenhais perdoado as ofensas que vos fiz e das quais já me arrependi e por cuja causa desejaria morrer de dor. Mas, ó meu Jesus, penso que, apesar de me haverdes perdoado, permanecerá sempre verdade que eu na minha ingratidão tive a coragem de causar-vos tão graves desgostos, a vós que tanto me haveis amado. O que está feito, porém, está feito; pelo menos, Senhor, eu quero, no tempo que me resta de vida, amar-vos com todas as minhas forças, quero viver só para vós, quero ser todo vosso, todo, todo. E isso haveis de realizar. Desprendei-me de todas as coisas da terra e dai-me luz e força para não buscar outra coisa senão vós, meu único bem, meu amor, meu tudo. Ó Maria, esperança dos pecadores, ajudar-me-eis com vossas súplicas. Rogai, rogai por mim e não deixeis de orar enquanto não me virdes todo de Deus.

CAPÍTULO 10
DA PACIÊNCIA QUE DEVEMOS PRATICAR EM UNIÃO COM JESUS CRISTO PARA ALCANÇAR A VIDA ETERNA

O mistério da paciência

1. Falar de paciência e de sofrer é tratar de uma coisa que os amantes do mundo não praticam e nem sequer entendem. Só as almas que amam a Deus o compreendem e põem em prática. S. João da Cruz dizia a Jesus Cristo: "Senhor, eu nada mais vos peço que padecer e ser desprezado por vós". E S. Teresa exclamava frequentemente: "Ó meu Jesus, ou sofrer ou morrer". S. Maria Madalena de Pazzi: "Senhor, sofrer e não sofrer". Eis como falam os santos extasiados por Deus, e assim falam porque sabem muito bem que uma alma não pode dar uma prova mais segura de seu amor para com Deus do que padecendo voluntariamente para dar-lhe gosto.

Esta foi a maior prova que Jesus Cristo nos deu do amor que nos tinha. Ele como Deus nos amou ao criar-nos, enriquecendo-nos com tantos bens, chamando-nos a gozar da mesma glória que ele goza, mas em nenhum outro ponto nos mostrou melhor quanto nos ama do que fazendo-se homem e abraçando uma vida penosa e uma morte cheia de dores e ignomínias por nosso amor. E nós, como demonstraremos nosso amor por Jesus Cristo? Talvez levando uma vida cheia de prazeres e delícias terrenas? Não pensemos que Deus se compraz em nosso sofrimento: ele não é um senhor de índole cruel que se satisfaz vendo gemer e sofrer suas criaturas; pelo contrário, é um Deus de bondade infinita, todo inclinado a ver-nos plenamente contentes e felizes, todo repleto de doçura, afabilidade e compaixão para com os que a ele recorrem. "Porque vós, Senhor, sois suave e brando e cheio de misericórdia para todos os que vos invocam" (Sl 85,5). A condição, porém, de nosso infeliz estado atual de pecadores e a gratidão que devemos ao amor de Jesus Cristo exigem que nós, por seu amor, renunciemos aos deleites deste mundo e abracemos com ternura a cruz que ele nos destina a levar após si nesta vida, indo ele à frente com uma cruz mais pesada que a nossa e isso para nos levar a gozar, depois da nossa morte, de uma vida feliz que não terá fim. Deus, pois, não se apraz em ver-nos sofrer; sendo, porém, a justiça infinita, não pode deixar impunes as nossas culpas. Por isso, para que essas culpas sejam punidas e não percamos um dia a felicidade eterna, ele quer que, pela paciência, expiemos as culpas e assim mereçamos a felicidade eterna. Não poderia ser mais bela e suave essa determinação da divina Providência, que satisfaz ao mesmo tempo à justiça e nos faz salvos e felizes.

2. Devemos, por conseguinte, pôr toda a nossa esperança nos merecimentos de Jesus Cristo e dele esperar todos os auxílios para viver santamente e nos salvar e não podemos duvidar de seu desejo de nos ver santos: "Esta é a vontade de Deus: a vossa santificação" (1Ts 4,3). Isso é verdade, mas não devemos nos descuidar de satisfazer de nossa parte pelas injúrias que fizemos a Deus e de conseguir pelas boas obras a vida eterna. É o que o Apóstolo queria significar quando escrevia: "Completo em minha carne o que falta dos sofrimentos de Cristo" (Cl 1,3). Mas então a Paixão de Cristo não foi completa e não bastou ela só para nos salvar? Ela foi pleníssima quanto ao seu valor e suficientíssima para salvar todos os homens: entretanto, para que os merecimentos da Paixão sejam aplicados a nós, diz S. Tomás, devemos entrar com a nossa parte e sofrer com paciência as cruzes que Deus nos envia para nos assemelhar a Jesus Cristo, nossa cabeça, segundo o que escreve o mesmo Apóstolo aos Romanos: "Pois os que conheceu na sua presciência, também os predestinou para se fazerem conformes à imagem de seu Filho, a fim de que ele seja o primogênito entre muitos irmãos" (Rm 8,2 29). Nunca, porém, devemos esquecer, como nota o mesmo Doutor Angélico, que toda virtude que possuem as nossas boas obras, satisfações e penitências, lhes provêm da satisfação de Jesus Cristo. "A satisfação do homem tira sua eficácia da satisfação de Jesus Cristo". E assim se responde aos protestantes, que dizem serem nossas penitências uma injúria à Paixão de Cristo, como se ela não fosse suficiente para satisfazer por nossas culpas.

O reino dos céus sofre violência

1. Dissemos que, para poder participar dos merecimentos de Jesus Cristo, é preciso que nos esforcemos para cumprir os preceitos de Deus e nos façamos violência para não ceder às tentações do inferno. É o que o Senhor nos dá a entender, quando diz: "O reino dos céus sofre violência e só os violentos o arrebatarão" (Mt 11,12). É preciso que nos violentemos quando se trata da continência, da renúncia aos maus desejos, da mortificação dos sentidos, a fim de não sermos vencidos pelos inimigos. "E se nos sentimos réus pelas culpas cometidas", diz S. Ambrósio, "devemos então forçar o Senhor pelas lágrimas a nos conceder o perdão" (*Serm. 5*). E o santo ajunta para nosso consolo: "Ó feliz violência, que não é punida pela ira de Deus, mas recompensada por sua misericórdia. E todo aquele que nesse sentido fizer mais violência a Jesus Cristo, lhe será mais caro". E conclui: "Primeiro devemos reinar em nós mesmos, dominando as nossas paixões para podermos depois arrebatar o reino do Salvador. É, pois, necessário fazer-nos violência, sofrendo as adversidades e perseguições, vencendo as tentações e as paixões, que sem isso nunca serão abatidas".

O Senhor nos declara que, para não perdermos nossa alma, devemos estar preparados a sofrer agonias de morte e a mesma morte: ao mesmo tempo, porém, nos diz que ele mesmo combaterá os inimigos daquele que estiver assim preparado: "Toma a defesa da justiça para salvares a tua alma, e peleja até à morte pela justiça, e Deus, pondo-se de tua parte, derrotará os teus inimigos" (Eclo 4,33). S. João viu ante o trono de Deus uma grande multidão de santos, vestidos de branco (pois no céu não entra nenhuma mácula), tendo cada um na sua mão uma palma, distintivo do martírio (Ap 7,9). Mas então todos os santos são mártires? Sim; todos os adultos que se salvam ou hão de ser mártires de sangue ou mártires de paciência, vencendo os assaltos do inferno e os apetites desordenados da carne. Os prazeres carnais enviam inumeráveis almas para o inferno, e por isso é preciso que nos resolvamos a desprezá-los com toda a energia. Persuadamo-nos de que ou a alma calcará aos pés o corpo ou o corpo subjugará a alma.

2. Repito: é preciso fazer esforço para se salvar a alma. Mas esse esforço é justamente o que eu não posso fazer, dirá alguém, se Deus não me auxiliar com sua graça. A este, responde S. Ambrósio: "Se olhares para ti, nada poderás; se confiares no Senhor, ele te dará forças". Mas para se conseguir isso é necessário sofrer, não há outro remédio.

Se quisermos entrar na glória dos bem-aventurados, diz a Escritura, é preciso sofrer primeiro com paciência muitas tribulações (At 14,21). S. João, contemplando a glória dos santos no céu, diz justamente: "Estes são os que vieram de grandes tribulações e levaram suas vestes e as branquearam no sangue do cordeiro" (Ap 7,14). É verdade que esses estavam no céu por se haverem lavado no sangue do cordeiro, mas todos aí chegaram depois de terem sofrido grandes tribulações.

"Ficai certos", escrevia S. Paulo a seus discípulos, "de que Deus não permitirá que sejais tentados acima de vossas forças" (1Cor 10,13). Deus é fiel e ele prometeu dar-vos o seu apoio, suficiente para vencer todas as tentações, contanto que nós lho peçamos: "Pedi e dar-se-vos-á; buscai e achareis" (Mt 7,7). Logo, não pode faltar à sua promessa. É um erro crasso dos hereges afirmar que Deus manda coisas impossíveis. O concílio de Trento diz: "Deus não impõe coisas impossíveis, mas, quando manda, te admoesta que faças o que podes e peças o que não podes e te auxilia para que possas" (*Sess.* 6 c. 11). Escreve S. Efrém que, se os homens não são tão cruéis com seus jumentos, impondo-lhes cargas superiores às suas forças, tanto menos Deus, que muito ama os homens, permitirá que eles sofram tentações às quais não possam resistir (*Tract. de patientia*).

Cruz de toda parte

1. Escreve Tomás de Kempis: "A cruz te espera por toda parte e por isso é preciso que tenhas paciência em toda parte, se quiseres viver em paz. Se carregares a cruz com boa vontade, ela te levará a ti ao fim desejado". Cada qual neste mundo procura a paz e desejaria encontrá-la sem sofrimento; isso, porém, é impossível no estado presente, pois as cruzes nos esperam em todo lugar em que nos acharmos. Como, pois, encontrar a paz no meio dessas cruzes? Pela paciência, abraçando a cruz que se nos apresenta. Diz S. Teresa que todo aquele que arrasta sua cruz com má vontade sente-lhe o peso, por menor que seja; quem, porém, a abraça com boa vontade, não a sente, ainda que seja muito pesada. E Tomás de Kempis ajunta que todo aquele que leva a cruz com resignação, a mesma cruz o conduzirá ao fim desejado, que neste mundo é agradar a Deus e no outro amá-lo eternamente.

O mesmo autor continua: "Qual dos santos viveu sem a cruz? Toda a vida de Cristo foi cruz e martírio, e tu buscas o gozo?". Que santo foi admitido no céu sem a insígnia da cruz? Como poderão entrar os santos no céu sem a cruz, se a vida de Jesus Cristo, nossa cabeça e redentor, foi uma cruz contínua e um martírio? Jesus, inocente, santo, filho de Deus, quis padecer durante sua vida inteira e nós andamos atrás de prazeres e consolações? Para dar-nos um exemplo de paciência, quis eleger uma vida cheia de ignomínias e dores internas e externas e nós queremos nos salvar sem sofrer ou sofrendo sem paciência, o que é padecimento duplo, mas sem fruto e com o acréscimo do castigo. Como poderemos pensar em amar a Jesus Cristo, se não queremos padecer por amor dele, que tanto padeceu por nós? Como poderá gloriar-se de ser discípulo do crucificado quem recusa ou recebe de má vontade os frutos da cruz, que são os sofrimentos, os desprezos, a pobreza, as dores, as enfermidades e todas as coisas contrárias ao nosso amor próprio?

2. Não nos esqueçamos, antes sempre nos recordemos, das chagas do crucifixo, porque delas hauriremos a força de sofrer os males desta vida, não só com a paciência, mas até com alegria e satisfação, como o fizeram os santos: "Tirareis águas com alegria das fontes do Salvador" (Is 12,3). S. Boaventura comenta: "Das fontes do Salvador significa das chagas de Jesus Cristo" e exorta-nos a ter os olhos sempre fixos em Jesus moribundo, se quisermos viver sempre unidos com Deus. A devoção consiste, segundo S. Tomás, em estarmos prontos a executar tudo o que Deus exige de nós.

Cristo, nosso modelo

1. Eis a bela instrução a que nos dá S. Paulo para vivermos sempre unidos a Deus e suportarmos com paciência as tribulações desta vida: "Recordai-vos daquele que dos pecadores suportou contra si uma tal contradição, para que não vos fatigueis desfalecendo em vossos ânimos" (Hb 12,3). Ele diz: recordai-vos. Para sofrer com resignação e paz as penas da vida, não basta pensar de passagem, poucas vezes no ano, a Paixão de Jesus Cristo; é preciso pensar a miúdo e mesmo todos os dias recordar-se das penas que Jesus suportou por nosso amor. E que penas foram essas? O Apóstolo diz: sofreu tal contradição. Tal foi a contradição que Jesus sofreu de seus inimigos que dele fizeram o homem mais vil, o homem das dores, segundo a predição do profeta: o último dos homens, o homem das dores, deixando-o morrer de pura dor e saciado de opróbrios em um patíbulo destinado aos mais celerados. E por que quis Jesus abraçar esse acervo de dores e vitupérios? Para que não vos fatigueis desfalecendo em vossos ânimos, isto é, para que nós, vendo

quanto um Deus quis padecer para dar o exemplo da paciência, não esmoreçamos, mas tudo soframos para nos libertarmos dos pecados.

2. O Apóstolo continua a nos animar, dizendo: "Ainda não resististes até ao sangue, combatendo contra o pecado" (Hb 12,4). Reflete que Cristo derramou por vós todo o seu sangue na sua Paixão, à força dos tormentos, e que os santos mártires, a exemplo de seu rei, sofreram com intrepidez as lâminas de fogo, as unhas de ferro que lhes despedaçavam até as vísceras. Nós, porém, ainda não derramamos nem sequer uma gota de sangue por Jesus Cristo, quando deveríamos estar prontos a sacrificar a própria vida para não ofendermos a Deus, como afirma S. Raimundo: "Prefiro precipitar-me numa fogueira a cometer um pecado contra o meu Deus", ou, como dizia S. Anselmo, Arcebispo de Cantuária: "Se eu tivesse de suportar todas as dores corporais do inferno ou cometer um pecado, escolheria antes o inferno que cometer o tal pecado".

Meu jugo é suave

1. O leão infernal não deixa de andar em redor de nós durante toda a nossa vida, para nos devorar, e por isso S. Pedro diz que devemos nos armar contra os seus assaltos com o pensamento da Paixão de Cristo: "Havendo Cristo padecido na carne, armai-vos também do mesmo pensamento" (1Pd 4,1). S. Tomás afirma que só a lembrança da Paixão é um forte anteparo contra as tentações do inferno. E S. Ambrósio, ou outro santo, escreve: "Se o Senhor conhecesse uma outra via para a salvação, melhor que a do sofrimento, ele no-la teria feito conhecer: indo, porém, à frente com a cruz às costas, nos demonstrou que não há meio mais próprio para procurarmos a salvação que o sofrer com paciência e resignação e por isso quis ele mesmo dar-nos o exemplo na sua pessoa".

Diz S. Bernardo que nós, contemplando as grandes aflições do Crucificado, acharemos mais suportáveis as nossas (*Serm. 43 in Cant.*). E em outro lugar: "Que coisa te parecerá dura, se te recordares dos sofrimentos de teu Senhor?" (*Serm. de quadrupl. deb.*). Tendo S. Delfina perguntado um dia ao seu marido S. Elzeário como podia suportar tantas injúrias com tão grande tranquilidade, respondeu-lhe este: "Quando me vejo injuriado, penso nas injúrias a meu Salvador crucificado e não ponho de lado tal pensamento enquanto não me sinto apaziguado". "A ignomínia da cruz é agradável àquele que não é ingrato ao Crucificado", diz S. Bernardo (*Serm. 25 in Cant.*).Todas as almas que querem ser gratas a Jesus Cristo não detestam, mas se aprazem nos desprezos que recebem. Quem não receberá com prazer os opróbrios e os maus tratos, considerando somente os maus tratos que sofreu Jesus no começo de sua Paixão, quando na casa de Caifás foi esbofeteado e pisado, e lhe escarraram no rosto, zombando dele como de um falso profeta, vendando-lhe os olhos com um pano, segundo o testemunho de S. Mateus? (Mt 26,27).

2. E como era possível os mártires sofrerem com tanta paciência os tormentos dos carnífices? Eram dilacerados com ferros, eram queimados nas grelhas: talvez não eram de carne ou perdiam os sentidos? Não, mas eles não se punham a contemplar as suas feridas, mas as chagas do Redentor e assim pouco sentiam as próprias dores. Os tormentos não deixavam de os martirizar, mas eles os desprezavam por amor a Jesus Cristo. Não há dor tão atroz que não seja suportável à vista de Jesus morto na cruz. O Apóstolo escreve que nós pelos méritos de Jesus Cristo fomos enriquecidos com todos os bens (1Cor 1,5). Jesus, contudo, quer que, para obtermos as graças que desejamos, recorramos sempre a Deus por meio da oração e lhe supliquemos que nos ouça pelos méritos de seu Filho. E o próprio Jesus nos promete que, se assim procedermos, o Pai nos dará tudo o que pedirmos: "Em verdade, em verdade eu vos digo, se pedirdes alguma coisa ao Pai em meu nome, ele vo-la dará" (Jo 16,23). Dessa forma procediam os mártires, quando era excessiva a dor dos tormentos: recorriam a Deus e Deus subministrava-lhes a paciência para suportá-los. O mártir S. Teodato sentiu uma vez, no meio das crueldades a que o sujeitaram, uma dor tão acerba visto o tirano ter mandado intrometer-lhe nas chagas carvões ardentes, que ele suplicou a Jesus que lhe desse força para suportá-los e assim saiu vitorioso, terminando a vida no meio dos tormentos.

Nossa consolação na morte

1. Não nos atemorizem, pois, todos os combates que temos de travar contra o mundo e contra o inferno; se formos prontos em recorrer a Jesus Cristo, ele nos concederá todos os bens, a paciência em todos os trabalhos, a perseverança e finalmente uma boa morte. Grandes são as amarguras que se sofrem na hora da morte e só Jesus Cristo pode dar-nos a constância e merecimento. Grandes são então especialmente as tentações do inferno, que se esforçam de modo particular em arrastar-nos à perdição, vendo-nos próximos de nosso fim. Narra Rinaldo que S. Elzeário suportou as mais horríveis batalhas da parte dos demônios na

hora da morte, apesar de ter levado uma vida tão santa. Ele afirma que grandes são as tentações do inferno nessa hora, mas que Jesus Cristo, com os merecimentos de sua Paixão, abate as suas forças. Por isso quis S. Francisco que lhe recitassem a história da Paixão na hora da morte. S. Carlos Borromeu, vendo-se próximo da morte, mandou colocar ao redor de si várias representações da Paixão para entregar sua alma a Deus na contemplação dessas imagens.

S. Paulo escreve que Jesus quis padecer a morte "a fim de destruir pela morte aquele que tinha o império da morte, isto é, o diabo, e para livrar os que pelo temor da morte se achavam por toda a vida sujeitos à servidão" (Hb 2,14-15). Assim quis Jesus morrer para destruir com sua morte as forças do demônio que tinha até então o império da morte e por esse meio livrar-nos da escravidão de Lúcifer e por conseguinte do temor à morte eterna. Quis submeter-se a todas as condições e paixões da natureza humana (exceto a ignorância, a concupiscência e o pecado) e para que fim? Para se tornar misericordioso, isto é, tomando sobre si mesmo as nossas misérias, tivesse mais compaixão conosco, já que muito melhor se conheceu as misérias experimentando-as do que considerando-as, e dessa maneira se sentisse mais pronto a socorrer-nos, quando tentados na vida e especialmente na hora da morte. A isso se refere aquela palavra de S. Agostinho: "Se te perturbares pela iminência da morte, não te julgues um réprobo, nem te entregues ao desespero, pois foi para impedir isso que Cristo ficou perturbado em presença de sua morte" (*Lib. Pronost.*).

2. O inferno na hora de nossa morte empregará todos os esforços para nos fazer desesperar da misericórdia divina, pondo-nos diante dos olhos todos os pecados da nossa vida. A recordação, porém, da morte de Jesus Cristo nos dará coragem e confiança nos seus merecimentos, para que não temamos a morte. S. Tomás comenta o aludido texto de S. Paulo da seguinte forma: "Cristo por sua morte destruiu o temor da morte: quando o homem considera que o Filho de Deus quis morrer, perde o medo da morte". Quando consideramos que o Filho de Deus quis sofrer a morte para nos obter o perdão dos pecados, desaparece o temor e vem o desejo de morrer. A morte para os pagãos é motivo de grande pavor, pois para eles, com a morte, acabam-se todos os bens. A morte de Jesus Cristo, porém, nos dá uma firme confiança de que, morrendo na graça de Deus, passaremos da morte à vida eterna. Desta esperança S. Paulo nos dá um argumento seguro, dizendo que o Padre Eterno entregou à morte seu próprio Filho por nós todos, a fim de nos enriquecer com todos os bens, porque, dando-nos Jesus Cristo, nos deu o perdão, a perseverança final, o seu amor, a boa morte, a vida eterna e todos os bens.

Nosso advogado

1. Quando o demônio nos turbar durante a vida ou na hora da morte, apresentando-nos os pecados de nossa mocidade, respondamos-lhes com S. Bernardo: "O que me falta de minha parte eu me usurpo da misericórdia de meu Senhor" (*Serm. 61 in Cant.*). Os méritos que me faltam para entrar no paraíso, eu os adquiro dos merecimentos de Jesus Cristo, que quis padecer e morrer justamente para obter-me aquela glória eterna que eu não merecia. S. Paulo escreve: "Deus é que justifica. E quem é que condenará? Jesus Cristo, que morreu, e mesmo ressuscitou, que está à direita de Deus e que também intercede por nós" (Rm 8,33-34). Estas palavras são sumamente consoladoras para nós pecadores. Deus é quem perdoa a nós pecadores e nos justifica com sua graça. Ora, se Deus nos faz justos, como poderá nos condenar como réus? Talvez nos condenará Jesus Cristo, "o qual para não nos condenar se entregou a si mesmo por nossos pecados para nos arrumar do presente século perverso?" (Gl 1,4).

2. Ele se sobrecarregou com nossos pecados e entregou-se à morte para nos livrar desse mundo perverso e conduzir-nos com segurança ao seu reino e chega até a fazer o papel de advogado e intercede por nós junto de seu Pai. "O qual também intercede por nós". S. Tomás, explicando estas palavras, diz que no céu intercede por nós, apresentando a seu Pai as suas chagas suportadas por nosso amor. E S. Gregório não encontra dificuldade em afirmar (o que afinal alguns não concedem) que o Redentor como homem, mesmo depois de sua morte, continua a orar pela Igreja militante que somos nós (*In Ps. poen. 5*). A mesma coisa declarou já antes dele S. Gregório Nazianzeno: "Intercede, suplica por nós, interpondo a sua mediação" (*Or. 4 de theol.*). E S. Agostinho no salmo 29 diz que Jesus ora por nós no céu, para aí nos impetrar alguma nova graça, pois que na sua vida nos obteve o que podia nos impetrar, mas ora para exigir de seu Pai, por seus merecimentos, a nossa salvação, já alcançada e prometida. E ainda que o Pai tenha conferido ao Filho todo o poder, contudo esse poder ele, como homem, não possui senão em dependência de Deus. A Igreja afinal não costuma pedir a Jesus que interceda por nós, considerando nele o que há de mais sublime, isto é, a sua divindade e por isso suplica-lhe que nos conceda, como Deus, o que nós lhe pedimos.

O consumador da nossa fé

1. Mas voltemos à confiança que devemos pôr em Cristo, quando se trata de nossa salvação. S. Agostinho nos anima, dizendo que o Senhor, que nos livrou da morte com derramamento de todo o seu sangue, não quer a nossa perdição e que, se as nossas culpas nos separam de Deus e nos merecem desprezo, nosso Salvador, por seu lado, não pode desprezar o preço de seu sangue, derramado por nós (*Serm. 30 de temp.*). Sigamos, pois, com confiança o conselho de S. Paulo: "Corramos pela paciência para o combate que nos é proposto, olhando para o autor e consumador da fé, Jesus, que, tendo diante de si o gozo, sustentou a cruz, desprezando a ignomínia" (Hb 12,1-2). Ele diz: corramos pela paciência para o combate que nos é proposto: pouco nos adiantará o começar se não continuarmos a combater até o fim. Por isso diz: corramos pela paciência: a paciência no sofrer o trabalho do combate nos obterá vitória e a coroa prometida ao que vencer.

Esta paciência será igualmente a couraça que nos defenderá dos golpes do inimigo. Como, porém, obtermos essa paciência? "Olhando para o autor e consumador da fé, Jesus". S. Agostinho diz que Jesus desprezou todos os bens da terra, para nos ensinar a desprezá-los e não buscar neles a nossa felicidade, e doutro lado quis suportar todos os males terrenos para nos ensinar a não temer as calamidades deste mundo, sujeitando-se ele mesmo às nossas misérias, à pobreza, à fome, à sede, às fraquezas, às ignomínias, às dores e à morte da cruz (*De catec. rud.*). Mesmo com sua ressurreição gloriosa quis nos animar a não temermos a morte, pois, se lhe permanecermos fiéis até à morte, depois desta obteremos a vida eterna, que é isenta de todo o mal e cheia de todo o bem. É o que significam as palavras do apóstolo: "O autor e consumador da fé, Jesus", pois assim como Jesus é para nós o autor da fé, ensinando-nos o que devemos crer e dando-nos ao mesmo tempo a graça de crê-lo, é também o consumador da fé, prometendo-nos que haveremos um dia de gozar daquela vida na qual nos ensina a crer. E a fim de nos certificar do amor que vos dedica esse nosso Salvador e da vontade que tem de nos salvar, S. Paulo acrescenta: "Que tendo diante de si o gozo, sofreu a cruz". Explicando S. João Crisóstomo esta palavra, diz que Jesus podia salvar-nos levando uma vida de regalo neste mundo, mas ele, para nos certificar melhor do afeto que nos consagra, escolheu uma vida de sofrimentos e uma morte ignominiosa, morrendo pregado a uma cruz como um malfeitor.

2. Apliquemo-nos, pois, ó almas amantes do crucifixo, no restante de nossa vida, a amar quanto possível esse nosso amável Redentor e a sofrer por ele, já que tanto quis sofrer por nosso amor. E não cessemos de suplicar-lhe que nos conceda o dom de seu santo amor. Bem-aventurados seremos se chegarmos a ter um grande amor por Jesus Cristo. O Ven. Pe. Vicente Caraffa, grande servo de Deus, diz o seguinte em uma carta que mandou a alguns jovens estudiosos e devotos: "Para reformarmos nossa vida inteira, é preciso pôr todo o empenho no exercício do amor de Deus. É só a caridade divina, quando entra em um coração e dele se apodera, que o purifica de todo o amor desordenado e o torna logo obediente e santo". S. Agostinho diz: "Coração puro é o que está vazio de todo o afeto", e S. Bernardo escreve: "Quem ama, só ama e não deseja mais nada", querendo dizer que quem ama a Deus, não deseja senão amá-lo e expulsa do coração tudo o que não é Deus. E é assim que o coração vazio se torna cheio, ou seja, cheio com Deus, que consigo traz todos os bens e então os bens terrenos não encontram lugar nesse coração e nem o seduzem. Que atrativo poderão ter para nós os prazeres da terra, quando experimentamos as consolações divinas? Qual a força da ambição das honras vãs, o desejo das riquezas terrenas, quando temos a honra de ser amados por Deus e começamos a possuir em parte as riquezas do paraíso? Para conhecer o adiantamento que fizemos no caminho de Deus, basta observarmos o progresso que fizemos no seu amor, se fazemos a miúdo durante o dia atos de amor de Deus, se falamos frequentemente de seu amor, se procuramos insinuá-lo aos outros, se fazemos nossas devoções só para agradar a Deus, se sofremos com perfeita resignação, por amor de Deus, todas as adversidades, as enfermidades, as dores, a pobreza, os desprezos e as perseguições. Dizem os santos que uma alma que ama verdadeiramente a Deus, deverá amar tanto quanto respira, pois a vida da alma tanto no tempo como na eternidade deve consistir em amar o nosso sumo bem, que é Deus.

Acesso ao Pai

1. Persuadamo-nos, porém, de que nunca chegaremos a adquirir um grande amor para com Deus, a não ser por meio de Jesus Cristo, e se não tivermos uma devoção particular para com sua Paixão, por meio da qual ele nos alcançou a graça divina. Escreve o Apóstolo: "Porque por meio dele temos acesso junto ao Pai" (Ez 2,18). Se não fosse Jesus Cristo, o caminho das graças estaria fechado para nós pecadores:

ele nos abriu a porta, nos introduziu perante o Pai e pelos merecimentos de sua Paixão nos obtém dele o perdão de nossos pecados e todas as graças que precisamos. Infelizes de nós, se não tivéssemos Jesus Cristo! E quem poderá louvar e agradecer suficientemente o amor e a bondade que este bom Redentor nos demonstrou, querendo morrer por nós, pobres pecadores, para nos livrar da morte eterna? "É difícil haver quem morra por um justo, ainda que talvez alguém se anime a morrer por um bom" (Rm 5,7). Apenas se encontra quem queira morrer por um homem justo; mas Jesus Cristo quis dar a vida por nós, quando éramos pecadores: "Porque ainda quando éramos pecadores, em seu tempo, Cristo morreu por nós" (Rm 5,8-9).

Por isso nos assegura o Apóstolo que, se estivermos resolvidos a amar Jesus Cristo a todo o custo, podemos esperar todo o auxílio e apoio do céu: "Se, quando éramos inimigos de Deus, fomos com ele reconciliados pela morte de seu Filho, muito mais agora, já reconciliados, seremos salvos pela vida deste" (Rm 5,10). Notem os que amam a Jesus que fazem injúria ao amor que nos consagra esse bom Salvador, quando temem que ele lhes negue as graças necessárias para se salvarem e fazerem-se santos. E para que nossos pecados não nos façam perder a confiança, continua S. Paulo: "Não acontece, porém, com o dom o mesmo que com o pecado, porque se pelo pecado de um morreram muitos, ainda mais abundantemente a graça de Deus e o dom pela graça de um só homem, Jesus Cristo, se derramou sobre muitos" (Rm 5,15). Com isso quer significar que o dom da graça, alcançado pelo Redentor por sua Paixão, nos trouxe maiores bens do que foram os males ocasionados pelo pecado de Adão, já que têm maior valor os merecimentos de Jesus Cristo para obrigar a Deus a nos amar que o pecado de Adão para nos atrair o ódio do mesmo. "Pela graça de Jesus Cristo adquirimos maiores bens do que os que havíamos perdido pela inveja do demônio" (S. Leão *Serm. 1 de ascens.*).

2. Terminemos. Almas devotas, amemos Jesus Cristo, amemos esse Redentor que muito merece ser amado e muito nos amou, não deixando de fazer coisa alguma para ganhar o nosso amor. Basta saber que, por nosso amor, quis morrer consumido de dores numa cruz e, não contente com isso, deixou-se ficar no Sacramento da Eucaristia, onde em alimento nos dá o mesmo corpo que sacrificou por nós e em bebida o mesmo sangue que por nós derramou em sua Paixão. Seríamos muito ingratos, não só ofendendo-o, mas também amando-o pouco e não lhe dedicando todo o nosso amor.

Ó meu Jesus, pudesse eu me consumir inteiramente por vós, como o fizestes por mim. Mas, visto tanto me haverdes amado e me obrigado a amar-vos, ajudai-me então a não vos ser ingrato e muito ingrato eu seria se amasse alguma coisa fora de Vós. Vós me amastes sem reserva, também eu quero amar-vos sem reserva. Tudo abandono, renuncio a tudo para dar-me todo a vós e para não ter em meu coração outro amor senão o vosso. Aceitai-me, meu amor, por piedade, sem considerar os desgostos que vos causei no passado. Vede que eu sou uma daquelas ovelhas pelas quais derramastes vosso sangue: "Nós, pois, vos suplicamos que socorrais a vossos servos que remistes com vosso sangue precioso". Esquecei-vos, meu caro Salvador, das ofensas que vos fiz. Castigai-me como quiserdes, livrai-me unicamente do castigo de não poder vos amar e depois fazei de mim o que vos aprouver. Tirai-me tudo, meu Jesus, mas não me priveis de vós, meu único bem. Fazei-me conhecer o que quereis de mim, que eu com vossa graça quero executar tudo. Fazei que eu me esqueça de tudo, para me recordar só de vós e das penas que sofrestes por mim. Fazei que eu em nada mais pense senão em dar-vos gosto e amar-vos. Por favor, olhai-me com aquele afeto com que me contemplastes no Calvário, ao morrer por mim na cruz, e ouvi-me. Em vós eu ponho todas as minhas esperanças. Meu Jesus, meu Deus, meu tudo. Ó Virgem santa, minha mãe e minha esperança, Maria, recordai-me ao vosso Filho e obtende-me a fidelidade no seu amor até à morte.

V
QUINZE MEDITAÇÕES SOBRE A PAIXÃO DE JESUS CRISTO

Para o tempo que medeia entre o Sábado da Paixão e o Sábado Santo

MEDITAÇÃO I
PARA O SÁBADO DA PAIXÃO

Jesus entra triunfante em Jerusalém

1. Avizinhando-se o tempo de sua Paixão, nosso Redentor deixa Betânia para se dirigir a Jerusalém. Achando-se perto dessa ingrata cidade, Jesus a contempla e chora. "Vendo a cidade, chorou sobre ela". Chora, prevendo sua ruína em consequência do grande crime que aquele povo iria em breve cometer, tirando a vida ao Filho de Deus. Ah, meu Jesus, chorando então sobre aquela cidade, choráveis também sobre a minha alma, vendo a ruína que eu mesmo me procurava com meus pecados, obrigando-vos a condenar-me ao inferno depois de haverdes morrido para me salvar. Ah, deixai-me chorar o grande mal que me fiz, desprezando a vós, sumo bem, e tende compaixão de mim.

2. Jesus Cristo entra na cidade, o povo sai ao seu encontro, recebe-o com aplauso e festas e para honrá-lo junca o caminho com ramos de palmeiras e muitos estendem suas vestes por onde ele deve passar. Quem diria então que esse Senhor, reconhecido como o Messias e acolhido com tantos sinais de respeito, deveria atravessar as mesmas ruas com uma cruz sobre os ombros, condenado à morte! Ah, meu caro Jesus, agora esse povo vos aclama dizendo: "Hosana ao Filho de Davi, bendito o que vem em nome do Senhor" (Mt 21,9), e depois levantará a voz insultando Pilatos para que vos tire do mundo, fazendo-vos morrer crucificado: "Tira-o, tira-o, crucifica-o" (Jo 19,15). Adianta-te, minha alma, e dize-lhe com afeto: bem-aventurado o que vem em nome do Senhor. Sede para sempre bendito por vossa vinda, ó Salvador do mundo, porque, do contrário, estaríamos perdidos. Ó meu Salvador, salvai-me.

3. À tarde, porém, depois de tantas aclamações, não se encontrou ninguém que o convidasse a hospedar-se em sua casa e por isso teve de voltar a Betânia. Meu amado Redentor, se os outros não querem acolher-vos, eu vos quero acolher no meu pobre coração.

Houve um tempo em que eu, infeliz, vos expulsei de minha alma, mas agora prefiro ter-vos comigo a possuir todos os tesouros da terra. Eu vos amo, meu Salvador, e o que poderá separar-me mais de vosso amor? Só o pecado. Mas vós haveis de livrar-me desse pecado com o vosso auxílio, ó meu Jesus, e vós também, ó minha Mãe Maria, com a vossa intercessão.

MEDITAÇÃO II
PARA O DOMINGO DA PAIXÃO

Jesus ora no horto

1. Sabendo Jesus que era chegada a hora de sua Paixão, depois de haver lavado os pés de seus discípulos e instituído o SS. Sacramento do altar, no qual se nos deixou todo a si mesmo, se dirige ao horto de Getsêmani, onde seus inimigos iriam procurá-lo para o prender, como já era de seu conhecimento. Aí põe-se a orar e eis que se sente assaltado por um grande temor, um grande tédio e uma grande tristeza: "Começou a ter pavor, tédio e tristeza" (Mt 14,33; Mt 26,37). Assaltou-o primeiramente um grande temor da morte tão amarga que devia sofrer sobre o Calvário e de todas as angústias e desolações que deveriam acompanhá-la. No decurso de sua Paixão, os flagelos, os espinhos, os cravos e os outros tormentos o afligiram cada um por sua vez; no horto, porém, vieram todos juntos atormentá-lo. Ele os abraça a todos por nosso amor, mas isso o faz tremer e agonizar: "Posto em agonia, orava com maior instância" (Lc 22,43).

2. Doutro lado, assalta-o um grande tédio ou repugnância pelo que devia sofrer e por isso suplica ao Pai que o livre disso: "Meu Pai, se for possível, afasta de mim este cálice" (Mt 26,39). Ele orou assim para ensinar-nos que bem podemos pedir a Deus nas tribulações que nos livre delas, mas ao mesmo tempo devemos nos submeter à sua vontade e dizer então como Jesus: "Contudo, não se faça como eu quero, mas como tu queres". Sim, meu Jesus, não se faça a minha vontade, mas a vossa. Eu aceito todas as cruzes que quiserdes enviar-me.

Vós, inocente, tanto sofrestes por meu amor; é justo que eu, pecador, réu do inferno, padeça por vosso amor tudo o que determinardes.

3. Assaltou-o também uma tristeza tão grande, que bastaria para lhe dar a morte, se ele não a tivesse detido, para expirar crucificado por nós, depois de ter sofrido ainda mais. "Minha alma está triste até à morte" (Mc 14,34). Essa grande tristeza foi motivada pela vista da ingratidão futura dos homens, que, em vez de corresponder a tão grande amor, haveriam de ofendê-lo com tantos pecados, o que o faz suar sangue: "E seu amor se fez como gotas de sangue correndo sobre a terra" (Lc 22,44). Assim, ó meu Jesus, mais cruéis que os carnífices, os flagelos, os espinhos, a cruz, foram os meus pecados que tanto vos afligiram no horto. Fazei-me participar daquela dor e aversão que experimentastes no horto, para que eu chore amargamente, até à morte, os desgostos que eu vos dei. Eu vos amo, ó meu Jesus, acolhei um pecador que vos quer amar. Ó Maria, recomendai-me a esse Filho afligido e triste por meu amor.

MEDITAÇÃO III
PARA A 2.ª FEIRA DA PAIXÃO

Jesus é preso e conduzido a Caifás

1. Tendo o Senhor conhecimento de que os judeus que vinham prendê-lo já estavam perto, levanta-se e vai ao seu encontro: sem nenhuma resistência, deixa-se prender e amarrar: "Prenderam a Jesus e o amarraram" (Jo 18,12). Que assombro! Um Deus preso como um malfeitor por suas criaturas! Minha alma, considera como uns lhe tomam as mãos, outros o amarram e outros lhe batem, e o inocente Cordeiro deixa-se prender e bater conforme a vontade deles e cala-se: "Foi oferecido porque ele mesmo o quis e não abriu sua boca. Foi conduzido como uma ovelha ao matadouro" (Is 53,7). Não fala nem se lamenta, porque ele mesmo já havia se oferecido para morrer por nós e assim se deixa amarrar como uma ovelha que é conduzida à morte sem abrir a boca.

2. Jesus entra preso em Jerusalém. Os que dormiam despertam com o rumor da gente que passa e perguntam quem é o preso que conduzem. E a resposta vem logo: é Jesus Nazareno, que se descobriu ser um impostor e sedutor. Apresentam-no a Caifás, que, vendo-o, alegra-se e o interroga a respeito de seus discípulos e de sua doutrina. Responde Jesus que falou em público, chamando, como testemunhas do que dissera, os próprios judeus que o circundavam: "Eis que estes sabem o que eu disse" (Jo 18,21). Depois dessa resposta, um dos ministros dá-lhe uma bofetada, dizendo-lhe: "Assim respondes ao pontífice?". Mas, ó meu Deus, como uma resposta tão humilde e mansa pode merecer uma afronta tão grande? Ó meu Jesus, vós sofrestes tudo para pagar as afrontas feitas por mim a vosso eterno Pai.

3. Entretanto, o pontífice o conjura em nome de Deus a dizer se ele era na verdade o Filho de Deus. Jesus responde afirmativamente e, ao ouvir isto, Caifás, em vez de prostrar-se em terra para adorar o seu Deus, rasga suas vestes, e, voltando-se para os outros sacerdotes, diz: "Que necessidade temos ainda de testemunhas? Eis aí, acabais agora de ouvir a blasfêmia. Que vos parece?" (Mt 26,65). E eles responderam com uma só voz: "É réu de morte". Depois disto, conforme narram os evangelistas, começaram todos a cuspir-lhe no rosto e a maltratá-lo com bofetadas e socos, e, cobrindo-lhe o rosto com um pano, perguntaram-lhe por escárnio: "Dize-nos, ó Cristo, quem foi que te bateu?" (Mt 26,67). Eis-vos feito nessa noite o divertimento do populacho, ó meu Jesus. Como é possível, porém, que os homens vos vejam tão humilhado por amor deles e não vos amem? E como pude eu chegar a ultrajar-vos com tantos pecados, depois de haverdes sofrido tanto por mim? Ó meu Amor, perdoai-me, que eu não quero mais desgostar-vos. Eu vos amo, meu sumo Bem, e me arrependo de vos haver ofendido e desprezado. Ó Maria, minha Mãe, suplicai a vosso Filho ultrajado que me perdoe.

MEDITAÇÃO IV
PARA A 3.ª FEIRA DA PAIXÃO

Jesus é conduzido a Pilatos e a Herodes e posposto a Barrabás

1. Chegada a manhã, conduzem Jesus a Pilatos, para que o condene à morte. Pilatos, porém, descobre que Jesus é inocente e por isso diz aos judeus que não encontrava motivo para condená-lo. Como, porém, os vê obstinados em querer a sua morte, o remete ao tribunal de Herodes. Este, tendo diante de si Jesus, desejava vê-lo operar um dos muitos milagres de que tanto falavam. O Senhor nem sequer, porém, respondeu às interrogações daquele temerário. Pobre da alma à qual Deus nada mais diz! Meu Redentor, era isso o que eu merecia, por não haver obedecido a tantos chamados vossos. Mas, ó meu Jesus, vós não me haveis abandonado ainda. Falai-me, pois. "Falai, Senhor, que vosso servo vos ouve" (1Rs 3,10), dizei-me o que desejais de mim, que eu quero fazer tudo o que vos agradar.

2. Vendo Herodes que Jesus não lhe dava resposta, despeitado o expulsou de sua casa, zombando dele com todo o pessoal de sua corte, e para maior desprezo o revestiu com uma veste branca, querendo assim designá-lo como louco, remetendo-o em seguida a Pilatos (Lc 23,11). E assim é Jesus levado pelas ruas de Jerusalém, revestido com aquela veste de escárnio. Ó meu Jesus desprezado, faltava-vos ainda essa injúria de ser tratado como louco! Ora, se a sabedoria eterna é assim tratada pelo mundo, bem-aventurado é aquele que não se importa com os aplausos do mundo e não quer saber de outra coisa senão de Jesus crucificado, amando as dores e desprezos, exclamando com o Apóstolo:

"Não julgueis saber coisa alguma no meio de vós, senão Jesus Cristo e este crucificado" (1Cor 2,2).

3. Os judeus tinham o direito de exigir do governador romano, na festa da páscoa, a libertação de um réu. Por isso, Pilatos perguntou ao povo qual dos dois queria, Jesus ou Barrabás (Mt 27,17). Barrabás era um celerado, homicida, ladrão, odiado por todos. Jesus era inocente. Os judeus, porém, gritam que viva Barrabás e morra Jesus. Ah, meu Jesus, eu também assim falei quando deliberei ofender-vos por uma satisfação qualquer, tendo preterido a vós qualquer gosto miserável e para não perdê-lo não me importei com perder a vós, bem infinito. Mas agora eu vos amo acima de qualquer outro bem, mais que à minha vida. Tende piedade de mim, ó Deus de misericórdia. E vós, ó Maria, sede minha advogada.

MEDITAÇÃO V
PARA 4.ª FEIRA DA PAIXÃO

Jesus é flagelado e preso a uma coluna
1. "Então Pilatos tomou a Jesus e mandou flagelá-lo" (Jo 19,1). Ó juiz injusto, tu o declaraste inocente e em seguida o condenas a um castigo tão cruel como vergonhoso? Contempla, minha alma, como, depois dessa ordem iníqua, os carrascos se apoderam do Cordeiro divino, conduzem-no ao pretório e o amarram com cordas a uma coluna. Ó cordas bem-aventuradas, vós que prendestes àquela coluna as mãos de meu doce Redentor, prendei também a seu coração divino o meu miserável coração, para que de hoje em diante eu não busque e não queira outra coisa senão o que ele quer.

2. Eis que já tomam nas mãos os azorragues e, dado o sinal, começam a rasgar aquelas carnes sacrossantas de alto a baixo: primeiramente mostram-se lívidas e depois esguicham sangue de todos os pontos. Os azorragues e as mãos dos carrascos já estão tintos de sangue e a própria terra está toda banhada. Ó Deus, pela violência dos golpes, voam pelos ares não só o sangue, mas até pedaços de carne de Jesus Cristo. Seu corpo divino já está todo dilacerado, mas aqueles bárbaros continuam a acrescentar feridas a feridas, dores a dores. Entretanto, que faz Jesus? Ele não fala, não se lamenta, mas sofre pacientemente aquele horrível tormento para aplicar a justiça divina irada contra nós. "Como um cordeiro sem voz diante do que o tosquia, assim não abriu ele sua boca" (At 8,32). Corre, minha alma, e lava-te nesse sangue divino. Meu amado Senhor, eu vos vejo todo dilacerado por mim; não posso, pois,

duvidar mais de que vós me amais e me amais muito. Cada chaga vossa é uma prova evidente de vosso amor, que com muita razão pede o meu amor. Vós me dais o vosso sangue sem reserva, ó meu Jesus; é justo que eu também vos dê o meu coração sem reserva. Recebei-o, pois, e fazei que eu vos seja sempre fiel.

3. Ó Deus, se Jesus Cristo não tivesse sofrido senão um só golpe por meu amor, já deveria abrasar-me de amor por ele, pensando: um Deus quis ser ferido por mim! Ele, porém, não se contentou com um só golpe, mas, para pagar por meus pecados, quis que lhe fossem dilacerados todos os membros, como já predissera Isaías: "Foi quebrantado por causa de nossos crimes" (Is 53,5), e tornar-se semelhante a um leproso coberto de chagas dos pés até à cabeça: "E nós o julgamos um leproso" (Is 53,4). Minha alma, enquanto Jesus era flagelado pensava em ti e oferecia a Deus seus acerbos martírios para livrar-te dos flagelos eternos do inferno. Ó Deus de amor, como pude eu viver tantos anos sem vos amar? Ó chagas de Jesus, feri-me de amor para com Deus que tanto me amou. Ó Maria, Mãe da graça, alcançai-me este amor!

MEDITAÇÃO VI
PARA 5.ª FEIRA DA PAIXÃO

Jesus é coroado de espinhos e tratado como rei de escárnio
1. Depois de terem os soldados flagelado a Jesus Cristo, reuniram-se todos no pretório e, despojando-o novamente de suas vestes, para escarnecer dele e torná-lo um rei de comédia, puseram-lhe sobre os ombros um manto velho de cor vermelha, para representar a púrpura real, e na mão uma cana significando o cetro, e na cabeça um feixe de espinhos parodiando a coroa, que lhe envolvia toda a sagrada cabeça (Mt 27,28). E visto que os espinhos com a força das mãos não se cravavam na sua divina cabeça, tomam-lhe a cana e enterram-lhe na cabeça aquela horrenda coroa: "E cuspindo-lhe no rosto, tomaram-lhe a cana e batiam-lhe na cabeça" (Mt 27,28). Ó espinhos ingratos, assim atormentais o vosso Criador? Mas que espinhos, que espinhos! Vós, maus pensamentos meus, vós traspassastes a cabeça de meu Redentor. Detesto, ó meu Jesus, e aborreço mais que a morte aqueles perversos consentimentos com que tantas vezes vos desgostei a vós, meu Deus tão bom e misericordioso. Mas já que me fazeis conhecer quanto me tendes amado, quero amar-vos a vós somente e nada mais.

2. Ó Deus, já escorre a fio o sangue dessa cabeça ferida sobre a face e o peito de Jesus, e vós, meu Salvador, nem sequer vos lamentais de tão injusta crueldade! Vós sois o rei do céu e da terra, mas agora estais reduzido ao papel de um rei de burla e de dores, feito o ludíbrio de toda a Jerusalém. Devia, porém, realizar-se a profecia de Jeremias: "Oferecerá a face ao que o ferir; fartar-se-á de opróbrios" (Lm 3,30). Jesus, meu amor, eu vos desprezei pelo passado, mas agora eu vos estimo e vos amo com todo o meu coração e desejo morrer por vosso amor.

3. Mas esses homens não estão ainda satisfeitos com os tormentos e escárnios a que vos sujeitaram. Depois de vos haver assim atormentado e tratado como rei de teatro, ajoelhavam-se diante de vós e zombando vos diziam: "Nós te saudamos, ó rei dos judeus. E davam-lhe bofetadas" (Mt 27,29). Aproxima-te ao menos tu, minha alma, e reconhece Jesus como o Rei dos reis e o Senhor dos senhores e agradece-lhe e ama-o, porque se fez, por teu amor, rei das dores. Ah, meu Senhor, esquecei-vos dos desgostos que vos dei. Agora eu vos amo mais que a mim mesmo. Só vós mereceis todo o meu amor e por isso só a vós eu quero amar. Tenho medo de minha fraqueza, mas vós me dareis força para executá-lo. E vós, ó Maria, ajudar-me-eis com as vossas súplicas.

MEDITAÇÃO VII
PARA A 6.ª FEIRA DA PAIXÃO

Pilatos mostra Jesus ao povo, dizendo: "Ecce Homo"

1. Tendo sido Jesus conduzido novamente à presença de Pilatos, este, vendo-o todo dilacerado e deformado pelos açoites e espinhos, julgou poder excitar a compaixão do povo, mostrando-lhe Jesus. Por isso, foi para fora, até ao pórtico ou alpendre, levando consigo Jesus, e disse: "Eis aqui o homem", como se dissesse: vede, ainda não estais contentes com o que padeceu este pobre inocente? Ei-lo reduzido a um estado em que não poderá mais viver. Deixai-o, pois, em paz, pois pouco tempo lhe restará de vida. Contempla tu também, minha alma, o teu Senhor sobre aquele pórtico, como ele está amarrado e seminu, coberto todo de chagas e de sangue, e reflete a que estado está reduzido o teu pastor para salvar-te a ti, ovelha desgarrada.

2. No mesmo tempo em que Pilatos mostra aos judeus Jesus coberto de chagas, o Padre Eterno no céu nos convida a contemplar Jesus em tal estado e nos diz igualmente: eis aí o homem. Homens, esse homem que vedes tão chagado e desprezado é o meu Filho muito amado, que para pagar por vossos pecados padece tanto: contemplai-o e amai-o. Meu Deus e meu Pai, eu contemplo o vosso Filho e lhe agradeço e o amo e espero amá-lo sempre. Suplico-vos, porém, que o contempleis também e pelo amor deste vosso Filho tende piedade de mim, perdoai-me e dai-me a graça de não amar senão a vós.

3. Que respondem, porém, os judeus à vista deste rei de dores? Fazem uma grande gritaria e dizem: "Crucifica-o, crucifica-o". E vendo que

Pilatos, apesar de seus insultos, procurava libertá-lo, aterrorizam-no dizendo: "Se soltares a este, não és amigo de César" (Jo 19,12). Pilatos resiste ainda uma vez e replica: "Então hei de crucificar o vosso rei?". E eles responderam: "Nós não temos outro rei além de César". Ah, meu adorado Jesus, eles não querem vos conhecer por seu rei e afirmam que não querem outro rei senão César. Eu vos reconheço por meu rei e protesto que não quero outro rei para o meu coração senão vós, meu amor e meu único bem. Infeliz de mim. Também eu vos desconheci por algum tempo como meu rei e protestei não querer servir-vos. Agora, porém, quero que só vós domineis sobre minha vontade. Fazei que ela obedeça a tudo o que ordenardes. Ó vontade de Deus, vós sois o meu amor. Ó Maria, rogai por mim, pois as vossas súplicas nunca são desatendidas.

MEDITAÇÃO VIII
PARA O SÁBADO DA PAIXÃO

Jesus é condenado por Pilatos

1. Pilatos, depois de haver tantas vezes declarado a inocência de Jesus, mais uma vez a proclama, protestando ser ele inocente do sangue daquele justo (Mt 27,24), e contudo pronunciou a sentença e o condenou à morte. Oh! injustiça nunca vista no mundo! Ao mesmo tempo que o juiz declara inocente o acusado, ele o condena. Ah, meu Jesus, vós não mereceis a morte, mas eu a mereço. Visto, porém, que quereis satisfazer por mim, não é Pilatos, mas é o vosso próprio Pai que vos condena a pagar a pena a mim devida. Eu vos amo, ó Padre Eterno, que condenais vosso Filho inocente para livrar-me a mim que sou réu. Eu vos amo, ó Filho eterno, que aceitais a morte devida a um pecador.

2. Pilatos, tendo condenado a Jesus, o entrega às mãos dos judeus, para que façam com ele o que desejavam: "Entregou Jesus ao arbítrio deles" (Lc 23,25). É de fato o que acontece: quando se condena um inocente, não se limita a pena, mas é ele abandonado às mãos dos inimigos, para que o façam padecer e morrer como lhes aprouver. Pobres judeus, vós então pedistes o castigo, dizendo: "Seu sangue caia sobre nós e nossos filhos" (Mt 27,25). E o castigo já veio! Desgraçados, sofreis e haveis de sofrer até o fim do mundo o castigo desse sangue inocente. Ó meu Jesus, tende piedade de mim, que com minhas culpas também motivei a vossa mote. Não quero ficar obstinado com os judeus, quero chorar os maus tratos que vos dei e amar-vos sempre, sempre, sempre.

3. Eis que se lê diante do Senhor a injusta sentença, condenando-o à morte da cruz. Ele a ouve, e, inteiramente submisso à vontade do Pai, obediente a aceita com toda a humildade: "Humilhou-se a si mesmo, fazendo-se obediente até à morte e morte de cruz" (Fl 2,8). Pilatos na terra diz: morra Jesus! E o eterno Pai no céu diz também: morra o meu Filho. E o Filho responde por sua vez: Eis-me aqui; eu obedeço e aceito a morte e a morte da cruz. Meu amado Redentor, vós aceitais a morte que me é devida. Seja bendita a vossa misericórdia para sempre: eu vos agradeço sumamente. Mas visto que vós, inocente, aceitais a morte da cruz por mim, eu, pecador, aceito a morte que me destinardes com todos os sofrimentos que a acompanharem e desde já a uno à vossa morte e a ofereço a vosso eterno Pai. Vós morrestes por meu amor e eu quero morrer por amor de vós. Pelos merecimentos de vossa santa morte, fazei-me morrer na vossa graça e abrasado no vosso santo amor. Maria, minha esperança, recordai-vos de mim.

MEDITAÇÃO IX
PARA O DOMINGO DE RAMOS

Jesus leva a cruz ao Calvário

1. Publicada a sentença contra nosso Salvador, apoderam-se imediatamente dele com fúria. Arrancam-lhe novamente aquele trapo de púrpura e o revestem com suas vestes, para ser crucificado sobre o Calvário, lugar destinado para a morte dos malfeitores. "Despiram-lhe a clâmide e o revestiram com suas vestes e o conduziram para ser crucificado" (Mt 27,31). Arranjam duas rudes traves, fazem com elas às pressas uma cruz e obrigam-no a carregá-la sobre os ombros até ao lugar de seu suplício. Que barbaridade impor nos ombros do réu o patíbulo sobre o qual deve morrer. Mas assim deve ser, ó meu Jesus, pois que vós tomastes sobre vós todos os meus pecados.

2. Jesus não recusa a cruz, abraça-a até com amor, sendo ela o altar destinado para a consumação do sacrifício de sua vida pela salvação dos homens. "E levando sua cruz às costas, saiu para aquele lugar que se chama Calvário" (Jo 19,17). Os condenados saem da casa de Pilatos e entre eles se acha também nosso divino Salvador. Ó espetáculo que causou admiração ao céu e à terra: ver o Filho de Deus que segue para morrer por esses mesmos homens que a ela o condenam. Eis realizada a profecia: "E eu sou como um cordeiro que é levado para ser sacrificado" (Lm 11,19). Jesus oferecia um aspecto tão lastimoso, que as mulheres judias, ao vê-lo, não puderam deixar de chorar: "E o choravam e lamentavam" (Lc 23,27). Meu caro Redentor, pelos merecimentos dessa viagem dolorosa, dai-me a força de levar com paciência a minha cruz. Eu aceito todas as dores e desprezos que me destinais a sofrer; vós os tornastes amáveis e doces, abraçando-os por vosso amor. Dai-me força de suportá-los com paciência.

3. Contempla, minha alma, o que se passa com teu Salvador; vê como de suas chagas ainda frescas escorre o sangue, como está coroado de espinhos e carregado com a cruz. A cada movimento renovam-se as dores de todas as suas chagas. A cruz começa a atormentá-lo já antes do tempo, pisando seus ombros chagados e martelando-lhes os espinhos da coroa. Ó Deus, quantas dores a cada passo. Consideremos também os sentimentos de amor com que Jesus vai subindo o Calvário, onde o espera a morte. Ó meu Jesus, vós ides morrer por nós. Eu vos voltei as costas no passado e quereria morrer de dor: mas no futuro não sou capaz de abandonar-vos mais, meu Redentor, meu Deus, meu amor, meu tudo. Ó Maria, minha Mãe, alcançai-me a graça de levar a minha cruz com toda a paz.

MEDITAÇÃO X
PARA A 2.ª FEIRA SANTA

Jesus é pregado na cruz

1. Apenas chegou o Redentor ao Calvário, triturado de dores e fatigado, arrancam-lhe as vestes já pegadas às suas carnes dilaceradas e arremessam-no sobre a cruz. Jesus estende seus sagrados braços e oferece ao mesmo tempo ao eterno Pai o sacrifício de sua vida, rogando-lhe que o aceite pela salvação dos homens. Os carrascos tomam então com fúria os cravos e os martelos e, atravessando-lhe os pés e as mãos, pregam-no na cruz. Ó mãos sagradas, que só com o vosso contato curastes tantos enfermos, por que vos pregam nessa cruz? Ó pés santos, que tanto vos cansastes para nos buscar a nós, ovelhas desgarradas, por que vos atravessam com tanta crueldade? Quando se fere um nervo do corpo humano, é tão aguda a dor, que ocasiona espasmos e delíquios. Ora, quão grande terá sido a dor de Jesus, quando lhe foram atravessados os pés e as mãos, cheios de nervos e músculos, pelos duros cravos! Ó meu doce Salvador, tanto vos custou o desejo de ver-me salvo e de conquistar o meu amor e eu, ingrato, tantas vezes desprezei o vosso amor por um nada; agora, porém, o estimo acima de todos os bens.

2. Levantam a cruz com o crucificado e fazem-na cair com violência no buraco feito no rochedo. Esse buraco é em seguida entupido com pedras e madeira e Jesus fica pendente na cruz, para aí consumar sua vida. Estando Jesus já agonizando naquele leito de dores e achando-se tão abandonado e triste, procura quem o console, mas não encontra. Ao menos terão compaixão de vós, ó meu Senhor, os homens que vos vêem morrer? Pelo contrário; vejo que uns o injuriam, outros zombam dele; estes blasfemam, aqueles o escarnecem, dizendo: "Desça da cruz, se é o Filho de Deus. Salvou os outros e agora não pode salvar-se a si mesmo" (Mt 27,40). Ah, bárbaros, ele já está expirando, como é que assim gritais? Ao mesmo tempo não o atormenteis com as vossas zombarias.

3. Vê quanto padece naquele patíbulo o teu Redentor. Cada membro sofre o seu tormento e um não pode aliviar o outro. A cada momento ele experimenta penas mortais. Pode-se dizer que durante aquelas três horas que Jesus agonizou na cruz, ele sofreu tantas mortes quantos foram os momentos que aí passou. Não encontra na cruz o mínimo alívio ou repouso. Se se apoia nas mãos ou nos pés, aumenta a dor, já que seu corpo sacrossanto está pendente dessas mesmas chagas. Corre, minha alma, e chega-te enternecida a essa cruz, beija esse altar, sobre o qual morre como vítima de amor por ti o teu Senhor. Coloca-te debaixo de seus pés e deixa que caia sobre ti aquele sangue divino. Sim, meu caro Jesus, que esse sangue me lave de todos os meus pecados e me inflame todo em amor para convosco, meu Deus, que quisestes morrer por meu amor. Ó Mãe das dores, que estais ao pé da cruz, rogai a Jesus por mim.

MEDITAÇÃO XI
PARA A 3.ª FEIRA SANTA

Jesus na cruz

1. Jesus na cruz. Eis a prova do amor de um Deus. Eis a última aparição que o Verbo encarnado fez sobre a terra; aparição de dor, mais ainda de amor. S. Francisco de Paula, contemplando um dia o amor divino na pessoa de Jesus crucificado e entrando em êxtase, exclamou três vezes: "Ó Deus caridade! Ó Deus caridade! Ó Deus caridade!". Querendo com isso significar que não podemos compreender quão grande foi o amor de Deus para conosco, para morrer por nosso amor.

2. Ó meu querido Jesus, se vos contemplo exteriormente nessa cruz, nada mais vejo senão chagas e sangue. Se, porém, observo o vosso coração, encontro-o todo aflito e triste. Leio nessa cruz que vós sois rei, mas qual a insígnia de rei que ainda tendes? Eu não vejo outro sólio real senão essa madeiro de opróbrio; não vejo outra púrpura, senão a vossa carne dilacerada e ensanguentada; outra coroa, senão esse feixe de espinhos que vos atormenta. Ah, tudo isso, porém, vos consagra como rei de amor, sim, porque essa cruz, esses cravos, essa coroa e essas chagas são insígnias de amor.

3. Jesus do alto da cruz não nos pede tanto compaixão como nossos afetos, e se procura compaixão, busca-a unicamente para que ela nos mova a amá-lo. Ele, por ser a bondade infinita, já merece todo o nosso amor, mas, posto na cruz, procura que o amemos ao menos por compaixão. Ah, meu Jesus, quem não vos há de amar, se vos reconhece pelo Deus que sois e vos contempla na cruz? Oh! que setas de fogo vós disparais sobre

as almas desse trono de amor. Oh! quantos corações atraístes a vós dessa mesma cruz. Ó chagas de meu Jesus, ó belas fornalhas de amor, recebei-me no meio de vós, para que me abrase, não já no fogo do inferno por mim merecido, mas nas santas chamas de amor por aquele Deus que consumido de tormentos quis morrer por mim. Meu caro Redentor, recebei um pecador, que, arrependido de vos ter ofendido, vos deseja amar sinceramente. Eu vos amo, bondade infinita; eu vos amo, amor infinito. Ouvi-me, ó meu Jesus, eu vos amo, eu vos amo, eu vos amo. Ó Maria, ó Mãe do belo amor, impetrai-me mais amor para que me consuma de amor por esse Deus que morreu consumido de amor por mim.

MEDITAÇÃO XII
PARA A 4.ª FEIRA SANTA

Palavra de Jesus na cruz

1. Enquanto Jesus é ultrajado na cruz por aquela gente bárbara, ele suplica por eles e diz: "Meu Pai, perdoai-lhes, porque não sabem o que fazem" (Lc 23,34). Ó Padre Eterno, ouvi vosso Filho bem amado, que, morrendo, vos roga que me perdoeis também a mim, que tantas vezes vos ofendi. Depois Jesus, voltando-se para o bom ladrão que lhe pede perdão, diz: "Hoje estarás comigo no paraíso" (Lc 23,46). Oh, como é verdade o que diz o Senhor por Ezequiel que, quando um pecador se arrepende de suas culpas, ele se esquece, por assim dizer, de todas as ofensas que lhe foram feitas: "Se, porém, o ímpio fizer penitência... não me recordarei mais de todas as suas iniquidades" (Ez 18,21). Oh! se eu nunca vos tivesse ofendido, ó meu Jesus; mas, visto que o mal está feito, esquecei-vos, eu vos suplico, dos desgostos que vos dei e, por aquela morte tão cruel que sofrestes por mim, levai-me ao vosso reino depois de minha morte e, enquanto eu vivo, fazei que o vosso amor reine sempre em minha alma.

2. Jesus agonizando na cruz, com seus ombros dilacerados e sua alma sumamente aflita, procura quem o console. Olha para Maria; mas essa mãe dolorosa mais o aflige com suas dores. Busca conforto junto de seu Pai; mas este, vendo-o coberto com todos os pecados dos homens, também o abandona. Foi então que Jesus deu um grande brado: "Meu Deus, meu Deus, por que me abandonais?" (Mt 27,46). Este abandono do Padre Eterno fez que a morte de Jesus fosse a mais amarga que jamais sofreu algum penitente ou algum mártir, pois foi uma morte toda

desolada e privada de qualquer alívio. Ó meu Jesus, como pude viver tanto tempo esquecido de vós? Agradeço-vos o não vos terdes esquecido de mim. Eu vos suplico que me façais recordar sempre da morte cruel que suportastes por meu amor, para que eu nunca mais me esqueça do amor que tendes testemunhado.

3. Afinal, sabendo Jesus que seu sacrifício já estava consumado, disse: "Tenho sede" (Jo 12,28). E aqueles carrascos lhe puseram nos lábios uma esponja toda embebida no vinagre e fel. Mas, Senhor, vós não vos queixais de tantas dores que vos roubam a vida e agora vos queixais de sede? Ah, eu vos compreendo, meu Jesus, a vossa sede é sede de amor; porque vós nos amais, desejais ser amado por nós. Ajudai-me, pois, a expelir do meu coração todos os afetos que não são para vós: fazei que eu não ame outra coisa senão a vós e nada mais deseje senão cumprir a vossa vontade. Ó vontade de Deus, vós sois o meu amor. Ó Maria, minha Mãe, impetrai-me a graça de não querer outra coisa senão o que Deus quer.

MEDITAÇÃO XIII
PARA A 5.ª FEIRA SANTA

Jesus morre na cruz

1. Eis que o Salvador está prestes a morrer. Contempla, minha alma, aqueles belos olhos que se obscurecem, aquela face já pálida, aquele coração que palpita lentamente, aquele sagrado corpo que já se entrega à morte. Tendo Jesus experimentado o vinagre disse: "Tudo está consumado" (Jo 19,30). Põe ainda uma vez diante dos olhos todos os padecimentos sofridos durante sua vida, pobreza, desprezos, dores e, oferecendo então tudo a seu eterno Pai, disse: tudo está consumado. Meu Pai, eis já completa a redenção do mundo com o sacrifício de minha vida. E voltando-se para nós, como para que respondamos, repete: "Tudo está consumado", como se dissesse: ó homens, amai-me, porque eu fiz tudo e nada mais tenho a fazer para conquistar o vosso amor.

2. Chega afinal a hora, e Jesus falece. Vinde, ó anjos do céu, vinde assistir à morte de vosso rei. E vós, Mãe dolorosa, chegai-vos mais à cruz e contemplai atentamente vosso Filho, pois está prestes a expirar. E ele, depois de ter recomendado seu espírito ao Pai, invoca a morte, dando-lhe a permissão de tirar-lhe a vida. Vem, ó morte, lhe diz, depressa exerce o teu ofício, mata-me e salva as minhas ovelhas. A terra treme, abrem-se os sepulcros, rasga-se o véu do templo. Já faltam as forças ao agonizante Jesus; pela violência das dores, foge-lhe o calor, fica inerte seu corpo, abaixa a cabeça, abre a boca e morre. "E tendo inclinado a cabeça, entregou o seu espírito" (Jo 19,30). A gente o vê expirar e, notando que não faz mais movimento, diz: está morto, está morto.

E a estes se alia também a voz de Maria, que diz por sua vez: ah, meu Filho, já estás morto.

3. Está morto! Quem, ó Deus, está morto? Está morto o autor da vida, o Unigênito de Deus, o Senhor do mundo. Ó morte, tu foste o assombro do céu e da terra. Ó amor infinito! Um Deus sacrificar sua vida e seu sangue por quem? Por suas criaturas ingratas, morrendo num mar de dores e de desprezos para pagar as suas culpas! Ó bondade infinita! Ó amor infinito! Ó meu Jesus, vós morrestes, pois, pelo amor que me consagrastes. Não permitais, portanto, que eu viva um instante sequer sem vos amar. Eu vos amo, meu sumo bem, eu vos amo, meu Jesus, morto por mim. Ó Mãe das dores, Maria, ajudai a um servo vosso que deseja amar Jesus.

MEDITAÇÃO XIV
PARA A 6.ª FEIRA SANTA

Jesus morto pendente da cruz

1. Minha alma, levanta os olhos e contempla aquele crucificado. Contempla o Cordeiro divino já sacrificado sobre o altar da dor. Reflete que ele é o Filho dileto do eterno Pai e que morreu pelo amor que te consagrou. Vê como tem os braços estendidos para abraçar-te, a cabeça inclinada para dar-te o ósculo da paz, o lado aberto para receber-te no seu coração. Que dizes? Merece ou não ser amado um Deus tão amoroso? Ouve o que ele te diz daquela cruz: vê, filho, se existe no mundo quem tenha te amado mais do que eu. Não, meu Deus, não há no mundo quem tenha te amado mais do que eu. Não, meu Deus, não há no mundo quem me tenha amado mais do que vós. Mas que poderei dar em retorno a um Deus que quis morrer por mim? Que amor de uma criatura poderá jamais compensar o amor de seu criador morto para conquistar o seu amor?

2. Ó Deus, se o mais vil dos homens tivesse sofrido por mim o que sofreu Jesus Cristo, poderia deixar de amá-lo? Se eu visse um homem dilacerado pelos açoites, pregado numa cruz para salvar-me a vida, poderia lembrar-me disso sem me abrasar em amor? E se me fosse apresentado o seu retrato expirando na cruz poderia contemplá-lo com indiferentismo, pensando: este homem morreu assim atormentado por meu amor e, se não me houvesse amado tanto, não teria morrido dessa maneira? Ah, meu Redentor, ó amor de minha alma, como poderei esquecer-me mais de vós? Como poderei pensar que os meus pecados vos reduziram a um tal estado e não chorar sempre as injúrias feitas à vossa bondade?

Como poderei vos ver morto de dor sobre essa cruz por meu amor e não vos amar com todas as minhas forças?

3. Meu caro Redentor, bem reconheço nessas vossas chagas e membros dilacerados outras tantas provas do terno amor que me consagrais. Já, pois, que para me perdoar não perdoastes a vós, olhai-me com aquele mesmo amor com que me olhastes uma vez da cruz, na qual morríeis por meu amor; iluminai-me e atraí para vós todo o meu coração, para que de hoje em diante eu nada mais ame fora de vós. Não permitais que eu me esqueça de vossa morte. Vós prometestes que, levantado na cruz, haveríeis de atrair os nossos corações. Eis aqui o meu coração, que, enternecido com a vossa morte e enamorado de vós, não quer resistir mais ao vosso chamamento: ah, atraí-o todo e tornai-o todo vosso! Vós morrestes por mim e eu desejo morrer por vós e, continuando a viver, só para vós quero viver. Ó dores de Jesus, ó ignomínias de Jesus, ó morte de Jesus, ó amor de Jesus, fixai-vos no meu coração e aí fique sempre a vossa memória a ferir-me continuamente e a inflamar-me em amor. Eu vos amo, bondade infinita, eu vos amo, amor infinito, vós sois e sereis sempre o meu único amor. Ó Maria, Mãe do amor, obtende-me o santo amor.

MEDITAÇÃO XV
PARA O SÁBADO SANTO

Maria assiste à morte de Jesus na cruz

1. "Estava, porém, junto à cruz de Jesus sua Mãe" (Jo 19,25). Consideremos nesta rainha dos mártires uma espécie de martírio mais cruel que todo outro martírio, uma mãe vendo morrer um filho inocente, justiçado num patíbulo infame: "Estava em pé". Desde a hora em que Jesus foi preso no horto, os discípulos o abandonaram; não, porém, sua Mãe: ela o assiste até vê-lo expirar diante de seus olhos. "Estava junto dele". As mães fogem quando vêem seus filhos padecendo e não os podem socorrer: estariam prontas a sofrer as dores em lugar dos filhos, mas quando os vêem padecer sem poder auxiliá-los, não suportam tal pena e por isso fogem e vão para longe. Maria, não; ela vê o Filho no meio dos tormentos, vê que as dores lhe roubam a vida, mas não foge, nem se afasta, antes se encosta à cruz na qual o Filho está morrendo. Ó Mãe das dores, não me desdenheis e permiti que vos faça companhia na morte do vosso e do meu Jesus.

2. "Estava junto à cruz". A cruz é, pois, o leito em que Jesus deixa de viver: leito de dores, em que a aflita Mãe, vê Jesus todo ferido pelos açoites e pelos espinhos. Maria observa que seu pobre Filho, pendente daqueles três cravos de ferro, não encontra repouso nem alívio: desejaria procurar-lhe algum alívio; desejaria, já que ele tem de morrer, que ao menos expirasse em seus braços; nada disso, porém, lhe é permitido. Ah, cruz, diz, restitui-me o meu Filho: és o patíbulo dos malfeitores; meu Filho, porém, é inocente.

Não vos aflijais, ó Mãe: é vontade do eterno Pai que a cruz não vos restitua Jesus senão depois de morto. Ó rainha das dores, alcançai-me a dor de meus pecados.

3. "Estava junto da cruz sua Mãe". Considera, minha alma, como ao pé da cruz Maria está olhando para o Filho! E que Filho, meu Deus! Filho que era ao mesmo tempo seu Filho e seu Deus; Filho que desde a eternidade tinha escolhido para sua Mãe, e a havia preferido no seu amor a todos os homens e a todos os anjos; Filho tão belo, tão santo, tão amável como nenhum outro; Filho, que lhe fora sempre obediente; Filho, que era seu único amor, pois que era Filho de Deus. E esta Mãe teve de ver morrer de dores, diante de seus olhos, um tal Filho! Ó Maria, ó Mãe, a mais aflita entre todas as mães, compadeço-me de vosso coração, especialmente quando vistes vosso Jesus inclinar a cabeça, abrir a boca e expirar. Por amor deste vosso Filho, morto por minha salvação, recomendai-lhe a minha alma. E vós, meu Jesus, pelos merecimentos das dores de Maria, tende piedade de mim e concedei-me a graça de morrer por vós, como morrestes por mim. Com S. Francisco de Assis vos direi: "Morra eu, Senhor, por amor de vós, que por amor de meu amor vos dignastes morrer".

VI
OUTRAS MEDITAÇÕES
SOBRE A PAIXÃO DE JESUS CRISTO

MEDITAÇÃO I
A PAIXÃO DE JESUS CRISTO É A NOSSA CONSOLAÇÃO

Quem poderá consolar-nos mais neste vale de lágrimas do que Jesus crucificado? Nos remorsos de consciência que nos causa a recordação de nossos pecados, o que é que pode unicamente acalmar as aflições que então experimentamos senão o saber que Jesus Cristo quis entregar-se a si mesmo à morte para pagar as nossas culpas? "Entregou-se a si mesmo por nossos pecados" (Gl 1,4). Em todas as perseguições, calúnias, desprezos, privações de bens e de honras que sofremos nesta vida, quem é que melhor nos pode fortalecer para sofrermos com paciência e resignação, senão Jesus Cristo desprezado, caluniado e pobre, que morre nu e abandonado de todos em uma cruz? Nas enfermidades, que coisa há que mais nos console do que a vista de Jesus crucificado? Quando nos achamos doentes, repousamos num leito bem cômodo; mas Jesus, quando na cruz, onde devia morrer, teve por leito um tosco de madeiro, no qual esteve suspenso por três cravos, e por travesseiro, para apoiar a cabeça ferida, aquela coroa de espinhos que não cessou de o atormentar até à morte. Quando estamos enfermos, temos ao redor do leito parentes e amigos que se compadecem de nós e nos procuram distrair; Jesus morre no meio de inimigos que, mesmo na ocasião em que ele agonizava e estava a expirar, o injuriavam e escarneciam, dando-o como um malfeitor e sedutor. Nada há, certamente, como a vista de Jesus crucificado para aliviar um enfermo nos seus sofrimentos, especialmente quando ele se vê abandonado pelos outros na sua doença. Unir então as suas penas com as de Jesus Cristo é o maior alívio que pode experimentar um pobre enfermo.

Nas angústias ainda maiores da morte, ocasionadas pelos assaltos do inferno, à vista dos pecados cometidos e das contas que em breve deverão ser dadas no tribunal divino, a única consolação que poderá ter um moribundo, que já está combatendo com a morte, é abraçar-se com o crucifixo e dizer: meu Jesus e meu Redentor, vós sois o meu amor e a minha esperança.

Em suma, tudo o que temos de graças, de luzes, de inspirações, de santos desejos, de afetos devotos, de contrição dos pecados, de bons propósitos, de amor de Deus e de esperança do céu, tudo é fruto e dom que nos provém da Paixão de Jesus Cristo.

Ah, meu Jesus, que esperança poderia ter eu, que tantas vezes vos voltei as costas e mereci o inferno, de entrar na companhia de tantas virgens inocentes, de tantos mártires, de tantos apóstolos e dos serafins do céu, para contemplar a vossa bela face na pátria feliz, se vós não tivésseis morrido por mim, divino Salvador? A vossa Paixão, pois, é que, não obstante os meus pecados, me dá a esperança de entrar um dia na companhia dos santos e de vossa Mãe bendita, para cantar as vossas misericórdias e agradecer-vos e amar-vos para sempre no paraíso. Assim eu o espero, ó meu Jesus. "Eu cantarei por todo o sempre as misericórdias do Senhor". Maria, Mãe de Deus, rogai a Jesus por mim.

MEDITAÇÃO II
QUÃO GRANDE É A OBRIGAÇÃO QUE TEMOS DE AMAR JESUS CRISTO

"Não te esqueças nunca da graça que te fez o que ficou por teu fiador, porque ele expôs a sua alma por ti" (Eclo 29,20). Comumente entendem os intérpretes por tal fiador a Jesus Cristo, que, vendo-nos incapazes de satisfazer a justiça divina por nossos pecados, se ofereceu voluntariamente a pagar por nós, e de fato pagou as nossas dívidas com seu sangue e com sua morte.

Não era suficiente o sacrifício das vidas de todos os homens para compensar as injúrias feitas por nós à divina majestade; era necessário que a ofensa feita a um Deus fosse satisfeita só mesmo por um Deus, o que realizou Jesus Cristo: "Em tanto Jesus foi feito fiador de melhor aliança" (Hb 7,22). Nosso Salvador, pagando pelo homem como fiador com seu sangue, obtém-lhe por seus merecimentos a graça de contrair um novo pacto com Deus, de lhe ser concedida a graça e a vida eterna se ele observar a lei divina. E este acordo Jesus como ratifica na instituição da Eucaristia, dizendo: "Este cálice é o Novo Testamento no meu sangue" (1Cor 11,25). Com isso ele queria significar que aquele cálice com seu sangue era o instrumento ou a escritura de segurança pela qual se firmava um novo pacto entre Deus e Jesus Cristo, por meio do qual se concedia a graça e a vida eterna a todos os homens que lhe permanecem fiéis.

E assim o Redentor, pelo amor que nos tinha, satisfez rigorosamente por nós a justiça divina, sofrendo as penas que nos eram devidas:

"Em verdade ele carregou com os nossos langores e tomou sobre si as nossas dores" (Is 53,4). E isso tudo foi feito de seu amor: "Ele nos amou e se entregou a si mesmo por nós" (Ef 5,2). S. Bernardo diz que Jesus Cristo, para nos remir, não se poupou a si mesmo. Ó judeus infelizes, como podeis estar à espera do Messias prometido pelos profetas? Ele já veio e vós o matastes, mas, não obstante esse vosso crime, o divino Redentor está pronto a perdoar-vos, já que ele veio para salvar os que se haviam perdido: "Veio para salvar o que se havia perdido" (Mt 18,11).

S. Paulo escreve que Jesus Cristo, para livrar-nos da maldição merecida por nossas culpas, sobrecarregou-se com todas as maldições a nós devidas e por isso quis morrer a morte dos amaldiçoados, que era a morte da cruz: "Cristo nos remiu da maldição da lei, fazendo-se por nós maldição, porque está escrito: 'Maldito todo aquele que se for suspenso no lenho' (Gl 3,13). Que honra não seria para um pobre camponês se, tendo sido aprisionado pelos corsários, seu próprio rei o resgatasse com perda do reino! Muito maior, porém, é a nossa grandeza por termos sido remidos por Jesus Cristo com a efusão de seu próprio sangue, do qual uma só gota vale mais que mil mundos!". "Não fostes remidos por coisas perecíveis como o ouro ou a prata, mas pelo precioso sangue de Cristo, como o do Cordeiro imaculado" (1Pd 1,18 e 19). Sendo assim, S. Paulo nos adverte que cometemos uma injustiça contra nosso Salvador, quando dispomos de nós segundo a vossa vontade e não conforme a dele e quando nos reservamos qualquer coisa e, ainda pior, quando nos tomamos alguma liberdade com detrimento de Deus, visto que não nos pertencemos mais a nós mesmos, mas somos de Jesus Cristo, que nos adquiriu por um grande preço: "Acaso não sabeis... que não sois de vós mesmos? Pois fostes comprados por alto preço" (1Cor 6,19 e 20).

Ah, meu Redentor, se eu derramasse todo o meu sangue, se desse mil vidas por vosso amor, que compensação seria ao amor que me demonstrastes, derramando o vosso sangue e dando a vossa vida por mim? Dai-me a graça, ó meu Jesus, de ser todo vosso no resto de minha vida e não amar nada fora de vós. Ó Maria, recomendai-me a vosso Filho.

MEDITAÇÃO III
JESUS, O HOMEM DAS DORES

"Varão das dores e experimentado nas enfermidades" (Is 53,3). Assim o profeta Isaías descreve nosso Redentor. Salviano, considerando os padecimentos de Jesus Cristo, escreve: "Ó amor, não sei como hei de chamar-te, se doce, se cruel, pois pareces ser ambas as coisas". Ó amor de meu Jesus, não sei como hei de apelar-te: muito doce vos mostrastes para conosco, ó Jesus, amando-nos tanto depois de tantas ingratidões, e muito cruel para convosco mesmo, sobrecarregando-vos com uma vida cheia de dores e uma morte amarga para pagar os nossos pecados. S. Tomás escreve que Jesus para salvar-nos do inferno se submeteu à dor em grau máximo, ao vitupério em grau supremo. Bastaria que ele sofresse qualquer dor para satisfazer por nós a justiça divina; quis, porém, sofrer as injúrias mais vis e as dores mais agudas para nos fazer compreender a malícia de nossas culpas e o amor que nutria por nós em seu coração.

Dor em sumo grau: para assim poder sofrer, foi-lhe dado um corpo especial (Hb 10,5). Deus fez o corpo de Jesus Cristo propositalmente para o sofrimento e por isso criou-lhe uma carne sumamente sensível e delicada; sensível, porque sentia mais vivamente as dores; e delicada, porque era tão tenra, que qualquer golpe lhe causava um ferimento: em suma, era seu corpo sacrossanto um corpo feito de propósito para padecer. Todas as dores que sofreu Jesus Cristo até expirar estavam-lhe presentes desde o primeiro instante de sua encarnação: ele as viu todas e de boa vontade de Deus que o queria sacrificado por nossa salvação. "Então ele disse: eis que eu venho, ó Deus, para fazer a vossa vontade" (Hb 10,9).

Eis-me aqui, ó meu Deus, eu me ofereço para tudo. E foi essa oferta que nos obteve a divina graça, segundo o Apóstolo: "Por essa vontade é que temos sido santificados pela oblação do corpo de Jesus Cristo, feita uma vez" (Hb 10,16). O que, porém, vos levou a sacrificar, ó meu Salvador, a vossa vida no meio de tantas dores por nossa salvação? S. Paulo responde: a isso o induziu o afeto que nos tinha: "Ele nos amou e se entregou a si mesmo por nós" (Ef 5,2). Entregou-se: o amor o induz a entregar seu corpo aos flagelos, sua cabeça aos espinhos, sua face aos escarros e bofetadas, suas mãos e pés aos cravos e sua vida à morte. Quem quiser ver um homem de dores, contemple Jesus Cristo na cruz. Ei-lo aí, suspenso por esses três cravos, estando seu corpo com todo o peso pendente das chagas das mãos e dos pés atravessados; cada membro seu sofre sua dor própria e sem alívio. As três horas que Jesus passou na cruz são chamadas com razão as três horas de agonia do Salvador; pois, durante essas três horas, ele sofreu uma agonia contínua e uma dor que lhe arrancava aos poucos a vida, chegando finalmente a morrer de pura dor.

Que alma poderá ver-vos morto na cruz por ela, ó meu Jesus, e viver sem vos amar? E como pude eu viver tantos anos esquecido de vós, causando tantos desgostos a um Deus que tanto me amou? Oh! tivesse eu antes morrido e nunca vos tivesse ofendido! Ó amor de minha alma, ó meu Redentor, pudesse eu morrer por vós que morrestes por mim! Eu vos amo, ó meu Jesus, e não quero amar a mais ninguém senão a vós.

MEDITAÇÃO IV
JESUS TRATADO COMO ÚLTIMO DOS HOMENS

"Nós o vimos... desprezado e como o último dos homens, como o homem das dores" (Is 53,2). Foi uma vez vista na terra este grande portento: o Filho de Deus, o rei do céu, o senhor do universo, desprezado como o mais vil de todos os homens. Diz S. Anselmo que Jesus Cristo na terra quis ser tão desprezado e humilhado que os desprezos e as humilhações que ele recebeu não podiam ser maiores. Ele foi tratado como desprezível: "Não é este o filho do carpinteiro?" (Mt 13,55); foi postergado por sua origem: "De Nazaré pode vir alguma coisa boa?" (Jo 1,46); foi tido por louco: "Tem demônio e perdeu o juízo; por que o estais ouvindo?" (Jo 10,20); foi considerado como um glutão e amigo do vinho: "Eis um homem comilão e que bebe vinho" (Lc 7,34); foi julgado feiticeiro: "É em nome do príncipe dos demônios que ele expele os demônios" (Mt 9,34); passou por herético: "Não dissemos com toda a razão que és um samaritano?" (Jo 8,48).

E na sua Paixão foram-lhe feitos os maiores impropérios. Nessa ocasião foi tratado como blasfemo. Quando ele declarou que era o Filho de Deus, disse Caifás aos outros sacerdotes: "Eis, ouvistes agora mesmo a blasfêmia; que vos parece? E eles em resposta disseram: é réu de morte" (Mt 25,67). Em seguida começaram a cuspir-lhe no rosto e outros o feriam com socos e bofetadas (Mt 26,67). Cumpriu-se então a profecia de Isaías: "Eu entreguei meu corpo aos que me feriam e as minhas faces aos que me arrancavam os cabelos da barba; não virei a face aos que me afrontavam e cuspiam em mim" (Is 50,6). Foi tratado como profeta falso:

"Adivinha, ó Cristo, quem me bateu" (Mt 26,68). No meio de tantas ignomínias que nosso Salvador sofreu naquela noite, aumentou-lhe o sofrimento a injúria que lhe fez Pedro, seu discípulo, renegando-o três vezes e jurando nunca o ter conhecido.

Vamos, almas devotas, procurar o Senhor naquele cárcere onde está abandonado por todos e em companhia de seus inimigos, que porfiam em maltratá-lo. Agradeçamos-lhe tudo o que sofre por nós com tanta paciência e consolemo-lo com o arrependimento das injúrias que lhe fizemos, visto que também nós pelo passado os desprezamos e, pecando, protestamos não o conhecer.

Ah, meu amável Redentor, desejava morrer de dor ao pensar que tanto amargurei o vosso coração, que tanto me amou. Esquecei-vos de tantos desgostos que vos dei, e dirigi-me um olhar amoroso, como fizestes com Pedro, depois de vos haver negado, o que o fez chorar toda a sua vida o pecado cometido.

Ó grande Filho de Deus, ó amor infinito, que padeceis por esses mesmos homens que vos odeiam e maltratam, vós que sois adorado pelos anjos, que sois uma majestade infinita, faríeis uma grande honra aos homens, permitindo-lhes que vos beijassem os pés, como então consentistes em vos tornar naquela noite o escárnio daquela canalha? Meu Jesus desprezado, fazei que eu seja também desprezado por vosso amor. Como poderei recusar os desprezos, vendo que vós, meu Deus, os suportastes por meu amor? Ah, meu Jesus crucificado, fazei-vos conhecer e fazei-vos amar.

Causa tristeza ver o desprezo que os homens mostram para com a Paixão de Jesus Cristo! Mesmo entre os cristãos, quantos são os que pensam nas dores e ignomínias que esse divino Redentor suportou por nós? Somente nos últimos dias da semana santa, quando a Igreja com o plangente canto dos salmos, com a denudação dos altares, com as trevas e o silêncio dos sinos nos recorda a morte de Jesus Cristo, somente então, digo, nos lembramos da passagem de sua Paixão e depois no resto do ano não pensamos mais nisso, como se a Paixão de Jesus fosse uma fábula ou como se tivesse morrido por outros e não por nós. Ó Deus, quão grande será a pena dos condenados no inferno, vendo quanto padeceu um Deus para salvá-los e eles preferiram perder-se! Ó meu Jesus, não permitais que eu seja do número desses infelizes! Não o serei, porque não quero deixar de pensar no amor que me testemunhastes sofrendo tantas penas e ignomínias por mim. Ajudai-me a amar-vos e recordai-me sempre do amor que me consagrastes.

MEDITAÇÃO V
VIDA DESOLADA DE JESUS CRISTO

A vida de nosso amante Redentor foi toda desolada e privada de todo o conforto. Sua vida foi aquele grande mar inteiramente amargo sem nenhuma gota de doçura ou consolação: "Grande como o mar é a tua dor" (Lm 2,13). O Senhor revelou um dia a S. Margarida de Cortona que durante sua vida inteira não experimentou uma só consolação sensível.

A tristeza que ele experimentou no jardim de Getsêmani era tão grande, que bastaria para tirar-lhe a vida, e essa tristeza ele não a sofreu só, então, mas o afligiu sempre desde o primeiro instante de sua encarnação, pois todas as penas e ignomínias que ele deveria suportar até à morte lhe estavam sempre presentes. Mas não foi tanto essa vista quanto a de todos os pecados que os homens cometeriam depois de sua morte que o afligiu sumamente durante sua vida inteira. Ele viera por meio de sua morte a tirar os pecados do mundo e a resgatar as almas do inferno; mas via que, apesar de sua morte, todas as iniquidades possíveis seriam cometidas na terra, das quais cada uma, vista distintamente por ele, o afligia imensamente, como escreve S. Bernardino de Sena: "Ele viu em particular cada uma das culpas". E foi essa a dor que ele tinha sempre diante dos olhos e sempre o afligia: "Minha dor está sempre na minha presença" (Sl 37,18). S. Tomás diz que a vista dos pecados dos homens e da ruína de tantas almas que se haviam de perder foi para Jesus Cristo um tormento tão grande que sobrepujou as dores de todos os penitentes, mesmo daqueles que morreram de pura dor. Os mártires sofreram grandes dores, cavaletes, unhas de ferro, couraças ardentes, mas suas dores eram sempre mitigadas por Deus com doçuras internas. Entre tantos martírios não houve um só tão penoso como o de Jesus Cristo, já que sua dor e sua tristeza foram pura dor e pura tristeza, sem mistura de consolação: "A grandeza da dor de Cristo se aprecia da inteireza da dor e da tristeza" (3 p. q. 46 a. 6). Tal foi a vida de nosso Redentor e tal foi a sua morte, inteiramente desolada. Ao morrer na cruz, privado de todo o alívio, procurava alguém que o consolasse, mas não encontrou: "Busquei alguém que me consolasse e não o encontrei" (Sl 68,21). Não encontrou então senão escarnecedores e blasfemadores que lhe diziam: "Se és o Filho de Deus, desce da cruz. Salvou os outros e não pode salvar-se a si mesmo" (Mt 27,40 e 42). E assim o aflito Jesus, achando-se abandonado de todos, se voltou para seu eterno Pai; vendo, porém, que até seu Pai o havia abandonado, deu um grande grito e exclamou num lamento supremo: "Meu Deus, meu Deus, por que me abandonastes?" (Mt 27,46). E assim terminou a vida nosso Salvador, morrendo como ele predisse por Davi, submergido numa tempestade de ignomínias e de dores: "Eu cheguei ao alto mar e a tempestade me submergiu" (Sl 68,3). Quando nos sentirmos desolados, consolemo-nos com a morte desolada de Jesus Cristo; ofereçamos-lhe então a nossa desolação, unindo-a com a que ele inocentemente padeceu no Calvário por nosso amor.

Ah, meu Jesus, quem não vos amará, vendo-vos morrer assim desolado e consumido de dores para pagar os nossos pecados? E eu sou um dos carrascos, que tanto vos afligi durante toda a vossa vida com a vista de meus pecados. Mas já que me chamastes à penitência, concedei-me ao menos que eu participe daquela dor que sentistes das minhas culpas durante a vossa Paixão. Como posso procurar prazeres, eu que tanto vos afligi com os pecados de minha vida? Não, eu não vos peço prazeres e delícias, eu vos suplico lágrimas e dor: fazei que eu viva o resto de minha vida chorando sempre os desgostos que vos dei. Abraço vossos sagrados pés, ó meu Jesus crucificado e desolado, e assim eu quero morrer. Ó Maria, Mãe das dores, rogai a Jesus por mim.

MEDITAÇÃO VI
IGNOMÍNIAS QUE JESUS SOFREU NA SUA PAIXÃO

As maiores ignomínias que Jesus sofreu foram as que suportou na sua morte. Primeiramente sofreu a ignomínia de ver-se abandonado por seus amados discípulos, dos quais um o traiu, outro o renegou, e todos eles fugiram e abandonaram Jesus, quando ele foi preso (Mc 14,50). Depois, foi apresentado a Pilatos como um malfeitor que merecia ser crucificado (Jo 18,30). Em seguida, foi por Herodes escarnecido como louco e revestido de uma túnica branca (Lc 23,11). Barrabás foi-lhe preferido, o ladrão homicida, tendo Pilatos cedido aos gritos dos judeus (Jo 18,40). Foi flagelado como escravo, pois esse castigo era reservado aos escravos (Jo 19,1). Foi escarnecido como rei de burla, depois de haverem-no coroado de espinhos por zombaria e saudado como rei, cuspindo-lhe no rosto (Mt 27,29). Finalmente, foi condenado a morrer no meio de dois celerados, como Isaías já o dissera (Is 53,12). Expirando na cruz, sujeitou-se à morte mais ignominiosa, à qual só os malfeitores eram condenados naqueles tempos, e por isso entre os judeus era tido por amaldiçoado por Deus e pelos homens o que morria crucificado (Dt 21,23). Assim escreve o Apóstolo: "Foi feito por nós maldição, porque está escrito: amaldiçoado é todo aquele que é suspenso no lenho" (Gl 3,13). São Paulo diz que nosso Redentor, renunciando a uma vida esplêndida e deliciosa que podia gozar nesta terra, preferiu levar uma vida cheia de tribulações e sofrer uma morte repleta de ignomínias: "Jesus, tendo diante de si o gozo, sustentou a cruz, desprezando a ignomínia" (Hb 12,2). Dessa forma verificou-se em Jesus Cristo a profecia de Jeremias de que havia de viver e morrer saciado de opróbrios: "Dará suas faces ao que o ferir, será saturado de opróbrios"

(Lm 3,30). Ao que exclama S. Bernardo: "Ó último e primeiro, ó opróbrios dos homens e glória dos anjos! O mais alto de todos é feito o ínfimo de todos". E conclui que tudo isso é obra do amor que Jesus Cristo nos tem: "Ó força do amor! Quem fez isso? O amor!".

Ó meu Jesus, salvai-me, não permitais que eu, depois de ter sido remido por vós com tantas dores e tanto amor, me condene e vá para o inferno a odiar-vos e amaldiçoar o amor que me demonstrastes. Muitas vezes eu mereci esse inferno, já que vós não podeis fazer mais do que fizestes para obrigar-me a amar-vos e eu não podia fazer mais do que fiz para obrigar-vos e castigar-vos.

Mas, visto que me esperastes por bondade e ainda continuais a convidar-me a vos amar, eu quero amar-vos e quero amar-vos com todo o meu coração e sem reserva. Dai-me a graça de o fazer. E vós, ó Maria, Mãe de Deus, socorrei-me com as vossas súplicas.

MEDITAÇÃO VII
JESUS NA CRUZ

Jesus na cruz! Que espetáculo para os anjos do paraíso, ver um Deus crucificado. E que impressão nos deve causar o rei do céu pendente de um patíbulo, coberto de chagas, desprezado e amaldiçoado por todos, agonizando e morrendo de dores sem nenhum alívio.

Ó Deus, por que é que assim padece este divino Salvador inocente e santo? Padece para pagar as culpas dos homens. E onde se viu um tal exemplo, o Senhor padecer por seus servos? O pastor morrer por suas ovelhas? O Criador sacrificar-se inteiramente por suas criaturas?

Jesus na cruz! Eis o homem das dores, predito por Isaías. Ei-lo nesse lenho infame e cheio de dores tanto externas como internas. Exteriormente está dilacerado pelos açoites, pelos espinhos e pelos cravos, o sangue escorre de todas as partes e cada um de seus membros sofre uma dor particular. Interiormente é afligido pela tristeza, está desolado e abandonado por todos e até por seu próprio Pai. Mas o que mais o atormenta entre tantos sofrimentos é a vista horrenda de todos os pecados que depois de sua morte cometeriam os homens remidos por seu sangue.

Ah, meu Redentor, entre esses ingratos, vós então me víeis e todos os meus pecados. Portanto eu também muito contribui para vos afligir na cruz em que morríeis por mim. Oh, antes tivesse eu morrido e não vos tivesse ofendido.

Meu Jesus e minha esperança, a morte me aterroriza, pois então terei de vos dar conta de todas as injúrias que fiz ao amor que me tivestes, mas a vossa morte me anima e me faz esperar o perdão. Eu me arrependo de todo o coração de vos ter desprezado. Se, no passado, não vos amei, eu quero amar-vos no resto de minha vida e quero fazer tudo e tudo sofrer para vos agradar. Ajudai-me, meu Redentor, vós que morrestes na cruz por meu amor.

Senhor, vós dissestes que, quando estivésseis suspenso na cruz, atrairíeis todos os corações para vós: "E eu, quando for suspenso da terra, atrairei tudo a mim" (Jo 12,32). Vós, morrendo crucificado por nós, arrebatastes tantos corações ao vosso amor, que por vós deixaram tudo, bens, pátria, parentes e até a vida. Ah, arrebatai também o meu pobre coração, que agora, por vossa graça, deseja vos amar, e não mais permitais que eu ame o lodo como o fiz até agora. Ó meu Redentor, pudesse eu ver-me despojado de todo o afeto terreno, para esquecer-me de tudo e lembrar-me só de vós e a vós só amar! Eu tudo espero da vossa graça. Vós conheceis a minha incapacidade; ajudai-me, vos rogo, pelo amor que vos obrigou a sofrer por mim uma morte tão acerba no monte Calvário. Ó morte de Jesus, ó amor de Jesus, arrebatai todos os meus pensamentos, todos os meus afetos e fazei que de hoje em diante eu não pense nem busque outra coisa que agradar a Jesus. Amabilíssimo Senhor, ouvi-me pelos merecimentos da vossa morte. E vós, também, ó Maria, atendei-me, já que sois a Mãe da misericórdia; rogai a Jesus por mim; vossas súplicas podem tornar-me um santo e isso eu o espero.

MEDITAÇÃO VIII
JESUS MORTO NA CRUZ

Cristão, levanta os olhos, e contempla Jesus morto sobre aquele patíbulo com o corpo cheio de chagas que ainda correm sangue. A fé ensina que ele é teu Criador, teu Salvador, a tua vida, teu libertador, aquele que mais te ama que qualquer outro e o único que pode fazer-te feliz. Sim, meu Jesus, eu o creio: vós sois aquele que me amou desde toda a eternidade sem nenhum mérito meu; mesmo prevendo as minhas ingratidões, me destes o ser unicamente por pura bondade. Vós sois o meu Salvador, que me livrastes por vossa morte do inferno tantas vezes merecido. Vós sois a minha vida pela graça que me destes, pois sem ela permaneceria morto para sempre. Vós sois o meu Pai e Pai amoroso que me perdoou misericordiosamente tantas injúrias que vos fiz. Vós sois o meu tesouro, que me enriqueceu com tantas luzes e favores em vez de castigos que eu merecia. Vós sois a minha esperança, já que eu não posso esperar bem algum de quem quer que seja fora de vós. Vós sois, portanto, o meu verdadeiro e único amante: basta dizer que chegastes a morrer por mim. Vós, em suma, sois o meu Deus, o meu sumo bem, o meu tudo.

Ó homens, ó homens, amemos a Jesus Cristo, amemos um Deus que se sacrificou totalmente por nosso amor. Ele sacrificou as honras que lhe competiam sobre a terra, sacrificou todas as riquezas e as delícias que podia gozar e se contentou com levar uma vida humilde, pobre e atribulada: finalmente, para pagar com seus sofrimentos os nossos pecados, quis sacrificar todo o seu sangue e sua vida, morrendo num mar de dores e de desprezos.

Filho, diz da cruz o Redentor a cada um de nós, filho, que mais poderia eu fazer para ser amado por ti do que morrer por teu amor? Vê se é possível encontrar no mundo quem te haja amado mais do que eu, teu Senhor e Deus. Ama-me, pois, ao menos em reconhecimento do amor que te demonstrei.

Ah, meu Jesus, como é possível não chorar sempre o mal que fiz, desprezando o vosso amor, apesar de saber que os meus pecados vos obrigaram a morrer de dor sobre um patíbulo infame? E como poderei ver-vos pendente desse lenho por meu amor e não vos amar com todas as minhas forças?

Como se explica, porém, Senhor, que vós, tendo morrido por nós todos, para que ninguém mais viva para si mesmo (2Cor 5,15), e eu tenha vivido unicamente para afligir-vos e desonrar-vos em vez de viver exclusivamente para amar-vos e glorificar-vos? Ah, meu Senhor crucificado, esquecei-vos das amarguras que vos causei, das quais eu me arrependo de todo o meu coração, e atraí-me pela vossa graça inteiramente a vós. Eu não quero mais viver para mim mesmo, mas só para vós que tanto me tendes amado e mereceis todo o meu amor. Eu me dou todo a vós e todas as coisas que me pertencem, sem reserva. Renuncio a todas as honras e prazeres desta terra e me prontifico a padecer por vosso amor tudo o que vos aprouver. Vós, que me concedeis esta boa vontade, dai-me também a graça de a pôr em prática. Ó Cordeiro de Deus, sacrificado sobre a cruz, ó vítima de amor, ó Deus amoroso, pudesse eu morrer por vós como morrestes por mim. Ó Mãe de Deus, Maria, obtende-me a graça de sacrificar toda a vida que me resta ao amor do vosso amabilíssimo Filho.

VII
MEDITAÇÕES SOBRE A PAIXÃO DE JESUS CRISTO PARA CADA DIA DA SEMANA

MEDITAÇÃO PARA O DOMINGO
Do amor de Jesus em padecer por nós

1. O tempo depois da vinda de Jesus Cristo não é mais tempo de temor, mas de amor, como predisse o profeta: "O teu tempo, o tempo dos que amam" (Ez 16,8), já que um Deus veio para morrer por nós: "Cristo nos amou e se entregou a si mesmo por nós" (Ef 5,2). Na lei antiga, antes de o Verbo se encarnar, podia o homem duvidar, assim direi, se Deus o amava com ternura; depois, porém, de vê-lo morrer por nós exangue e desprezado sobre um patíbulo infame, não podemos mais duvidar que ele nos ama com toda a ternura. E quem poderá chegar a compreender o excesso do amor do Filho de Deus para conosco, querendo pagar a pena devida aos pecados? "Em verdade ele tomou sobre si as nossas fraquezas e sobrecarregou-se com as nossas dores. Foi ferido por causa de nossas iniquidades e quebrantado por nossos crimes" (Is 53,4-5). Tudo isso foi resultado do grande amor que nos tem. "Ele nos amou e nos lavou no seu sangue" (Ap 1,5). Para nos lavar da sordidez de nossos pecados, quis ele esvair-se em sangue para com ele nos preparar um banho de salvação. Ó misericórdia, ó amor infinito de um Deus!

Ah, meu Redentor, muito fizestes para que vos amasse e muito ingrato seria se não vos amasse com todo o coração. Meu Jesus, eu vos desprezei porque vivi até agora esquecido do vosso amor: vós, porém, não vos esquecestes de mim. Eu voltei-vos as costas e vós correstes após mim; eu vos ofendi e vós tantas vezes me perdoastes; eu tornei a ofender-vos e vós tornastes a perdoar-me. Ó Senhor, por aquele afeto com que me amastes sobre a cruz, ligai-me estreitamente a vós com as suaves cadeias de vosso amor; ligai-me, porém, de tal maneira que eu não possa mais separar-me de vós. Eu vos amo, ó sumo Bem, e quero amar-vos sempre no futuro.

2. O que mais nos deve inflamar a amar Jesus Cristo não é tanto a sua morte, nem as dores e as ignomínias sofridas por nós, como o fim que ele tinha em vista, padecendo por nós tantas e tão grandes penas, isto é, patentear-nos o seu amor e conquistar os nossos corações.

"Nisso conhecemos a caridade de Deus, que ele sacrificou sua vida por nós" (1Jo 3,16). Não era absolutamente necessário que Jesus sofresse tanto e morresse por nós: seria suficiente derramar uma só gota de seu sangue ou uma só lágrima em nosso favor: essa gota de sangue ou lágrima derramada por um Homem-Deus bastaria para salvar mil mundos; ele quis, porém, derramar todo o seu sangue, quis sacrificar sua vida num mar de dores e desprezos para nos fazer compreender o grande amor que nos tem e para nos obrigar a amá-lo. "A caridade de Cristo nos impele" (2Cor 5,14). S. Paulo não diz que a Paixão, a morte, mas o amor de Jesus Cristo nos força a amá-lo. "Por todos morreu Cristo, para que os que vivem já não vivam para si, mas só para aquele que morreu por eles" (2Cor 5,15). Vós, pois, ó meu Jesus, morrestes por nós, para que nós todos vivêssemos só para vós e vosso amor! Mas, meu pobre Senhor, permiti que assim vos chame, vós sois tão amável, que chegastes a padecer tanto para ser amado pelos homens; quantos, porém, vos amam? Vejo-os todos interessados em amar, uns as riquezas, outros as honras, estes os prazeres, aqueles os parentes, alguns os amigos, outros até os animais, mas muito poucos os que vos amam verdadeiramente a vós que sois digno de todo o amor. Sim, quão poucos, ó Deus! Entre esses poucos desejo eu estar, apesar de vos ter ofendido pelo passado, amando a lama como os outros; agora, porém, eu vos amo sobre todas as coisas. Ó meu Jesus, as penas que por mim sofrestes obrigam-me a amar-vos; o que, porém, mais me prende a vós e me arrebata por vós é ver o amor que me demonstrastes, padecendo tanto para ser por mim amado. Sim, ó meu Senhor amabilíssimo, vós vos destes por amor todo a mim; eu por amor me dou todo a vós. Vós morrestes por meu amor e eu por vosso amor quero morrer quando e como vos aprouver. Permiti que eu vos ame e ajudai-me com vossa graça a fazê-lo dignamente.

3. Não há coisa que possa acender mais em nós o fogo do amor divino que a consideração da Paixão de Jesus Cristo. S. Boaventura diz que as chagas de Jesus Cristo, por serem chagas de amor, são dardos que ferem os corações mais duros e chamas que abrasam os ânimos mais gelados. Uma alma que crê e pensa na Paixão do Senhor não poderá ofendê-lo e deixar de amá-lo e mesmo de elanguescer de amor, vendo um Deus quase fora de si por amor de nós. "Vimos a Sabedoria como que enlouquecida pelo excesso de amor", diz S. Lourenço Justiniano. Por isso os pagãos, segundo o Apóstolo, ouvindo a pregação da Paixão de um Deus crucificado, julgavam-na uma loucura. "Nós pregamos Cristo crucificado, que é

para os judeus um escândalo e para os pagãos uma loucura" (1Cor 1,23). Como é possível, perguntavam, que um Deus onipotente e felicíssimo, como esse que se nos prega, tenha querido morrer por suas criaturas?

Ah, Deus amante apaixonado dos homens, como é possível que uma bondade tão grande e um amor tão forte seja tão mal correspondido pelos homens? Costuma-se dizer que amor com amor se paga: mas o vosso amor com que amor poderá ser pago? Seria necessário que um outro Deus morresse por vós para compensar o amor que nos testemunhastes morrendo por nós. Ó cruz, ó chagas, ó morte de Jesus, vós muito me constrangeis a amá-lo. Ó Deus eterno e infinitamente amável, eu vos amo, eu quero viver só para vós, só para vos agradar. Dizei-me o que quereis de mim, que eu quero fazer tudo. Maria, minha esperança, rogai a Jesus por mim.

MEDITAÇÃO PARA A SEGUNDA-FEIRA
Do suor de sangue e agonia de Jesus no horto

1. Nosso amante Redentor, aproximando-se a hora da morte, dirigiu-se ao horto de Getsêmani, onde ele mesmo iniciou a sua doloríssima Paixão, permitindo ao temor, ao tédio e à tristeza que viessem atormentá-lo (Mc 14,33; Mt 26,37). Começou, pois, a sentir um grande pavor e tédio da morte e dos sofrimentos que deviam acompanhá-lo. Com toda a vivacidade apresentaram-se-lhe à mente os flagelos, os espinhos, os cravos, a cruz e não em separado, mas tudo de uma só vez veio afligi-lo e de modo especial o atormentou a vista da morte que devia sofrer abandonado de todo o auxílio humano e divino. Aterrorizado com a vista horrenda de tantos maus tratos e ignomínias, pediu ao Padre Eterno que lhe poupasse esses tormentos: "Pai, se for possível, passe de mim este cálice" (Mt 26,39). Mas como? Não foi Jesus que tanto desejara sofrer e morrer pelos homens, quando dizia: "Devo ser batizado com um batismo e em que ansiedade me sinto eu até que ele se cumpra" (Lc 12,50)? Como, pois, teme assim essas penas e essa morte? Ah, ele bem desejava morrer por nós, mas para que não pensássemos que ele morreria sem dores em virtude de sua divindade, fez aquele pedido ao Pai, para que ficássemos cientes de que não só morria por nosso amor, mas também sujeito a uma morte tão dolorosa, que lhe causava grande pavor.

2. Além disso, uma grande tristeza se apodera do aflito Senhor, chegando ele a dizer que ela só bastaria para lhe dar a morte. "Minha alma está triste até à morte" (Mt 26,38). Mas, Senhor, está em vossas mãos livrar-nos da morte que vos preparam os homens: por que, pois, vos afligis? Ah, não foram tanto os tormentos da Paixão como os nossos pecados que mais afligiram o coração de nosso amante Salvador. Viera à terra para destruir o pecado; vendo, porém, que, apesar de toda a sua Paixão, se continuaria a cometer tantos crimes no mundo, essa vista fê-lo sofrer o tormento da morte antes de morrer, e suar sangue em tanta abundância, que banhou a terra em redor dele: "E seu suor se fez como gotas de sangue, correndo sobre a terra" (Lc 22,44). Sim, isso sucedeu unicamente porque Jesus se viu em presença de todos os pecados que os homens haveriam de cometer depois de sua morte, todos os ódios, desonestidades, furtos, blasfêmias, sacrilégios e assim cada culpa vinha por sua vez dilacerar-lhe o coração com sua malícia como uma fera cruel. Dizia então consigo: é esta, pois, a vossa gratidão, ó homens, ao meu amor? Se eu vos soubesse gratos, com que alegria não morreria por vós! Mas ver, depois de tantos sofrimentos, tantos pecados, depois de um amor tão grande, tanta ingratidão, é isso o que me faz suar sangue.

Logo, meu amado Jesus, foram os meus pecados que então tanto vos afligiram. Se eu tivesse pecado menos, teríeis sofrido menos. Quanto maior foi o prazer que me procurei, ofendendo-vos, tanto mais vos afligi então. E como não morro de dor, pensando que eu paguei o vosso amor aumentando a vossa pena e tristeza. Eu afligi, pois, esse coração que tanto me amou. Às criaturas tenho-me mostrado muito grato, só convosco tenho sido ingrato. Perdoai-me, meu Jesus, eu me arrependo de todo o meu coração.

3. Vendo-se Jesus carregado com os nossos pecados, prostrou-se com a face por terra (Mt 26,39), como envergonhado de levantar os olhos para o céu, e posto em agonia rezava com maior instância (Lc 22,43). Nessa hora, Senhor, vós suplicastes ao Padre Eterno que me perdoasse, oferecendo-vos a morrer em satisfação de minhas culpas.

Minha alma, como não te rendes a tão grande amor? Contudo, acreditando nisso, podes amar alguém fora de Jesus? Eia, pois, lança-te aos pés de teu Senhor agonizante e dize-lhe: meu caro Redentor, como pudestes amar a quem tanto vos ofendeu? Como pudestes sofrer a morte por mim, vendo a minha ingratidão? Fazei-me participante da dor que sentistes no horto. Eu detesto todos os meus pecados e uno este meu arrependimento à aversão que deles sentistes em Getsêmani. Ó amor de meu Jesus, tu és o meu amor. Senhor, eu vos amo e por vosso amor eu me ofereço a padecer toda espécie de pena e de morte. Pelos merecimentos da agonia que sofrestes no horto, dai-me a santa perseverança. Maria, minha esperança, rogai a Jesus por mim.

MEDITAÇÃO PARA A TERÇA-FEIRA
Da prisão e apresentação de Jesus aos judeus

1. Judas entra no horto e, entregando com um beijo o seu Mestre, caem sobre Jesus aqueles insolentes ministros e o encadeiam como a um celerado (Jo 18,12). Um Deus preso? E por quê? E por quem? Por suas próprias criaturas. Que dizeis, ó anjos do céu? E vós, ó meu Jesus, por que vos deixais prender? "Ó Rei dos reis, que há de comum entre vós e as cadeias?", pergunta S. Bernardo. Que relação existe entre as cordas dos escravos e dos réus com o Rei e o Santo dos santos? Mas se os homens se atrevem a vos prender, vós, que sois onipotente, por que não vos desprendeis e livrais dos tormentos que esses bárbaros vos preparam? Ah, compreendo, não são propriamente essas as cordas que vos prendem: é o amor para conosco que vos ata e condena à morte.

"Vê, ó homem, como aqueles cães maltratam a Jesus", diz S. Boaventura; estes o agarram, aqueles o empurram, uns o amarram, outros lhe batem. Contempla então a Jesus, que como um manso cordeiro se deixa conduzir e sacrificar sem resistência. E vós, discípulos, que fazeis? Por que não socorreis a fim de arrancá-lo das mãos dos inimigos? Pelo menos, por que não o acompanhais para defender a sua inocência diante dos juízes? Mas, ó Deus, até os discípulos, ao vê-lo preso e acorrentado, fogem e o abandonam (Mc 14,50). Ó meu Jesus abandonado, quem tomará a vossa defesa, se até os que vos são mais caros vos abandonam? E ver que essa injúria não teve fim com a vossa paixão! Quantas almas, depois de se haverem consagrado à vossa imitação e recebido muitas graças especiais, vos abandonaram por qualquer Paixão de vil interesse, ou de respeito humano, ou louco prazer. Infeliz de mim, que sou um desses ingratos. Ó meu Jesus, perdoai-me, que eu não quero mais deixar-vos. Eu vos amo e prefiro perder a vida a perder a vossa graça.

2. Conduzido à presença de Caifás, este o interroga a respeito de seus discípulos e sua doutrina. Jesus responde que não havia falado em segredo, mas em público, e que os que o rodeavam bem sabiam o que havia ensinado (Jo 18,20). A tal resposta um dos ministros, dizendo-o temerário, dá-lhe uma horrível bofetada, perguntando-lhe: "É assim que respondes ao pontífice?" (Jo 18,22). Ó paciência de meu Senhor! Como é possível que uma resposta tão sensata mereça uma afronta tão grande na presença de tanta gente e do próprio pontífice que, em vez de repreender aquele insolente, antes o aplaude com seu silêncio? Ah, meu Jesus, vós sofrestes tudo para pagar as afrontas que eu, temerário, vos fiz. Ó meu amor, eu vos agradeço. Eterno Pai, perdoai-me pelos merecimentos de Jesus. Meu Redentor, eu vos amo mais do que a mim mesmo.

Em seguida o iníquo pontífice o interrogou se ele era em verdade o Filho de Deus. Jesus, por respeito ao nome de Deus, que tinha sido invocado, respondeu que sim. Caifás rasgou então suas vestes, afirmando ter Jesus blasfemado. E todos gritaram que ele era digno de morte! (Mt 26,66). Sim, meu Salvador, sois de fato réu de morte, pois que vos obrigastes a satisfazer por mim, que sou em verdade réu de morte eterna. Visto, porém, que com a vossa morte me adquiristes a vida, é justo que eu consagre a vós toda a minha vida. Eu vos amo e nada mais desejo senão amar-vos. E depois que vós, o maior de todos os reis, quisestes por meu amor ser desprezado mais do que todos os homens, eu quero por vosso amor sofrer todas as afrontas que me forem feitas. Pelos merecimentos de vossos desprezos, dai-me a força para suportá-los.

3. Tendo o conselho dos sacerdotes declarado Jesus Cristo réu de morte, aquela gentalha pôs-se a maltratá-lo toda a noite com bofetadas, pontapés e escarros, como a um homem infame (Mt 27,67). E ainda zombaram dele, dizendo: "Adivinha, ó Cristo, quem foi que te bateu?" (Mt 26,68). Ah, meu caro Jesus, eles vos esbofeteiam, vos cospem no rosto e vós vos calais, e como um cordeiro tudo sofreis por nós, sem vos lamentar (Is 53,7). Mas, se eles não vos conhecem, eu vos reconheço por meu Deus e Senhor e protesto que sei muito bem que tudo o que padeceis, padeceis como inocente e só por amor de mim. Eu vos agradeço, ó meu Jesus, e vos amo de todo o meu coração.

Tendo despontado o dia, conduzem Jesus a Pilatos, para que fosse condenado à morte. Pilatos, entretanto, o declarou inocente; mas, para livrar-se dos judeus que continuavam a vociferar, o enviou a Herodes. Este, desejando presenciar qualquer prodígio por mera curiosidade, interrogou-o sobre muitas coisas. Jesus, porém, se cala e não lhe dá resposta, visto que ele não a merecia. Por isso, o rei soberbo o desprezou soberanamente e mandou que o revestissem com a veste dos loucos, uma túnica branca. Ó Sabedoria eterna, ó meu Jesus, essa injúria ainda vos faltava, a de ser tratado como louco. Ó Deus, também eu vos desprezei no passado como Herodes. Não me castigueis, porém, como a Herodes, negando-me a vossa voz. Herodes não vos reconheceu por quem éreis; eu vos reconheço por meu Deus; Herodes não se arrependeu de vos ter injuriado, mas eu me arrependo de todo o coração; Herodes não vos amou, mas eu vos amo sobre todas as coisas. Não me negueis, portanto, a voz de vossas inspirações. Dizei-me o que quereis de mim, que eu quero fazer tudo com a vossa graça. Maria, minha esperança, rogai a Jesus por mim.

MEDITAÇÃO PARA A QUARTA-FEIRA
Da flagelação de Jesus Cristo

1. Vendo Pilatos que os judeus não deixavam de exigir a morte de Jesus, condenou-o aos flagelos. "Então Pilatos se apoderou de Jesus e mandou açoitá-lo" (Jo 19,1). Julgou o juiz injusto que com isso acalmaria seus inimigos. Esta saída teve um resultado sumamente doloroso para Jesus. Os judeus, supondo que Pilatos, depois de tal suplício, o poria em liberdade, como o havia abertamente declarado: "Depois de castigado o soltarei... Castigá-lo-ei e o soltarei" (Lc 23,16 e 22), corromperam os carrascos para que o flagelassem de tal modo que viesse a perder a vida no suplício. Entra, minha alma, no pretório de Pilatos, transformado nesse dia em horrendo teatro de dores e de ignomínias do Redentor, e vê como se despoja de suas vestes (como foi revelado a S. Brígida) e abraça a coluna, dando com isso aos homens uma evidentíssima prova de como se submetia voluntariamente aos mais desumanos sofrimentos e de quanto os amava. Contempla como esse cordeiro, com a cabeça baixa e todo envergonhado, espera por esse martírio. Eis que aqueles bárbaros como cães danados já se lançam sobre ele. Contempla aqueles impiedosos carrascos, dos quais uns lhe batem no peito, outros lhe flagelam as costas, estes lhe retalham os flancos, aqueles outros as demais partes de seu corpo: mesmo sua cabeça sagrada e sua bela face não são poupadas. O sangue divino já corre de todas as partes: esse sangue já cobre os azorragues e as mãos dos carrascos, a coluna e até a terra. Ó Deus: já não encontrando mais esses bárbaros parte sã para ferir, ajuntam chagas a chagas e diceram por completo seu corpo sacrossanto. "E sobre a dor de minhas chagas acrescentaram novas chagas" (Sl 68,27). Ó minha alma, como pudeste ofender um Deus flagelado por ti? E vós, ó meu Jesus, como pudestes padecer tanto por um ingrato? Ó chagas de

Jesus, vós sois a minha esperança. Ó meu Jesus, vós sois o único amor de minha alma.

2. Foi sumamente dolorosa aquela flagelação, pois, conforme foi revelado a S. Maria Madalena de Pazzi, os verdugos foram sessenta, sucedendo uns aos outros, e os instrumentos escolhidos para esse fim foram tão desumanos que cada golpe fazia uma ferida. Os golpes chegaram a vários milhares, pois que puseram a descoberto os ossos das costas de nosso Redentor, como foi revelado a S. Brígida. O certo é que fizeram tanto estrago que Pilatos julgou poder mover à compaixão seus mesmos inimigos, razão por que, do alto de seu palácio, lhes mostrou Jesus, dizendo: "Eis aqui o homem" (Jo 19,5). O profeta bem nos predisse o estado doloroso a que seria reduzido nosso Salvador na sua flagelação, dizendo que sua carne deveria ser toda pisada e seu corpo bendito se tornaria semelhante ao de um leproso todo coberto de chagas: "Foi quebrantado pelos nossos crimes e nós o reputamos como um leproso" (Is 53, 4-5).

Ah, meu Jesus, eu vos agradeço tão grande amor; desagrada-me muito haver-me unido aos que vos flagelavam. Detesto todos os meus malditos prazeres, que vos custaram tantas dores. Fazei-me recordar constantemente do amor que me tendes, para que vos ame e não vos ofenda mais. Mereceria um inferno à parte se, depois de haver conhecido o vosso amor e depois de me haverdes perdoado tantas vezes, eu vos ofendesse novamente e me condenasse. Ah, esse amor e essa misericórdia seriam para mim no inferno um novo inferno ainda mais tormentoso. Não, meu amor, não o permitais. Eu vos amo, ó sumo bem, eu vos amo de todo o meu coração e quero amar-vos sempre.

3. Para pagar, pois, as nossas culpas e particularmente as de impureza, quis Jesus suportar esse grande suplício em suas carnes inocentes. Nós ofendemos a Deus, Senhor, e vós quisestes pagar a pena. Seja para sempre bendita a vossa infinita caridade. Que seria de mim, ó meu Jesus, se não tivésseis satisfeito por mim? Oh! nunca vos tivesse eu ofendido. Mas, se, pecando, desprezei o vosso amor, agora não desejo outra coisa que amar-vos e ser amado por vós. Vós dissestes que amais a quem vos ama. Eu vos amo sobre todas as coisas, vos amo com toda a minha alma; fazei-me digno de vosso amor. Sim, espero que me tenhais perdoado e que presentemente, por vossa bondade, me ameis. Ah, meu caro Redentor, prendei-me cada vez mais estreitamente ao vosso amor, não permitais que eu me separe jamais de vós. Eis-me aqui, inteiramente vosso, castigai-me como quiserdes. Mas não permitais que eu fique privado

de vosso amor. Fazei que vos ame e disponde de mim como vos aprouver. Maria, minha esperança, rogai a Jesus por mim.

MEDITAÇÃO PARA A QUINTA-FEIRA
Da coroação de espinhos e das palavras "Ecce Homo"

1. Não contentes com a horrenda dilaceração feita no sacrossanto corpo de Jesus com a flagelação, os carnífices, instigados pelo demônio, e pelos judeus, querendo tratá-lo como rei de teatro, cobrem-lhe os ombros com um trapo de cor vermelha, para simbolizar o manto real, e colocam-lhe na cabeça um feixe de espinhos trançados em forma de coroa e uma cana na mão para significar o cetro. E para que essa coroa não servisse só para ludíbrio, mas também para tormento, com a tal cana calcavam-lhe os espinhos na cabeça para que o ferissem e traspassassem. Assim, os espinhos chegaram a penetrar até o cérebro, no dizer de S. Pedro Damião, e tanto era o sangue que escorria das feridas, que ficaram repletos de sangue os olhos, a barba, os cabelos de Jesus, como foi revelado a S. Brígida. Esse tormento da coroação foi por si dolorosíssimo e foi também o mais longo entre os sofrimentos que lhe infligiram até à sua morte e cada vez que se tocava ou na coroa ou na cabeça se renovavam as horrendas dores.

Ah, espinhos ingratos, que fazeis? Assim atormentais o vosso Criador? Mas que espinhos? Minha alma, foste tu que com teus maus pensamentos consentidos feriste a cabeça de teu Senhor. Meu caro Jesus, vós sois o rei do céu, mas estais reduzido a rei de opróbrios e de dores. Eis a que estado vos reduziu o amor por vossas ovelhas. Ó meu Deus, eu vos amo, mas enquanto vivo estou em perigo de abandonar-vos e negar-vos o meu amor, como fiz até agora. Meu Jesus, se sabeis que eu vos ofenderei de novo, fazei que morra agora, que espero estar em vossa graça. Oh! não permitais que eu torne a perder-vos: por minhas culpas bem mereceria essa desgraça, mas vós seguramente não mereceereis que vos abandone novamente. Não, meu Jesus, não quero perder-vos de novo.

2. Aquela chusma indigna, não satisfeita com ter coroado tão barbaramente a Jesus Cristo, quer motejar dele e multiplicar as afrontas e os ultrajes. Ajoelham-se por isso diante dele e, zombando, saúdam-no: ave, rei dos judeus; cospem-lhe na face, dão-lhe bofetadas e o insultam com gritos e risadas de desprezo (Mt 27,39; Jo 19,3). Ah, meu Senhor, a que estado estais reduzido? Se alguém passasse por ali e visse esse homem as-

sim deformado, coberto com esse trapo de púrpura, com aquele cetro na mão, aquela coroa na cabeça e tão escarnecido e maltratado por aquela gentalha, por quem o tomaria senão pelo homem mais infame e celerado do mundo? Eis, pois, o Filho de Deus feito o ludíbrio de Jerusalém.

Ah, meu Jesus, se contemplo externamente o vosso corpo, nada mais vejo senão chagas e sangue. Se entro no vosso coração, não encontro senão amarguras e angústias que vos fazem sofrer agonias. Ah, meu Deus, quem poderia humilhar-se a sofrer tanto por suas criaturas, senão vós, que sois uma bondade infinita? Mas, porque sois Deus, amais como Deus. Essas chagas que em vós vejo são provas do amor que me tendes. Oh! se todos os homens vos contemplassem no estado de dor e vitupério em que um dia fostes visto por toda a Jerusalém, quem poderia deixar de ser presa de vosso amor? Senhor, eu vos amo e me dou todo a vós: eis aqui meu sangue, minha vida, tudo eu vos ofereço: eis-me pronto a padecer e morrer como vos aprouver. E como poderia negar-vos alguma coisa, se vós me não negastes nem o vosso sangue nem vossa vida? Aceitai o sacrifício que vos faz de si mesmo um mísero pecador, que agora vos ama de todo o seu coração.

3. Depois de reconduzido a Pilatos, Jesus foi mostrado por este ao povo com as palavras: "Eis aqui o homem" (Jo 19,5). Queria dizer: eis o homem que trouxestes ao meu tribunal, acusando-o de ter pretendido fazer-se rei; eis que esse temor desapareceu; pois, como vedes, o reduzistes a tal estado que pouco poderá viver. Deixai-o, portanto, morrer em sua casa, e não me obrigueis a condenar um inocente. Os judeus, porém, mais enfurecidos, gritaram loucamente: "Seu sangue caia sobre nós" (Mt 27,25) e depois: "Que seja crucificado. Tira-o, tira-o, crucifica-o!" (Jo 19,25). Como Pilatos mostrava do balcão Jesus ao povo, assim também o eterno Pai do céu apontava-nos seu Filho, dizendo-nos igualmente: eis aí o homem que eu vos prometi para vosso redentor e tão suspirado por vós: esse é o meu único Filho, que eu amo como a mim mesmo. Ei-lo tornado por vosso amor o homem mais cheio de dores e mais desprezado entre todos os homens. Contemplai-o e amai-o.

Ah, meu Deus, eu contemplo esse vosso Filho e o amo, mas "contemplai-o" também e, pelo merecimento de suas dores e desprezos, perdoai-me todas as ofensas que eu vos tenho feito. O sangue desse Deus, que é vosso Filho, caia sobre nossas almas e nos obtenha a vossa misericórdia. Eu me arrependo, ó bondade infinita, de vos ter ofendido e me arrependo de todo o coração. Conheceis, porém, a minha fraqueza: ajudai-me, Senhor, tende piedade de mim. Maria, minha esperança, rogai a Jesus por mim.

MEDITAÇÃO PARA A SEXTA-FEIRA
Da condenação de Jesus e subida ao Calvário

1. Pilatos, com medo de perder as boas graças de César, depois de haver declarado tantas vezes a inocência de Jesus, condenou-o finalmente a morrer crucificado. "Ó meu inocentíssimo Salvador, que delito cometestes para serdes condenado à morte?", pergunta S. Bernardo, e responde: "O vosso pecado é o vosso amor". O vosso pecado é o grande amor que nos tendes, é ele que mais do que Pilatos vos condena à morte.

Lê-se a iníqua sentença. Jesus a escuta e todo resignado a aceita, submetendo-se à vontade do Eterno Padre, que o quer ver morto e morto na cruz por nossos pecados: "Humilhou-se a si mesmo, fazendo-se obediente até à morte de cruz" (Fl 2,8). Ah, meu Jesus, vós aceitastes inteiramente inocente a morte por meu amor; eu, pecador, por vosso amor, aceito a morte quando e como vos aprouver.

Lida a sentença, precipitam-se com fúria sobre o inocente cordeiro, impõem-lhe novamente suas vestes e apresentam-lhe a cruz feita com duas toscas traves. Jesus não espera que lha imponham, ele mesmo a abraça, beija-a e coloca-a sobre seus feridos ombros, dizendo: "Vem, minha querida cruz, há trinta anos que eu te busco; quero morrer por ti por amor de minhas ovelhas". Ah, meu Jesus, que podíeis fazer ainda para obrigar-me a vos amar? Se um criado meu se tivesse oferecido unicamente a morrer por mim, teria conquistado todo o meu amor. Como, pois, pude eu viver tanto tempo sem vos amar, sabendo que vós, meu sumo e único senhor, morrestes por mim? Eu vos amo, ó sumo bem, e, porque vos amo, arrependo-me de vos ter ofendido.

2. Os condenados deixam o tribunal e se dirigem para o lugar do suplício: entre eles se acha também o rei do céu com a cruz às costas: "E carregando sua cruz se encaminhou para o lugar que se chama Calvário" (Jo 19,17). Saí também vós do paraíso, ó serafins, e vinde acompanhar o vosso Senhor que sobe ao Calvário para ser crucificado. Ó espetáculo! Um Deus que vai ser crucificado pelos homens! Minha alma, contempla o teu Salvador que vai morrer por ti. Vê como está com a cabeça curvada, com os olhos trêmulos, todo coberto de feri-

das, escorrendo sangue com aquele feixe de espinhos na cabeça e aquele pesado madeiro sobre os ombros. Ó Deus, com que dificuldade caminha ele, parecendo que vai expirar a cada passo que dá. Ó Cordeiro de Deus, aonde ides? Vou morrer por ti. Quando me vires morto, recorda-te do amor que te mostrei e ama-me. Ah, meu Redentor, como pude viver até agora esquecido do vosso amor? Ó pecados meus, vós haveis amargurado o coração de meu Senhor, esse coração que tanto me amou. Ó meu Jesus, arrependo-me da injustiça que vos fiz, agradeço-vos a paciência que tendes tido comigo e vos amo: amo-vos com toda a minha alma e só a vós eu quero amar. Recordai-me sempre do amor que me consagrastes, para que eu nunca mais deixe de vos amar.

3. Jesus Cristo sobe o Calvário e nos convida a segui-lo. Sim, meu Senhor, vós, inocente, ides adiante com a vossa cruz; pois bem, caminhai, que eu não vos abandonarei. Enviai-me a cruz que quiserdes, que eu a abraço e com ela quero acompanhar-vos até à morte. Quero morrer juntamente convosco, como vós morrestes por mim. Vós me mandais que eu vos ame e eu nada mais desejo senão amar-vos. Meu Jesus, vós sois e sempre haveis de ser meu único amor. Ajudai-me a vos permanecer fiel. Maria, minha esperança, rogai a Deus por mim.

MEDITAÇÃO PARA O SÁBADO
Da crucifixão e morte de Jesus

1. Eis aí o Calvário, feito teatro do amor divino, onde um Deus morre por nós num mar de dores. Tendo Jesus aí chegado, arrancam-lhe do corpo, com violência, as vestes pegadas às suas carnes dilaceradas e o lançam sobre a cruz. O Cordeiro divino se estende sobre esse leito de morte, apresenta suas mãos aos carrascos e oferece ao eterno Pai o sacrifício de sua vida pela salvação dos homens. Eles o pregam e alçam-no na cruz. Contempla, minha alma, o teu Senhor suspenso por aqueles três duros cravos e pendente daquele madeiro no qual não encontra sossego nem repouso. Ora se apoia sobre as mãos, ora sobre os pés, mas redobra a dor na parte em que se apoia. Ah, meu Jesus, como é amarga a morte a que vos sujeitais! Eu vejo escrito sobre a cruz: Jesus Nazareno, rei dos judeus. Afora esse título de escárnio, que sinal existe de vossa realeza? Ah, esse trono de dores, essas mãos encravadas, essa cabeça traspassada, essas carnes dilaceradas, bem proclamam rei de amor. Chego-me enternecido para beijar esses pés chagados. Abraço essa cruz, na qual como vítima de amor quisestes morrer sacrificado por mim. Ah, meu Jesus, que seria de mim, se não tivésseis satisfeito por mim a justiça divina? Agradeço-vos e amo-vos.

2. Estando alçado na cruz, Jesus não encontra quem o console. Dos que o circundam, uns blasfemam e outros escarnecem dizendo: "Se és o Filho de Deus, desce da cruz". "Salvou a outros e não pode salvar a si mesmo" (Mt 27,40-42). Nem sequer aqueles mesmos que são seus companheiros de suplício lhe demonstram compaixão, unindo-se um deles aos demais para imprecá-lo: "E um dos ladrões que estavam suspensos blasfemava-o" (Lc 23,39). Maria estava, é verdade, aos pés da cruz, assistindo com amor o Filho agonizante: a vista, porém, dessa mãe dolorosa ainda mais afligia a Jesus, vendo a pena que ela sofria por seu amor. Assim o Redentor, não encontrando conforto aqui na terra, se volta para o eterno Pai no céu. O Pai, porém, vendo-o coberto com todos os pecados dos homens, pelos quais devia satisfazer, disse-lhe: não, Filho, eu não posso consolar-te: é preciso que até eu te abandone aos sofrimentos e te deixe morrer sem alívio. Foi então que Jesus exclamou: "Meu Deus, meu Deus, por que me abandonastes?" (Mt 27,46).

Ah, meu Jesus, como vos vejo cheio de dores e tristezas. Oh! tendes razão, pensando que tanto sofrestes para ser amado pelos homens e que muito poucos vos amarão. Ó belas chamas de amor, vós que consumistes a vida de um Deus, consumi também em mim todos os afetos terrenos e fazei que eu arda somente por esse Senhor que quis sacrificar sua vida por meu amor sobre um patíbulo infame. Mas vós, ó Senhor, como pudestes morrer por mim, prevendo as injúrias que eu vos faria? Vingai-vos agora de mim, mas vingai-vos de maneira que me seja proveitosa: concedei-me uma tão grande dor, que me faça sempre chorar os desgostos que vos dei. Vinde, flagelos, espinhos, cravos e cruz, que tanto atormentastes o meu Senhor, vinde ferir-me o coração e recordai-me sempre o amor que ele me consagrou. Salvai-me, ó meu Jesus, salvai-me, concedendo-me a graça de vos amar, pois em amar-vos consiste a minha salvação.

3. O Redentor, prestes a expirar, diz ainda com voz moribunda: "Tudo está consumado" (Jo 19,30), como se dissesse: ó homens, tudo está acabado, realizada está a vossa redenção. Amai-me, pois, desde que não posso fazer mais coisa alguma para conquistar o vosso amor. Minha alma, olha para teu Jesus agonizante: contempla aqueles olhos obscurecidos, a face pálida, o coração que bate ainda, mas vagarosamente, o corpo que já se abandona à morte; contempla aquela bela alma que já

está para abandonar seu sagrado corpo. O céu se obscurece, a terra treme, abrem-se os sepulcros, testemunhando a morte do fator do mundo. Jesus, afinal, tendo recomendado a seu Pai a sua bendita alma, expira pela violência das dores e entrega o espírito nas mãos de seu Pai bendito, depois de ter dado do coração aflito um grande suspiro e inclinado a cabeça em sinal da oferta que renovava nesse momento de sua vida por nossa salvação.

Aproxima-te, minha alma, daquela cruz. Abraça os pés de teu Senhor morto e pensa que ele morreu pelo amor que te consagrou. Ah, meu Deus, a que estado vos reduziu o amor para comigo. E quem mais do que eu gozou dos frutos de vossa morte? Fazei-me compreender quão grande foi o amor de um Deus ter morrido por mim, para que de hoje em diante eu não ame a ninguém mais fora de vós. Eu vos amo, ó sumo bem, ó verdadeiro amante de minha alma: eu a entrego nas vossas mãos. Pelos merecimentos de vossa morte, fazei que eu morra a todos os amores terrenos, para que eu ame exclusivamente a vós, que unicamente mereceis todo o amor. Maria, minha esperança, rogai a Jesus por mim.

VIII
O PODER QUE TEM A PAIXÃO DE JESUS CRISTO PARA ACENDER O AMOR DIVINO EM NOSSOS CORAÇÕES

O Pe. Baltasar Álvarez, um grande servo de Deus, dizia que não devemos pensar ter feito algum progresso no caminho de Deus, se ainda não chegamos a ter sempre no coração a Jesus crucificado. São Francisco de Sales escreve que o amor que não nasce da Paixão é fraco. E é mesmo, porque não há coisa que mais nos obrigue a amar o nosso Deus do que a Paixão de Jesus Cristo, isto é, saber que o Padre Eterno, para nos mostrar o excesso do amor que nos consagra, quis enviar seu Filho unigênito à terra para morrer por nós, pecadores. Isso levou o Apóstolo a escrever que Deus, pelo grande amor com que nos amou, quis que a morte de seu Filho nos trouxesse a vida: "Pela extrema caridade com que nos amou, nos *convivificou* em Cristo, quando estávamos mortos pelos pecados" (Ef 2,4). Foi isso justamente o que queriam exprimir Moisés e Elias no monte Tabor, ao falar da Paixão de Jesus Cristo como de excesso de amor: "E falava de seu excesso que havia de realizar em Jerusalém" (Lc 9,31).

Quando nosso Salvador veio ao mundo para remir os homens, os pastores ouviram os anjos cantarem: "Glória a Jesus nas alturas" (Lc 2,14). Mas ao humilhar-se o Filho de Deus, fazendo-se homem por amor do homem, parecia que antes se obscurecia do que se manifestava a glória de Deus. E afinal não era assim, pois a glória de Deus não podia ser melhor manifestada ao mundo do que pela morte de Jesus em prol da salvação dos homens, visto a Paixão de Jesus nos ter manifestado as perfeições dos atributos divinos. Ela nos fez conhecer a grandeza da misericórdia divina, querendo um Deus morrer para salvar os pecadores e morrer de uma morte tão dolorosa e ignominiosa. S. João Crisóstomo diz que o sofrimento de Jesus Cristo não foi um sofrimento comum e a sua morte não foi uma simples e semelhante à dos homens (*Serm. de pass.*). Ela nos fez conhecer a sabedoria divina. Se nosso Redentor fosse somente Deus, não poderia satisfazer pelo homem, porque Deus não poderia satisfazer a si mesmo em lugar do homem, nem poderia satisfazer padecendo, sendo ele impassível. Pelo contrário, se fosse somente homem, não poderia como tal satisfazer pela grande injúria feita a Majestade divina.

Por isso, que fez Deus? Enviou seu próprio Filho, verdadeiro Deus como ele, a tomar a natureza humana para que assim, como homem, pagasse com a morte a justiça divina e como Deus lhe desse uma satisfação completa. Ele fez-nos conhecer a grandeza da justiça divina. S. João Crisóstomo dizia que não é tanto o inferno, com o qual Deus castiga os pecadores, que demonstra quão grande seja a sua justiça, como Jesus Cristo na cruz, já que no inferno são punidas as criaturas por seus próprios pecados, ao passo que na cruz se vê um Deus martirizado para satisfazer pelos pecados dos homens. Que obrigação tinha Jesus de morrer por nós? "Foi oferecido porque ele mesmo o quis" (Is 53,7). Ele poderia sem injustiça abandonar o homem na sua desgraça, mas o amor que lhe tinha não lhe permitiu vê-los infelizes e por isso escolheu entregar-se a si mesmo a morte tão penosa, para obter-lhes a salvação: "Ele nos amou e entregou a si mesmo por nós" (Ef 5,2). Desde toda a eternidade havia amado o homem: "Eu te amei com uma caridade perpétua" (Jr 31,3). Vendo-se, porém, obrigado por sua justiça a condená-lo e a tê-lo sempre longe de si no inferno, sua misericórdia o impele a descobrir um meio de poder salvá-lo. Mas como? Satisfazendo ele mesmo a divina justiça com sua morte. E assim quis que na própria cruz em que morreu fosse afixado o decreto de condenação do homem à morte eterna, para que fosse destruído ou apagado com seu sangue (Gl 2,14).

Dessa maneira, pelos merecimentos de seu sangue, alcançou-nos o perdão de todos os crimes: "Perdoando-vos todo os delitos" (Gl 2,13). Consequentemente espoliou o demônio de todos os direitos adquiridos sobre nós, conduzindo consigo em triunfo tanto seus inimigos como nós, sua presa: "E despojando os principados e potestades, sobranceiro os levou cativos triunfando manifestamente deles por si mesmo" (Cl 2,15). Teofilacto comenta: "Como um vencedor e triunfador carregando consigo a presa e os homens em triunfo".

Por isso Jesus Cristo, satisfazendo a divina justiça, ao morrer na cruz, não falou senão em misericórdia; pediu ao Padre que tivesse misericórdia dos mesmos judeus que haviam tramado a sua morte e dos carrascos que o trucidaram: "Pai, perdoai-lhes, porque não sabem o que fazem" (Lc 23,34). Estando na cruz, em vez de punir os ladrões que pouco antes o haviam injuriado: "E os que foram crucificados com ele o afrontavam" (Mc 15,32), ouvindo que um deles lhe pedia misericórdia: "Senhor, lembrai-vos de mim quando estiverdes em vosso reino" (Lc 23,42), ele, cheio de compaixão, promete-lhe o paraíso para aquele mesmo dia:

"Hoje estarás comigo no paraíso" (Lc 23,42). Antes de morrer, nos deu por mãe sua própria mãe: "Então disse ao discípulo: eis aí a tua mãe" (Jo 19,27). Na cruz, declara que está satisfeito por ter feito tudo para obter-nos a salvação e coroa tudo com a sua morte: "Sabendo então Jesus que tudo estava consumado, disse: está tudo consumado. E tendo inclinado a cabeça, entregou o seu espírito" (Jo 19,28).

Eis o homem livre do pecado e do poder de Lúcifer pela morte de Jesus Cristo e além disso elevado ao estado de graça e de graça maior que a perdida por Adão. "Onde abundou o delito, superabundou a graça" (Rm 5,20). Resta-nos agora, diz o Apóstolo, recorrer sempre com confiança a esse trono de graça, que é justamente Jesus crucificado, para que recebamos de sua misericórdia a graça da salvação e os auxílios oportunos para vencermos as tentações do mundo e do inferno (Hb 4,16).

Afetos e oração. Ah, meu Jesus, eu vos amo sobre todas as coisas e quero eu amar senão a vós que sois uma bondade infinita e por mim morrestes? Desejaria morrer de dor cada vez que penso que vos expulsei de minha alma com os meus pecados e que me separei de vós que sois meu único bem e tanto me tendes amado. "Quem me separará do amor de Jesus Cristo?". Só o pecado me pode separar de vós. Mas eu espero do sangue que derramastes por mim, que não haveis mais de permitir que eu me separe jamais do vosso amor e perca a vossa graça que eu aprecio acima de todos os bens. Eu me dou todo a vós, aceitai-me e prendei todos os meus afetos para que eu não ame a ninguém mais senão a vós.

O amor de Jesus nos constrange. Talvez Jesus Cristo pretenda muito, querendo que nos demos inteiramente a ele, que nos deu todo o seu sangue e a sua vida, morrendo por nós na cruz? Ouçamos o que diz S. Francisco de Sales sobre as palavras: "A caridade de Cristo nos impele" (2Cor 5,14). "Saber que Jesus nos amou até à morte e morte de cruz não é sentir nossos corações oprimidos por uma violência que é tanto mais forte quanto ele é mais amável? O meu Jesus se deu todo a mim e eu me dou todo a ele, e eu viverei e morrerei sobre o seu peito, e nem a morte nem a vida me separarão jamais dele".

Jesus Cristo morreu, diz S. Paulo, para que cada um de nós não viva mais para o mundo nem para si mesmo, mas só para ele, que se deu inteiramente a nós: "E Cristo morreu por todos, para que os que vivem não vivam mais para si mesmos, mas para aquele que morreu por eles" (2Cor 5,15). Quem vive para o mundo, busca os prazeres do mundo; quem vive para si mesmo, busca a sua satisfação; quem vive para Jesus

Cristo, não procura agradar senão a Jesus e nada teme senão desgostá-lo; não se compraz senão em vê-lo amado e não se aflige senão em vê-lo desprezado. Isso é viver para Jesus Cristo e isso é o que ele exige de cada um de nós. Pergunto novamente: talvez exige muito de nós quem deu seu sangue e sua vida para cada um de nós?

Ó Deus, e por que havemos de empregar os nossos afetos em amar as criaturas, os parentes, os amigos, os grandes do mundo que não suportaram por nós nem flagelos, nem espinhos, nem cravos, não derramaram por nós nem uma gota de sangue, e não amar um Deus que por nosso amor desceu do céu à terra, fez-se homem, derramou todo o seu sangue à força de tormentos, e finalmente morreu de dores num madeiro para cativar os nossos corações? Mais ainda: para unir-se mais estreitamente a nós, deixou-se ficar depois de sua morte sobre nossos altares, onde se torna uma só coisa conosco para nos fazer compreender o amor ardente que nos tem: "Mistura-se conosco para que sejamos um com ele: isso é próprio dos que amam ardentemente", diz S. Crisóstomo. E S. Francisco de Sales acrescenta, falando da santa comunhão: "Em nenhuma outra ação pode-se considerar o Salvador nem mais terno, nem mais amoroso que nesta na qual se aniquila por assim dizer, e se reduz à comida para unir-se aos corações de seus fiéis".

Afetos e oração. Mas como é possível, Senhor, que eu, depois de ter sido amado por vós com finezas tais, tenha tido a ousadia de vos desprezar, como muito justamente mo lançais em rosto: "Eu criei e engrandeci uns filhos e eles me desprezaram" (Is 1,2)? Eu tive coragem de voltar-vos as costas para satisfazer os meus apetites. "Lançaste-me para trás de teu corpo" (Ez 23,35). Tive ânimo para expulsar-vos de minha alma: "Os ímpios disseram a Deus: retira-te de nós" (Jó 21,14). Tive a ousadia de afligir o vosso coração que tanto me amou. Mas então devo desesperar de vossa misericórdia? Amaldiçoo os dias em que vos ofendi. Oh! tivesse morrido mil vezes antes, ó meu Salvador, e não vos tivesse ofendido! Ó Cordeiro de Deus, vós vos deixastes sangrar na cruz para lavar com o vosso sangue os nossos pecados. Ó pecadores, quanto não daríeis por uma gota de sangue deste Cordeiro no dia do Juízo? Ó meu Jesus, tende piedade de mim e perdoai-me; conheceis, porém, a minha fraqueza, prendei por completo a minha vontade, para que ela não se rebele mais contra vós. Expeli de mim todo o amor que não for por vós. Eu vos acolho por meu único tesouro, por meu único bem: vós me bastais e não desejo outro bem fora de vós. "Deus de meu coração e minha partilha e Deus para sempre".

Ó ovelhinha amada de Deus, vós que sois a mãe do divino Cordeiro (assim a chama S. Teresa), recomendai-me o vosso Filho; vós, depois de Jesus, sois a minha esperança, pois que sois a esperança dos pecadores; nas vossas mãos coloco a minha salvação eterna. "Esperança nossa, salve".

***

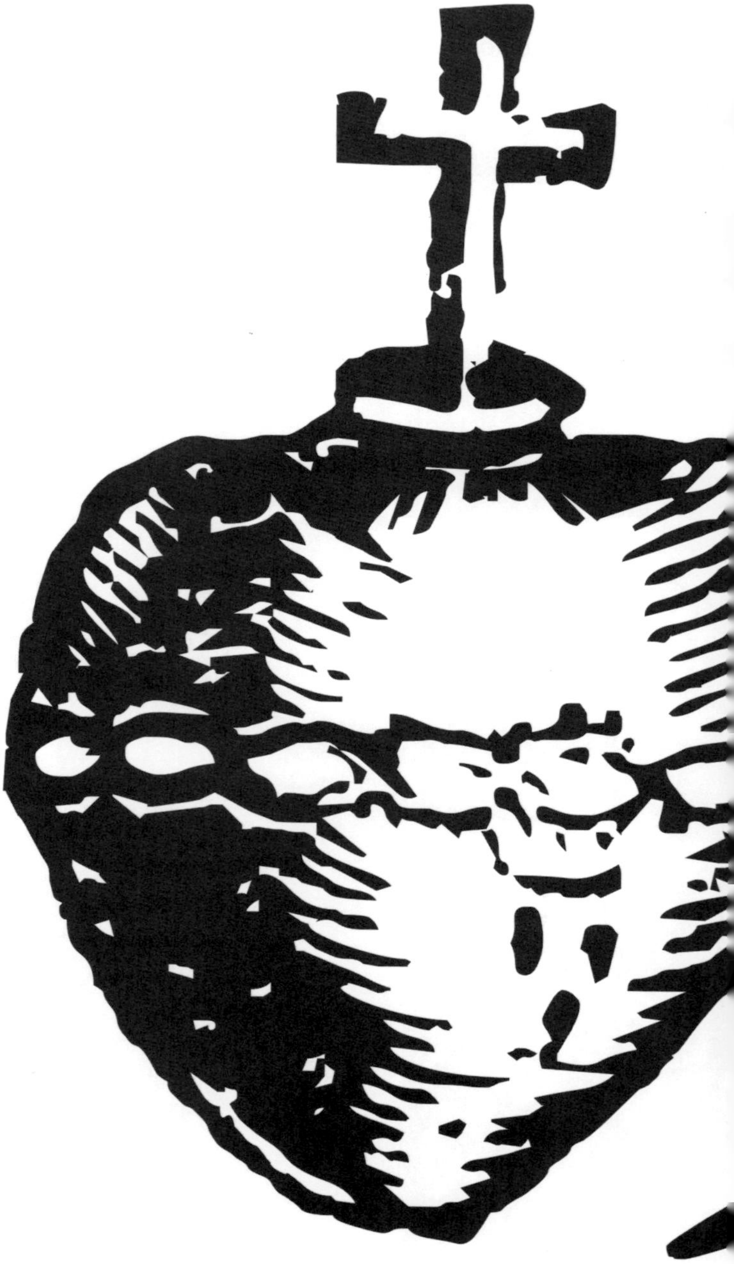

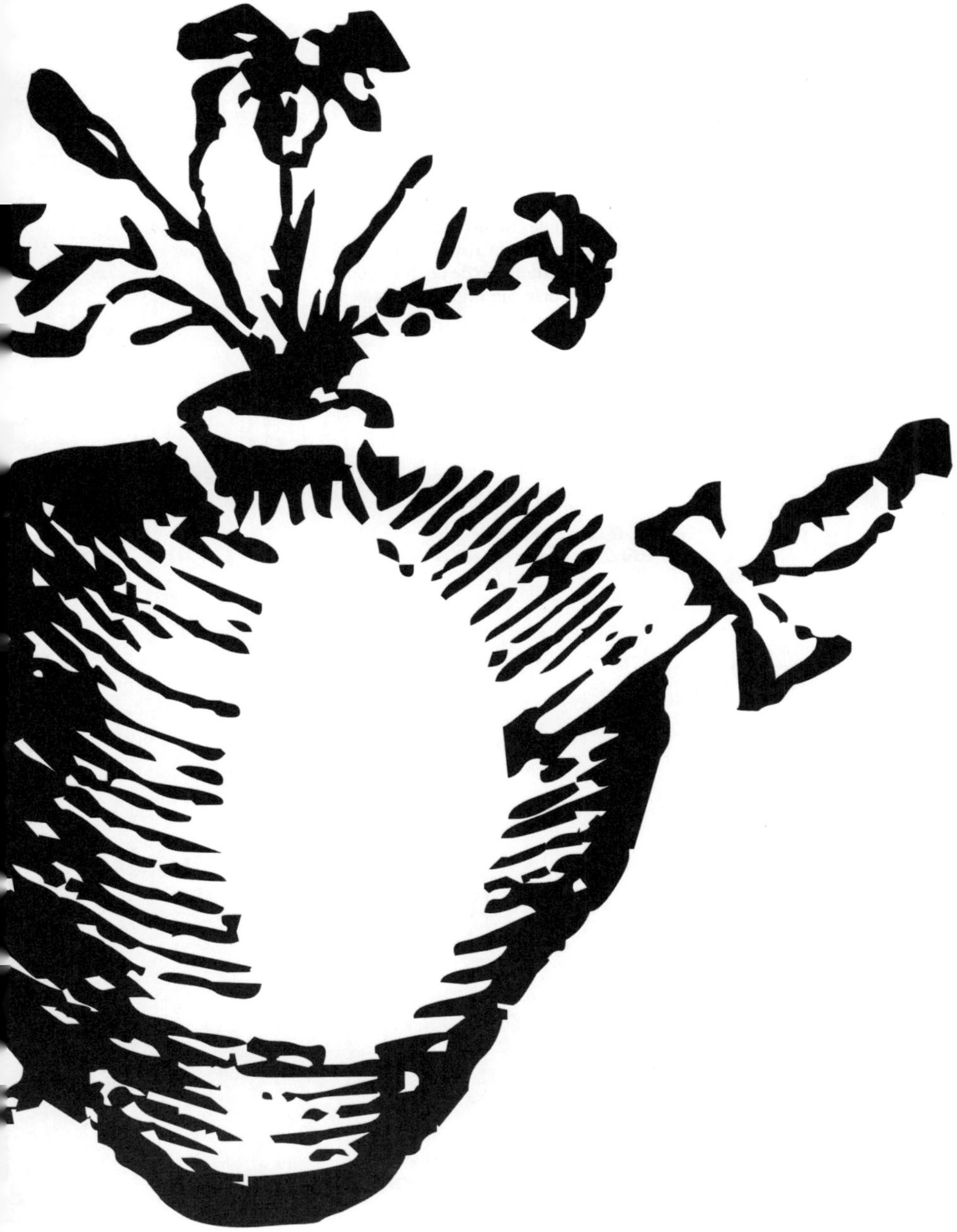

FICHA CATALOGRÁFICA

Ligório, Santo Afonso Maria de (1696-1787)
A Paixão de Nosso Senhor Jesus Cristo / Santo Afonso Maria de Ligório; tradução de Pe. José Lopes Ferreira, C.Ss.R. – Campinas, SP: Ecclesiae, 2ª edição revisada, 2019.

ISBN: 978-85-8491-084-7

1. Paixão de Cristo.
I. Santo Afonso Maria de Ligório VI. II. Título.

CDD – 246.234

ÍNDICE PARA CATÁLOGO SISTEMÁTICO
1. Paixão de Cristo – 246.234

Este livro foi impresso pela Ferrari Daiko.
O miolo foi feito com papel *chambrill avena* 80g, e a capa com cartão triplex 250g.